Sieber / von zur Mühlen / Wahl

Rechtshilfe zur Telekommunikationsüberwachung

Schriftenreihe des Max-Planck-Instituts für
ausländisches und internationales Strafrecht

Strafrechtliche Forschungsberichte

Herausgegeben von Ulrich Sieber

Band S 157

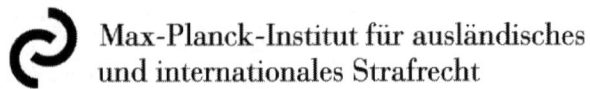 Max-Planck-Institut für ausländisches
und internationales Strafrecht

Rechtshilfe zur
Telekommunikationsüberwachung

Ulrich Sieber · Nicolas von zur Mühlen ·
Thomas Wahl

Duncker & Humblot · Berlin

Bibliografische Information der Deutschen Nationalbibliothek

Die Deutsche Nationalbibliothek verzeichnet diese Publikation in der Deutschen Nationalbibliografie; detaillierte bibliografische Daten sind im Internet über <http://dnb.d-nb.de> abrufbar.

Alle Rechte vorbehalten
© 2021 Max-Planck-Gesellschaft zur Förderung der Wissenschaften e.V.
c/o Max-Planck-Institut für ausländisches und internationales Strafrecht
Günterstalstraße 73, 79100 Freiburg i.Br.
http://www.mpicc.de
Vertrieb in Gemeinschaft mit Duncker & Humblot GmbH, Berlin
http://www.duncker-humblot.de

Umschlagbild: © istock.com/kynny
Druck: Stückle Druck und Verlag, Stückle-Straße 1, 77955 Ettenheim
Printed in Germany
Gedruckt auf alterungsbeständigem (säurefreiem) Papier
entsprechend ISO 9706

ISSN 1860-0093
ISBN 978-3-86113-795-5 (Max-Planck-Institut)
ISBN 978-3-428-18484-2 (Duncker & Humblot)
DOI unter https://doi.org/10.30709/978-3-86113-795-5
CC-Lizenz by-nc-nd/3.0

Vorwort

Eine effektive internationale Telekommunikationsüberwachung (TKÜ) ist für die Strafverfolgung von großer Bedeutung: Straftäter agieren global, so dass die Strafverfolgungsbehörden nur eines Landes sie oft nicht erfolgreich verfolgen können. Auch die meisten Kommunikationsdienste operieren transnational. Darüber hinaus haben Umfang, Formen und Bedeutung der elektronischen Kommunikation weltweit stark zugenommen.

Da die entsprechenden TKÜ-Maßnahmen die Privatsphäre des Einzelnen und andere rechtliche Garantien tangieren, unterliegen sie zu Recht besonderen Verfahrensbestimmungen. Das gilt – mit unterschiedlichen Begrenzungen – für den Zugriff auf Verkehrs- und Standortdaten, für die Überwachung von Telekommunikationsinhalten und für die Infiltration von IT-Systemen. Die Voraussetzungen für die Überwachung sind jedoch in den verschiedenen Staaten – selbst innerhalb der Europäischen Union – noch immer sehr unterschiedlich ausgestaltet. Zudem weichen die Staaten bei der technischen Umsetzung – etwa der Datenübermittlung – teilweise erheblich voneinander ab. Diese Unterschiede führen dazu, dass die internationale Zusammenarbeit im Wege der Rechtshilfe heute oft kompliziert und langsam ist und auch hinsichtlich des Schutzes der Verfahrensgarantien Defizite hat.

Gegenstand der vorliegenden Publikation ist daher die Entwicklung eines besseren Systems der transnationalen Telekommunikationsüberwachung für Inhaltsdaten. Das System soll technisch eine „unmittelbare Ausleitung" der TKÜ-Daten in Echtzeit an die um Rechtshilfe ersuchende Stelle ermöglichen, ohne dass die Daten – wie das heute noch die Regel ist – vorab aufgezeichnet und nach Abschluss der spezifischen Maßnahme in Dateien oder gar auf körperlichen Datenträgern zeitverzögert übermittelt werden. Es soll als generisches System konzipiert werden, das – rechtlich und technisch – für die Rechtshilfe zwischen möglichst vielen Ländern anwendbar ist und nicht individuell an die Besonderheiten der jeweils beteiligten Staaten angepasst werden muss.

Methodisch beruht die Untersuchung nicht nur auf der – in dem vorliegenden Band publizierten – Analyse des nationalen und internationalen Rechtshilferechts. Da TKÜ-Rechtshilfe nach allen bestehenden internationalen und bilateralen Abkommen nur zulässig ist, wenn die Überwachung sowohl nach dem Recht des ersuchenden als auch des ersuchten Staates erlaubt ist, erfolgte eine umfassende rechtsvergleiche Analyse der Übereinstimmungen und Unterschiede des Rechts der Telekommunikationsüberwachung in 18 Rechtsordnungen. Das geschriebene Recht wurde dabei zunächst in 17 einzelnen Landesberichten analysiert, die auf der Basis einer vorgegebenen Gliederungsstruktur von nationalen Spezialisten erstellt wurden. Ergänzende Informationen nicht nur zum *law in the books*, sondern auch zum *law in action* und der Rechtswirklichkeit wurden in 14 Staaten zusätzlich in nationalen Workshops mit Praktikern aus dem Rechtshilfe- und TKÜ-Bereich der genannten Rechtsordnungen gewonnen.

Ohne dieses Spezialwissen wäre die vorliegende Untersuchung nicht möglich gewesen. Den Verfassern der Landesberichte sowie den mitwirkenden Praktikern aus der TKÜ-Überwachung und der Rechtshilfe sagen wir deswegen für ihre Unterstützung herzlichen Dank. Dank gilt auch unserer früheren Mitarbeiterin Dr. *Tatjana Tropina* für die Erstellung des vergleichenden Berichts, der zusammen mit den Landesberichten in zwei separaten Bänden veröffentlicht wurde.[1]

Die vorliegende Untersuchung wurde von der Zentralen Stelle für Informationstechnik im Sicherheitsbereich (ZITiS) gefördert, die als Forschungs- und Entwicklungsbehörde für sicherheitsrelevante IT-Fragen im Geschäftsbereich des deutschen Bundesministeriums des Inneren tätig ist. Unser besonderer Dank gilt dabei Herrn EKHK *Christian Förster*, der uns als Vertreter dieser Behörde nicht nur mit seinen umfangreichen technischen und organisatorischen Kenntnissen der internationalen Telekommunikationsüberwachung unterstützt hat. Mit seinem internationalen Netzwerk öffnete er uns darüber hinaus auch die Türen zu den Praktikern im Ausland und ermöglichte so die genannten Workshops in Brüssel, Budapest, Gießen, Lissabon, London, Madrid, Paris, Prag, Rom, Stockholm, Tallin, Utrecht, Wien und Zürich.

Frau *Ines Hofmann* und Frau *Petra Lehser* danken wir für die hervorragende Lektorierung des vorliegenden Buches. Sie waren nicht nur für die Publikation dieses Bandes und der beiden rechtsvergleichenden Bände verantwortlich, sondern betreuten über viele Jahre in hervorragender Weise das gesamte strafrechtliche Forschungsproramm des Freiburger Max-Planck-Instituts zu den Fragen der Globalisierung, der Digitalisierung und der modernen Risikogesellschaft.

Wir wünschen der vorliegenden Studie, dass sie zu einer effektiveren internationalen Telekommunikationsüberwachung sowie einer besseren internationalen Harmonisierung der erforderlichen Verfahrensgarantien beiträgt!

Freiburg, August 2021
             Prof. Dr. Dr. h.c. mult. *Ulrich Sieber*
                 Dr. *Nicolas von zur Mühlen*
                     Thomas Wahl

---

[1] *Ulrich Sieber/Nicolas von zur Mühlen/Tatjana Tropina* (Hrsg.), Access to Telecommunication Data in Criminal Justice – A Comparative Legal Analysis, 2. Aufl. 2021, 2 Bde., 1526 Seiten (Bd. 156.1 und 156.2 der vorliegenden Buchreihe).

Inhaltsverzeichnis

Vorwort V

Teil 1 – Einführung: Gegenstand, Ziele und Methodik der Untersuchung

von *Ulrich Sieber* und *Nicolas von zur Mühlen*

I. Problemstellung 1
II. Ziel der vorliegenden Untersuchung 3
III. Methodik der Untersuchung 4
    A. Identifikation der relevanten Regelungsbereiche 4
    B. Festlegung der einbezogenen Rechtsordnungen 4
    C. Erlangung der relevanten Länderinformationen 5
        1. Problemstellung 5
        2. Wissenschaftliche Landesberichte 6
        3. Workshops mit Praktikern 7
        4. Strukturierte Fragebögen und Umfang der Analyse 7
    D. Rechtsvergleichende Analyse 8
        1. Vergleichung des Strafprozess- und Telekommunikationsrechts ... 8
        2. Regelungen der Rechtshilfe 9
IV. Gang der nachfolgenden Darstellung 9

Teil 2 – Grundlagen: Internationale Zusammenarbeit in der Telekommunikationsüberwachung

von *Thomas Wahl*

I. Rechtsgrundlagen für die Überwachung der Telekommunikation im Rahmen der Rechtshilfe 11
    A. Rechtsgrundlagen hinsichtlich der allgemeinen Bestimmungen zur Gewährleistung der kleinen Rechtshilfe 11
        1. Grundlegende Bemerkungen zum Rechtshilfesystem 11
            a) Rechtshilfe innerhalb der Europäischen Union 13
            b) Rechtshilfe innerhalb Europas (Europaratsstaaten) ... 15
            c) Vertragliche Rechtshilfe mit bestimmten Staaten (insbesondere außereuropäische Staaten) 19
            d) Rechtshilfe aufgrund deliktsbezogener Übereinkommen .. 20
            e) Vertragslose Rechtshilfe 22
        2. Verhältnis der Rechtsgrundlagen 22

Inhaltsverzeichnis

B. Spezielle Rechtsgrundlagen TKÜ-Rechtshilfe 26
  1. Die spezifische Regelung im EU-RhÜbk 27
    a) Zuständige Anordnungsbehörde (Art. 17 EU-RhÜbk) 28
    b) Überwachung des Telekommunikationsverkehrs mit technischer Hilfe eines anderen Mitgliedstaates (Art. 18 EU-RhÜbk) 28
    c) Überwachung des Telekommunikationsverkehrs im eigenen Hoheitsgebiet durch Einschaltung von Diensteanbietern (Art. 19 EU-RhÜbk) 31
    d) Überwachung des Telekommunikationsverkehrs ohne technische Hilfe durch einen anderen Mitgliedstaat (Art. 20 EU-RhÜbk) 32
  2. TKÜ nach der RL Europäische Ermittlungsanordnung 35
    a) Überwachung des Telekommunikationsverkehrs mit technischer Hilfe eines anderen Mitgliedstaates (Art. 30 RL EEA) 36
    b) Überwachung des Telekommunikationsverkehrs ohne technische Hilfe eines anderen Mitgliedstaates (Art. 31 RL EEA) 39
    c) Umsetzung in Deutschland 40
    Exkurs: Der Begriff „Telekommunikation" in der RL EEA und im EU-RhÜbk 41
  3. Besondere Regelungen zur TKÜ in bilateralen Abkommen der Bundesrepublik 43
  4. Grenzüberschreitende TKÜ auf der Grundlage des Rechtshilfeübereinkommens des Europarats – zugleich: Rechtshilfe auf der Grundlage von Generalklauseln 44
  5. Deliktsbezogene Übereinkommen: Art. 33, 34 EuCybercrimeÜbk und Art. 20 UN-TOC als mögliche Rechtsgrundlagen? 47
    a) EuCybercrimeÜbk 47
    b) UNTOC 48
  6. TKÜ bei vertragsloser Rechtshilfe 50
  7. Rechtsgrundlagen für bestimmte Rechtshilfemaßnahmen im Zusammenhang mit TKÜ 50
    a) Überblick 50
    b) Austausch von TKÜ-Daten im Rahmen der polizeilichen Rechtshilfe 51
  8. Rechtshilfeprobleme im Zusammenhang mit der Herausgabe von TKÜ-Protokollen 53
    a) Die Herausgaberegelung in Sondervorschriften (hier: Art. 17 Abs. 5 CZ-ErgV EuRhÜbk) 53
    b) Die Herausgabeproblematik bei der Rechtshilfe mit anderen Staaten 54
    c) Lösung der Herausgabeproblematik nach der Richtlinie über die Europäische Ermittlungsanordnung 56

C. Grundstrukturen des materiellen Rechtshilferechts – die Unterscheidung zwischen Leistungs- und Vornahmeermächtigung, insbesondere im Zusammenhang mit völkerrechtlichen Verträgen 58
    a) Grundlagen in Bezug auf eingehende Ersuchen 59
    b) Grundlagen in Bezug auf ausgehende Ersuchen 62
    c) Ermächtigungsgrundlagen in concreto 62

Inhaltsverzeichnis IX

   d) Ermächtigungsgrundlagen für die Verwertbarkeit im Ausland gewonnener Beweismittel 63

II. **Rechtshilfeverfahren** 65
 A. Allgemeine Vorbemerkung 65
 B. Eingehende Ersuchen um TKÜ (Deutschland als ersuchter Staat) 68
  1. Übliches Verfahren 68
   a) Bewilligungs- und Vornahmeverfahren bei der sonstigen Rechtshilfe 68
   b) Besonderheiten bei der EEA 70
  2. Rechtsschutzmöglichkeiten des Betroffenen 82
   a) Das deutsche Rechtsschutzsystem bei der sonstigen Rechtshilfe ... 82
   b) Besonderheiten bei der EEA 87
   c) Zusammenfassung 90
 C. Ausgehende Ersuchen um TKÜ (Deutschland als ersuchender Staat) 92
  1. Übliches Verfahren 92
   a) Zweiteilung 92
   b) Besonderheiten bei der EEA 94
  2. Rechtsschutz 96

III. **Filterpflichten und Verwertungsfragen** 99
 A. Eingehende Ersuchen um TKÜ (mit technischer Hilfe) – Deutschland als ersuchter Staat 100
  1. TKÜ in klassischer Form 101
   a) Allgemeine Grundsätze 101
   b) Ergebnis einer stringenten Sichtweise 105
   c) Möglichkeiten einer flexibleren Lösung 107
   d) Modifizierung der Grenzen durch Einschränkungsklauseln in der RL EEA und im EU-RhÜbk? 120
  2. TKÜ in Echtzeit 124
 B. Ausgehende Ersuchen um TKÜ (mit technischer Hilfe) – Deutschland als ersuchender Staat 127
  1. Pflichten deutscher Stellen zur Einhaltung deutscher strafverfahrensrechtlicher Standards beim Stellen eines Ersuchens 128
  2. Beweisverwertung bei Rechtmäßigkeit der Beweiserhebung nach ausländischem Recht, aber Nichteinhaltung deutschen Rechts 130
   a) Nichtbeachtung (angegebener) deutscher Form- und Verfahrensvorschriften 130
   b) Abweichungen zum deutschen Recht 131
  3. Beweisverwertung bei Nichteinhaltung des Rechts des ersuchten Staates 133
   a) Die Leitentscheidung des BGHSt 58, 22 133
   b) Abweichungen bei Ersuchen nach der RL EEA? 135
  4. Beweisverwertungsverbote wegen Nichteinhaltung rechtshilferechtlicher Voraussetzungen 137
   a) Die vom BGH entwickelten Grundsätze 137

		b)	Entsprechende Anwendung bei der EEA?	138
	C.	Besonderheiten bei der TKÜ ohne technische Hilfe		139
		1.	Gemeinsame Grundsätze nach der RL EEA und dem EU-RhÜbk, insbesondere für eingehende Ersuchen	139
		2.	Unterschiede zwischen RL EEA und EU-RhÜbk und Auswirkungen	142
IV.	Zusammenfassung			144

Anhang 151

Teil 3 – Ergebnisse: Rechtshilfe zur internationalen Telekommunikationsüberwachung mit unmittelbarer Datenausleitung
von *Ulrich Sieber*

I.	Rechtsgrundlagen			156
II.	Datenübermittlung ins Ausland (Deutschland als ersuchter Staat)			159
	A.	Zwischenstaatliche Leistungspflicht		159
		1.	Formelle Rechtshilfevoraussetzungen	159
		2.	Allgemeine materielle Zulässigkeitsvoraussetzungen	160
		3.	TKÜ-spezifische Zulässigkeitsvoraussetzungen	162
			a) Beschränkungen auf Maßnahmen „in einem vergleichbaren innerstaatlichen Fall"	162
			b) Mögliche Modifikation der innerstaatlichen Ermächtigungsnorm	163
			c) Konsequenzen aus dem Erfordernis der innerstaatlichen Ermächtigung für die Vornahmeermächtigung	164
			d) Fortgeltung von Beschränkungen auf deutschem Territorium im Anschluss an die TKÜ-Anordnung	167
		4.	Schutz der Daten nach der Auslandsübermittlung	170
			a) Kontrollprobleme des deutschen Rechts nach der Auslandsübermittlung	170
			b) Mögliche Lösungsansätze: Exportverbot, Filterpflichten oder Bedingungen?	176
			c) Beschränkung des Kontrollmaßstabs auf den ordre public	179
			d) Kontrollmaßstab des BVerfG für die Datenübermittlung ins Ausland	182
			e) Konsequenzen für die TKÜ-Rechtshilfe	185
	B.	Innerstaatliche Ermächtigung		191
		1.	Voraussetzungen der TKÜ-Ermächtigung	191
			a) Formelle Voraussetzungen der Ermächtigung	191
			b) Materielle Voraussetzungen der Ermächtigung	192
		2.	Materielle Ermächtigung zur Datenweitergabe ins Ausland	193
	C.	Ergebnis zur Übermittlung von inländischen TKÜ-Daten		193

III. Datenübermittlung nach Deutschland (Deutschland als ersuchender Staat) ... 195
A. Antragstellung und Anordnungsermächtigung ... 195
B. Bewilligungsentscheidung ... 195
C. Verwertung der übermittelten Beweismittel ... 196
D. Ergebnis zur Erlangung von ausländischen TKÜ-Daten ... 198

IV. Telekommunikationsrechtliche Vorgaben zur Datenübermittlung ... 198
A. „Mittelbare Behördenausleitung" ... 199
B. Direktausleitung der Provider ins Ausland ... 199
C. Zwischenergebnis zu den telekommunikationsrechtlichen Vorgaben ... 200

V. Gesamtergebnis und Handlungsempfehlungen ... 200
A. Ergebnis ... 200
B. Handlungsempfehlungen ... 201
   1. Zur technischen Umsetzung des TKÜ-Systems mit unmittelbarer Datenausleitung ... 201
   2. Zu den Regelungen der deutschen Justiz ... 202
   3. Zu den aktuellen Regelungen der Europäischen Union ... 204
   4. Zum grundlegenden Ansatz der europäischen Strafrechtspolitik ... 204

Literaturverzeichnis ... 206

Teil 1 – Einführung

Gegenstand, Ziele und Methodik der Untersuchung

von

Ulrich Sieber und *Nicolas von zur Mühlen*

I. Problemstellung

Die Überwachung der Telekommunikation spielt in der Praxis der Strafverfolgung eine zentrale Rolle. Dies beruht zum einen darauf, dass moderne Kommunikationstechniken in den letzten Jahrzehnten zu einem elementaren gesellschaftlichen Wandel beigetragen haben, der mit dem Schlagwort „Informationsgesellschaft" beschrieben wird. Die digitale Vernetzung durchzieht mittlerweile nahezu alle Lebensbereiche: Informationsaustausch, der zuvor überwiegend im direkten und persönlichen Kontakt vollzogen wurde, erfolgt immer öfter über technische Medien. Endgeräte wie Smartphones, Tablets und Smartwatches ermöglichen trotz steigender Mobilität ständige Erreichbarkeit über variable Kommunikationskanäle. In diesem Prozess spielt nicht nur die klassische Telekommunikation zwischen Menschen eine große Rolle, auch die Kommunikation zwischen Computersystemen erhält eine immer weiter reichende Bedeutung. Dies manifestiert sich derzeit insbesondere in der Verlagerung von Anwendungen, Rechenleistung und Speicherplatz in die Cloud und wird in den nächsten Jahren noch zunehmen, wenn Haushaltsgeräte und andere Alltagsgegenstände, Fahrzeuge, Sensoren und Steuerungssysteme im sogenannten Internet der Dinge untereinander vernetzt sind.

Dieser technische und soziale Wandel stellt die Strafverfolgungsbehörden vor eine Vielzahl neuer Herausforderungen, da auch Straftäter von moderner Kommunikationstechnik Gebrauch machen. Insbesondere in der organisierten Kriminalität, im Terrorismus, der Computerkriminalität und in der Wirtschaftskriminalität hat die Nutzung moderner Telekommunikationstechniken für die Tatplanung und -ausführung durch die meist dezentral und grenzüberschreitend agierenden Tätergruppen eine große Bedeutung.

Die von diesen Delinquenzbereichen ausgehenden neuen Risiken haben darüber hinaus das Bedürfnis nach einer besseren Prävention hervorgerufen. Dazu sind nicht nur weitergehende Maßnahmen der präventivpolizeilichen und der nachrichtendienstlichen Aufklärung erforderlich, sondern auch vorverlagerte Aufklärungsmaßnahmen in *strafprozessualen* Ermittlungen, da neu geschaffene Vorfelddelikte zunehmend – oft eigentlich neutrale – Vorbereitungshandlungen unter Strafe stellen, deren Täter bestimmte deliktische Absichten verfolgen oder ein entsprechendes Wissen haben. Solche Absichten und Kenntnisse im Vorfeld der eigentlichen Schädigung können vor allem durch Telekommunikationsüberwachung nachgewiesen werden.

Telekommunikationsüberwachung ist dabei *funktional* mit neuen technischen und rechtlichen Herausforderungen verbunden. *Technische* Probleme resultieren vor allem aus der – bei einigen Programmen bereits standardmäßig vorgesehenen – Verschlüsselung der Kommunikation sowie der Vielzahl der genutzten Diensteanbieter und Endgeräte. Dies führt zu neuen *rechtlichen* Problemen und Lösungen, wie der Quelldatenüberwachung oder der zunehmenden Inpflichtnahme von Providern. Weitere Rechtsfragen ergeben sich aus der Tatsache, dass die – bisher für entsprechende Eingriffsnormen der TKÜ zentrale – Differenzierung zwischen dem Zugriff auf gespeicherte und dem Zugriff auf übermittelte Daten (z.B. bei zwischengespeicherten E-Mails) im Internet verschwimmt. Unklar ist beispielsweise auch, unter welchen Bedingungen die zur Telekommunikationsüberwachung ermächtigenden Eingriffsnormen neben der Kommunikation zwischen Menschen auch die Kommunikation von Mensch und Maschine (z.B. bei der Überwachung des Abrufs von Webseiten) oder den Datenaustausch zwischen zwei technischen Geräten (z.B. im Internet der Dinge) einbeziehen.

Diese technischen und rechtlichen Probleme potenzieren sich auf der *territorialen* Ebene, wenn Straftäter grenzüberschreitend aktiv sind. Reist ein Verdächtiger ins Ausland, so ist die Überwachung seiner Kommunikation rechtlich dadurch erschwert, dass die Befugnisse der Ermittlungsbehörden grundsätzlich auf das nationale Territorium beschränkt sind und die Überwachung von Telekommunikationssystemen in einem fremden Staat dessen Souveränität verletzen würde. Die dadurch in Auslandssachverhalten erforderliche Rechtshilfe ist mit weiteren rechtlichen Hürden verbunden. Diese resultieren vor allem daraus, dass die Regelungen zur Telekommunikationsüberwachung – z.B. hinsichtlich der vorgenannten Konstellationen oder in der Definition der von der TKÜ ausgenommenen Berufsgeheimnisträger – in den verschiedenen nationalen Rechtsordnungen unterschiedlich sind und dadurch einer Datenübertragung entgegenstehen können. Hinzu kommen für die Strafverfolger organisatorische Probleme, die aus der Komplexität des Rechtshilferechts (das eine wenig bekannte und schwierige Spezialmaterie darstellt), aus den damit einhergehenden komplexen Verfahren, aus Unklarheiten über das jeweilige nationale Recht des ersuchten Staates und Übersetzungsschwierigkeiten resultieren. Nicht zuletzt bestehen auch technische Grenzen, etwa wenn die zur Telekommunikationsüberwachung eingesetzten Systeme der jeweiligen Nationalstaaten unterschiedlich ausgestaltet sind und es dadurch zu Inkompatibilitäten kommt. Diese Probleme potenzieren sich weiter, wenn Überwachungsergebnisse nicht nur als aufgezeichnete „Konserven" in Dateien übermittelt werden sollen, sondern in Echtzeit über Datenleitungen, sodass die Ermittlungsbehörden im ersuchenden Staat sofort auf die Ergebnisse reagieren können. Aus diesen Gründen bilden in der Europäischen Union die nationalen Grenzen noch immer gravierende Hindernisse für eine effektive transnationale Telekommunikationsüberwachung.

Fragen stellen sich in diesen Fällen allerdings nicht nur bezüglich der Effektivität der Strafrechtspflege, sondern auch im Hinblick auf den Schutz der betroffenen Bürger. Dies zeigt sich etwa, wenn die in Deutschland aufgezeichneten Datenpakete eines Routers, die möglicherweise auch die Kommunikation eines Geistlichen oder Daten aus dem Kernbereich der Persönlichkeitssphäre enthalten (die in Deutschland nicht überwacht und nicht ausgewertet werden dürfen) im Wege der Rechtshilfe direkt nach Frankreich übermittelt werden, wo keine derartigen rechtlichen Privilegien bestehen. Ähnlich problematisch ist es, wenn in England eine Telekommunikationsüberwachung ohne richterlichen Beschluss angeordnet werden kann und eine diesbezügliche Anfrage im Wege der Rechtshilfe an deutsche Behörden übermittelt wird. Werden die Ergebnisse der TKÜ in Echtzeit ins Ausland ausgeleitet, so verkürzen sich die Möglichkeiten der Kontrolle und Begrenzung der ausgeleiteten Daten noch weiter. Damit entstehen neue Herausforderungen sowohl für die Effektivität der Strafverfolgung als auch für den Schutz der Bürger.

II. Ziel der vorliegenden Untersuchung

Ziel der vorliegenden Untersuchung ist die Entwicklung eines effektiven Systems der transnationalen Telekommunikationsüberwachung, das durch ein angemessenes Schutzniveau für die betroffenen Bürger mit den verfassungs- und menschenrechtlichen Garantien vereinbar ist. Das System soll eine „unmittelbare Ausleitung" der TKÜ-Daten in Echtzeit an die um Rechtshilfe ersuchende Stelle ermöglichen, ohne dass die Daten vorab aufgezeichnet und nach Abschluss der spezifischen Überwachungsmaßnahme in Dateien oder gar auf körperlichen Datenträgern übermittelt werden. Dabei soll es sich um ein generisches System handeln, das – rechtlich und technisch – für die Rechtshilfe zwischen allen beteiligten Ländern anwendbar ist und nicht individuell an die Besonderheiten der jeweils beteiligten beiden Staaten angepasst werden muss. Das vorliegende Forschungsprojekt soll hierzu sowohl auf der rechtlichen wie auch auf der technisch-praktischen Ebene beitragen.

III. Methodik der Untersuchung

A. Identifikation der relevanten Regelungsbereiche

Zur Beantwortung der vorgenannten Frage analysiert die folgende Untersuchung vor allem zwei Regelungsbereiche:

Zum einen geht es um die einschlägigen Bestimmungen der *Rechtshilfe*, die im internationalen, europäischen und nationalen Recht normiert sind. Diese Vorschriften betreffen zunächst – im zwischenstaatlichen Verhältnis – die im Bereich des *internationalen* Rechts angesiedelte Frage, inwieweit die Staaten der Europäischen Union einander zur Leistung von Rechtshilfe verpflichtet sind. Sodann sind im Bereich der Rechtshilfe – im Verhältnis Staat-Bürger – die im *nationalen* Recht geregelten Fragen relevant, ob, inwieweit und unter welchen Bedingungen der deutsche Staat gegenüber den betroffenen Bürgern zur Erhebung von Telekommunikationsdaten und insbesondere zu deren Übermittlung ins Ausland oder aus dem Ausland berechtigt und verpflichtet ist, vor allem wenn dort ein anderes rechtliches Schutzniveau besteht als in Deutschland.

Der zweite durch die Forschungsfrage angesprochene Regelungsbereich betrifft das *Strafprozessrecht* und das *Telekommunikationsrecht*, das ebenfalls national geregelt ist. Einschlägig sind hier sowohl die Eingriffsermächtigungen des Strafprozessrechts zur TKÜ als auch die speziellen telekommunikationsrechtlichen Vorschriften über die – in den meisten Staaten spezialgesetzlich oder in Verordnungen geregelten – Mitwirkungspflichten der Provider. Diese Fragen müssen einbezogen werden, weil die Leistung von Rechtshilfe eine rechtmäßige Erlangung der jeweiligen Daten sowohl nach dem Recht des ersuchenden als auch des ersuchten Staates voraussetzt. Die Möglichkeiten und Grenzen der TKÜ in den einbezogenen Rechtsordnungen sind daher zentrale Vorfragen für die Übermittlung dieser Daten im Wege der Rechtshilfe. Diese Punkte sind ausführlich in den Landesberichten und in der separat veröffentlichten rechtsvergleichenden Studie „Access to Telecommunication Data in Criminal Justice" dargestellt.[1]

B. Festlegung der einbezogenen Rechtsordnungen

Die vorgenannten Sachfragen werden in unterschiedlichen nationalen und internationalen Rechtsordnungen untersucht:

➢ Für die Analyse des *nationalen Rechts* wurden in einer ersten Phase der rechtlichen Studie acht europäische Länder ausgewählt: Deutschland, Belgien, Eng-

---

[1] *Ulrich Sieber/Nicolas von zur Mühlen/Tatjana Tropina* (Hrsg), Access to Telecommunication Data in Criminal Justice, 2 Bde., Berlin 2. Aufl. 2021 (Bd. 156.1 und 156.2 der vorliegenden Forschungsreihe).

land, Frankreich, die Niederlande, Schweden, Spanien und Tschechien. Die juristischen Landesberichte aus dieser ersten Phase des Projektes wurden (bis auf die Niederlande) in dem 2016 erschienen Publikationsband „Access to Telecommunication Data in Criminal Justice: A Comparative Analysis of European Legal Orders" veröffentlicht.[2]

> In der zweiten Phase der Studie wurden die Informationen zu den oben genannten Ländern aktualisiert und die folgenden zehn Länder hinzugefügt: Australien, Estland, Italien, Kroatien, Österreich, Polen, Portugal, Schweiz, Ungarn und die Vereinigten Staaten von Amerika. Für 16 der damit insgesamt 18 Länder wurden Landesberichte erstellt, die einer identischen Struktur folgen und in der zweiten Auflage des zuvor genannten Publikationsbandes nunmehr zusammen mit einem kurzen Sonderbericht über das Recht in den USA und einer umfassenden vergleichenden Analyse veröffentlicht sind.

> Im *internationalen Recht* sind im Bereich der Rechtshilfe für diese Länder die Normen der Europäischen Union, des Europarats sowie bilaterale Verträge maßgeblich. Zentral war dahingehend bis vor wenigen Jahren das EU-Rechtshilfeübereinkommen vom 29. Mai 2000, dessen praktische Bedeutung durch die 2014 verabschiedete Richtlinie über die Europäische Ermittlungsanordnung in Strafsachen, die von den Mitgliedstaaten bis 2017 in nationales Recht umgesetzt werden musste, jedoch stark abgenommen hat. Hinzukommen z.B. auch das Rechtshilfeübereinkommen des Europarats von 1959 sowie bilaterale Rechtshilfeübereinkommen.

C. Erlangung der relevanten Länderinformationen

1. Problemstellung

Der Gegenstand der vorliegenden Untersuchung muss daher als komplex und schwer zu analysieren charakterisiert werden: Er betrifft nicht nur mehrere unterschiedliche nationale und internationale Rechtsordnungen, sondern (neben dem Strafprozessrecht) mit dem Telekommunikationsrecht und dem Rechtshilferecht auch zwei Spezialgebiete, die besondere Fachkenntnisse erfordern, vor allem auch, weil die vorliegend relevanten Fragen der TKÜ-Rechtshilfe bisher noch kaum geklärt sind. Vor besondere Schwierigkeiten stellt die Verknüpfung der beiden Bereiche, wenn – unter Einbeziehung des Verfassungsrechts – geklärt werden muss, inwieweit rechtliche Unterschiede zwischen den nationalen Strafprozess- und Telekommunikationsrechten eine Rechtshilfe ausschließen. Zusätzliches Fachwissen ist darüber hinaus erforderlich, weil mit Blick auf die – auch – praktische Zielsetzung

---

[2] *Ulrich Sieber/Nicolas von zur Mühlen* (Hrsg), Access to Telecommunication Data in Criminal Justice, 1. Aufl. Berlin 2016 (Bd. 156 der vorliegenden Forschungsreihe).

der Arbeit nicht nur das geschriebene Recht untersucht werden soll, sondern zusätzlich das gelebte Recht, um die in der Praxis auftretenden Probleme abzudecken. Zur Erlangung verlässlicher Informationen über die verschiedenen Landesrechte unter Einbeziehung des „law in action" wurden deshalb zwei Erhebungsmethoden kombiniert: Landesberichte von ausländischen Rechtswissenschaftlern mit Spezialkenntnissen im Recht der TKÜ oder des Informationsrechts sowie Interviews und Workshops mit Angehörigen von Polizei und Justiz, die im Bereich der Verfolgung insbesondere organisierter Kriminalität und der TKÜ-Rechtshilfe arbeiten.

2. Wissenschaftliche Landesberichte

Die Analyse des „law in the books" erfolgte vor allem auf der Grundlage eines einheitlichen Fragebogens von Experten des TKÜ-Rechts der genannten Staaten, Die Experten erstellten zu den einschlägigen Rechtsfragen Landesberichte, die in der genannten zweiten Auflage der separaten Publikation „Access to Telecommunication Data in Criminal Justice" zusammen mit einer vergleichenden Analyse dargestellt sind.

➢ Landesbericht Australien von *Catherine Smith*, Beraterin und ehemalige leitende Mitarbeiterin der Generalstaatsanwaltschaft Canberra.

➢ Landesbericht Österreich von Assoz. Prof. Dr. *Christian Bergauer*, Dr. *Diana Bernreiter*, Dr. *Sebastian Gölly* und Prof. Dr. *Gabriele Schmölzer*, Universität Graz.

➢ Landesbericht Belgien von *Gertjan Boulet* und Prof. Dr. *Paul De Hert*, Vrije Universiteit Brüssel und Tilburg.

➢ Landesbericht Kroatien von doc. dr. sc. *Marko Jurić*, Assoc. Prof. Dr. Dr. h.c. *Sunčana Roksandić*, Universität Zagreb.

➢ Landesbericht Tschechische Republik unter der Leitung von doc. JUDr. Prof. *Radim Polčák*, Ph.D., Universität Brünn. Dieser Bericht enthält auch eine vergleichende Darstellung des slowakischen Rechts, das dem Recht der Tschechischen Republik sehr ähnlich ist.

➢ Landesbericht Estland von *Aare Kruuser*, Universität Tallinn.

➢ Landesbericht Frankreich von Dr. *Estelle De Marco*, Inthemis, Montpellier.

➢ Landesbericht Deutschland unter der Leitung von Prof. Dr. Dr. h.c. mult. *Ulrich Sieber* und Dr. *Nicolas von zur Mühlen* von den Mitarbeitern Dr. *Benjamin Vogel*, LL.M. (Cantab.), *Patrick Köppen* und *Thomas Wahl* vom Max-Planck-Institut für ausländisches und internationales Strafrecht in Freiburg.

➢ Landesbericht Ungarn von Assist. Prof. Dr. *Katalin Parti*, Virginia Tech, Blacksburg, VA.

➢ Landesbericht Italien von Assist. Prof. Dr. *Roberto Flor*, Universität Verona, und Assoc. Prof. Dr. *Stefano Marcolini*, Universität Varese.

- Landesbericht Niederlande von *Niels van Buiten*, Niederländische Staatsanwaltschaft.
- Landesbericht Polen von Dr. Hab. *Sławomir Steinborn*, Universität Gdańsk, und Dr. *Stanisław Tosza*, Universität Utrecht.
- Landesbericht Portugal von *Pedro Verdelho*, Generalstaatsanwaltschaft Lissabon.
- Landesbericht Spanien von Prof. Dr. Dr. h.c. *Lorena Bachmaier Winter*, Universität Madrid.
- Landesbericht Schweden von Prof. *Iain Cameron*, Universität Uppsala.
- Landesbericht Großbritannien von *Elif Mendos Kuskonmaz*, Ph.D. (als Nachfolgerin von Prof. Dr. *Ian Walden*, Ph.D. der den Bericht in der ersten Auflage dieses Buches erstellt hatte), Portsmouth.
- Ein spezieller Landesbericht über die Rechtsentwicklung in den Vereinigten Staaten von Amerika wurde von Prof. *Joseph J. Schwerha IV*, California University of Pennsylvania, verfasst.

3. Workshops mit Praktikern

Darüber hinaus wurden – vor allem auch zur Einbeziehung des gelebten Rechts – in 14 Staaten Praktiker der Polizei und der Justiz in Workshops zu rechtlichen und praktischen Problemen befragt. An den intensiven Besprechungen der Workshops nahmen jeweils mehrere im Bereich der Telekommunikationsüberwachung erfahrene Ermittler und Staatsanwälte sowie Spezialisten für die Rechtshilfe teil. Über die oben genannten Staaten hinaus wurde auch die Schweiz mit in diese Analyse einbezogen.

4. Strukturierte Fragebögen und Umfang der Analyse

Sowohl die Landesberichte der Wissenschaftler als auch die Befragungen der Praktiker beruhten jeweils auf einem detaillierten Fragebogen. Die beiden Fragebögen, die von Prof. Dr. *Ulrich Sieber* unter Mitarbeit von Dr. *Nicolas von zur Mühlen* strukturiert und ausgearbeitet wurden, sind – ebenso wie die Landesberichte der Wissenschaftler und die Zusammenfassungen der Praktikerbefragungen – im Anhang der bereits genannten Publikation der Studie „Access to Telecommunication Data in Criminal Justice" abgedruckt.

Beide Fragebögen gingen im Bereich des Strafprozessrechts über den im Rahmen dieser Studie relevanten Regelungsbereich der Telekommunikationsüberwachung hinaus und bezogen auch den Zugriff auf gespeicherte Kommunikationsdaten und weitere Fragen des Zugriffs auf computergespeicherte Daten (insb. im Grenzbereich von Datenübertragung und Datenspeicherung) ein. Dies hatte zwei Gründe: Zum einen sollten für die Bearbeitung der vorliegenden Aufgabenstellung alle Formen des Zugriffs auf – gerade übertragene und gerade gespeicherte – Kommunikationsdaten erfasst werden, damit im Rahmen eines breiten funktionalen Ansatzes überprüft werden kann, ob sich aus den entsprechenden Regelungen Konsequenzen für die Rechtshilfe im Bereich der Telekommunikationsüberwachung ergeben. Zum anderen sollte die Verfügbarkeit der oben genannten Spezialisten aus Wissenschaft und Praxis genutzt werden, um die Daten für weitergehende zukünftige Untersuchungen zu digitalen Ermittlungsmaßnahmen mitzuerfassen.

D. Rechtsvergleichende Analyse

Da Ziel der Untersuchung nicht nur die Beurteilung der Rechtshilfe zwischen einem oder mehreren Ländern war, sondern die Konzeption eines umfassenden Kooperationssystems zur grenzüberschreitenden TKÜ (d.h. der o.g. generischen strukturierten staatenübergreifenden Standardvorgehensweise für einen unmittelbaren internationalen TKÜ-Datenaustausch), erfolgte auf der Grundlage der nationalen Länderinformationen eine rechtsvergleichende Untersuchung der verschiedenen einbezogenen Rechtsordnungen. Diese ist in der genannten separaten Publikation „Access to Telecommunication Data in Criminal Justice" abgedruckt. Die Ergebnisse zu Art und Umfang der nationalen Regelungen erlaubte eine nicht nur länderspezifische, sondern auch allgemeine und zusammenfassende Prüfung der möglichen Rechtshilfehindernisse.

Im Mittelpunkt der Rechtsvergleichung stand – entsprechend der Zielsetzung der Untersuchung – das nationale Strafprozess- und Telekommunikationsrecht. Das – aufgrund von internationalen Verträgen und anderen Instrumenten stark vereinheitlichte – Rechtshilferecht wurde primär anhand der internationalen und der deutschen Rechtsordnung analysiert.

1. Vergleichung des Strafprozess- und Telekommunikationsrechts

Da die Rechtshilfe zu einer strafprozessualen Eingriffsmaßnahme grundsätzlich deren Durchführbarkeit im ersuchenden und im ersuchten Staat voraussetzt, standen die strafprozessualen und telekommunikationsrechtlichen Möglichkeiten und Grenzen der TKÜ im Fokus der rechtsvergleichenden Untersuchung. Die funktional konzipierten und detailliert gegliederten Fragebögen erlaubten eine gute Vergleichbarkeit der Länderinformationen. Auf dieser Basis erstellte Dr. *Tatiana Tropina* vom Freiburger Max-Planck-Institut für ausländisches und internationales Strafrecht eine rechtsvergleichende Analyse vor allem des nationalen Telekommunikationsüberwachungsrechts. Die Vergleichung zeigt, dass zwischen den verschiedenen Rechtsordnungen der EU erhebliche Unterschiede bestehen, die im Hinblick auf eine unkontrollierte Übersendung von Ergebnissen der TKÜ nicht unproblematisch sind.

2. Regelungen der Rechtshilfe

Die nationalen Regelungen des Rechtshilferechts waren nicht Gegenstand einer umfassenden Rechtsvergleichung. Der Verzicht darauf beruhte zum einen auf der Überlegung, dass sie durch internationale Rechtshilfeverträge, die gleiche Rahmenbedingungen für alle Mitgliedstaaten schaffen, bereits weitgehend vereinheitlicht sind. Hinzu kam, dass Ziel der Untersuchung die Klärung der – vom ausländischen nationalen Rechtshilferecht nur wenig beeinflusste – Frage war, ob Deutschland sich auf der Grundlage seines Rechtssystems an einem europäischen Rechtshilfesystem für die TKÜ beteiligen kann, insbesondere wenn die erhobenen TKÜ-Daten bei ihrer Erhebung in Echtzeit unmittelbar an ausländische Stellen ausgeleitet werden.

Der vorliegend im Anschluss abgedruckte Teil 2 zur Rechtshilfe von Thomas Wahl konzentriert sich daher auf das internationale und das deutsche Rechtshilferecht. Der Teil gibt eine umfassende Einführung in die Grundlagen der Rechtshilfe und untersucht die einschlägigen Fragen sowohl für die Erbringung von Rechtshilfe (wenn Deutschland der ersuchte Staat ist) als auch für den Erhalt der Rechtshilfe (wenn Deutschland der ersuchende Staat ist).

Die in diesem Teil behandelten Fragen des nationalen Rechtshilferechts wurden sowohl in die Fragebögen für die Erstellung der übrigen Landesberichte als auch in die Befragung der Praktiker aufgenommen. Da die mitwirkenden Wissenschaftler primär im Hinblick auf ihre Kompetenz für TKÜ-Fragen ausgewählt wurden, fielen die Ausführungen zum nationalen Rechtshilferecht in den Landesberichten allerdings weniger detailliert aus als in der Analyse des deutschen Rechts. Da das ausländische Rechtshilferecht nicht Gegenstand dieser Untersuchung war, wurde auf zusätzliche und detailliertere Landesberichte verzichtet. Die aus der vorhandenen Analyse gewonnenen Erkenntnisse wurden jedoch in den Fußnotenapparat des Berichts zum deutschen Rechtshilferecht aufgenommen. Sie bestätigt, dass das nationale Rechtshilferecht der genannten ausländischen Rechtsordnungen aufgrund der teilweisen internationalen (insb. europarechtlichen) Regelungen sowie aufgrund der bereits genannten Rechtsharmonisierung tatsächlich nicht zu wesentlich anderen Ergebnissen kommen dürfte.

IV. Gang der nachfolgenden Darstellung

Die nachfolgende Darstellung behandelt zunächst in Teil 2 die einschlägigen Rechtshilferegelungen in den oben genannten Mitgliedstaaten der Europäischen Union. Teil 3 bringt diese Ergebnisse mit dem rechtsvergleichenden Studienteil zum nationalen Strafprozess- und Telekommuniktionsrecht zusammen und untersucht auf der Grundlage einer vertiefenden verfassungsrechtlichen Analyse, ob und wie ein generisches System einer europäischen und internationalen Telekommunikationsüberwachung mit unmittelbarer Datenübermittlung in Echtzeit möglich ist.

Teil 2 – Grundlagen
Internationale Zusammenarbeit in der Telekommunikationsüberwachung

von

Thomas Wahl

I. Rechtsgrundlagen für die Überwachung der Telekommunikation im Rahmen der Rechtshilfe

A. Rechtsgrundlagen hinsichtlich der allgemeinen Bestimmungen zur Gewährleistung der kleinen Rechtshilfe

1. Grundlegende Bemerkungen zum Rechtshilfesystem

Die internationale Zusammenarbeit in der Überwachung der Telekommunikation ist eine Form der sog. „kleinen" oder sonstigen Rechtshilfe, manchmal – verengend – auch „Beweisrechtshilfe" genannt. Bi- und multilaterale völkerrechtliche Verträge oder EU-Recht statuieren für die Vertragsstaaten eine (gegenseitige völkerrechtliche) Pflicht zur Leistung von Rechtshilfe unter den im Vertrag oder EU-Rechtsakt genannten Bedingungen. Hinsichtlich der Bedingungen ist zu unterscheiden zwischen allgemeinen Voraussetzungen, die für jede Form der Rechtshilfe bestimmt sind, und (etwaigen) detaillierten Regelungen zu einer besonderen Rechtshilfeform, wie hier der TKÜ.[1] Die völker- oder unionsrechtliche Verpflichtung, einander (so weit wie möglich) Rechtshilfe zu leisten, legitimiert für sich allein noch keine innerstaatlichen Zwangseingriffe. Unter welchen Voraussetzungen solche Zwangseingriffe vorgenommen werden können, ergibt sich aus den weiteren besonderen Bedingungen, die der völkerrechtliche Vertrag, das Unionsrecht oder ergänzend das nationale Rechtshilferecht vorsehen.

Bevor unter B. auf die besonderen Rechtshilfevoraussetzungen der TKÜ eingegangen wird, sollen zunächst die Rechtsgrundlagen behandelt werden, welche die *allgemeinen Voraussetzungen* für eine Rechtshilfe aufstellen. Solche Voraussetzungen müssen für jede Art von Rechtshilfe gegeben sein, also auch bei der Durchführung grenzüberschreitender TKÜ. Sie werden generell unterteilt in formale

---

[1] Andere Formen sind z.B. die Beschlagnahme und Durchsuchung von Sachen, die Zeugenvernehmung per Videokonferenz, verdeckte Ermittlungen oder die Überwachung von Bankgeschäften.

Voraussetzungen, wie Anforderungen an Form, Inhalt und Sprache eines Ersuchens oder Einhaltung der Geschäftswege, sowie materielle Voraussetzungen. Zu den materiellen Voraussetzungen gehören insbesondere die Rechtshilfeverweigerungsgründe. Als Gründe für die Verweigerung der Rechtshilfe lassen sich ganz grundsätzlich u.a. anführen:

– Gegenseitigkeit;
– fehlende beiderseitige Strafbarkeit;
– Nichtvorliegen der Auslieferungsfähigkeit der Straftat, d.h. die dem Rechtshilfeersuchen zugrundeliegende Straftat muss eine bestimmte Grenze der angedrohten Strafe überschreiten oder eine besondere Qualifizierung aufweisen;
– Bestehen eines politischen, fiskalischen oder militärischen Delikts;
– Eingreifen des Verbots der Doppelverfolgung (*ne bis in idem*-Prinzip);
– Vorbehalt der Extraterritorialität, d.h. die Straftat ist nicht auf dem Gebiet des ersuchenden Staates und/oder ganz oder teilweise auf dem Gebiet des ersuchten Staates begangen worden;
– Eingreifen von Immunitäten und Vorrechten;
– Verstoß gegen „wesentliche Rechtsgrundsätze" (*ordre public*-Ausnahme);
– Beeinträchtigung „wesentlicher" Interessen des ersuchten Staates (Interessenklausel);
– Gefahr der Todesstrafe;
– ungenügende Darlegung des Tatverdachts und/oder von Beweismitteln (*prima facie case* oder *probable cause*).

Auch die Frage nach der Einhaltung des Spezialitätsgrundsatzes, der die Zweckbindung der geleisteten Rechtshilfe zum Ausdruck bringt, gehört zu den allgemeinen, materiellen Rechtshilfevoraussetzungen.[2]

Da diese Voraussetzungen nicht spezifisch mit der Maßnahme der TKÜ zusammenhängen, werden sie im Folgenden nicht vertiefend behandelt.[3] Die Bewilligungsbehörde hat sie jedoch zu beachten, wenn im Einzelfall Anhaltspunkte für ihr Nichtgegebensein bestehen. Inwieweit die genannten allgemeinen Voraussetzungen für den konkreten Fall Geltung beanspruchen, hängt davon ab, ob bzw. wie sie in der zugrundeliegenden rechtshilferechtlichen Rechtsgrundlage ausgestaltet sind.

---

[2] Zum Inhalt des Spezialitätsgrundsatzes in der sonstigen Rechtshilfe siehe *Trautmann/Zimmermann*, in: Schomburg/Lagodny, Internationale Rechtshilfe in Strafsachen, 6. Aufl. 2020 (im Folgenden: S/L), § 59, Rn. 43; *Vogel*, in: Grützner/Pötz/Kreß (Hrsg.), Internationaler Rechtshilfeverkehr in Strafsachen, Vor § 1, Rn. 78.

[3] Siehe weiterführend S/L, Einleitung, Rn. 57 ff.; *Hackner/Schierholt*, Internationale Rechtshilfe in Strafsachen, 3. Aufl. 2017, Rn. 173; *Riegel*, FPR 2010, 502; *Linke*, ÖJZ 1968, 286 (288 ff.), ausführlich auch *Nagel*, Beweisaufnahme im Ausland, 1988, S. 92 ff.; *Schädel*, Bewilligung internationaler Rechtshilfe in Strafsachen in der Europäischen Union, 2005, S. 80 ff.

Deshalb ist es entscheidend, sich mit den allgemeinen Rechtsgrundlagen der Rechtshilfe und den verschiedenen Ebenen der Rechtshilfe vertraut zu machen. Welche Rechtsgrundlage eingreift, hängt in einem ersten Schritt entscheidend davon ab, welche Staaten involviert sind. Jede Rechtshilfeleistung kann auf ein bilaterales Verhältnis zurückgeführt werden.

a) Rechtshilfe innerhalb der Europäischen Union

Maßgebliche Rechtsgrundlage für den Rechtshilfeverkehr zwischen Mitgliedstaaten der Europäischen Union ist die Richtlinie 2014/41/EU über die Europäische Ermittlungsanordnung in Strafsachen (RL EEA).[4] Die RL EEA ist ein weiterer Rechtsakt der Europäischen Union im Bereich der justiziellen Zusammenarbeit in Strafsachen auf der Grundlage des Grundsatzes der gegenseitigen Anerkennung. Obwohl diesen Grundsatz propagierend (siehe z.B. Art. 1 Abs. 2, Art. 9 Abs. 2 RL EEA) setzt sich die RL nicht über die Hoheitsgewalt der Mitgliedstaaten hinweg. Die EEA selbst stellt ein Rechtshilfeersuchen dar, die Vollstreckung einer EEA bleibt damit Rechtshilfe.[5] Die RL weist jedoch vertraute Gestaltungsmerkmale bereits existierender Instrumente der gegenseitigen Anerkennung in anderen Bereichen der unionalen Justizkooperation auf, wie z.B.:[6]

- Verwendung der Begriffe „Anordnungs- und Vollstreckungsstaat" statt „ersuchender und ersuchter Staat";
- Reduktion von Formerfordernissen durch Verwendung vorgegebener Formulare;
- Erledigung von Ersuchen innerhalb vorgegebener Fristen;
- grundsätzlich keine Überprüfung der beiderseitigen Strafbarkeit durch den Vollstreckungsstaat mehr;
- Zurückweisung von Ersuchen ist nur aufgrund ausdrücklich zugelassener Ablehnungsgründe möglich.[7]

Die EEA hat übergreifenden Charakter und gilt für alle Ermittlungsmaßnahmen, die der Beweiserhebung dienen. Ziel der RL ist es unter anderem, für die Beweisrechtshilfe zwischen den EU-Mitgliedstaaten das bisherige (komplizierte) Vertragskonstrukt (siehe unten b) abzulösen (Art. 34 Abs. 1 RL EEA).[8] Das bedeutet, dass die RL einen einheitlichen, verbindlichen Rechtsrahmen bildet und nicht mehr

---

[4] Richtlinie 2014/41/EU des Europäischen Parlaments und des Rates vom 3. April 2014 über die Europäische Ermittlungsanordnung in Strafsachen, ABl. L 130, 1.5.2014, 1; online zugänglich unter http://eur-lex.europa.eu/legal-content/EN/TXT/?uri=uriserv:OJ.L_.2014.130.01.0001.01.ENG [Stand Oktober 2020].
[5] *Schuster*, ZIS 2016, 564 (565) m.w.N.
[6] *Brahms/Gut*, NStZ 2017, 388 (389); *Mosna*, ZStW 131 (2019), 808 (811f.).
[7] Dazu noch ausführlich unten II.B.1.b.
[8] Siehe auch Erwägungsgrund 6 RL EEA; *Oehmichen/Weißenberger*, StraFo 2017, 316.

in einer Art konzentrischer Kreissuche[9] mehrere völkerrechtliche Instrumente nach der richtigen Rechtshilfenorm durchforstet werden müssen. Im Unterschied zu völkerrechtlichen Verträgen ist allerdings zu beachten, dass die RL nur einen Rahmen vorgibt, der in nationales Recht umgesetzt werden muss. Grundlage für die Kooperation ist dann nicht länger der völkerrechtliche Vertrag mit ggf. *self-executing* Normen, sondern die jeweiligen nationalen Umsetzungsgesetze.[10] Dabei können – wie die Erfahrungen zum Rahmenbeschluss über den Europäischen Haftbefehl zeigen – Friktionen entstehen, da die Mitgliedstaaten bei der Umsetzung *de jure* und *de facto* Spielräume nutzen können. So können z.B. die noch in der RL aufgeführten Rechtshilfeverweigerungsgründe als mandatorische oder fakultative Ablehnungsgründe umgesetzt werden – in deutsche Rechtssprache übersetzt: als Zulässigkeits- respektive Bewilligungshindernisse.[11] Für einen reibungslosen, vor allem rückfragefreien Rechtshilfeverkehr ist deshalb die Kenntnis der in den jeweiligen Umsetzungsgesetzen der EU-Mitgliedstaaten gefundenen Lösung erforderlich.[12]

Die Richtlinie gibt als Umsetzungsfrist den 22. Mai 2017 vor (Art. 36 Abs. 1 RL EEA). Bis zu diesem Zeitpunkt hatten fünf von 26 EU-Mitgliedstaaten (Belgien, Frankreich, Deutschland, Lettland und Ungarn) die Richtlinie umgesetzt.[13] Mittlerweile haben alle teilnehmenden EU-Mitgliedstaaten die Umsetzung der Richtlinie in ihr nationales Recht erklärt.[14]

Zu beachten ist, dass Dänemark, Irland und das Vereinigte Königreich einen Sonderstatus genießen, wenn Maßnahmen zur justiziellen Kooperation in Strafsachen bzw. im Bereich von Titel V AEUV (Raum der Freiheit, der Sicherheit und des Rechts) erlassen werden.[15] Aufgrund des dänischen Opt-outs und einer fehlenden irischen Opt-in-Erklärung haben Dänemark und Irland nicht die Pflicht, die RL umzusetzen. Sie gelten als nicht teilnehmende EU-Staaten. Im Fall von Rechtshilfeleistungen im Verhältnis zu diesen beiden Ländern muss deshalb auf das bisherige – völkervertragliche – Instrumentarium zurückgegriffen werden (siehe näher unten b). Das Vereinigte Königreich hat dagegen erklärt, dass es sich an der RL EEA beteiligen werde und sie umgesetzt. Das nationale Umsetzungsgesetz trat am

---

[9] Zum Bild siehe S/L, Schnellübersicht, Rn. 12.

[10] Dies stellt § 1 Abs. 4 IRG deklaratorisch klar.

[11] Dazu unten II.B.1.b).

[12] S/L, Einleitung, Rn. 126.

[13] Siehe *Wahl*, eucrim 2017, 75.

[14] Einen Überblick über die Umsetzungsgesetze und weitere Informationen zur RL EEA bietet die Website des EJN https://www.ejn-crimjust.europa.eu/ejn/NewsDetail.aspx?Id=567. Auch abrufbar über eucrim ID 1702063 [Stand Oktober 2020].

[15] Siehe Art. 1 Protokoll (Nr. 22) über die Position Dänemarks, ABl. C 326, 26.10.2012, 299; Protokoll (Nr. 21) über die Position des Vereinigten Königreichs und Irlands hinsichtlich des Raumes der Freiheit, der Sicherheit und des Rechts, ABl. C 326, 26.10.2012, 295. Siehe dazu auch *Zeder*, EuR 2015, 487 (489 f.).

31. Juli 2017 in Kraft.[16] Inwieweit das Vereinigte Königreich die Vorschriften über die EEA nach dem Austritt aus der EU anwendet, ist derzeit ungewiss.[17]

Die Bundesrepublik Deutschland hat die RL EEA durch das „vierte Gesetz zur Änderung des Gesetzes über die internationale Rechtshilfe in Strafsachen" vom 5. Januar 2017 umgesetzt.[18] Das Gesetz trat am 22. Mai 2017 in Kraft. Die Umsetzungsregelungen für die RL EEA sind der bisherigen Regelungstechnik folgend in das Gesetz über die internationale Rechtshilfe in Strafsachen (IRG) eingewebt worden (Zehnter Teil, Abschnitt 2, §§ 91a ff. IRG).[19] Der deutsche Gesetzgeber hat sich im Wesentlichen für eine 1:1-Umsetzung der RL entschieden.[20] Einerseits werden damit bewährte Grundprinzipien im Bereich der sonstigen Rechtshilfe beibehalten, z.B. im Hinblick auf die Zuständigkeiten der mit der Rechtshilfe befassten deutschen Behörden und Gerichte und den Ablauf des Verfahrens (näher unten C, II.B.1. und C.1.). Auch wird die bisherige rechtshilferechtliche Terminologie beibehalten („Ersuchen" statt „Ermittlungsanordnung", „ersuchender und ersuchter Staat" statt „Anordnungs- und Vollstreckungsstaat"). Andererseits führt die Schaffung eines eigenen Regelungskomplexes zugunsten der umfassenden Umsetzung der Richtlinie dazu, dass sich die Umsetzungsnormen schwer von den für die vertragliche oder vertragslose Rechtshilfe bereits bestehenden Normen abgrenzen lassen bzw. oftmals nur klarstellenden Charakter haben (näher dazu unten II.B.1.b.). Darauf wird auch in Bezug auf die hier im Mittelpunkt stehende Frage der Filterpflichten und Verwertungsregelungen zurückzukommen sein (unten III.).

b) Rechtshilfe innerhalb Europas (Europaratsstaaten)

Ausgangspunkt und Grundlage für die Verpflichtung zur Leistung von Rechtshilfe mit europäischen Staaten außerhalb der EU ist das von den Staaten des Europarats erarbeitete Europäische Übereinkommen vom 20. April 1959 über die

---

[16] Quelle: https://www.ejn-crimjust.europa.eu/ejn/EJN_Library_StatusOfImpByCat.aspx?CategoryId=120 [Stand Oktober 2020].

[17] Siehe auch *Elliot*, "Brexit and the general election – UK misses implementation deadline for European Investigations Order Directive", abrufbar unter: https://www.kingsleynapley.co.uk/insights/blogs/brexit-blog/brexit-and-the-general-election-uk-misses-implementation-deadline-for-european-investigations-order-directive [Stand Oktober 2020]. Siehe auch *Ahlbrecht*, StV 2018, 601 (602), der die Meinung vertritt, dass die RL EEA im Verhältnis zum Vereinigten Königreich so lange auszusetzen ist, wie es nicht die grundlegenden Richtlinien zur Stärkung der Verfahrensrechte umsetzt, da dadurch das gegenseitige Vertrauen gestört sei.

[18] BGBl. I, S. 31. Zum Gesetzentwurf der Bundesregierung siehe BT-Drucks. 18/9757 und BR-Drucks. 421/16. Nachfolgende Referenzen auf den Gesetzentwurf der Bundesregierung nehmen Bezug auf die BT-Drucks.

[19] BT-Drucks. 18/9757, S. 54.

[20] *Brahms/Gut*, NStZ 2017, 388 (389).

Rechtshilfe in Strafsachen (im Folgenden: EuRhÜbk).[21] Es bildet den allgemeinen europäischen Vertragsrahmen und legt die formalen und materiellen Voraussetzungen bzw. Schranken fest, unter denen die Rechtshilfeverpflichtung zwischen den europäischen Staaten besteht. Da zeitlich folgende Rechtshilfeübereinkünfte auf diesem Übereinkommen aufbauen und wegen der großen Anzahl teilnehmender Staaten wird es auch als „Mutterkonvention" bezeichnet. Es ist von allen der gegenwärtig 47 Staaten des Europarats ratifiziert worden. Da es sich um ein sog. offenes Übereinkommen handelt, können auch Nichtmitgliedstaaten des Europarats dem Abkommen beitreten. Dies ist bisher geschehen durch Chile, Israel und Südkorea.[22] Für Deutschland ist das EuRhÜbk am 1. Januar 1977 in Kraft getreten.

Die Bestimmungen des EuRhÜbk sind jedoch nur *lex generalis*. Sie sind in den Folgejahren durch weitere multilaterale und bilaterale Übereinkünfte modifiziert, ergänzt oder ersetzt worden. Findet sich darin eine Spezialvorschrift, hat diese als *lex specialis* Vorrang vor der entsprechenden Bestimmung des EuRhÜbk. Hinsichtlich der allgemeinen Voraussetzungen und Schranken der Rechtshilfeleistung sind deshalb zu berücksichtigen:

- das erste und zweite Zusatzprotokoll zum Europäischen Rechtshilfeübereinkommen (im Folgenden ZP-EuRhÜbk bzw. 2. ZP-EuRhÜbk);[23]
- Artikel 40, 48, 49 b) bis f), 51 und 54–58 des Schengener Übereinkommens vom 19. Juni 1990 betreffend den schrittweisen Abbau der Kontrollen an den gemeinsamen Grenzen (Schengener Durchführungsübereinkommen, im Folgenden SDÜ);[24]
- Titel I, IV und V des Übereinkommens vom 29. Mai 2000 über die Rechtshilfe in Strafsachen zwischen den Mitgliedstaaten der Europäischen Union (im Folgenden EU-RhÜbk)[25] i.V.m. Art. 5 ff. des Protokolls vom 16. Oktober 2001 zu dem Übereinkommen über die Rechtshilfe in Strafsachen zwischen den Mitgliedstaaten der Europäischen Union (im Folgenden ZP-EU-RhÜbk).[26]

---

[21] BGBl. II, 1964, S. 1369, 1386; 1976, S. 1799; 1982, S. 2071; vgl. ausführlich S/L, II B; Text des Übereinkommens und weitere Informationen online zugänglich unter: http://conventions.coe.int/Treaty/Commun/QueVoulezVous.asp?NT=030&CL=ENG [Stand Oktober 2020].

[22] Zum aktuellen Ratifikationsstand siehe: https://www.coe.int/en/web/conventions/full-list/-/conventions/treaty/030/signatures?p_auth=xJiEEvb1 [Stand Oktober 2020].

[23] Für die Bundesrepublik sind in Kraft getreten: das Zusatzprotokoll vom 17. März 1978 (ZP-EuRhÜbk) am 6. Juni 1991 und das zweite Zusatzprotokoll vom 8. November 2001 (2. ZP-EuRhÜbk) am 1. Juni 2015.

[24] Siehe BGBl. 1993 II S. 1010, 1013; 1994 II S. 631; 1996 II S. 242; 2000 II S. 1106, 1116; 2002 II S. 627, 628.

[25] BGBl. II, 2005, S. 650; vgl. ausführlich S/L, III B 1b.; online zugänglich unter http://eur-lex.europa.eu/legal-content/DE/TXT/?qid=1424091979277&uri=CELEX:42000 A0712(01) [Stand Oktober 2020].

[26] BGBl. II, 2005, S. 661; vgl. ausführlich S/L, III B 1c.; online zugänglich unter http://eur-lex.europa.eu/legal-content/DE/ALL/?uri=CELEX:42001A1121(01) [Stand Oktober 2020].

Ob die Bestimmungen dieser das EuRhÜbk weiterführenden Übereinkommen eingreifen, hängt wiederum davon ab, ob die jeweils involvierten Staaten Partei der Übereinkommen sind, was in der Regel deren Ratifikation nach Maßgabe des nationalen Rechts voraussetzt. Alle genannten Übereinkommen sind für Deutschland in Kraft.[27] Aus Sicht Deutschlands sind die Zusatzprotokolle zum EuRhÜbk vor allem im Verhältnis zu Nicht-EU-Staaten relevant, welche Parteien des Mutterübereinkommens sind (insbesondere Europaratsstaaten) und welche zusätzlich die Zusatzprotokolle ratifiziert haben.[28] Die Vorschriften des Schengener Übereinkommens sind durch das EU-RhÜbk zwar weitgehend abgelöst, können praktisch aber weiterhin relevant sein im Verhältnis zu den Schengen-assoziierten Staaten Schweiz und Liechtenstein. Die praktische Relevanz des EU-RhÜbk und dessen ZP wird für die Rechtshilfe innerhalb der Europäischen Union erheblich abnehmen, da die RL EEA die Übereinkommen ersetzt (Art. 34 Abs. 1 Buchst. c) RL EEA). Das EU-RhÜbk und dessen ZP werden jedoch in folgenden Fällen weiterhin eine Rechtsgrundlage bilden:

– im Verhältnis zu den EU-Staaten, die nicht an die RL EEA gebunden sind, aber das EU-RhÜbk ratifiziert haben (das ist gegenwärtig für Dänemark der Fall);
– im Verhältnis zu den Schengen-assoziierten Staaten Norwegen und Island, da die meisten Vorschriften des EU-RhÜbk aufgrund von Art. 2 Abs. 1 und aufgrund des Übereinkommens zwischen der Europäischen Union sowie Island und Norwegen über die Anwendung einiger Bestimmungen des EU-RhÜbk und des ZP-EU-RhÜbk[29] auf Island und Norwegen ausgedehnt worden sind;[30]
– für vor dem 22. Mai 2017 eingegangene Rechtshilfeersuchen (Art. 35 Abs. 1 RL EEA);

---

[27] Sie gelten auch im Verhältnis zu den für das Projekt ausgewählten Staaten, mit Ausnahme des 2. ZP-EuRhÜbk, das (Stand: 10/2015) bisher noch nicht von Spanien ratifiziert worden ist. Allerdings ist zu beachten, dass das 2. ZP-EuRhÜbk das EuRhÜbk auf den Stand des EU-Rechts bringt, d.h. die dort enthaltenen Regelungen finden meist eine Entsprechung im EU-RhÜbk bzw. dem SDÜ. Der praktische Anwendungsbereich des 2. ZP-EuRhÜbk im Verhältnis zu EU-Staaten ist deshalb gering.

[28] Beide ZPs haben z.B. neben Deutschland ratifiziert: Georgien, Montenegro, Serbien, Nordmazedonien, Türkei, Ukraine, zudem auch Chile als außereuropäischer Staat.

[29] Siehe ABl. EU L 26, 29.1.2004, S. 3. Das Abkommen wurde zwischen der EU sowie Island und Norwegen im Jahr 2004 geschlossen, nach Inkrafttreten des Lissabonner Vertrags aber durch Rat und Europäisches Parlament nach dem im AEUV vorgesehenen Verfahren für Verträge der EU mit Drittstaaten neu behandelt. Der Vertrag ist am 1. Januar 2013 in Kraft getreten. Aufgrund der neuen Regelungen des AEUV (Art. 216) bindet es die EU-Mitgliedstaaten unmittelbar, ohne dass es eines Ratifikationsverfahrens in den einzelnen EU-Staaten bedarf. Gesonderte Umsetzungsvorschriften im IRG zur Anwendung des EU-RhÜbk auf Island und Norwegen sind nach Ansicht der Bundesregierung ebenfalls nicht erforderlich. Siehe auch *Riegel*, in: S/L, Kurzübersicht III B 3c, Rn. 1 ff.

[30] Zur Geltung der speziellen Regelungen zur TKÜ des EU-RhÜbk (Art. 17–20) im Verhältnis zwischen den EU Staaten sowie Island und Norwegen siehe unten B.1.

– wenn die RL EEA keine entsprechenden Bestimmungen enthält, d.h. z.B. für die Beschuldigtenvernehmung mittels Telefonkonferenz.[31]

Eine Sonderstellung nimmt wiederum der EU-Mitgliedstaat Irland ein. Da Irland (bisher) das EU-RhÜbk nicht ratifiziert hat und für Irland als Nicht-Schengen-Staat auch die rechtshilferechtlichen Regelungen des SDÜ nicht gelten, sind im Verhältnis zwischen Deutschland und vielen anderen EU-Mitgliedstaaten zu Irland die Abkommen des Europarats anwendbar, also das EuRhÜbk i.V.m. dem ersten und zweiten Zusatzprotokoll, welche Irland auch ratifiziert hat.[32]

Verkompliziert wird die Rechtshilfe dadurch, dass bei Anwendung des EuRhÜbk sowie der multilateralen, ergänzenden, das EuRhÜbk fortentwickelnden Übereinkommen zusätzlich die Vorbehalte und Erklärungen der jeweils kooperierenden Staaten zu beachten sind.[33] Eine Übersicht über die anwendbaren Bestimmungen und die Vorbehalte bzw. Erklärungen findet sich in Anhang II der Richtlinien für den Verkehr mit dem Ausland in strafrechtlichen Angelegenheiten (RiVASt), dem sog. Länderteil.[34]

Ferner zu beachten sind bilaterale Ergänzungsverträge zum EuRhÜbk.[35] Sie bedingen regelmäßig Bestimmungen des Mutterübereinkommens ab oder ergänzen es im Hinblick auf eine effizientere Durchführung der Rechtshilfe zwischen den beiden Staaten. Deutschland hat in der Vergangenheit bilaterale Ergänzungsverträge zum EuRhÜbk mit folgenden heutigen EU-Mitgliedstaaten geschlossen: Frankreich, Italien, Niederlande, Österreich, Tschechische Republik und Polen. Nach Art. 34 Abs. 1 lit. a) RL EEA werden die bilateralen Ergänzungsverträge Deutschlands mit EU-Staaten, die an die RL gebunden sind, nach Umsetzung der RL EEA ersetzt. Allerdings hat Deutschland erklärt, dass es beabsichtigt, die genannten bilateralen Ergänzungsverträge gemäß Art. 34 Abs. 3 und 4 RL EEA weiterhin anzuwenden.[36] Zur Fortgeltung sollen bilaterale Absprachen mit den Vertragspartnern erfolgen.

---

[31] Zum Ganzen siehe *Hackner/Schierholt*, Internationale Rechtshilfe in Strafsachen, 3. Aufl. 2017, Rn. 171; vgl. auch *Ahlbrecht*, StV 2018, 601 (602).

[32] Zur Frage, inwieweit noch der Rahmenbeschluss 2003/577/JI des Rates vom 22. Juli 2003 über die Vollstreckung von Entscheidungen über die Sicherstellung von Vermögensgegenständen oder Beweismitteln in der Europäischen Union (RB Sicherstellung), ABl. L 196, 2.8.2003, S. 45, gegenüber Irland anwendbar ist, siehe unten B.7.a).

[33] Siehe auch Landesbericht Belgien, V.A.1.

[34] Abrufbar unter: http://www.bmj.de/DE/Service/StatistikenFachinformationenPublikationen/Fachinformationen/RiVASt/_node.html [Stand Oktober 2020].

[35] Für manche Staaten, insbesondere BENELUX-Staaten untereinander, sind ferner sog. regionale Rechtshilfeverträge relevant, wie z.B. der Benelux-Rechtshilfevertrag vom 27.6.1962. Siehe Landesbericht Belgien, V.A.1.c).

[36] Erklärung der Ständigen Vertretung der Bundesrepublik Deutschland bei der Europäischen Union, Brüssel, 14. März 2017, abrufbar unter: https://www.ejn-crimjust.europa.eu/ejn/libdocumentproperties.aspx?Id=1972 [Stand Oktober 2020].

Nach hiesiger Ansicht verstößt dieses Ansinnen gegen den Wortlaut von Art. 34 Abs. 1 lit. a) RL EEA. Die Aufrechterhaltung der bilateralen Ergänzungsverträge zum EuRhÜbk hat auch rechtssystematisch wenig Sinn. Denn wenn die RL EEA an die Stelle des europaratsrechtlichen Mutterübereinkommens tritt, dann fallen auch alle mit dem Mutterübereinkommen verbundenen Zusatzvereinbarungen automatisch weg. Auch Sinn und Zweck der RL EEA spricht dagegen. Ziel der Richtlinie ist es ja gerade, das Vertragsrechtshilfesystem durch ein einheitliches Instrument abzulösen. Im Übrigen ist zu beachten, dass der Grundsatz der Meistbegünstigung, welcher der Aufrechterhaltung der zum EuRhÜbk geschlossenen bilateralen Verträge durch die Erklärung Deutschlands zugrunde liegen dürfte, durch die RL EEA eine Grenze erfährt: Nach Art. 34 Abs. 3 RL EEA können bilaterale Übereinkünfte oder Vereinbarungen nur dann aufrechterhalten werden, wenn das in der RL niedergelegte Schutzniveau gewahrt ist. Dies bedeutet, dass für eine Beweisrechtshilfe dann nicht mehr auf eine bilaterale Vereinbarung zurückgegriffen werden kann, wenn sie auf der Grundlage der Vorschriften zur RL EEA als unzulässig angesehen wird.

Ein pauschaler Verweis auf die Weitergeltung der bilateralen Ergänzungsverträge wie sie der Erklärung der Bundesrepublik Deutschland zugrunde liegt, ist daher abzulehnen. Eine weitere Anwendung der bilateralen Ergänzungsverträge zum EuRhÜbk mit den genannten EU-Mitgliedstaaten ist allenfalls für die Bereiche denkbar, in denen der Anwendungsbereich der RL EEA nicht gegeben ist (siehe oben). Fälle im Bereich der Beweisrechtshilfe, einschließlich der hier zu prüfenden grenzüberschreitenden TKÜ, sind in diesem Zusammenhang aber kaum denkbar.

Unbeschadet dessen zu beachten sind jedoch noch die bilateralen Ergänzungsverträge zum EuRhÜbk zwischen Deutschland und den Nicht-EU-Staaten Israel bzw. der Schweiz.[37]

c) Vertragliche Rechtshilfe mit bestimmten Staaten (insbesondere außereuropäische Staaten)

Neben den genannten multilateralen Vertragskonstruktionen sowie der justiziellen Kooperation zwischen den meisten Mitgliedstaaten der Europäischen Union auf der Grundlage der Handlungsform der Richtlinie hat Deutschland bilaterale Rechtshilfeverträge mit bestimmten Staaten geschlossen. In der Praxis am wichtigsten sind die beiden Rechtshilfeverträge mit den außereuropäischen Staaten USA und Kanada.[38] Daneben besteht ein Rechtshilfeabkommen mit der Sonderverwaltungsregion Hongkong der Volksrepublik China.[39]

---

[37] Abgedruckt bei S/L, II B 4 und II B 8a/8b.
[38] Abgedruckt bei S/L, V B 1a und V B 2.
[39] BGBl. 2009 II, S. 62, 64, 75, 497. Abgedruckt bei S/L, V B 3.

Auch ein älterer Vertrag mit Tunesien regelt rudimentär Rahmenbedingungen der sonstigen Rechtshilfe.[40] Werden andere als die beschriebenen Maßnahmen gefordert, kann auf die allgemeinen Vorschriften des jeweiligen nationalen Rechts zurückgegriffen werden. Das gilt auch für ältere Vereinbarungen, die noch mit bestimmten Staaten bestehen, meist zu Geschäftswegregelungen, Formerfordernissen oder sonstigen Absprachen zur Erledigung von Rechtshilfeersuchen. Sie sind als allgemeiner Rahmen zu beachten und im Länderteil der RiVASt aufgeführt.

Die Beziehungen zu Japan werden geregelt durch das Abkommen vom 11. Oktober 2010 zwischen der Europäischen Union und Japan über die Rechtshilfe in Strafsachen (RhAbk EU-Japan).[41] Das Abkommen ist für die EU-Mitgliedstaaten unmittelbar bilateral anwendbar.[42]

Mit dem völkerrechtlich nicht allgemein anerkannten Kosovo hat Deutschland ein bilaterales Abkommen geschlossen, das die wesentlichen Bestimmungen des EuRhÜbk und des ZP-EuRhÜbk für anwendbar erklärt und durch einige eigene Regelungen ergänzt.[43] Das Abkommen ist am 29. August 2016 in Kraft getreten.

d) Rechtshilfe aufgrund deliktsbezogener Übereinkommen

Nach den bisher aufgeführten Übereinkommen kann die Leistung von Rechtshilfe für alle Delikte verlangt werden (sog. deliktsneutrale Überein-/Abkommen). Bei der Beurteilung eines Rechtshilfeersuchens sind jedoch auch Rechtshilferegelungen in sog. deliktsbezogenen Übereinkommen zu beachten.[44] Diese Übereinkommen sind auf bestimmte Straftaten oder Deliktskategorien zugeschnitten und die hierin vorgesehenen Rechtshilferegelungen sind auf diese beschränkt. Dieser Typ von Übereinkommen kann umfangreiche Verpflichtungen zur Rechtshilfe, inklusive Rechtshilfeverweigerungsgründe enthalten. Die Regelungen können selbstständige völkerrechtliche Grundlage für die Zusammenarbeit sein.[45] In diesem Zusammenhang sind für den hier zu untersuchenden Bereich insbesondere relevant:

– das in Palermo geschlossene Übereinkommen der Vereinten Nationen vom 15. November 2000 gegen die grenzüberschreitende organisierte Kriminalität

---

[40] Vertrag vom 19. Juli 1966 zwischen der Bundesrepublik Deutschland und der Tunesischen Republik über die Auslieferung und Rechtshilfe in Strafsachen (TUN-AuslRhV), BGBl. 1969 II 1157; BGBl. 1970 II 127. Abgedruckt bei S/L, V A 6.

[41] ABl. L 39, 12.2.2010, S. 20; ABl. L 343, 29.12.2010, S. 1. Das Abkommen ist am 2.1.2011 in Kraft getreten.

[42] Siehe Art. 216 AEUV sowie *Hackner/Schierholt*, Internationale Rechtshilfe in Strafsachen, 3. Aufl. 2017, Rn. 10.

[43] BGBl 2016 II, S. 938. Siehe auch S/L, V D.

[44] Sie werden auch „bereichsspezifische" oder „Patchwork"-Abkommen genannt.

[45] Siehe dazu *Hackner/Schierholt*, Internationale Rechtshilfe in Strafsachen, 3. Aufl. 2017, Rn. 11.

(VN-OK-Übk oder englisch UN-TOC).[46] Insbesondere Art. 18 enthält umfangreiche Verpflichtungen zur sonstigen Rechtshilfe und kann als „Rechtshilfevertrag im Vertrag" bezeichnet werden. Für Deutschland ist das VN-OK-Übk am 14. Juni 2006 in Kraft getreten. Mit gleichem Datum in Kraft getreten sind die beiden Zusatzprotokolle zur Verhütung, Bestrafung und Bekämpfung des Menschenhandels und dasjenige gegen die Schleusung von Migranten.[47] Die Rechtshilfebestimmungen des Grundübereinkommens gelten auch für diese Deliktsbereiche. Bisher nicht ratifiziert hat Deutschland dagegen das dritte Zusatzprotokoll gegen die unerlaubte Herstellung von Feuerwaffen und den Handel damit.[48]

– Im Bereich der Cyberkriminalität enthält das Übereinkommen vom 23. November 2001 über Computerkriminalität (EuCybercrimeÜbk)[49] Pflichten zur Rechtshilfe für „alle Straftaten im Zusammenhang mit Computersystemen und -daten und bezüglich der Erhebung von Beweisen in elektronischer Form für eine Straftat" (Art. 23, 25 Abs. 1). Zu beachten ist, dass Art. 27 (Verfahren für Rechtshilfeersuchen) und Art. 28 (Vertraulichkeit und Beschränkung der Verwendung von überlassenen Informationen und Unterlagen in Erledigung eines Ersuchens) nur subsidiär Anwendung finden, d.h. wenn das Ersuchen nicht auf der Grundlage eines zwischen den Vertragsparteien geltenden Abkommens erledigt wird. Soweit europäische Rechtshilfeübereinkommen bzw. -regeln bestehen (Europarat und EU), greift diese Subsidiaritätsklausel hier ein. Für die Bundesrepublik ist das EuCybercrimeÜbk am 1. Juli 2009 in Kraft getreten. Ebenfalls ratifiziert hat die Bundesrepublik das Zusatzprotokoll vom 28. Januar 2003 (ZP-EuCybercrimeÜbk),[50] das am 1. Oktober 2011 für Deutschland in Kraft getreten ist. Es befasst sich mit der Bekämpfung der Verbreitung von Rassismus und Fremdenfeindlichkeit mittels Computertechnologie. Die

---

[46] BGBl. II, 2005, S. 954; vgl. ausführlich S/L, IV B.; englischer Text abrufbar unter http://www.uncjin.org/Documents/Conventions/dcatoc/final_documents_2/convention_eng.pdf [Stand Oktober 2020]; Umsetzungsstand und weitere Informationen online zugänglich unter https://treaties.un.org/pages/ViewDetails.aspx?src=TREATY&mtdsg_no=XVIII-12&chapter=18&lang=en [Stand Oktober 2020].

[47] Siehe S/L, IV B 1 und B 2.

[48] Zusatzprotokoll vom 31. Mai 2001 gegen die unerlaubte Herstellung von Feuerwaffen, deren Teilen, Komponenten und Munition sowie gegen den unerlaubten Handel damit; von der Bundesrepublik am 3. September 2002 unterzeichnet. Zum Ratifikationsstand: https://treaties.un.org/pages/ViewDetails.aspx?src=TREATY&mtdsg_no=XVIII-12-c&chapter=18&lang=en [Stand Oktober 2020].

[49] BGBl. II, 2008, S. 1242; vgl. ausführlich S/L, II D 1; Text des Übereinkommens und weitere Informationen online zugänglich unter http://conventions.coe.int/Treaty/Commun/QueVoulezVous.asp?NT=185&CL=ENG [Stand Oktober 2020].

[50] BGBl. II, 2011, S. 290, 843; Text des Protokolls und weitere Informationen online zugänglich unter http://conventions.coe.int/Treaty/Commun/QueVoulezVous.asp?NT=189&CL=ENG [Stand Oktober 2020].

Rechtshilfebestimmungen des EuCybercrimeÜbk erstrecken sich auch auf das Protokoll.[51]

e) Vertragslose Rechtshilfe

Auch wenn mit einem Staat keine vertraglichen Beziehungen bestehen, kann Rechtshilfe geleistet werden. Auf vertragsloser Basis wird z.b. sonstige Rechtshilfe geleistet zwischen Deutschland und den südamerikanischen Staaten, mit Australien oder – soweit „Europa" betroffen ist, mit Weißrussland.[52] Grundlage für Rechtshilfeersuchen, die an die Bundesrepublik Deutschland gerichtet werden, sind dann – wie in vielen anderen Staaten auch – die nationalen Rechtshilferegeln, in Deutschland also das Gesetz über die Internationale Rechtshilfe in Strafsachen (IRG). Konkretisiert wird das IRG durch eine Verwaltungsvorschrift, die Richtlinien für den Verkehr mit dem Ausland in strafrechtlichen Anwesenheiten (RiVASt), die sich seit dem 1. Oktober 1984 aufgrund einer Bund-Länder-Vereinbarung bundeseinheitlich in Kraft befinden.[53] Sie enthalten für Gerichte, Staatsanwaltschaften und andere Behörden wichtige Hinweise und Leitlinien für die Bearbeitung von Vorgängen der strafrechtlichen Zusammenarbeit mit ausländischen Staaten. Bei den Richtlinien handelt sich um (untergesetzliche) Verwaltungsvorschriften, die nur im Rahmen von Entscheidungen, die der richterlichen Unabhängigkeit unterliegen, keine Verbindlichkeit haben. In der gegenwärtigen Fassung vom 23. Dezember 2016 sind sie seit dem 1. Januar 2017 in Kraft. Bei der vertragslosen Rechtshilfe besteht ein allgemeines außenpolitisches Ablehnungsermessen.

2. Verhältnis der Rechtsgrundlagen

Wie gesehen können bi- und multilaterale völkerrechtliche Verträge im Rechtshilfebereich in einem Stufenverhältnis stehen. Sie lösen sich nicht gegenseitig ab, sondern ergänzen einander. Für das Konkurrenzverhältnis gelten zunächst die allgemeinen völkerrechtlichen Grundsätze, dass speziellere Regelungen Vorrang vor allgemeinen *(lex specialis)* haben und nachfolgende Verträge Vorrang vor vorhergehenden *(lex posterior)*. Diese Grundsätze werden im Rechtshilferecht jedoch eingeschränkt durch ein zwischenstaatliches Meistbegünstigungsprinzip:[54] Danach

---

[51] Dazu sowie zu weiteren bedeutenden deliktsspezifischen Abkommen siehe *Hackner/Schierholt*, Internationale Rechtshilfe in Strafsachen, 2. Aufl. 2012, Rn. 22 ff.

[52] Alle 47 Europaratsstaaten haben zumindest das Grundübereinkommen, das EuRhÜbk, ratifiziert (http://www.coe.int/de/web/conventions/full-list/-/conventions/treaty/030/signatures?p_auth=WUhJy3j3 [Stand Oktober 2020]). Siehe auch RiVASt-Länderteil (http://www.bmjv.de/SiteGlobals/Functions/ThemenIndex/themenIndex_RiVASt.html?is Overview=true&letter=W#themeW [Stand Oktober 2020]).

[53] Die aktuelle Textfassung der RiVASt ist über die Internetseite des BMJV abrufbar.

[54] *Vogel*, in: Grützner/Pötz/Kreß/Gazeas (Hrsg.), Internationaler Rechtshilfeverkehr in Strafsachen, Vor § 1 IRG, Rn. 61.

sind im Rahmen der geltenden vertraglichen Beziehungen zwischen den beiden kooperierenden Staaten die tatsächlichen und rechtlichen Möglichkeiten stets auszuschöpfen, welche die Rechtshilfe am besten fördern bzw. am weitestgehenden ermöglichen.[55] Deshalb lässt ein späterer Vertrag einen früheren unberührt, wenn letzterer weitergehende Möglichkeiten vorsieht, Rechtshilfe zu leisten. Ein deliktsbezogenes Rechtshilfeübereinkommen geht nicht notwendigerweise einem allgemeinen vor, wenn das allgemeinere Rechtshilfe in weitergehendem Umfang ermöglicht als das „speziellere" Deliktsübereinkommen.[56]

Das Verhältnis der völkerrechtlichen Rechtshilfevereinbarungen zum innerstaatlichen Recht für die Unterstützung eines ausländischen Strafverfahrens (in Deutschland: das IRG) bestimmt sich nach § 1 Abs. 3 IRG. Danach gehen Regelungen in völkerrechtlichen Vereinbarungen, soweit sie unmittelbar anwendbares innerstaatliches Recht geworden sind, den Vorschriften des IRG vor. Generell ist eine Regelung „unmittelbar anwendbares innerstaatliches Recht" geworden, wenn

1. das Rechtshilfeübereinkommen völkerrechtlich überhaupt in Kraft gesetzt worden ist (und noch in Kraft ist),

2. (bei multilateralen Übereinkommen) die in Frage stehende Regelung gerade zwischen dem betreffenden ausländischen Staat und der Bundesrepublik Deutschland bindend ist und

3. die Regelung keine bloße völkerrechtliche Staatenverpflichtung beinhaltet, sondern unmittelbar anwendungsfähig ist *und* durch ein Ratifikationsgesetz in unmittelbar geltendes innerstaatliches Recht transformiert worden ist.

Hinsichtlich der unter 3. genannten Voraussetzung der Anwendungsfähigkeit ist Folgendes zu präzisieren: Ob eine Norm lediglich Staatenverpflichtungen begründet oder unmittelbar anwendungsfähig ist (man spricht auch von „self-executing"), ist durch Auslegung der Einzelnorm zu ermitteln.[57] Allgemein gilt: Eine Norm in einem völkerrechtlichen Vertrag ist *self-executing* und damit anwendungs- bzw. vollzugsfähig bzw. transformabel,[58] wenn sie

1. klar und ausreichend bestimmt ist und

2. nach Wortlaut, Zweck und Inhalt Staatsorgane und Rechtsunterworfene ohne Weiteres bindet bzw. berechtigt, ohne dass

---

[55] *Popp*, Grundzüge der internationalen Rechtshilfe in Strafsachen, 2001, Rn. 189; *Schädel*, Die Bewilligung internationaler Rechtshilfe in Strafsachen in der Europäischen Union, 2005, S. 170.

[56] *Vogel*, in: Grützner/Pötz/Kreß/Gazeas (Hrsg.), Internationaler Rechtshilfeverkehr in Strafsachen, Vor § 1, Rn. 61.

[57] BVerfG, Beschl. v. 21.6.2016 – 2 BvR 637/09 –, juris, Rn. 12; *Vogel*, in: Grützner/Pötz/Kreß (Hrsg.), Internationaler Rechtshilfeverkehr in Strafsachen, § 1 IRG, Rn. 22.

[58] Zu den verwendeten Begrifflichkeiten *Vogel*, a.a.O.; *Schweitzer*, Staatsrecht, Völkerrecht, Europarecht, 10. Aufl. 2010, Rn. 438 ff.

3. zu ihrer Durchführung noch genauere innerstaatliche Rechtsnormen notwendig sind.[59]

Aus diesen generellen Grundsätzen ergibt sich für die sonstige Rechtshilfe bzw. die Rechtshilfe per TKÜ Folgendes:

- In der Regel sind die Bestimmungen zu den Rechtshilfevoraussetzungen und -hindernissen im Rechtshilfevertrag *self-executing*.[60]
- Eine völkervertragsrechtliche Regelung geht nur dann vor, wenn sie speziell und abschließend ist, d.h. eine Vorschrift des IRG ausdrücklich abbedungen wird.
- Die Vorschriften des IRG sind anwendbar, wenn der Vertrag eine (bewusste oder planwidrige) Lücke aufweist. So enthalten beispielsweise Rechtshilfeverträge in der Regel keine Regelungen zu innerstaatlichen Verfahrens- oder Zuständigkeitsfragen,[61] die originär im IRG oder zusätzlich in Verwaltungsvorschriften der Länder geregelt sind.
- Soweit der Vertragsinhalt nicht entgegensteht und die zwischenstaatliche Voraussetzung keine Schutzwirkung gegenüber den Betroffenen entfaltet, kann die gesetzliche Regelung des IRG anwendbar sein, wenn sie die Rechtshilfe begünstigt.[62]
- Eine völkervertraglich vorgesehene Rechtshilfehandlung ist auch dann zu leisten, wenn das deutsche Recht sie nicht kennt (vorausgesetzt der Vertrag wurde ratifiziert).[63]
- Das IRG findet vollständig Anwendung, wenn gegenüber dem um Rechtshilfe ersuchenden Staat keine völkerrechtliche Vereinbarung existiert (vertragslose Rechtshilfe).

---

[59] *Schweitzer*, Staatsrecht, Völkerrecht, Europarecht, 10. Aufl. 2010, Rn. 438.

[60] Siehe aber BVerfGE 46, 214, 220, das noch von der zweidimensionalen Sichtweise des Auslieferungsrechts ausgeht. Zur Gegenposition unten 3.

[61] Wichtige Ausnahme: Art. 4 EU-RhÜbk (dazu näher unten).

[62] *Hackner/Schierholt*, Internationale Rechtshilfe in Strafsachen, 3. Aufl. 2017, Rn. 19. Dies gilt v.a. für die formalen Voraussetzungen der Rechtshilfe wie die Übermittlung von Ersuchen über den vorgesehenen Geschäftsweg oder die Vollständigkeit der Unterlagen (siehe OLG Karlsruhe NJW 1990, 2208). Im Einzelnen str.: siehe dazu *Vogel*, in: Grützner/Pötz/Kreß/Gazeas (Hrsg.), Internationaler Rechtshilfeverkehr in Strafsachen, § 1 IRG, Rn. 25 f. m.w.N. Letztlich liegt der Sache nach wiederum der Gedanke der Meistbegünstigung zugrunde. Dieser muss jedoch dann seine Grenze finden, wenn es um tatsächliche Eingriffe in Grundrechte geht, wie es bei den grenzüberschreitenden verdeckten Ermittlungsmethoden der Fall ist. Deshalb gilt grundsätzlich: Steht der Inhalt eines Vertrags nicht entgegen, enthält das IRG i.V.m. dem übrigen deutschen Strafverfahrensrecht nicht nur die Ermächtigung, die Informationen im Inland zu erheben, sondern über § 59 Abs. 1 IRG auch, sie an das Ausland weiterzugeben, wenn und soweit die übrigen Rechtshilfevoraussetzungen erfüllt sind (siehe *Vogel*, a.a.O., Rn. 26).

[63] *Hackner/Schierholt*, Internationale Rechtshilfe in Strafsachen, 2. Aufl. 2012, Rn. 19.

Auch die Leitlinien der RiVASt sind im vertraglichen Rechtshilfeverkehr anzuwenden, sofern sich aus völkerrechtlichen Übereinkünften nichts Entgegenstehendes ergibt (vgl. Nr. 1 RiVASt).

Die internationale Strafverfolgung und -vollstreckung basiert somit im Grundsatz auf völkerrechtlichen Vereinbarungen und auf dem Gesetz über die internationale Rechtshilfe in Strafsachen (IRG) bzw. ergänzend und präzisierend der RiVASt.

Grundlage für Rechtshilfeersuchen anderer EU-Mitgliedstaaten auf der Grundlage der RL EEA ist jedoch grundsätzlich nur das IRG bzw. genauer gesagt dessen besondere Normen, welche die RL EEA umsetzen (§§ 91b ff. IRG).[64] Das Verhältnis der Umsetzungsnormen zu den allgemeinen Bestimmungen des IRG ebenso wie das Verhältnis der Umsetzungsnormen zu den völkerrechtlichen Vereinbarungen wird durch §§ 91, 91a Abs. 4 IRG bestimmt. Soweit die Umsetzungsnormen (zehnter Teil des IRG, Abschnitt 2) keine Spezialregelungen enthalten, finden die allgemeinen Bestimmungen des IRG (fünfter und siebter Teil) Anwendung (§ 91 Abs. 1 IRG). Entsprechendes gilt für völkerrechtliche Vereinbarungen, d.h. sofern der zehnte Teil abschließende Regelungen enthält, kann nicht auf einen völkerrechtlichen Rechtshilfevertrag zurückgegriffen werden (§ 91 Abs. 2 IRG).

Zu beachten ist, dass nach herrschender Ansicht in Deutschland kein uneingeschränkter Grundsatz der Meistbegünstigung gilt. Das bedeutet, dass dann, wenn ein Rechtshilfeersuchen aufgrund der Vorschriften zur RL EEA unzulässig ist, dieses Ersuchen *nicht* nach Maßgabe der allgemeinen Vorschriften des IRG oder eines völkerrechtlichen Vertrags, welche das Ersuchen als zulässig ansehen mögen, ausgeführt werden kann.[65] Dieses Ergebnis lässt sich damit begründen, dass die RL ein bestimmtes Schutzniveau festlegt und dieses durch die nationalen Gesetze zum Schutz des Beschuldigten umgesetzt wird, was folglich nicht durch den Grundsatz der Meistbegünstigung umgangen werden kann.[66] Ferner spricht für eine eingeschränkte Geltung des Meistbegünstigungsgrundsatzes, dass durch den EU-Rechtsakt Klarheit und Übersichtlichkeit erreicht werden sollen, mit der Folge, die bisherigen Regelungen des tradierten Rechtshilfesystems gänzlich außen vor zu lassen. Dies findet seinen Niederschlag beispielsweise in Art. 34 RL EEA.

---

[64] Siehe klarstellend § 91a Abs. 1 IRG.

[65] *Hackner*, in: Schomburg/Lagodny/Gleß/Hackner, Internationale Rechtshilfe in Strafsachen, 5. Aufl. 2012 (im Folgenden S/L/G/H, § 91 IRG, Rn. 1, 2; *Böse*, in: Grützner/Pötz/Kreß/Gazeas (Hrsg.), Internationaler Rechtshilfeverkehr in Strafsachen, § 91 IRG, Rn. 1; siehe auch oben 1.b). A.A. *Trautmann*, in: S/L, § 91 IRG, Rn. 1.

[66] Siehe insbesondere auch Art. 34 Abs. 3 RL EEA. Zur entsprechenden Argumentation bezüglich der Parallelregelung über den Europäischen Haftbefehl siehe *Böse*, in: Grützner/Pötz/Kreß/Gazeas (Hrsg.), Internationaler Rechtshilfeverkehr in Strafsachen, § 78 IRG, Rn. 2.

§ 91a Abs. 4 IRG konkretisiert § 91 IRG. Er stellt klar, dass das Verfahren zur Leistung sonstiger Rechtshilfe auf der Grundlage der RL EEA in den bereits bestehenden Rechtsrahmen eingefügt wird. Insbesondere bleibt es im Grundsatz bei der Anwendbarkeit des § 59 Abs. 3 IRG (näher hierzu unten). Ferner verbleibt es bei der bisherigen Zuständigkeitsverteilung für die Bewilligungs- und Zulässigkeitsentscheidung von eingehenden Ersuchen.[67] Durch § 91a Abs. 4 IRG wird darüber hinaus präzisiert, wann die bisherigen Vorschriften der klassischen Rechtshilfe zur Erledigung sonstiger Rechtshilfeersuchen anstelle der Umsetzungsvorschriften zur RL EEA Anwendung finden, also vor allem im Verhältnis zu den EU-Mitgliedstaaten, die nicht an der RL EEA teilnehmen. Ab beiderseitiger Umsetzung sind die EU-Mitgliedstaaten jedoch verpflichtet, die RL EEA anzuwenden, also insbesondere auch die Formblätter im Anhang der RL zu verwenden.

B. Spezielle Rechtsgrundlagen TKÜ-Rechtshilfe

Im Folgenden sollen Normen dargestellt werden, welche über die unter A.1. erwähnten allgemeinen Rechtshilfevoraussetzungen besondere Rechtshilfevoraussetzungen für die Durchführung der grenzüberschreitenden Zwangsmaßnahme der TKÜ aufstellen. Spezialregelungen sind selten. Eine detaillierte verbindliche Regelung enthält erstmals das EU-RhÜbk aus dem Jahr 2000 (Art. 18 und 20 EU-RhÜbk). Diese Regelung ist auch Modell für die Sonderregelungen in der RL EEA (Art. 30, 31). Zwar werden die Vorschriften der RL EEA in Zukunft den Rechtshilfeverkehr innerhalb der Europäischen Union maßgeblich bestimmen und dürften – im Gegensatz zum EU-RhÜbk – auch stärkere Praxisrelevanz erhalten. Allerdings sind sie ohne Kenntnis ihrer Vorgängerregelungen im EU-RhÜbk nicht ohne Weiteres verständlich. Ferner wird, wie unter A.1.b. erwähnt, das EU-RhÜbk auch in Zukunft Grundlage für die Kooperation mit einigen europäischen Staaten bleiben. Deshalb werden im Folgenden zunächst die besonderen Vorschriften des EU-RhÜbk beleuchtet (1.), bevor dann auf die neue unionsrechtliche Regelung eingegangen wird (2.). Im Anschluss daran wird auf einige spezielle bilaterale Vereinbarungen Bezug genommen (3.). Inwieweit eine grenzüberschreitende TKÜ auch auf Grundlage des EuRhÜbk bzw. auf Grundlage von anderen Generalklauseln in Rechtshilfeverträgen möglich ist, wird unter 4. behandelt. Ob sich Spezialvorschriften in deliktsbezogenen Abkommen finden und inwieweit diese als Rechtsgrundlage herangezogen werden können, steht im Mittelpunkt der Erörterungen unter 5. Abschnitt 6. befasst sich mit dem Rechtsrahmen, welcher die Möglichkeit der Durchführung einer TKÜ auch mit denjenigen Staaten eröffnet, mit denen Deutschland keine vertraglichen Beziehungen hat („vertragslose TKÜ"). Der Abschnitt endet in Form eines Exkurses mit einigen Bemerkungen zu sonstigen

---

[67] Vergleiche zum Ganzen auch BT-Drucks. 18/9757, S. 56 f.

Rechtsgrundlagen im Zusammenhang mit einer Telekommunikationsüberwachung, die nicht auf die unmittelbare Durchführung der Ermittlungsmaßnahme im ersuchten Staat gerichtet sind, insbesondere mit der Sicherstellung von Computerdaten und der Herausgabe von für rein nationale Strafverfahren angefertigten TKÜ-Protokollen (7. und 8.).

1. Die spezifische Regelung im EU-RhÜbk

Neben den unter A.1. beschriebenen allgemeinen Rechtshilfevoraussetzungen sind auch die besonderen Voraussetzungen einer rechtshilferechtlichen TKÜ zu beachten, sofern diese geregelt sind. Eine solche Regelung findet sich – erstmalig in einem multilateralen Vertrag – in Art. 17–20 EU-RhÜbk.[68] Ziel der Aufnahme dieser Regelungen war es, eine gewisse Rechtssicherheit für die Rechtspraxis zu geben. Zwar boten bereits die Generalklausel des Art. 1 Abs. 1 EuRhÜbk und insbesondere die Empfehlung des Ministerrates Nr. (85) 10 die Möglichkeit für die Kooperation bei der grenzüberschreitenden TKÜ zwischen den europäischen Staaten (siehe unten 4), eine echte Praxis wollte sich aber nicht recht entwickeln. Einige Mitgliedstaaten erkannten Art. 1 Abs. 1 EuRhÜbk nicht als einschlägige Rechtsgrundlage an, um TKÜ-Ersuchen stattzugeben.[69] Der Erläuternde Bericht zum EU-RhÜbk streicht zudem heraus, dass nicht nur die traditionelle internationale Rechtshilfe bei der Überwachung der Telekommunikation, in der eine Justizbehörde der anderen Unterstützung bietet, behandelt werden sollte, sondern – nach den Technologieerkenntnissen bei Entstehung des EU-RhÜbk – die Frage der TKÜ in umfassenderer Weise angegangen werden sollte. Deshalb berücksichtigen die Regelungen des EU-RhÜbk sogar nicht nur die damals aktuellen, neueren Entwicklungen, sondern die Bestimmungen sollten so allgemein gefasst werden, dass auch künftige Weiterentwicklungen so weit wie möglich abgedeckt werden können.[70]

Im Folgenden werden die einzelnen Regelungen des EU-RhÜbk zur TKÜ näher erläutert.

---

[68] Die Art. 17–20 gelten insbesondere auch im Verhältnis zwischen den EU-Staaten sowie Island und Norwegen (siehe Art. 1 Abs. 1 des Übereinkommens zwischen der Europäischen Union sowie der Republik Island und dem Königreich Norwegen über die Anwendung einiger Bestimmungen des Übereinkommens vom 29. Mai 2000 über die Rechtshilfe in Strafsachen zwischen den Mitgliedstaaten der Europäischen Union und des dazugehörigen Protokolls von 2001, ABl. L 26, 29.1.2004, S. 3). Ebenfalls gelten sie weiterhin im Verhältnis zu Dänemark. Siehe auch oben A.1.b).

[69] Siehe Erläuternder Bericht, ABl. C 297 vom 29. Dezember 2000, S. 7 (20). Siehe zur Sensibilität von TKÜ-Maßnahmen als Rechtshilfeleistung auch Landesbericht Schweden (V.B.).

[70] Siehe Erläuternder Bericht, ABl. C 297 vom 29. Dezember 2000, S. 7 (20, 21).

a) Zuständige Anordnungsbehörde (Art. 17 EU-RhÜbk)

Art. 17 EU-RhÜbk geht davon aus, dass zuständige Behörde für die Anordnung der TKÜ eine Justizbehörde ist. Art. 17 trägt jedoch auch dem Umstand Rechnung, dass in einigen Staaten, wie dem Vereinigten Königreich, die Zuständigkeit nicht bei einer Justizbehörde liegt. Solche Behörden können nach Art. 24 Abs. 1 lit. e) benannt werden.[71] Folge ist, dass TKÜ-Anordnungen von solchen „zuständigen Behörden", wie dem Secretary of State for the Home Department (in England und Wales), von den anderen EU-Mitgliedstaaten bei Anwendung der Inhaltsartikel 18, 19, 20 zu akzeptieren sind.[72]

b) Überwachung des Telekommunikationsverkehrs mit technischer Hilfe eines anderen Mitgliedstaates (Art. 18 EU-RhÜbk) ,

Kernnorm für die rechtshilferechtliche Überwachung des „Telekommunikationsverkehrs" ist Art. 18 EU-RhÜbk. Die völkerrechtliche Pflicht zur Durchführung der Überwachung des Telekommunikationsverkehrs statuiert Art. 18 Abs. 5 EU-RhÜbk. Er regelt die Durchführungsformen, die in drei in Art. 18 Abs. 2 EU-RhÜbk genannten typischen Fallkonstellationen von Telekommunikationsüberwachungsersuchen Anwendung finden. Dabei geht das EU-RhÜbk davon aus, dass die praxisrelevantere und effektivere TKÜ „in Echtzeit" die Regel sein soll (Art. 18 Abs. 5, 1. Hs. i.V.m. Art. 18 Abs. 1 lit a) EU-RhÜbk). Nach Art. 18 Abs. 1 lit. a) wird der zu überwachende Telekommunikationsverkehr unmittelbar an den ersuchenden Staat weitergeleitet, wo er von der dort zuständigen Behörde abgehört und/oder aufgezeichnet werden kann.[73] Bei Ersuchen der zweiten Durchführungsart wird der Telekommunikationsverkehr aufgezeichnet und später an den ersuchenden Mitgliedstaat weitergeleitet. Diese zweite Art von Ersuchen wird in Abs. 6 und 7 näher behandelt. Nach dem Willen der Vertragsparteien soll sie künftig die Ausnahme darstellen.[74]

Art. 18 Abs. 2 EU-RhÜbk beschreibt die drei typischen Fallkonstellationen, in denen ein Ersuchen um Rechtshilfe gestellt werden kann. Maßgebend ist der Aufenthaltsort der Zielperson:

---

[71] Vgl. die Erklärung des Vereinigten Königreichs zu Art. 24 Abs. 1 lit. e) EU-RhÜbk: "In accordance with Article 24(1)(e), for the purpose of the application of Articles 18, 19 and 20, the competent authority for England and Wales is the Secretary of State for the Home Department, for Northern Ireland is the Secretary of State for Northern Ireland and for Scotland is the Scottish Ministers."

[72] Siehe Erläuternder Bericht, ABl. C 297 vom 29. Dezember 2000, S. 7 (21).

[73] Erläuternder Bericht, a.a.O.

[74] Erläuternder Bericht, a.a.O. Sie wird jedoch in der Praxis Spaniens bevorzugt (siehe Landesbericht Spanien, V.B.3.).

1. die Zielperson befindet sich auf dem Hoheitsgebiet des ersuchenden Mitgliedstaates, dieser benötigt aber die technische Hilfe des ersuchten Mitgliedstaates, um die Kommunikation der Zielperson zu überwachen (lit. a));
2. die Zielperson befindet sich auf dem Hoheitsgebiet des ersuchten Mitgliedstaates und die Kommunikation der Zielperson in diesem Mitgliedstaat soll überwacht werden (lit. b));
3. die Zielperson befindet sich in einem dritten Mitgliedstaat, aber die technische Unterstützung des ersuchten Mitgliedstaates ist notwendig, um die Überwachung durchführen zu können (lit. c)).

Mit diesen drei Konstellationen, die zusammen mit Art. 19 und 20 EU-RhÜbk zu lesen sind, sollten insbesondere möglichst alle Situationen einer Überwachung des satellitengestützten Telekommunikationsverkehrs erfasst werden.[75]

Art. 18 Abs. 3 EU-RhÜbk betrifft die Form des Ersuchens, d.h. es werden die Anforderungen an den Inhalt eines Rechtshilfeersuchens aufgestellt. Art. 18 Abs. 3 EU-RhÜbk tritt an die Stelle von Art. 14 EuRhÜbk.

Art. 18 Abs. 4 EU-RhÜbk stellt in Ergänzung von Abs. 3 weitere Anforderungen an den Inhalt des Ersuchens auf, sofern ein Ersuchen in Fallkonstellation (2) gestellt wird. Erforderlich ist insbesondere eine Sachverhaltsdarstellung.[76] Außerdem gibt Abs. 4 dem ersuchten Mitgliedstaat das Recht, ergänzende Informationen anzufordern, welche ihm eine Beurteilung ermöglichen, ob er die erbetene Maßnahme in einem „vergleichbaren innerstaatlichen Fall" durchführen würde.

Letzteres hängt zusammen mit den Bedingungen für die Durchführung einer TKÜ, wenn sich die Zielperson auf dem Hoheitsgebiet des ersuchten Staates befindet. Denn dann (und nur dann) ist der ersuchte Mitgliedstaat nach Art. 18 Abs. 5 lit. b) EU-RhÜbk berechtigt,[77] die Vereinbarkeit des Vorgangs mit dem inländischen Strafverfahrensrecht zu prüfen.[78] In dieser Fallkonstellation ist es dem ersuchten Staat ferner erlaubt, seine Zustimmung zur Vornahme der TKÜ an die Einhaltung von Bedingungen zu knüpfen, die in einem vergleichbaren innerstaatlichen Fall zu erfüllen wären.

Liegt jedoch eine der Konstellationen (1) oder (3) vor, befindet sich die Zielperson also nicht auf dem Hoheitsgebiet des ersuchten Staates, so hat der ersuchte

---

[75] Zu den einzelnen „Hypothesen" siehe *Weyembergh/de Bioley*, 8 Eur. J. L. Reform (2006), 285 (292 ff.).

[76] Zur Frage, wie diese Sachverhaltsdarstellung auszusehen hat, verweist der Erläuternde Bericht auf Art. 12 Abs. 2 lit b) EuAlÜbk und die danach durchzuführende Auslegung.

[77] Rechtshilferechtlich aber nicht verpflichtet (sic!). Ob eine Verpflichtung besteht, richtet sich nach der innerstaatlichen Rechtshilfedoktrin. Siehe dazu unten.

[78] Zur Frage, was die in Art. 18 Abs. 5 lit b) EU-RhÜbk verwendete Formulierung „in einem *vergleichbaren* innerstaatlichen Fall" (Hervorhebung durch Verf.) bedeutet, siehe unten III.A.1.c)dd).

Mitgliedstaat die Überwachung „ohne weitere Formalitäten" anzuordnen (Art. 18 Abs. 5 lit. a) EU-RhÜbk). Einzige Bedingung ist, dass der ersuchende Staat die in Abs. 3 vorgesehenen Informationen übermittelt hat, also formale Rechtshilfevoraussetzungen erfüllt. Nach dem Erläuternden Bericht soll mit dieser Formulierung klargestellt werden, „dass ein derartiges Ersuchen von den Mitgliedstaaten nicht einem konventionellen Rechtshilfeersuchen gleichgestellt werden, sodass von bestimmten Formerfordernissen abgesehen werden kann, die für ein Ersuchen gelten würden, das vom ersuchten Mitgliedstaat selbst im eigenen Hoheitsgebiet zu erledigen wäre".[79] Es handelt sich hier nur um eine *technische Hilfe*, ohne Prüfung, ob die Überwachungsmaßnahme mit innerstaatlichem Strafverfahrensrecht in Einklang steht.[80]

Allerdings kann der ersuchte Mitgliedstaat in den Fallkonstellationen (1) und (3) das Rechtshilfeersuchen nicht dazu nutzen, eine eigene Telefonüberwachung auf seinem Hoheitsgebiet durchzuführen. Denn ein Staat kann nicht über den Rechtshilfeverkehr innerstaatliche Vorschriften umgehen. Es läge ein Missbrauch vor. Für Deutschland ergibt sich dies aus Art. 20 Abs. 3 GG, wonach die Staatsgewalt an Recht und Gesetz gebunden ist.[81]

Art. 18 Abs. 6 EU-RhÜbk enthält besondere Vorschriften in Bezug auf Ersuchen um Überwachung, Aufzeichnung und nachfolgende Übermittlung der Aufzeichnung an den ersuchenden Staat (siehe oben Durchführungskonstellation des Art. 18 Abs. 1 lit. b)). Die Mitgliedstaaten müssen derartige Ersuchen erst dann akzeptieren, wenn die unmittelbare Weiterleitung nicht möglich ist. Dass dies der Fall ist, kann auf den ersuchenden und/oder auf den ersuchten Mitgliedstaat zurückzuführen sein.

Art. 18 Abs. 7 EU-RhÜbk erlaubt einen Vorbehalt in Bezug auf die Anwendung von Abs. 6. Abs. 7 trägt dem Anliegen des Vereinigten Königreichs Rechnung, nach dessen innerstaatlichem Recht eine systematische Aufzeichnung der überwachten Daten nicht vorgesehen ist.[82]

Art. 18 Abs. 8 EU-RhÜbk regelt den Fall, dass bei Durchführung einer TKÜ in Form der Aufzeichnung und anschließenden Übermittlung (Art. 18 Abs. 1 lit. b)) der ersuchende Staat um eine schriftliche Übertragung der Aufnahme ersucht. Hierfür muss er besondere Gründe darlegen (z.B. Vorhandensein von Dolmetschern und Übersetzern im ersuchten Staat, die Sprache oder Dialekte der Zielpersonen beherrschen).[83] Der ersuchte Mitgliedstaat hat hier wiederum das Recht eines Prüfvorbehalts nach seinem innerstaatlichem Recht.

---

[79] Erläuternder Bericht, ABl. C 297 vom 29. Dezember 2000, S. 7 (23).
[80] *Eisenberg*, Beweisrecht der StPO, 9. Aufl. 2015 (!), Rn. 473.
[81] *Gleß/Wahl*, in: S/L, III B 1b, Art. 18, Rn. 18 m.w.N.
[82] Erläuternder Bericht, ABl. C 297 vom 29. Dezember 2000, S. 7 (23).
[83] Beispiel nach Erläuterndem Bericht, a.a.O.

Art. 18 Abs. 9 EU-RhÜbk verpflichtet zur Vertraulichkeit der aus einer Überwachungsmaßnahme gewonnenen Informationen.

Als Zwischenfazit lässt sich festhalten, dass es sich nur im Fall (2) – Art. 18 Abs. 2 lit. b) – um eine klassische Rechtshilfe handelt. Er wird auch am restriktivsten geregelt.[84] In diesem Fall wird mit der Voraussetzung eines „vergleichbaren innerstaatlichen Falles" auch ein zusätzlicher Rechtshilfeverweigerungsgrund geschaffen, der über das bisherige System des EuRhÜbk (dort ist als substanzieller Verweigerungsgrund eigentlich nur Art. 2 lit. b) vorgesehen) hinausgeht.[85]

c) *Überwachung des Telekommunikationsverkehrs im eigenen Hoheitsgebiet durch Einschaltung von Diensteanbietern (Art. 19 EU-RhÜbk)*

Art. 19 EU-RhÜbk regelt die Sonderkonstellation einer Überwachung des Telekommunikationsverkehrs im eigenen Hoheitsgebiet durch die Einschaltung von ausländischen Diensteanbietern. Die Vorschrift ist demnach keine solche, die eine transnationale TKÜ regelt. Vielmehr soll der Zugang zu der für eine inländische TKÜ wesentlichen, aber in einem anderen Mitgliedstaat gelegenen Telekommunikationseinrichtung sichergestellt werden.[86] Hintergrund für die Regelung war, die Überwachung des über ein Satellitensystem abgewickelten Telekommunikationsverkehrs zu ermöglichen. Die Mitgliedstaaten müssen ihre Diensteanbieter dazu verpflichten, eine Art „Fernbedienung" einzurichten, damit der Telekommunikationsverkehr über eine auf ihrem Hoheitsgebiet befindliche Bodenstation einem anderen Mitgliedstaat direkt zugänglich gemacht werden kann (sog. *remote approach*).

Art. 19 Abs. 2 EU-RhÜbk legt die Zwecke und Voraussetzungen fest, unter denen ein Mitgliedstaat die „Fernbedienungen" benutzen kann. Es muss sich nach Maßgabe seines innerstaatlichen Rechts um eine strafrechtliche Ermittlung handeln und die Zielperson muss sich auf dem Hoheitsgebiet des überwachenden Mitgliedstaates befinden. Der Mitgliedstaat, in dessen Hoheitsgebiet sich die Bodenstation befindet, muss nicht eingeschaltet werden. *Kubiciel* führt in diesem Zusammenhang an:

„Rechtsgrundlage für diesen Eingriff ist nicht das Recht des Staates, auf dessen Hoheitsgebiet Zugang zu einer wesentlichen Einrichtung verlangt wird, sondern das Recht des die Ermittlungen führenden Staates."[87]

Der Mitgliedstaat der Bodenstation hat lediglich seine Diensteanbieter dazu zu verpflichten, den Datenstrom über einen Telekommunikationsbetreiber des anderen

---

[84] *Weyembergh/de Bioley*, 8 Eur. J. L. Reform (2006), 285 (296).
[85] *Weyembergh/de Bioley*, 8 Eur. J. L. Reform (2006), 285 (297).
[86] *Kubiciel*, in: Ambos/König/Rackow (Hrsg.), Rechtshilferecht in Strafsachen, 2015, HT 4, Rn. 334.
[87] *Kubiciel*, a.a.O., Rn. 335.

Mitgliedstaates zu leiten, sodass jener Mitgliedstaat dort nach seinem innerstaatlichen Recht die Telekommunikation überwachen kann. Art. 19 EU-RhÜbk verhindert damit, dass die Anordnung einer TKÜ selbst und unmittelbar gegenüber einem ausländischen Diensteanbieter transnationale Geltung entfalten würde.[88]

Nach Art. 19 Abs. 3 EU-RhÜbk kann die Fernbedienung auch von einem Mitgliedstaat benutzt werden, der für einen anderen Mitgliedstaat (der ersuchende Staat) im Rahmen eines Rechtshilfeersuchens nach Art. 18 Abs. 2 lit. b) eine Telekommunikation überwacht. In diesem Fall befindet sich die Zielperson also im Hoheitsgebiet eines ersuchten Staates, der selbst über keine Bodenstation verfügt, sondern den Telekommunikationsverkehr mittels einer Fernbedienung aus einem anderen als dem ersuchenden Mitgliedstaat überwacht.

Art. 19 Abs. 4 EU-RhÜbk soll die Situation regeln, dass ein Mitgliedstaat, der bereits über einen Fernzugang zu einer Bodenstation in einem anderen Mitgliedstaat verfügt, diesem gleichwohl ein Rechtshilfeersuchen um TKÜ nach Art. 18 stellen kann. Hierfür kann z.B. ein Bedürfnis bestehen, wenn die Zielperson mehrere Staaten durchreist und eine Überwachungsmaßnahme von einer Stelle über die Bodenstation gesteuert werden soll.[89]

d) Überwachung des Telekommunikationsverkehrs ohne technische Hilfe durch einen anderen Mitgliedstaat (Art. 20 EU-RhÜbk)

Art. 20 EU-RhÜbk schafft eine Rechtsgrundlage für die Überwachung des Telekommunikationsverkehrs von Personen, die sich im Hoheitsgebiet anderer Mitgliedstaaten aufhalten und die technische Hilfe des Aufenthaltsstaates nicht vonnöten ist. In der Literatur wird die Regelung als rechtshilferechtliches Neuland beschrieben.[90] Letztlich handelt es sich hier um ein auf die TKÜ zugeschnittenes Pendant der passiven Rechtshilfe, die in Form grenzüberschreitender, operativer Maßnahmen wie der grenzüberschreitenden Nacheile (Art. 41 SDÜ) oder Observation (Art. 40 SDÜ) bekannt ist. In Anlehnung an diese Rechtsvorschriften wird auch eine ähnliche Lösung bereitgehalten: Die Aktionen sind zunächst unter vorläufiger Duldung des Aufenthaltsstaates zulässig, dieser ist jedoch zu unterrichten und hat das Recht nachträglicher Verneinung inklusive der Aussprache eines Verwendungsverbots.[91] D.h. im Einzelnen:

Art. 20 Abs. 1 EU-RhÜbk legt den Anwendungsbereich fest. In Abweichung von Art. 19 eröffnet Art. 20 Abs. 1 EU-RhÜbk dem Wortlaut nach den Anwendungs-

---

[88] *Brodowski*, Verdeckte technische Überwachungsmaßnahmen, 2016, S. 376.
[89] Siehe BT-Drucks. 745/04, S. 27.
[90] *Grotz*, in: Grützner/Pötz/Kreß/Gazeas (Hrsg.), Internationaler Rechtshilfeverkehr in Strafsachen, III A 3.5, Rn. 46; *Kubiciel*, in: Ambos/König/Rackow (Hrsg.), Rechtshilferecht in Strafsachen, 2015, HT 4, Rn. 336.
[91] Siehe auch *Eisenberg*, Beweisrecht der StPO, 9. Aufl. 2015 (!), Rn. 473.

bereich jedoch nur für *bestimmte* strafrechtliche Ermittlungen.[92] Die in Abs. 1 verwendete Formulierung stellt keine Legaldefinition des im EU-RhÜbk verwendeten Begriffs „strafrechtliche Ermittlungen" dar, wofür TKÜs angeordnet werden können, sondern ist letztlich als Kompromisslösung anzusehen. Sie sollte dazu dienen, strafrechtliche Ermittlungen von nachrichtendienstlichen Tätigkeiten abzugrenzen. Hintergrund war, dass sich das Vereinigte Königreich, wo die Geheimdienste auch bei der Verfolgung bestimmter Straftaten neben ihren „originären" Aufgaben TKÜ-Befugnisse haben, bei den Verhandlungen zunächst gegen eine Regelung der Auslandsüberwachung aussprach, weil es Nachteile aufgrund der Unterrichtungspflicht fürchtete. Der Kompromiss bestand darin, dass die „strafrechtlichen Ermittlungen" bestimmte Merkmale aufweisen müssen. Durch diese materielle Begrenzung sollte eine Abgrenzung zu nachrichtendienstlichen Tätigkeiten erfolgen.[93] Im Gegenzug akzeptierten die übrigen EU-Mitgliedstaaten eine Erklärung des Vereinigten Königreichs, wonach Art. 20 auch für TKÜ-Genehmigungen des Innenministers gegenüber dem britischen Geheimdienst („Security Service") Anwendung findet, soweit dieser nach dem innerstaatlichen Recht des Vereinigten Königreichs im Rahmen strafrechtlicher Ermittlungen tätig wird, welche die in Abs. 1 verwendeten Merkmale aufweisen.[94]

Art. 20 Abs. 2 EU-RhÜbk statuiert eine Unterrichtungspflicht des überwachenden Mitgliedstaates gegenüber dem Mitgliedstaat, in dessen Hoheitsgebiet sich die Zielperson und daher der überwachte Anschluss befindet. Unterschieden werden zwei Zeitpunkte:

1. Vor der Überwachung, wenn bereits bei Anordnung der Überwachung Kenntnis besteht, dass sich die Zielperson im Hoheitsgebiet des unterrichteten Mitgliedstaates befindet (lit. a)). In diesem Fall darf mit der Überwachung – traditionellem Rechtshilferecht entsprechend – erst begonnen werden, wenn die Maßnahme von dem anderen Mitgliedstaat nach Maßgabe des Abs. 4 akzeptiert worden ist.

---

[92] In Hs. 2 heißt es: „[bei den strafrechtlichen Ermittlungen] muss es sich um Ermittlungen handeln, die infolge der Begehung einer spezifischen Straftat, einschließlich versuchter Straftaten, soweit diese nach dem innerstaatlichen Recht unter Strafe gestellt sind, durchgeführt werden, um die dafür Verantwortlichen festzuhalten und festzunehmen, Anklage gegen sie zu erheben, sie strafrechtlich zu verfolgen oder abzuurteilen".

[93] Der Erläuternde Bericht, ABl. C 297 vom 29. Dezember 2000, S. 7 (24) stellt klar, dass dadurch keine Definition der „strafrechtlichen Ermittlungen" einhergeht, sodass auch keine Auswirkungen auf andere Bestimmungen des EU-RhÜbk oder anderer Übereinkommen, die das EU-RhÜbk ergänzen, gezeitigt werden.

[94] Der Wortlaut der Erklärung (abrufbar über die Internetseite des EJN) lautet wie folgt: "In the United Kingdom, Article 20 will apply in respect of interception warrants issued by the Secretary of State to the police service or HM Customs and Excise where, in accordance with national law on the interception of communications, the stated purpose of the warrant is the detection of serious crime. It will also apply to such warrants issued to the Security Service where, in accordance with national law, it is acting in support of an investigation presenting the characteristics described in Article 20(1)." Zum Ganzen siehe auch *Grotz*, in: Grützner/Pötz/Kreß/Gazeas (Hrsg.), Internationaler Rechtshilfeverkehr in Strafsachen, III A 3.5, Rn. 46.

2. Bei Überwachungen, die im Gange sind, unmittelbar nachdem der überwachende Mitgliedstaat Kenntnis davon erhält, dass sich die Zielperson im Hoheitsgebiet des anderen Mitgliedstaates befindet (lit. b)).

Art. 20 Abs. 3 EU-RhÜbk nennt die Informationen, die der überwachende Mitgliedstaat dem unterrichteten mitzuteilen hat. Unter den in Art. 20 Abs. 4 lit. c) genannten Voraussetzungen kann eine kurze Sachverhaltsschilderung verlangt werden.[95]

Art. 20 Abs. 4 EU-RhÜbk regelt das weitere Verfahren, nachdem die nach Art. 20 Abs. 2 und 3 erforderliche Unterrichtung erfolgt ist. Der unterrichtete Mitgliedstaat ist grundsätzlich verpflichtet, innerhalb von 96 Stunden zu antworten. Er hat dann zwei Entscheidungsmöglichkeiten:

1. Bewilligung der Durchführung und Fortführung der Überwachung. Der unterrichtete Mitgliedstaat kann die Überwachung zusätzlich an Bedingungen knüpfen, die in einem vergleichbaren innerstaatlichen Fall zu erfüllen wären (Abs. 4 lit. a) i)).[96]

2. Forderung der Nichtdurchführung (im Fall des Art. 20 Abs. 2 lit. a)) oder Beendigung (im Fall des Art. 20 Abs. 2 lit. b)), wenn die Überwachung nach dem innerstaatlichen Recht des unterrichteten Mitgliedstaates oder aus einem der in Art. 2 EuRhÜbk aufgeführten Gründe (Verweigerung der Rechtshilfe aufgrund politischer oder fiskalisch strafbarer Handlungen oder aufgrund *ordre public*) nicht zulässig wäre (Abs. 4 lit. a) ii)).[97] Der unterrichtete Staat kann gemäß lit. a) iii) außerdem verlangen, dass das bis zur Nichtbewilligung bereits gesammelte Material

  – nicht oder
  – unter Bedingungen

  verwendet werden darf. Der Erläuternde Bericht führt in dem Zusammenhang aus, dass von Verwendungsbeschränkungen Ausnahmen gemacht werden sollten, wenn das gesammelte Material

  – zur Abwehr einer unmittelbaren und ernsten Bedrohung für die öffentliche Sicherheit oder
  – in Verfahren wegen Schadensersatzansprüchen

  gebraucht wird.[98]

Nach Art. 20 Abs. 4 lit. a) iv) EU-RhÜbk kann der unterrichtete Staat eine Verlängerung der 96-Stunden-Frist auf (höchstens) acht Tage verlangen, um ggf. nach seinem innerstaatlichen Recht erforderliche interne Verfahren abschließen zu können.

---

[95] Art. 20 Abs. 4 EU-RhÜbk folgt der gleichen Logik wie Art. 18 Abs. 5 lit. b).
[96] Ebenfalls gleiche Regelungssystematik wie bei Art. 18 Abs. 5 lit. b).
[97] Diese Forderung ist schriftlich zu begründen.
[98] Erläuternder Bericht, ABl. C 297 vom 29. Dezember 2000, S. 7 (25).

Nach Art. 20 Abs. 4 lit. b) EU-RhÜbk soll Rechtssicherheit für die Phase geschaffen werden, in der keine Entscheidung des unterrichteten Staates getroffen worden ist. Solange der unterrichtete Mitgliedstaat ein an ihn gerichtetes Ersuchen nach Ablauf der ersten Frist von 96 Stunden oder nach Ablauf der weiteren Frist nach lit. a) iv) nicht beantwortet hat, darf der überwachende Mitgliedstaat
- die Überwachung fortsetzen (Abs. 4 lit. b) i)),
- aber das bereits gesammelte Material nicht verwenden (Art. 4 lit. b) ii)).

Von dieser Verwendungsbeschränkung sind jedoch zwei Ausnahmen vorgesehen:
1. die betreffenden Mitgliedstaaten haben etwas anderes vereinbart oder
2. die Verwendung des Materials erfolgt zur Ergreifung dringlicher Maßnahmen zur Abwehr einer unmittelbaren und ernsthaften Gefahr für die öffentliche Sicherheit. Nach dem Erläuternden Bericht soll dieser Ausdruck nicht zu restriktiv ausgelegt werden; die Ausnahmen sollen auch eingreifen für Maßnahmen im Zusammenhang mit Straftaten, bei denen Menschenleben gefährdet werden, Drogendelikten oder anderen ähnlich schwerwiegenden Fällen.[99]

Art. 20 Abs. 4 lit. d) EU-RhÜbk enthält die an die Mitgliedstaaten gerichtete Staatenverpflichtung, Kontaktstellen einzurichten, die eine Entscheidung binnen 96 Stunden gewährleisten. Nach der Erklärung Deutschlands ist dies das BKA.

Art. 20 Abs. 5 und 6 EU-RhÜbk behandeln die Frage der Vertraulichkeit der Informationen. Abs. 5 schreibt den Grundsatz fest, dass die übermittelten Informationen durch den unterrichteten Mitgliedstaat vertraulich zu behandeln sind. Dadurch soll die Funktionsfähigkeit der laufenden Ermittlungen sichergestellt werden. Nach Abs. 6 können diese Informationen, wenn sie besonders geheimhaltungsbedürftig sind, über spezielle Behörden übermittelt werden. Art. 20 Abs. 7 EU-RhÜbk ist im Hinblick auf die Staaten gefasst worden, die keine Informationen nach Art. 20 erhalten wollen. Jene Mitgliedstaaten können dazu eine entsprechende Erklärung abgeben.[100]

2. TKÜ nach der RL Europäische Ermittlungsanordnung

Rechtsgrundlage für die grenzüberschreitende TKÜ innerhalb der Europäischen Union sind nun die nationalen Umsetzungsvorschriften der Art. 30, 31 RL EEA.[101] Der ursprüngliche Entwurf der RL, die sog. belgische Initiative, sah eine deutliche Verschlankung der bisherigen Regelung des EU-RhÜbk vor und regelte in einem einzigen und kurzen Artikel – Art. 27 des Entwurfs – allgemeine Voraussetzungen für alle „Ermittlungsmaßnahmen zur Erhebung von Beweismitteln in Echtzeit, fort-

---

[99] Erläuternder Bericht, ABl. C 297 vom 29. Dezember 2000, S. 7 (26).
[100] Deutschland hat eine solche Erklärung *nicht* abgegeben.
[101] Zum Verhältnis zum EU-RhÜbk oben A.2.

laufend oder über einen bestimmten Zeitraum".[102] Die Endfassung der RL EEA lehnt sich nun wieder deutlicher an das EU-RhÜbk an. Unterschieden wird zwischen der TKÜ, für welche die technische Hilfe eines anderen Mitgliedstaates erforderlich ist (Art. 30 RL EEA), und einer TKÜ, für welche die technische Hilfe nicht benötigt wird (Art. 31 RL EEA). Art. 18 EU-RhÜbk findet damit eine Entsprechung in Art. 30 RL EEA, Art. 20 EU-RhÜbk eine solche in Art. 31 RL EEA. Was europarechtlich unter dem Begriff der Telekommunikationsüberwachung verstanden wird, lässt die RL EEA – ebenso wie das EU-RhÜbk – offen.[103] Rekurriert werden könnte auf die Erläuterungen zum EU-RhÜbk (siehe Exkurs unten in diesem Abschnitt).

Die RL EEA enthält keine Bestimmungen mehr, die dem Vorbild des Art. 19 EU-RhÜbk entsprechen würden. Für den in Art. 19 EU-RhÜbk geregelten Fall (Überwachung des Telekommunikationsverkehrs im eigenen Hoheitsbereich durch Einschaltung eines Diensteanbieters) enthält lediglich Erwägungsgrund 33 der Richtlinie den Appell an die Mitgliedstaaten, dafür Sorge zu tragen, dass technische Hilfe von einem Diensteanbieter geleistet werden kann, „damit die Zusammenarbeit im Rahmens dieses Rechtshilfeinstruments in Bezug auf die rechtmäßige Überwachung des Telekommunikationsverkehrs erleichtert wird". Nach den Erläuterungen im Regierungsentwurf zur Umsetzung der RL EEA wird dies in Deutschland durch § 110 TKG i.V.m. der TKÜV gewährleistet.[104]

Ebenfalls nicht übernommen wurde eine Art. 17 EU-RhÜbk entsprechende Regelung zu den anordnenden Behörden. Die „Anordnungsbehörde" für eine TKÜ-Ermittlungsanordnung ergibt sich bereits aus Art. 2 lit. c) der Richtlinie, der insoweit abschließend ist.[105]

Im Folgenden werden kurz die besonderen Vorschriften der RL EEA zur TKÜ erläutert, wobei vor allem die Gemeinsamkeiten und Abweichungen zur Vorgängerregelung in Art. 18 EU-RhÜbk herausgestrichen werden.

a) Überwachung des Telekommunikationsverkehrs mit technischer Hilfe eines anderen Mitgliedstaates (Art. 30 RL EEA)

Art. 30 Abs. 1 RL EEA stellt klar, dass eine EEA auch zum Zwecke der Überwachung des Telekommunikationsverkehrs in dem Mitgliedstaat, dessen technische Unterstützung erforderlich ist, erlassen werden kann.

---

[102] Ratsdok. 9145/10 v. 29.4.2010.
[103] Siehe auch Stellungnahme des Deutschen Richterbundes Nr. 07/2016, S. 4, wo angedeutet wird, dass die Übertragung rein nationaler Vorstellungen (z.B. die deutsche Rechtsansicht, auf Server abgelegte E-Mails als Sicherstellung zu behandeln) mit Vorsicht zu genießen sei.
[104] BT-Drucks. 18/9757, S. 42.
[105] Siehe auch BT-Drucks. 18/9757, S. 42.

Art. 30 Abs. 2 RL EEA hat bisher im EU-RhÜbk kein Vorbild. Er regelt den Fall, dass mehrere Mitgliedstaaten technisch in der Lage sind, in vollem Umfang die gleiche Überwachung zu gewährleisten, und sieht vor, dass dann nur eine EEA an einen Mitgliedstaat zu ergehen hat. Damit sollen konkurrierende Rechtshilfeersuchen, die einer (möglicherweise zeitaufwendigen) Koordination bedürfen, von vornherein vermieden werden. So kann auch eine gewisse Ressourceneffizienz gesichert werden, zumal wenn man bedenkt, dass TKÜ-Maßnahmen kostenintensiv sind und einen hohen Personaleinsatz erfordern. In der Vorschrift äußert sich letztlich auch das in der RL EEA an mehreren Stellen zum Ausdruck kommende Verhältnismäßigkeitsprinzip. Ist jedoch die technische Unterstützung durch mehrere Mitgliedstaaten notwendig, um eine grenzüberschreitende TKÜ durchführen zu können, ist eine EEA an jeden einzelnen dieser Staaten zu richten.[106] Zum Schutz der Rechte des Betroffenen sieht Art. 30 Abs. 2 Satz 2 vor, dass die EEA vorrangig an den Mitgliedstaat gehen muss, in dem sich die Zielperson befindet oder befinden wird. Dadurch, dass die Maßnahme an den Mitgliedstaat ergeht, der die geringsten Voraussetzungen für die TKÜ vorsieht, wird eine Umgehung von Grundrechten verhindert.[107]

Art. 30 Abs. 3 RL EEA betrifft die formale Voraussetzung, welchen Inhalts eine EEA gerichtet auf TKÜ bedarf. Art. 30 Abs. 3 RL EEA ergänzt Art. 5 Abs. 1 RL EEA. Abs. 3 i.V.m. Art. 5 Abs. 1 RL EEA entspricht weitgehend Art. 18 Abs. 3 EU-RhÜbk. Die jeweiligen Informationspflichten finden ihren Niederschlag in Abschnitt H7 Nr. 2 des Formblatts in Anhang A der RL EEA.

Art. 30 Abs. 4 RL EEA verlangt zusätzlich von der Anordnungsbehörde (= ersuchende Behörde), dass sie die Gründe angibt, weshalb sie die angegebene TKÜ als Ermittlungsmaßnahme für das betreffende Strafverfahren als relevant erachtet. Durch diese Information soll die Vollstreckungsbehörde in die Lage versetzt werden zu beurteilen, ob die Maßnahme in einem vergleichbaren innerstaatlichen Fall genehmigt würde.[108] Abschnitt H7 Nr. 1 des Formblatts in Anhang A der RL EEA sieht in Umsetzung dieser Bestimmung das entsprechende Feld vor.

Zentrale Vorschrift für die Prüfung der Zulässigkeit einer TKÜ ist Art. 30 Abs. 5 RL EEA. Die Anerkennung und Vollstreckung einer ersuchten TKÜ kann abgelehnt werden, wenn

1. einer der Versagungsgründe nach Art. 11 RL EEA eingreift (z.B. Immunitäten und Vorrechte nach dem Recht des Vollstreckungsstaates, wesentliche nationale Sicherheitsinteressen, *ne bis in idem*, europäischer *ordre public*), oder

---

[106] Siehe auch Erwägungsgrund 33 Satz 3 der RL EEA.
[107] *Zimmermann*, ZStW 127 (2015), 143, 173.
[108] Siehe Erwägungsgrund 32 der RL EEA.

2. die Ermittlungsmaßnahme in einem vergleichbaren innerstaatlichen Fall nicht genehmigt würde (Art. 30 Abs. 5 Satz 1 RL EEA).[109]

Art. 30 Abs. 5 Satz 2 RL EEA sieht vor, dass der Vollstreckungsstaat seine Zustimmung von der Erfüllung jeglicher Bedingungen abhängig machen kann, die in einem vergleichbaren innerstaatlichen Fall zu erfüllen wären. Die Vorschrift ist bedeutsam, um die Zweckbindung von im Rahmen einer TKÜ erhobenen Informationen sicherzustellen, insbesondere im Hinblick auf die nicht unbegrenzte Verwertung von Zufallsfunden, falls das Recht des ersuchenden Staates hier keine Grenzen zieht.[110] Ferner können durch Bedingungen die Löschungs- und Löschungsprüffristen gesichert werden.[111]

Art. 30 Abs. 6 RL EEA regelt die schon aus Art. 18 EU-RhÜbk bekannte Art und Weise der Vollstreckung einer ersuchten TKÜ. Entweder kann eine unmittelbare Übertragung des Telekommunikationsverkehrs an den Anordnungsstaat erfolgen (Art. 30 Abs. 6 lit. a)) oder die Maßnahme wird durch Überwachung, Aufzeichnung und anschließende Übermittlung der Ergebnisse der Überwachung des Telekommunikationsverkehrs an den Anordnungsstaat durchgeführt (Art. 30 Abs. 6 lit. b)). Abs. 6 Unterabs. 2 sieht des Weiteren vor, dass Anordnungs- und Vollstreckungsbehörde einander konsultieren, um zu vereinbaren, auf welche der beiden Arten die TKÜ durchgeführt werden soll. Dadurch wird verdeutlicht, dass TKÜ „in Echtzeit" und die klassische Form der TKÜ in der RL EEA als zwei gleichberechtigte Alternativen angesehen werden. Folglich wird von der Intention des EU-RhÜbk abgewichen, welches die Aufzeichnung und nachfolgende Übermittlung der Aufnahme als Ausnahmefall ansah (siehe oben). Die „Alternativlösung" anstelle der „Ranglösung" ist Folge der Erfahrungen aus dem EU-RhÜbk, wonach die TKÜ in Echtzeit von vielen Mitgliedstaaten wegen Bedenken hinsichtlich des erforderlichen Grundrechtsschutzes gescheut worden ist.[112]

Nach Art. 30 Abs. 7 RL EEA kann die Anordnungsbehörde, vorbehaltlich der Zustimmung der Vollstreckungsbehörde, bei Erlass einer EEA oder während der Überwachung auch um eine Transkription, eine Dekodierung oder eine Entschlüsselung der Aufzeichnung ersuchen. Sie muss dafür aber besondere Gründe vorbringen.

Art. 30 Abs. 8 RL EEA sieht eine Regelung zur Übernahme der Kosten vor und ersetzt Art. 21 EU-RhÜbk. Art. 30 Abs. 8 verweist zunächst auf die allgemeine Kostenregelung nach Art. 21 der RL, macht aber eine Ausnahme für die Fälle des Abs. 7. Danach ergibt sich Folgendes:

---

[109] Zu Redundanzen mit Art. 10 Abs. 1 lit. b), Art. 10 Abs. 5, Art. 11 Abs. 1 lit. h) RL EEA siehe *Schuster*, StV 2015, 393 (397); *Mosna*, ZStW 131 (2019), 808 (825).
[110] *Schuster*, a.a.O.
[111] BT-Drucks. 18/9757, S. 43.
[112] Siehe BT-Drucks. 18/9757, S. 44.

- Grundsätzlich hat der Vollstreckungsstaat die mit einer grenzüberschreitenden TKÜ entstandenen Kosten zu tragen (Art. 30 Abs. 8 i.V.m. Art. 21 Abs. 2).
- Wenn die Kosten außergewöhnlich hoch sind, kommt eine Aufteilung der Kosten in Betracht, sofern sich Anordnungs- und Vollstreckungsbehörde dahingehend einigen (Art. 30 Abs. 8 i.V.m. Art. 21 Abs. 2).
- Sind die Kosten außergewöhnlich hoch und kommt keine Einigung zustande, hat der Anordnungsstaat zwei Optionen: Entweder die EEA um TKÜ wird ganz oder teilweise zurückgezogen oder er erhält die EEA aufrecht. Ist der zuletzt genannte Fall gegeben, muss er dann aber den Teil der Kosten tragen, der außergewöhnlich hoch ist (Art. 30 Abs. 8 i.V.m. Art. 21 Abs. 3 lit. a) und b)).
- Verlangt der Anordnungsstaat zusätzlich Transkription, Dekodierung oder Entschlüsselung des überwachten Fernmeldeverkehrs, muss er für diese Maßnahmen die Kosten tragen (Art. 30 Abs. 8, 2. Hs.).

b) Überwachung des Telekommunikationsverkehrs ohne technische Hilfe eines anderen Mitgliedstaates (Art. 31 RL EEA)

Art. 31 RL EEA enthält die Form der passiven Rechtshilfe.[113] Er ist Art. 20 EU-RhÜbk nachgebildet, es gibt aber Abweichungen vom bisherigen Verfahren. Benötigt der Anordnungsstaat die technische Hilfe des anderen Mitgliedstaates gar nicht, obwohl sich die Zielperson in dessen Hoheitsgebiet befindet, muss der überwachende Mitgliedstaat die zuständige Behörde des Aufenthaltsstaates unterrichten (Abs. 1). Die Unterrichtung wird formalisiert und richtet sich nach Formblatt C des Anhangs der RL EEA (Art. 31 Abs. 2).

Die zuständige Behörde des unterrichteten Mitgliedstaates muss unverzüglich oder spätestens innerhalb von 96 Stunden mitteilen, ob sie die Überwachung verbietet oder diese zu beenden ist. Die 96-Stunden-Frist ist strikt, eine Verlängerungsmöglichkeit gibt es abweichend von Art. 20 Abs. 4 EU-RhÜbk nicht mehr. Fordert der Aufenthaltsstaat die Beendigung der Maßnahme, kann er darüber hinaus verlangen, dass das bereits gesammelte Material nicht verwendet wird oder nur unter von ihm festgelegten Bedingungen verwendet werden darf (Art. 31 Abs. 3). Der unterrichtete Mitgliedstaat kann somit einem Beweisverwertungsverbot auch Fernwirkung zusprechen.[114] Als *maiore ad minus* wird es ebenfalls für zulässig erachtet, dass (weiterhin)[115] die Möglichkeit besteht, die Durchführung oder Fortsetzung der TKÜ (also nicht nur die Verwendung des bereits gesammelten Materi-

---

[113] *Schuster*, StV 2015, 393 (398).
[114] *Schuster*, a.a.O.
[115] Siehe Art. 20 Abs. 4 EU-RhÜbk.

als) von Bedingungen abhängig zu machen, welche in einem vergleichbaren innerstaatlichen Fall zu erfüllen wären.[116]

Nach Art. 31 Abs. 4 i.V.m. Art. 5 Abs. 2 RL EEA können die Mitgliedstaaten angeben, welche anderen Amtssprachen der EU sie außer ihrer eigenen bei Erhalt einer Unterrichtung akzeptieren werden.

c) Umsetzung in Deutschland

Wie oben erwähnt wird Rechtsgrundlage für die Durchführung einer TKÜ nach der RL EEA das jeweilige nationale Umsetzungsgesetz sein. Dieses ist jedoch im Lichte der einschlägigen Vorschriften der RL auszulegen. Der deutsche Gesetzgeber war der Ansicht, dass für die meisten Bestimmungen der Art. 30, 31 RL EEA kein Umsetzungsbedarf besteht. Vielmehr seien die Voraussetzungen einer grenzüberschreitenden TKÜ grundsätzlich bereits im IRG, dem Formblatt zur RL EEA und der RiVASt, insbesondere in deren Nr. 77a, enthalten (zu Nr. 77a RiVASt sogleich unten 4).[117] Aus diesem Grund wurde keine eigene Vorschrift in das IRG aufgenommen, welche die TKÜ mit Mitgliedstaaten der Europäischen Union zusammenfassend regelt. Umgesetzt wurden lediglich folgende Bestimmungen der Art. 30, 31 RL EEA:

– Der besondere Zurückweisungsgrund des Art. 30 Abs. 5 RL EEA ist in § 91c Abs. 2 Nr. 2 Buchst. c) IRG umgesetzt. Danach kann die Überwachung der Telekommunikation versagt werden, wenn sie in einem vergleichbaren innerstaatlichen Fall nicht genehmigt würde.

– Die notwendige Verwendung des Formblatts C in Fällen der Überwachung der Telekommunikation ohne technische Hilfe (Art. 31 Abs. 2 RL EEA) ist in § 91d Abs. 1 (für eingehende Unterrichtungen) und § 91j IRG (für ausgehende Unterrichtungen) umgesetzt.

– Die Reaktionsmöglichkeiten und Fristenregelung nach Art. 31 Abs. 3 RL EEA sind in § 91g Abs. 6 IRG aufgenommen.

– Zusätzlich trifft § 92d IRG eine Regelung zur schnellen Bestimmung der zuständigen Staatsanwaltschaft und des gesetzlichen Richters für eingehende Unterrichtungen von EU-Mitgliedstaaten im Fall der TKÜ ohne technische Hilfe.

– Die besondere Regelung in Umsetzung von Art. 20 Abs. 4 EU-RhÜbk in Nr. 77a Abs. 4 RiVASt wird für Telekommunikationsüberwachungen nach Art. 31 RL EEA für entsprechend anwendbar erklärt und angepasst (Nr. 202 und 212 RiVASt).

---

[116] BT-Drucks. 18/9757, S. 45.
[117] Siehe im Einzelnen BT-Drucks. 18/9757, S. 42 ff.

Exkurs: Der Begriff „Telekommunikation" in der RL EEA und im EU-RhÜbk

Es ist allgemein anzumerken, dass weder die RL EEA noch das EU-RhÜbk (bzw. der dazu veröffentlichte Erläuternde Bericht) definieren, was unter „Telekommunikation" zu verstehen ist.

Erwägungsgrund 30 der RL EEA führt lediglich aus, dass sich die Möglichkeit zur TKÜ nach der RL nicht nur auf den Inhalt des Telekommunikationsverkehrs beschränkt, sondern auch auf die Erhebung von Verkehrs- und Standortdaten im Zusammenhang mit diesem Telekommunikationsverkehr.[118] Auch hierfür kann eine EEA erlassen werden. Historische Verkehrs- und Standortdaten sollen nach Satz 2 des Erwägungsgrundes 30 nicht in den Anwendungsbereich von Art. 30 RL EEA fallen, sondern nach den allgemeinen Regelungen über die Vollstreckung einer EEA behandelt werden. Dass der Vollstreckungsmitgliedstaat die Übermittlung solcher historischer Verkehrs- und Standortdaten gemäß seinem nationalen Recht als invasive Ermittlungsmaßnahme beurteilt, bleibt unberührt.

In den den Art. 30, 31 RL EEA vorangegangenen Art. 18–20 EU-RhÜbk wurde eine Begriffsbestimmung bewusst offengelassen, um zukünftigen Szenarien nicht den Anwendungsbereich der Vorschriften zu versperren.[119] Der Erläuternde Bericht führt dazu jedoch lediglich aus, dass der Anwendungsbereich der Normen nicht auf Telefongespräche beschränkt, sondern weit zu verstehen sei.[120] Darüber hinaus müsse, so der Erläuternde Bericht weiter, der ersuchte Mitgliedstaat möglichst auch die technischen Angaben zu jeder Telekommunikation, wie beispielsweise angewählter Anschluss, Uhrzeit und Dauer der Telekommunikation, sowie, wenn diese Angabe verfügbar ist, Ausgangs- und Empfangsort der Telekommunikation weiterleiten.[121] Was die Informationen betrifft, die überwacht und übermittelt werden dürfen, so galt deshalb bereits nach dem EU-RhÜbk, dass nicht nur Nachrichteninhaltsdaten (Primärdaten), sondern auch die Sekundär- und Metadaten, insbesondere Standortdaten, von Art. 18–20 EU-RhÜbk erfasst werden.

---

[118] Nicht Gegenstand im Folgenden ist die Frage nach einer neuen europäischen Regelung zur Erlangung bestimmter Daten direkt vom Service Provider. Ein derartiger Zugriff auf elektronische Beweismittel soll geregelt werden durch eine Verordnung über Europäische Herausgabe- und Sicherungsanordnungen für elektronische Beweismittel im Strafsachen und eine Richtlinie zur Festlegung einheitlicher Regeln für die Bestellung von Vertretern zu Zwecken der Beweiserhebung in Strafverfahren. Zu den entsprechenden Vorschlägen der Kommission (COM(2018) 225 und COM(2018) 226) siehe *Wahl*, eucrim 2018, 35 f.; *Tosza*, eucrim 2018, 212. Zur Abgrenzung der Europäischen Herausgabeanordnung und der RL EEA siehe *Tosza*, NJECL 2020, 1.
[119] Erläuternder Bericht, ABl. C 297 vom 29. Dezember 2000, S. 7 (22).
[120] Erläuternder Bericht, a.a.O.
[121] Erläuternder Bericht, a.a.O.

Die deutsche Kommentarliteratur folgert aus dieser offenen Begriffsbestimmung, dass unter Telekommunikationsverkehr „jeglicher Austausch von Informationen durch den technischen Transport von Signalen" erfasst sei.[122] Das schließe ein:[123]
- Festnetz- und Mobiltelefonie, auch mittels SMS und MMS;
- Internettelefonie;
- Datentransport in lokalen WLAN-Netzen;
- Datentransport durch das weltweite Internet, insbesondere per E-Mail.

Nicht eingeschlossen sollen sein:
- Zugriff auf bereits abgerufene E-Mails;
- Online-Durchsuchung.

Ebenfalls könnten Art. 30, 31 RL EEA nicht als Ermächtigungsgrundlage für eine Quellen-TKÜ in Betracht kommen.[124] Damit werden letztlich die für § 100a StPO entwickelten Kautelen übernommen.

Zu beachten ist, dass die Stellungnahmen vor der aktuellen StPO-Reform gemacht worden sind. Ferner sind die Stellungnahmen in der Literatur vor dem Hintergrund der damals geführten Diskussion über die Einführung neuer Zwangsmaßnahmen in Deutschland zu sehen, sodass sich ihr Aussagegehalt dahingehend reduzieren lässt, dass Deutschland nicht über den Umweg einer unions- oder völkerrechtlichen Grundlage (zur Rechtshilfe) verpflichtet wäre, Zwangsmaßnahmen durchzuführen, die das deutsche Strafverfahrensrecht gar nicht kennt.

Da die in Echtzeit durchgeführten Zwangsmaßnahmen sowohl nach der RL EEA als auch dem EU-RhÜbk unter dem Vorbehalt der Zulässigkeit in einem vergleichbaren innerstaatlichen Fall stehen und da der rechtshilferechtliche Grundsatz der Gegenseitigkeit nach den beiden Rechtsgrundlagen für den sonstigen Rechtshilfeverkehr innerhalb der Europäischen Union nicht mehr gilt, können einem ausländischen Staat alle Zwangsmaßnahmen zur Verfügung gestellt werden, die das innerstaatliche Prozessrecht eines Mitgliedstaates vorsieht. Sofern die übrigen Voraussetzungen der Leistungsermächtigung vorliegen (dazu sogleich unten C und ausführlich unten II.B), fielen nach gegenwärtiger Rechtslage auch die Online-Durchsuchung nach § 100b StPO sowie die Quellen-TKÜ nach § 100a Abs. 1 Satz 3 StPO unter den Begriff der überwachungsmöglichen Telekommunikation.

---

[122] *Kubiciel*, in: Ambos/König/Rackow (Hrsg.), Rechtshilferecht in Strafsachen, 2015, HT 4, Rn. 330 m.w.N.

[123] Für das Folgende siehe *Kubiciel*, a.a.O.

[124] *Leonhardt*, Die Europäische Ermittlungsanordnung in Strafsachen, 2017, S. 89; *Brodowski*, ZIS 2012, 558 (569).

3. Besondere Regelungen zur TKÜ in bilateralen Abkommen der Bundesrepublik

Regelungen zur besonderen Ermittlungsmethode der Überwachung des Telekommunikationsverkehrs sind auch in zwei moderneren bilateralen Rechtshilfeverträgen der Bundesrepublik mit der Tschechischen Republik aus dem Jahr 2000 bzw. Polen aus dem Jahr 2003 enthalten. Die Rechtshilfeverträge ergänzen das EuRhÜbk in den Beziehungen mit diesen Staaten und nahmen als besondere Rechtsgrundlagen zur TKÜ die Art. 17 CZ-ErgV EuRhÜbk und Art. 16 PL-ErgV EuRhÜbk auf. Beide Artikel regeln im Wesentlichen identisch substanzielle Bewilligungsvoraussetzungen für die Durchführung einer grenzüberschreitenden TKÜ. Nach herrschender Ansicht waren die Vorschriften nach dem Grundsatz der Meistbegünstigung neben Art. 17–20 EU-RhÜbk anwendbar, insbesondere hatten sie Vorrang vor Art. 18 EU-RhÜbk.[125]

Zu beachten ist, dass gemäß hiesiger Ansicht nach Umsetzung und Anwendung der RL EEA durch Tschechien und Polen Rechtsgrundlage allein Art. 30, 31 RL EEA in Form ihrer nationalen Umsetzung sind (siehe oben A.1.b)). Denn auch die bilateralen Übereinkünfte Deutschlands zur TKÜ – Art. 17 CZ-ErgV EuRhÜbk und Art. 16 PL-ErgV EuRhÜbk – sind nicht mehr anwendbar, weil nach Art. 34 Abs. 1 lit. a) RL EEA die Richtlinie auch die bilateralen Ergänzungsverträge zum EuRhÜbk ersetzt.[126] Die Voraussetzung, dass sich der Anwendungsbereich beider Grundlagen deckt (Art. 34 Abs. 1 RL EEA), ist erfüllt: Die RL EEA regelt ebenso wie Art. 17 CZ-ErgV EuRhÜbk und Art. 16 PL-ErgV EuRhÜbk sowohl die Durchführung einer grenzüberschreitenden TKÜ als auch die Herausgabe bereits vorhandener TKÜ-Protokolle. Die RL EEA ist demnach abschließend.[127]

Art. 12 RhV D-USA enthält eine Bestimmung zu besonderen Ermittlungsmethoden. Unter Nr. 1 ist ausgeführt, dass jede Vertragspartei auf Ersuchen der anderen Vertragspartei „die notwendigen Schritte für die Überwachung der Telekommunikation einleiten kann". Voraussetzung ist nach Art. 12, 1. Hs., dass die ersuchte Vertragspartei dies „im Rahmen ihrer Möglichkeiten" tut und „die nach ihrem innerstaatlichem Recht geltenden Bedingungen" zu beachten sind. Die Vorschrift setzt also insbesondere die innerstaatliche prozessuale Legitimität der Maßnahme im ersuchten Staat voraus. Die Regelung ist bewusst weich formuliert („einleiten kann"), wodurch zum Ausdruck gebracht wird, dass eine Rechtshilfehandlung im Bereich der TKÜ zwar grundsätzlich nicht ausgeschlossen ist, aber gerade keine

---

[125] BGHSt 58, 32, 38 (Rn. 25); *Hackner/Schierholt*, Internationale Rechtshilfe in Strafsachen, 2. Aufl. 2012, Rn. 215.

[126] Damit löst die RL EEA für den sonstigen Rechtshilfebereich das Verhältnis zu bilateralen Abkommen eindeutiger als Art. 31 RB EuHb. Zum Streit im europäischen Auslieferungsrecht siehe *Hackner*, in: S/L, § 78, Rn. 8.

[127] So wohl auch *Hackner/Schierholt*, Internationale Rechtshilfe in Strafsachen, 3. Aufl. 2017, Rn. 215, insbesondere im Vergleich zur Vorauflage.

rechtshilferechtliche, völkervertragliche Verpflichtung begründet werden soll.[128] Ebenfalls stellt Art. 12 RhV D-USA klar („im Rahmen ihrer Möglichkeiten"), dass die ersuchte Vertragspartei das Rechtshilfeersuchen auch aus praktischen Erwägungen ablehnen kann.[129]

Andere bilaterale Verträge der Bundesrepublik nehmen, soweit ersichtlich, keinen gesonderten Bezug auf die Telekommunikationsüberwachung als rechtshilferechtliche Maßnahme. Zu der Frage, inwieweit sich aus Generalklauseln in rechtshilferechtlichen Verträgen eine Rechtsgrundlage ergibt, sei auf den folgenden Abschnitt 4 verwiesen.

4. Grenzüberschreitende TKÜ auf der Grundlage des Rechtshilfeübereinkommens des Europarats – zugleich: Rechtshilfe auf der Grundlage von Generalklauseln

Das EuRhÜbk enthält angesichts seiner Entstehungszeit (naturgemäß) noch keine genauen Regelungen zur TKÜ. Das 2. ZP-EuRhÜbk von 2001 spiegelt zwar das EU-RhÜbk von 2000 in vielen Teilen sogar wörtlich wider, enthält aber keine Sondervorschriften zur grenzüberschreitenden TKÜ nach dem Vorbild der Art. 17 ff. EU-RhÜbk.[130]

Die Verpflichtung zur Durchführung einer TKÜ auf Ersuchen eines Vertragsstaates des EuRhÜbk ist aber aus deutscher Sicht bereits im Übereinkommen enthalten (Art. 1 Abs. 1, Art. 3 Abs. 1), da das EuRhÜbk keinen abschließenden Katalog möglicher Rechtshilfehandlungen vorgibt.[131] Dies bestätigt auch eine Empfehlung des Ministerkomitees aus dem Jahr 1985, welche einen Leitfaden für die praktische Handhabung der TKÜ auf der genannten Grundlage des EuRhÜbk enthält.[132] Als wichtige Voraussetzung für die Zulässigkeit einer TKÜ verweist die Empfehlung insbesondere auf die Rechtmäßigkeit der Maßnahme nach dem Recht des ersuchten Staates (Prinzip der beiderseitigen prozessualen Legalität der TKÜ).[133] Praktische

---

[128] Siehe auch BR-Drucks. 10/07, S. 57.
[129] BR-Drucks., a.a.O.
[130] *Weyembergh/de Bioley*, 8 Eur. J. L. Reform (2006), 285 (288).
[131] Zur Rechtsgrundlage des EuRhÜbk zur Überwachung des Fernmeldeverkehrs siehe *Hackner/Schierholt*, Internationale Rechtshilfe in Strafsachen, 2. Aufl. 2012, Rn. 216. Dies war jedoch wohl nicht Konsens unter allen Vertragsstaaten des EuRhÜbk (siehe Erläuternder Bericht, ABl. C 297 vom 29. Dezember 2000, S. 7 (20)).
[132] Siehe Recommendation No. R (85) 10, abrufbar unter: https://rm.coe.int/090000 16804e6b5e [Stand: Oktober 2020].
[133] No. 1 Rec. No. R (85) 10: "The execution of […] letters rogatory [concerning the interception of telecommunications] should be refused only for the following reasons:
a. if, according to the law of the requested Party, the nature or gravity of the offence or the status of the person whose telecommunications are to be intercepted do not permit the use of this measure;

Relevanz für Deutschland kann deshalb das EuRhÜbk in Verbindung mit dem Leitfaden für die Durchführung einer TKÜ mit solchen Staaten haben, die Vertragspartner des EuRhÜbk sind und bei denen keine speziellere Rechtsgrundlage eingreift (insbesondere RL EEA und EU-RhÜbk).

Auch über das EuRhÜbk hinaus lässt sich – jedenfalls nach deutscher Sichtweise – eine rechtshilferechtliche Möglichkeit zur grenzüberschreitenden TKÜ auf Generalklauseln in Rechtshilfeverträgen stützen.[134] Die meisten Verträge enthalten einen „Auffangtatbestand" dergestalt, dass die Staaten neben den im Vertrag aufgelisteten Formen der Rechtshilfe jede andere Art von Unterstützung leisten können. Voraussetzung ist dann wiederum, dass die Unterstützung im Einklang mit dem Recht des ersuchten Staates steht. Für die TKÜ heißt dies insbesondere prozessuale Legitimität im ersuchten Staat. Solche Generalklauseln finden sich beispielsweise in Art. 1 Abs. 5 lit h) RhV D-Kanada; Art. 1 Abs. 3 Nr. 9 RhAbk D-Hongkong; Art. 3 lit. k) RhAbk EU-Japan. Für eingehende Rechtshilfeersuchen nach Deutschland ist in diesem Zusammenhang ferner Nr. 77a RiVASt zu beachten. Sie enthält Leitlinien für die Durchführung einer grenzüberschreitenden TKÜ in Deutschland. Ergänzend ist daran zu erinnern, dass Nr. 77a RiVASt grundsätzlich als Umsetzung der substanziellen Bestimmungen des Art. 30 RL EEA betrachtet wird.[135]

Nr. 77a Abs. 1 RiVASt stellt zunächst klar, dass Ersuchen, die auf die Durchführung einer Überwachung des Telekommunikationsverkehrs gerichtet sind, sowohl vertraglos (§ 59 Absatz 1 IRG) als auch auf der Grundlage einer völkerrechtlichen Vereinbarung nach § 1 Abs. 3 IRG erledigt werden können. Ferner wird der bereits in den völkerrechtlichen Verträgen niederlegte Grundsatz bestätigt, dass die Überwachung des Telekommunikationsverkehrs gemäß § 77 IRG nach Maßgabe der Bestimmungen der StPO (§§ 100a, 100b, 101 – jetzt wohl: §§ 100a, 100d, 100e, 101) zulässig ist, also nur durchgeführt werden kann, wenn sie im Einklang mit dem deutschen (Strafprozess-)Recht steht. Hinsichtlich der weiteren Voraussetzungen unterscheidet die RiVASt drei Konstellationen:

(1) Vertragliche Vereinbarungen gehen vor.[136] Damit sind die Spezialregelungen zur TKÜ gemeint, wie sie insbesondere in Art. 18–20 EU-RhÜbk bestehen. Hinzugerechnet werden müssen nun ferner die einschlägigen Vorschriften in Umsetzung

---

b. if, in view of the circumstances of the case, the interception would not be justified according to the law of the requested Party governing the interception of telecommunications in that state."

[134] Aus der Generalklausel ergibt sich eine völkerrechtliche Verpflichtung zur Leistung von Rechtshilfe; dagegen entsteht keine Verpflichtung, die spezifische Maßnahme auch innerstaatlich zur Verfügung zu haben, da die Rechtshilfeleistung nur so weit reicht, wie das nationale Recht Ermittlungsmaßnahmen erlaubt (siehe *Brodowski*, Verdeckte technische Überwachungsmaßnahmen, 2016, S. 375)

[135] Siehe oben 1.

[136] In Nr. 77a RiVASt heißt es: „Sofern sich aus einer Vereinbarung nichts anderes ergibt [...]."

und unter Berücksichtigung der Art. 30, 31 RL EEA, welche das Vertragskonstrukt des EU-RhÜbk ablösen.

(2) Bestehen keine solchen Sonderregelungen, können bei Übermittlung der Erledigungsstücke Bedingungen gestellt werden.

(3) Ist die ersuchte deutsche Behörde der Ansicht, dass das Stellen von Bedingungen nicht ausreicht, kann sie bei der ersuchenden ausländischen Behörde Zusicherungen einfordern. Nach Nr. 77a Abs. 1 RiVASt muss die Zusicherung umfassen, dass

a) die Voraussetzungen der Telefonüberwachung vorlägen, wenn diese im ersuchenden Staat durchgeführt werden müsste,

b) die gewonnenen Erkenntnisse nur zur Aufklärung der in dem Ersuchen genannten Straftat(en) verwendet werden und

c) die Überwachungsprotokolle vernichtet werden, sobald sie zur Strafverfolgung nicht mehr erforderlich sind.

Die Bewilligungsbehörde kann darüber hinaus die Zusicherung fordern, dass

d) die Gegenseitigkeit verbürgt ist und

e) der ersuchende Staat die Kosten der Maßnahme trägt.

Für alle rechtshilferechtlichen TKÜs gelten gemäß Nr. 77a Abs. 1 RiVASt bestimmte Hinweispflichten der deutschen Behörden: Der ersuchende Staat ist darauf hinzuweisen, dass die deutsche Staatsanwaltschaft gemäß § 101 StPO die Beteiligten von der Maßnahme zu unterrichten hat, sobald diese beendet ist und die Benachrichtigung ohne Gefährdung des Untersuchungszwecks, der öffentlichen Sicherheit und von Leib und Leben einer Person möglich ist. Der ersuchende Staat ist auch darauf hinzuweisen, dass nach Ablauf einer zu bestimmenden Frist davon ausgegangen wird, dass eine Benachrichtigung erfolgen kann, falls nicht entgegenstehende Tatsachen vor Fristablauf mitgeteilt werden.

Nr. 77a Abs. 2 RiVASt trifft Regelungen zur Übermittlung von Erkenntnissen aus Telefonüberwachungen, die in einem deutschen Ermittlungsverfahren durchgeführt worden sind. Art. 77a Abs. 3 RiVASt betrifft die Herausgabe von Auskünften über Telekommunikationsverbindungsdaten. Art. 77a Abs. 4 RiVASt setzt Verfahrensfragen im Zusammenhang mit einer TKÜ nach Art. 31 RL EEA[137] und Art. 20 EU-RhÜbk um. Auf die Bestimmungen von Nr. 77a RiVASt wird genauer an entsprechenden Stellen im folgenden Text eingegangen.

---

[137] Hier i.V.m. Nr. 212 RiVASt.

5. Deliktsbezogene Übereinkommen: Art. 33, 34 EuCybercrimeÜbk und Art. 20 UN-TOC als mögliche Rechtsgrundlagen?

a) EuCybercrimeÜbk

Art. 33, 34 EuCybercrimeÜbk verpflichten die Vertragsstaaten zur rechtshilferechtlichen Zusammenarbeit bei der Erhebung von Verkehrs- und Inhaltsdaten in Echtzeit. Gemäß Art. 33 Abs. 1 Satz 1 EuCybercrimeÜbk leisten die Vertragsparteien einander Rechtshilfe bei der Erhebung von Verkehrsdaten in Echtzeit in Zusammenhang mit bestimmten Kommunikationen in ihrem Hoheitsgebiet, die mittels eines Computersystems übermittelt werden. Voraussetzung ist, dass die Rechtshilfe den nach innerstaatlichem Recht vorgesehenen Bedingungen und Verfahren unterliegt. Letzteres verweist auf das Prinzip der prozessualen Legitimität nach dem Recht des ersuchten Staates. Grundsätzlich ist die Rechtshilfe nicht auf die im EuCybercrimeÜbk definierten Straftaten beschränkt. Nach Art. 23 kann Rechtshilfe auch für gewöhnliche, nicht mittels eines Computersystems begangene Straftaten, wie Mord, Körperverletzung etc. anwendbar sein, sofern die Erhebung von Beweisen in elektronischer Form nötig ist. Nach Art. 33 Abs. 2 können die Staaten aber die Rechtshilfe auf die Straftaten beschränken, bei denen die Erhebung von Verkehrsdaten in Echtzeit in einem gleichartigen inländischen Fall möglich wäre. Auf der einen Seite regt der Wortlaut von Art. 33 Abs. 2 („leisten zumindest Rechtshilfe [...]") an, dass die Staaten bei der Erhebung von Verkehrsdaten auf den rechtshilferechtlichen Grundsatz der beiderseitigen Strafbarkeit verzichten können.[138] Ob dies der Fall ist, richtet sich nach den Umsetzungsgesetzen oder dem innerstaatlichen Rechtshilferecht der einzelnen Vertragspartei zum EuCybercrimeÜbk. Auf der anderen Seite gelten die allgemeinen Modalitäten der bestehenden Rechtshilfeverträge.[139] Die Vorschriften über die internationale Zusammenarbeit nach Kapitel III des EuCybercrimeÜbk ersetzen das bestehende Rechtshilferegime somit nicht. Die Bedeutung von Art. 33 EuCybercrimeÜbk reduziert sich daher im Wesentlichen darauf, eine völkerrechtliche Verpflichtung vorzusehen, einander Rechtshilfe bei der Erhebung und dem Austausch von Verkehrsdaten in Echtzeit zu leisten. Es handelt sich letztlich um das rechtshilferechtliche Pendant zu Art. 20 EuCybercrimeÜbk, der die Vertragsparteien verpflichtet, innerstaatlich Gesetze oder Maßnahmen zu ergreifen, die die Erhebung von Verkehrsdaten in Echtzeit ermöglichen.[140] Innerhalb der Europäischen Union werden die Vorschriften durch Art. 28 RL EEA verdrängt.[141]

Sinngemäß gilt dies auch für Art. 34 EuCybercrimeÜbk, welcher die Vertragsparteien verpflichtet, einander bei der Erhebung oder Aufzeichnung von Inhaltsda-

---

[138] BT-Drucks. 16/7218, S. 96.
[139] BT-Drucks. 16/7218, S. 87, 96.
[140] *Trautmann*, in: S/L, II D 1, Art. 33, Rn. 1.
[141] *Trautmann*, a.a.O.

ten bestimmter Kommunikationen, die mittels eines Computersystems übermittelt werden, Rechtshilfe in Echtzeit zu leisten. Es handelt sich hier um das rechtshilferechtliche Pendant zur entsprechenden innerstaatlichen Verpflichtung nach Art. 21 EuCybercrimeÜbk. Im Gegensatz zu Art. 33 wird jedoch die Rechtshilfe im Rahmen der Inhaltsdaten ausdrücklich unter die Voraussetzung gestellt, dass den bestehenden Rechtshilferegelungen und innerstaatlichen Rechtsvorschriften in Bezug auf das Ausmaß und die Beschränkung der Verpflichtung zur Rechtshilfe Vorrang einzuräumen ist.

Die praktische Bedeutung der Art. 33, 34 EuCybercrimeÜbk ist daher gering, da in der Praxis der Rechtshilfeverkehr entweder auf Basis der Art. 30, 31 RL EEA bzw. Art. 17 ff. EU-RhÜbk oder auf Basis des EuRhÜbk (und ggf. dessen Zusatzprotokollen) in Verbindung mit der Empfehlung R(85) 10 abzuwickeln ist.[142]

b) UNTOC

Unter den deliktsbezogenen Übereinkommen befasst sich Art. 20 UNTOC ebenfalls speziell mit der Rechtshilfe in Bezug auf „besondere Ermittlungsmethoden", wozu laut vertraglicher Regelung „elektronische oder andere Formen der Überwachung" gezählt werden. Dies umfasst also auch die grenzüberschreitende TKÜ. Gemäß Art. 20 Abs. 1 UNTOC wird zunächst festgehalten, dass – sofern es die wesentlichen Grundsätze seiner innerstaatlichen Rechtsordnung zulassen – jeder Vertragsstaat im Rahmen seiner Möglichkeiten und unter den Bedingungen seines nationalen Rechts die erforderlichen Maßnahmen zu treffen hat, um eine angemessene Anwendung der besonderen Ermittlungsmethoden zum Zwecke der wirksamen Bekämpfung der organisierten Kriminalität zu gewährleisten. Die Leistung von Rechtshilfe in Bezug auf die besonderen Ermittlungsmethoden, wie TKÜ, steht nach Art. 20 Abs. 1 UNTOC ausdrücklich unter dem Vorbehalt, dass sie auch aus Zweckmäßigkeitserwägungen abgelehnt werden kann, der ersuchte Staat also ein weites Ermessen bei der Bewilligung hat.

Soweit die TKÜ in zwei- oder mehrseitigen Verträgen der beteiligten Staaten geregelt ist, ist das UNTOC ohne Belang. Nach Art. 20 Abs. 2 und 3 gehen Regelungen in zwei- oder mehrseitigen Übereinkünften „für die Anwendung solcher besonderen Ermittlungsmethoden" im Rahmen der internationalen Zusammenarbeit vor. Obwohl der Wortlaut von Art. 20 UNTOC nur von „Übereinkünften" spricht, müssen neben Art. 17 ff. EU-RhÜbk auch die entsprechenden Nachfolgevorschriften der RL EEA (Art. 30, 31) dazugezählt werden, da die Handlungsform der EU-Richtlinie gerade auf eine intensivere Integration der europäischen grenzüberschreitenden Zusammenarbeit in Strafsachen gerichtet ist und die TKÜ als *lex specialis* regeln will. Ebenfalls Vorrang einzuräumen ist wiederum dem EuRhÜbk in Verbindung mit der Empfehlung R(85) 10.

---

[142] BT-Drucks. 16/7218, S. 90, 96; *Trautmann*, a.a.O.

Art. 20 UNTOC kann im Bereich der internationalen Zusammenarbeit zur Bekämpfung der organisierten Kriminalität folglich insbesondere im Verhältnis zu den Staaten praktische Bedeutung erlangen, mit denen Deutschland bisher keine vertraglichen Rechtshilfebeziehungen hat, Staaten also, welche bisher als vertragslos zu behandeln sind.[143] Allerdings stellt sich dann die Frage, ob Art. 20 UNTOC überhaupt eine völkerrechtliche Verpflichtung entnommen werden kann. Dagegen spricht der Wortlaut von Art. 20 Abs. 1 UNTOC, der demjenigen von Art. 12 RhV D-USA ähnelt („im Rahmen seiner Möglichkeiten", „sofern es die wesentlichen Grundsätze seiner Rechtsordnung zulassen", „zu ermöglichen"). Auf der anderen Seite können auf Grundlage von Art. 20 Abs. 3 Staaten, zwischen denen keine bi- oder multilateralen Übereinkünfte zu den besonderen Ermittlungsmethoden bestehen, Einzelvereinbarungen zur internationalen Kooperation in diesem Bereich schließen, welche auch finanzielle Vereinbarungen und Absprachen im Hinblick auf die Ausübung der Gerichtsbarkeit umfassen sollen. Dies spricht dafür, dass sich die Staaten entscheiden können, im Einzelfall die Vorschriften über die internationale Zusammenarbeit nach dem UNTOC – insbesondere Art. 18 und Art. 20 Abs. 1 – als Rechtsgrundlage für eine grenzüberschreitende TKÜ zu vereinbaren.

Selbst wenn man aus dem systematischen Zusammenhang zwischen Art. 20 Abs. 1 und 3 UNTOC eine rechtshilferechtliche Verpflichtung herausliest, wäre eine grenzüberschreitende TKÜ Grenzen und weitgehenden Verweigerungsmöglichkeiten unterworfen. Zunächst ist zu beachten, dass eine Rechtshilfe nur für Straftaten geleistet werden kann, die in den Geltungsbereich des Abkommens und – sofern von den beteiligten Staaten ratifiziert – der Zusatzprotokolle fallen. Nach dem Rahmenabkommen muss z.B. dargelegt werden, dass eine in Art. 3 Abs. 1 lit. a) und b) UNTOC bezeichnete Straftat „grenzüberschreitender Natur" ist (Art. 18 Abs. 1, 1. Alt. UNTOC). Rechtshilfe ist demnach auch zu leisten, wenn anzunehmen ist, dass Opfer, Zeugen, Erträge, Tatwerkzeuge oder Beweise der bezeichneten Straftaten der organisierten Kriminalität sich im ersuchten Staat befinden. Dann muss jedoch dargelegt werden, dass an der Straftat eine organisierte kriminelle Gruppe mitgewirkt hat (Art. 18 Abs. 1, 2. Alt. UNTOC). Ferner gilt nach Art. 18 Abs. 9 UNTOC prinzipiell der Grundsatz der beiderseitigen Strafbarkeit. Nach Art. 18 Abs. 21 lit. b) kann Rechtshilfe „zum Schutz wesentlicher nationaler Interessen" abgelehnt werden, worunter auch die Annahme fällt, dass die betroffene Person aus politischen oder diskriminierenden Gründen verfolgt wird.[144] Nach Art. 20 Abs. 1 UNTOC könnte eine TKÜ nicht durchgeführt werden, wenn sie nach dem Recht des ersuchten Staates nicht zulässig wäre oder die ersuchten Behörden die TKÜ nicht für zweckmäßig erachten. Damit wird auch hier wieder

---

[143] Siehe auch *Schomburg/Trautmann*, in: S/L, Kurzübersicht zu IV B, Rn. 7. Zur vertragslosen Rechtshilfe im Bereich grenzüberschreitender TKÜ siehe unten 6.
[144] BT-Drucks. 15/5150, S. 82.

das Prinzip der beiderseitigen Legitimität zur Voraussetzung der Rechtshilfe gemacht (siehe oben).

6. TKÜ bei vertragsloser Rechtshilfe

Die Bundesrepublik Deutschland ermöglicht auch gegenüber Staaten, mit denen keine völkervertraglichen Rechtshilfebeziehungen bestehen, die Durchführung einer TKÜ als Rechtshilfemaßnahme. Grenzüberschreitende TKÜ ist also auch im sog. vertragslosen Rechtshilfeverkehr möglich.[145] Im Gegensatz etwa zum schweizerischen Rechtshilfegesetz (dort: Art. 18a IRSG) enthält das IRG keine speziellen Bestimmungen hierfür. Die Rechtshilfemaßnahme richtet sich nach der Generalklausel des § 59 IRG in Verbindung mit den entsprechenden Bestimmungen der Strafprozessordnung (§ 77 Abs. 1 IRG i.V.m. §§ 100a, 100d, 100e, 101 StPO).[146] Für die Zusammenarbeit mit den ausländischen Behörden haben die zuständigen deutschen Behörden zusätzlich Nr. 77a RiVASt zu beachten (siehe oben 4.). Insbesondere ist zu beachten, dass gegenüber dem ersuchenden Staat die in Nr. 77a Abs. 1 RiVASt erforderlichen Zusicherungen eingeholt werden.

Welche rechtshilferechtliche Grundlage mit welchen Staaten in Bezug auf TKÜs besteht, ist in der Übersicht in Anhang zusammengestellt. Ausgeklammert bleiben in dieser Übersicht die deliktsspezifischen Abkommen.

7. Rechtsgrundlagen für bestimmte Rechtshilfemaßnahmen im Zusammenhang mit TKÜ

a) Überblick

Maßnahmen im Zusammenhang mit der Überwachung des Telekommunikationsverkehrs müssen nicht notwendigerweise auf eine laufende TKÜ gerichtet sein, sei sie in Form der Aufzeichnung und Übertragung „in Echtzeit" oder der Aufzeichnung und anschließender Übermittlung. Aus rechtshilferechtlicher Sicht kommen daher noch andere Rechtsgrundlagen in Betracht, je nachdem welche Rechtshilfemaßnahme vom ersuchenden Staat verlangt wird.

Zielt die erbetene Rechtshilfemaßnahme auf die *Sicherstellung* von Computerdaten zu Beweiszwecken (vorläufige Sicherung, „Einfrieren" eines Beweismittels), z.B. EDV-Daten auf Speichermedien, E-Mails auf dem Mailserver des Providers etc.,[147] richtet sich der Rechtshilfeverkehr innerhalb der Europäischen Union nach

---

[145] Ebenso Belgien (siehe Landesbericht, V.A.3.); Tschechien (siehe Landesbericht, V.A.3.); Schweden (siehe Landesbericht, V.A.).

[146] Entsprechend auch das schwedische Recht (siehe Landesbericht Schweden, V.B.).

[147] Zur Beschlagnahmefähigkeit in dieser Hinsicht siehe *Greven*, in: KK, StPO, § 94, Rn. 4.

den nationalen Umsetzungsvorschriften der RL EEA (insbesondere von deren Art. 32).[148] Die Sicherstellung von Computerdaten zu Beweiszwecken nach dem Verfahren der RL EEA ersetzt den Rahmenbeschluss über die „europäische Sicherstellungsanordnung" (RB Sicherstellung)[149].[150] Der RB Sicherstellung hat nach Ansicht des deutschen Gesetzgebers künftig auch dann keine Relevanz mehr, wenn eine Sicherstellung zu Beweiszwecken im Zusammenhang mit solchen EU-Mitgliedstaaten betroffen ist, die zwar nicht an der RL EEA teilnehmen, aber am RB Sicherstellung.[151] Dies betrifft Dänemark und Irland. Eine eigenständige Bedeutung hat der RB Sicherstellung nur noch für Sicherstellungen von Gegenständen oder Vermögenswerten zum Zwecke der Einziehung.[152] Für Sicherstellungen zu Beweiszwecken gelten gegenüber Dänemark und Irland folglich die klassischen Rechtshilfekonventionen.[153]

Bei den deliktsbezogenen Abkommen ist vor allem das EuCybercrimeÜbk zu beachten. Es enthält Sonderbestimmungen im Rahmen der internationalen Rechtshilfe zur

– umgehenden Sicherung von gespeicherten Computerdaten (Art. 29, 30),
– zur Ermöglichung der Beschlagnahme von gespeicherten Computerdaten im Rechtshilfeverkehr (Art. 31) und
– zum grenzüberschreitenden Zugriff auf Datenspeicher (Art. 32).

Die Anordnung von Maßnahmen der TKÜ sowie des Einsatzes technischer Mittel zur Bestimmung des Aufenthaltsorts des Verfolgten kann sich schließlich auch aus einer Annexkompetenz für den Erlass eines Auslieferungshaftbefehls ergeben.[154]

b) Austausch von TKÜ-Daten im Rahmen der polizeilichen Rechtshilfe

Der Austausch von TKÜ-Daten kann auch Gegenstand der polizeilichen Rechtshilfe sein.[155] Rechtsgrundlage für den Austausch zwischen Polizeibehörden der EU-Mitgliedstaaten sowie von Schengen-Staaten sind die Umsetzungsgesetze zum

---

[148] Zur Umsetzung von Art. 32 RL EEA in Deutschland siehe BT-Drucks. 17/9757, S. 45 f.

[149] Rahmenbeschluss 2003/577/JI des Rates vom 22. Juli 2003 über die Vollstreckung von Entscheidungen über die Sicherstellung von Vermögensgegenständen oder Beweismitteln in der Europäischen Union; online zugänglich unter http://eur-lex.europa.eu/legal-content/DE/ALL/?uri=CELEX:32003F0577 [Stand Oktober 2020].

[150] Siehe Art. 32, 34 Abs. 2 RL EEA.

[151] Siehe § 91a Abs. 3 IRG sowie Wegfall von § 97 IRG.

[152] Für eingehende Ersuchen bleiben deshalb §§ 94–96 IRG anwendbar. Zur Abgrenzung, wann eine Sicherstellung zu Beweis- und eine solche zu Einziehungszwecken erfolgt, siehe BT-Drucks. 18/9757, S. 56.

[153] Siehe die Gesetzesbegründung in BT-Drucks. 18/9757, S. 47 und 83.

[154] OLG Bremen, Beschl. v. 9.11.2018 – 1 Ausl. A 33/18 = BeckRS 2018, 31886.

[155] *Weyembergh/de Bioley*, 8 Eur. J. L. Reform (2006), 285 (299).

Rahmenbeschluss 2006/960/JI „über die Vereinfachung des Austausches von Informationen und Erkenntnissen zwischen den Strafverfolgungsbehörden der Mitgliedstaaten der Europäischen Union" (RB Infoaustausch).[156] Der RB ersetzt die bis dato geltende Rechtsgrundlage der polizeilichen Rechtshilfe im Schengen-Raum, d.h. Art. 39 und 46 SDÜ.[157] In Deutschland wird der RB in Bezug auf den Datenaustausch zu repressiven Zwecken in §§ 92–92c IRG umgesetzt.[158] Ferner zu beachten sind §§ 477 Abs. 2 und 478 Abs. 1 Satz 5 StPO, die im Zuge der Umsetzung Änderungen erfahren haben. Charakteristikum des RB ist seine Ausrichtung am Grundsatz der Verfügbarkeit und am Diskriminierungsverbot.[159]

In Abgrenzung zur justiziellen Rechtshilfe enthält der RB jedoch einige Einschränkungen im Hinblick auf seinen Anwendungsbereich:

– Er gilt nur für die Informationen/Erkenntnisse, welche „bei den Strafverfolgungsbehörden verfügbar sind" oder ohne das Ergreifen von Zwangsmitteln erlangt werden können (Art. 2 lit. d) RB Infoaustausch, § 92 Abs. 3 Nr. 2 IRG). Letzteres bedeutet, dass Informationsbeschaffungen ausgeschlossen sind, die sich nicht auf die Ermittlungsgeneralklausel der §§ 163 Abs. 1, 160 Abs. 4 StPO stützen lassen.[160] Die Durchführung einer TKÜ nach §§ 100a ff. StPO kann also nicht auf den RB Infoaustausch gestützt werden. Möglich ist aber die Übermittlung von Informationen aus einer in Deutschland bereits durchgeführten TKÜ.

– Die übermittelten Daten dürfen nicht zu Beweiszwecken in einem Strafverfahren verwendet werden (Art. 1 Abs. 4 RB Infoaustausch, § 92 Abs. 2 IRG). Möglich ist die Verwendung der Daten als Spurenansatz für weitere Ermittlungen, zur Begründung eines Tatverdachts oder die Ermittlung des Aufenthaltsorts des Beschuldigten.[161] Ob sich die „Verwendung als Beweismittel" nicht nur auf das Hauptverfahren, sondern auch auf das gerichtliche Vorverfahren bezieht, z.B. die Ausstellung eines Haftbefehls oder weitere Zwangsmaßnahmen, ist streitig.[162] Eine Verwendung zu Beweiszwecken ist nur mit Zustimmung der rechtshilferechtlichen Bewilligungsbehörde möglich (§ 92 Abs. 2 i.V.m. § 74 IRG i.V.m. Bund/Länder Zuständigkeitsvereinbarung 2004). Für die Zustimmung gelten dann die Regeln der Beweisrechtshilfe, d.h. entweder die Regelungen des Umsetzungsgesetzes zur RL EEA oder die sonstigen Rechtshilfegrundlagen, insbesondere das EU-RhÜbk

---

[156] ABl. Nr. L 389 v. 29.12.2006, 89, Berichtigung L 75 v. 15.3.2007, 26.

[157] Art. 12 Abs. 1 RB Infoaustausch.

[158] Derjenige zu ebenfalls vom RB erfassten präventiven Zwecken ist in den Polizeigesetzen der Länder umgesetzt sowie in den einschlägigen Rechtsgrundlagen des Bundesrechts, z.B. dem BKAG.

[159] *Trautmann*, in: S/L, Kurzübersicht III B 2b, Rn. 8.

[160] *Trautmann*, in: S/L, § 92, Rn. 22.

[161] *Trautmann*, a.a.O., Rn. 13.

[162] *Trautmann*, in: S/L, Kurzübersicht III B 2b, Rn. 14, anders noch Vorauflage *Gleß*, Kurzübersicht III B 3d, Rn. 14.

und Nr. 77a RiVASt. Im Anwendungsbereich der RL EEA ist bei nachträglicher Genehmigung das Formblatt in Anhang A der RL vom ersuchenden Staat zu verwenden.[163]

– Der im RB zum Ausdruck kommende Grundsatz der Nichtdiskriminierung bewirkt nicht nur, dass einer ausländischen Strafverfolgungsbehörde gleichberechtigter Zugang zu Informationen wie innerstaatlichen Behörden zu gewähren ist, sondern auch, dass die für die erteilende Behörde geltenden Rechte und Pflichten im Hinblick auf die Verwendung und Nutzung der Daten genauso in Ansatz zu bringen sind wie bei rein innerstaatlichen Fällen.[164] Die Auskunft erteilende Stelle ist deshalb nicht nur berechtigt, sondern sogar dazu verpflichtet, die entsprechenden Hinweise nach Nr. 77a (Abs. 2) RiVASt zu erteilen.

8. Rechtshilfeprobleme im Zusammenhang mit der Herausgabe von TKÜ-Protokollen

Im rechtshilferechtlichen Kontext stellte sich in der Praxis weniger die Frage nach Rechtsgrundlagen für spezifische Maßnahmen im Zusammenhang mit dem Telekommunikationsverkehr, sondern diejenige, unter welchen Voraussetzungen Protokolle einer bereits für ein nationales Strafverfahren durchgeführten TKÜ per Rechtshilfe an einen anderen Staat *herausgegeben* werden können.[165] Aufgrund der Praxisrelevanz soll auf diese Konstellation im Folgenden exkursartig näher eingegangen werden.

a) Die Herausgaberegelung in Sondervorschriften
(hier: Art. 17 Abs. 5 CZ-ErgV EuRhÜbk)

Der BGH hatte 2012 über die Auslegung von Art. 17 Abs. 5 CZ-ErgV EuRhÜbk zu entscheiden. Danach gelten die für die Durchführung einer TKÜ aufgestellten Voraussetzungen *entsprechend* auch für die Herausgabe der Unterlagen, die aus Maßnahmen der Überwachung der Telekommunikation in einem im Hoheitsgebiet des ersuchten Staates geführten Strafverfahren herrühren. Nach dem Wortlaut kann eine Herausgabe nur erfolgen, wenn eine entsprechende Anordnung eines zuständigen Gerichts der ersuchenden Vertragspartei vorgelegt wird oder aus einer Ersatzerklärung eines solchen Gerichts hervorgeht, dass die Voraussetzungen der Überwachung vorlägen, wenn eine derartige Maßnahme im Hohcitsgebiet des ersuchenden Vertragsstaates durchzuführen wäre (Art. 17 Abs. 5 i.V.m. Abs. 2 Nr. 1 CZ-ErgV EuRhÜbk).

---

[163] *Trautmann*, in: S/L, § 92, Rn. 15.
[164] *Trautmann*, a.a.O., Rn. 16.
[165] Zur Praxisrelevanz Landesbericht Tschechien, V.A.3.

Nach Ansicht des BGH sei die Wendung „entsprechend" – was den Gegenstand der „gerichtlichen Bestätigung" betreffe – nicht eindeutig. Sie sei aber dahingehend auszulegen, dass geprüft werden müsse, ob bei einem hypothetischen Inlandssachverhalt („wenn eine Maßnahme [...] durchzuführen wäre") eine Verwendung der in einem inländischen Strafverfahren gewonnenen Erkenntnisse in einem anderen, ebenfalls inländischen Strafverfahren hätte erfolgen dürfen.[166] Nach Ansicht des BGH erfasst Art. 17 Abs. 5 CZ-ErgV EuRhÜbk die rechtshilferechtliche Konstellation von aus TKÜ gewonnenen Zufallsfunden, sodass die spiegelbildlichen inländischen Grundlagen in der gerichtlichen Bestätigung geprüft werden müssten.[167] Nicht darauf abzustellen sei dagegen auf die Prüfung, ob hinsichtlich der bereits überwachten Telekommunikation im ersuchten Staat (hypothetisch) im Zeitpunkt des Rechtshilfeersuchens im ersuchenden Staat eine Überwachung angeordnet werden könnte.[168]

Entsprechendes muss hiesiger Ansicht nach auch für die Verweisung von Art. 17 Abs. 5 auf Abs. 2 Nr. 2 CZ-ErgV EuRhÜbk gelten. Deshalb muss bei entsprechender Auslegung zusätzlich zum ersuchenden Staat auch der ersuchte Staat prüfen, ob die Verwendung der Protokolle in einem anderen Strafverfahren nach seinem Recht zulässig wäre. Prüfungsgegenstand muss also die Zufallsfundregelung sein, nicht die Frage der Rechtmäßigkeit der TKÜ.[169] Dies ist auch sachgerecht, da durch die Doppelprüfung sichergestellt ist, dass (1) der ersuchte Staat an einen anderen Staat nicht mehr an Rechtshilfe leistet als er nach seinem innerstaatlichen Recht befugt wäre und (2) der ersuchende Staat die Rechtshilfe nicht dazu nutzen darf, mehr zu bekommen als er in einem entsprechenden innerstaatlichen Fall dürfte.

b) Die Herausgabeproblematik bei der Rechtshilfe mit anderen Staaten

Art. 17 Abs. 5 CZ-ErgV EuRhÜbk gilt nur für den Rechtshilfeverkehr zwischen Deutschland und der Tschechischen Republik. Eine ähnliche Problematik tritt auf, wenn es um die Leistung von Rechtshilfe mit anderen Staaten geht, soweit es sich um Staaten handelt, die nicht an der RL EEA teilnehmen. Da die meisten Rechtshilfeverträge keine besonderen Regelungen über die Herausgabe von Gegenständen treffen, die sich in amtlichem Gewahrsam befinden,[170] ist ergänzend auf das IRG zurückzugreifen.[171] Rechtsgrundlage für die Herausgabe

---

[166] BGHSt 58, 32, Rn. 43.

[167] BGHSt 58, 32, Rn. 44. Ist Deutschland ersuchender Staat, betrifft dies § 477 Abs. 2 Satz 2 StPO.

[168] BGHSt 58, 32, Rn. 42.

[169] Ist Deutschland ersuchter Staat, ist demgemäß § 477 Abs. 2 Satz 2 StPO zu prüfen.

[170] So auch weder das EuRhÜbk noch das EU-RhÜbk (insbesondere auch nicht dessen Art. 18).

[171] Der Rahmenbeschluss über die Europäische Beweisanordnung (RB EBA) scheidet als Rechtsgrundlage aus. Zwar war der RB EBA gerade auf die Erlangung von „Sachen,

von TKÜ-Protokollen ist demzufolge für eingehende Ersuchen (Deutschland als ersuchter Staat): § 59 IRG i.V.m. § 77 Abs. 1 IRG i.V.m. §§ 100a, 100d, 100e, 101, 477 Abs. 2 Satz 2 StPO. Dies wird in Nr. 77a Abs. 2 Unterabs. 2 RiVASt bestätigt und wie folgt konkretisiert:[172]

Kopien der Protokolle der TKÜ, umfassende Vermerke über den Gesprächsinhalt oder der Aufzeichnungsbänder dürfen *entsprechend* den Voraussetzungen des Nr. 77a Abs. 1 RiVASt herausgegeben werden, wenn die Auskünfte wegen derselben Tat oder einer anderen, in § 100a StPO bezeichneten Straftat, erbeten werden (§§ 77 IRG, 477 Abs. 2 Satz 2 StPO). Nr. 77a Abs. 1 RiVASt sieht vor, dass sowohl beim vertragslosen als auch völkervertraglichen Rechtshilfeverkehr die Überwachung des Telekommunikationsverkehrs gemäß § 77 Abs. 1 IRG nach Maßgabe der Bestimmungen der StPO (verwiesen wird auf §§ 100a, 100b, 101 – jetzt: §§ 100a, 100d, 100e, 101) zulässig ist. Ferner ist bestimmt, dass „[s]oweit sich aus einer Vereinbarung nicht etwas anderes ergibt […] die ausländische Behörde zusichern muss, dass

a) die Voraussetzungen der Telefonüberwachung vorlägen, wenn diese im ersuchenden Staat durchgeführt werden müsste,

b) die gewonnenen Erkenntnisse nur zur Aufklärung der in dem Ersuchen genannten Straftat(en) verwendet werden und

c) die Überwachungsprotokolle vernichtet werden, sobald sie zur Strafverfolgung nicht mehr erforderlich sind."

Schriftstücken oder Daten", die bereits in einer Dokumentation im Vollstreckungsstaat (= ersuchter Staat) vorliegen (Art. 4 Abs. 1 und 4 RB EBA) zugeschnitten (siehe im Einzelnen auch *Ahlbrecht*, NStZ 2006, 70 (71)), er ist jedoch durch VO (EU) 2016/95 aufgehoben worden (Verordnung (EU) 2016/95 des Europäischen Parlaments und des Rates vom 20. Januar 2016 zur Aufhebung bestimmter Rechtsakte im Bereich der polizeilichen und justiziellen Zusammenarbeit in Strafsachen, ABl. L 26 v. 2.2.2016, S. 9). Ferner hat Deutschland, wie viele andere EU-Staaten, den RB in Reaktion auf die Verhandlungen des umfassenderen Rechtshilfeinstruments der Europäischen Ermittlungsanordnung nicht umgesetzt. Aus Sicht Deutschlands hat der RB deshalb auch keine Bedeutung mehr im Verhältnis zu Dänemark und Irland, die an der RL EEA nicht teilnehmen. Zu einer Art „Vorwirkung" des RB EBA auf die Interpretation der gegenwärtigen Rechtshilfeverträge mit EU-Staaten (konkret Art. 17 CZ-ErgV EuRhÜbk) siehe jedoch BGHSt 58, 32, Rn. 35 sowie *Swoboda*, HRRS 2014, 10.

[172] Nicht Rechtsgrundlage ist nach h.M. § 66 IRG, da die Norm nur die Herausgabe von Gegenständen behandelt, die in privater Hand sind, nicht jedoch Akten/Aktenauszüge etc. von Behörden und Gerichten (*Johnson*, in: Grützner/Pötz/Kreß (Hrsg.), Internationaler Rechtshilfeverkehr in Strafsachen, § 66 IRG, Rn. 15). A.A. wohl *Hackner/Schierholt*, Internationale Rechtshilfe in Strafsachen, 3. Aufl. 2017, Rn. 218, die für die Herausgabe der Protokolle aus einer bereits in anderer Sache durchgeführten TKÜ-Maßnahme eine § 66 Abs. 2 Nr. 2 Alt. 2 IRG genügende Ersatzerklärung ausreichen lassen. In diesem Fall bedürfe es, so *Hackner/Schierholt*, auch nicht mehr der richterlichen Zustimmung und der Unterrichtung des Betroffenen. Gerade Letzteres widerspricht aber Nr. 77a Abs. 2 RiVASt, der Abs. 1 für entsprechend anwendbar erklärt, und dort eine Benachrichtigungspflicht deutscher Behörden nach § 101 StPO nicht außer Kraft gesetzt ist. Auch in der Sache wäre dies ansonsten eine unangemessene Verkürzung der Individualrechte.

Auch hier ist unklar, wie der Verweis in Nr. 77a Abs. 2 Unterabs. 2 RiVASt auf die „entsprechende" Anwendung des Abs. 1 zu verstehen ist. M.E. müssen hier die Überlegungen des BGH zu Art. 17 Abs. 5 CZ-ErgV EuRhÜbk analog herangezogen werden. Das bedeutet, dass Gegenstand der Zusicherung nicht sein soll, ob im ersuchenden Staat rechtmäßig eine TKÜ hätte durchgeführt werden können, sondern, ob Protokolle oder Aufzeichnungen aus einer anderweitigen TKÜ nach dem innerstaatlichen Recht des ersuchenden Staates für das gegenständliche Strafverfahren verwendet werden dürfen. Trotz unterschiedlicher Rechtsgrundlagen bezüglich der Herausgabe von bereits vorhandenen Protokollen bzw. Aufzeichnungen einer TKÜ dürften daher im Ergebnis die Anwendungen von Art. 17 Abs. 5 CZ-ErgV EuRhÜbk und der Verweisungskette über Rechtshilfeverträge in IRG und RiVASt (z.B. über Art. 1 EuRhÜbk) zu gleichen Ergebnissen führen.[173] Zu beachten ist, dass das deutsche Recht nicht notwendig eine gerichtliche Kontrolle vor Herausgabe der Protokolle an das Ausland vorsieht.[174]

c) Lösung der Herausgabeproblematik nach der Richtlinie
über die Europäische Ermittlungsanordnung

Ob die RL EEA hinsichtlich der Herausgabe von TKÜ-Protokollen eine substanzielle Änderung herbeigeführt hat, ist fraglich. Einigkeit dürfte darüber bestehen, dass die besonderen Rechtsgrundlagen für die Überwachung des Telekommunikationsverkehrs (insbesondere Art. 30 RL EEA) für die Herausgabe von bereits für ein nationales Strafverfahren per TKÜ angefertigten Protokollen über Gesprächsinhalte nicht greifen.[175] Es würden dann die allgemeinen Vorschriften der RL EEA gelten. Art. 11 Abs. 2 RL EEA sieht jedoch vor, dass auf die in Art. 10 Abs. 2 RL EEA aufgeführten Ermittlungsmaßnahmen die in Art. 11 Abs. 1 lit. g) und h) genannten Ablehnungsgründe keine Anwendung finden. Art. 10 Abs. 2 lit. a) betrifft die Erlangung von Informationen oder Beweismitteln, die sich bereits im Besitz der Vollstreckungsbehörde befinden. Zur Voraussetzung wird gemacht, dass die Informationen oder Beweismittel nach dem Recht des Vollstreckungsstaates im Rahmen eines Strafverfahrens oder für die Zwecke der EEA hätten erlangt werden können. Art. 11 Abs. 2 i.V.m. Abs. 1 lit. g) und h) RL EEA schließt aus, dass für solche sich im Behördenbesitz befindliche Beweismittel erstens der rechtshilferechtliche Grundsatz der beiderseitigen Strafbarkeit geprüft wird, und auch zweitens unbeachtlich ist, ob die in der EEA genannte Anlasstat unter eine Liste oder

---

[173] Unklar in diesem Punkt *Schuster*, StV 2014, 198 (199). Die Herausgabe von Auskünften über Telekommunikationsverbindungen (§§ 100 g StPO) soll unter den Voraussetzungen des § 66 IRG zulässig sein (Nr. 77a Abs. 3 RiVASt). Kritisch zu letzterer Verweisung *Brodowski*, Verdeckte technische Überwachungsmaßnahmen im Polizei- und Strafverfahrensrecht, 2016, S. 398 f.

[174] Kritisch zu diesem Rechtsschutzdefizit *Brodowski*, a.a.O., S. 400.

[175] Siehe auch BT-Drucks. 18/9757, S. 42 f.

Kategorie von Straftaten fällt, die für den Erlass der Ermittlungsmaßnahme nach dem innerstaatlichen Recht des Vollstreckungsstaates notwendig wäre. Über diese Verweisungskette wäre es folglich rechtlich möglich, dass – sofern keiner der Ablehnungsgründe von Art. 11 Abs. 1 lit. a) bis f) eingreift – eine deutsche Behörde TKÜ-Protokolle, die sie anlässlich eines deutschen Strafverfahrens gefertigt hat, auch dann an einen anderen EU-Mitgliedstaat herausgeben muss, wenn die Anlasstat weder nach deutschem Strafrecht strafbar ist noch einer der in § 100a StPO genannten Katalogtaten (in der Terminologie der RL: „Listendelikte") unterfallen würde. Da die RL auch keine weiteren Entsprechungsklauseln enthält (wie etwa Art. 17 Abs. 5 CZ-ErgV EuRhÜbk), bliebe ferner unbeachtlich, ob die Maßnahme etwa einer Zufallsfundregelung im ersuchenden Staat entsprechen würde oder gar die entsprechenden Anordnungsvoraussetzungen im ersuchenden Staat hypothetisch gegeben gewesen wären.

Der Gesetzentwurf der Bundesregierung zur RL EEA erörtert diese Problematik nicht. Er erläutert lediglich die Übermittlung historischer Verkehrs- und Standortdaten. In diesem Zusammenhang geht die Bundesregierung davon aus, dass die Regelung von Nr. 77a Abs. 3 RiVASt weiterhin gilt, d.h. sich die Auskunft über Telekommunikationsverbindungsdaten nach § 66 IRG richtet.[176] Im Gegenschluss ließe sich daraus ableiten, dass für die invasivere Maßnahme der Übermittlung von Gesprächsinhaltsprotokollen weiterhin von der Geltung der strengeren Voraussetzungen von Nr. 77a Abs. 2 RiVASt i.V.m. § 59 IRG i.V.m. § 77 Abs. 1 IRG i.V.m. § 100a StPO ausgegangen wird. Dies ergibt sich auch aus dem Hinweis in den Erläuterungen des Gesetzentwurfs, dass die Herausgabe von Gegenständen im Behördenbesitz nicht den Herausgabevorschriften des IRG (§§ 66, 67 IRG) unterfalle.[177]

Diese Auslegung lässt die Richtlinie jedoch nicht zu. Zu beachten ist, dass die Richtliniennormen autonom und nationale Normen richtlinienkonform auszulegen sind. Gesprächsprotokolle im Behördenbesitz lassen sich unter „Informationen oder Beweismittel" subsumieren, „die sich im Besitz der Vollstreckungsbehörde" befinden (Art. 10 Abs. 2 lit. a), 1. Hs. RL EEA). Geht man davon aus, dass die TKÜ rechtmäßig war, konnte sie auch im Rahmen eines Strafverfahrens nach dem Recht des Vollstreckungsstaates erlangt werden, wie es Art. 10 Abs. 2 lit. a), 2. Hs. voraussetzt. Bei richtlinienkonformer Auslegung würde es sich auch um „Gegenstände" handeln, die als Beweismittel für ein ausländisches Verfahren dienen können, sodass § 66 IRG anwendbar wäre. Damit würde das eingeschränkte Prüfprogramm der RL EEA gelten. Das Prüfprogramm des § 66 Abs. 2 IRG (insbesondere beiderseitige Strafbarkeit) würde aufgrund von Art. 11 Abs. 2 RL EEA richtlinienkonform weitgehend unbeachtet bleiben müssen. Die Folge wäre, dass TKÜ-Protokolle

---

[176] BT-Drucks. 18/9757, S. 43 mit Verweis auf Erwägungsgrund 30 der RL.
[177] BT-Drucks. 18/9757, S. 28; siehe ferner *Johnson*, in: Grützner/Pötz/Kreß (Hrsg.), Internationaler Rechtshilfeverkehr in Strafsachen, § 66, Rn. 15; *Schierholt*, in: S/L, § 66 IRG, Rn. 7a.

im beschriebenen Szenario auch dann übermittelt werden müssten, wenn die Anlasstat entweder in Deutschland nicht strafbar ist oder keine der Katalogtaten des § 100a Abs. 2 StPO betrifft.

Dieses Ergebnis widerspricht jedoch Sinn und Zweck der Vorschrift des Art. 10 Abs. 2 RL EEA. Bezweckt werden soll mit der Regelung, dass Rechtshilfemaßnahmen mit geringer Eingriffsintensität erleichterten Bedingungen unterworfen werden. Allerdings kann – ebenso wie die Übermittlung von Verbindungs- und Standortdaten, bei denen die RL selbst nicht abspricht, dass sie als invasive Ermittlungsmaßnahme betrachtet werden kann[178] – auch die Übermittlung von Protokollen über Gesprächsinhalte einen (schwerwiegenden) Eingriff in die Grundrechte des Betroffenen darstellen.[179]

Ginge man davon aus, dass die Grenzen der Strafbarkeit und des Gegebenseins einer Katalogtat nach § 100a StPO für „Konserven" der TKÜ nach der RL EEA wegfallen, so birgt dies zudem erhebliche Missbrauchsgefahren. Anstatt die strengen Voraussetzungen des Art. 30 RL EEA für die Durchführung einer laufenden TKÜ für das ausländische Strafverfahren beachten zu müssen, könnte der ersuchende Staat unter weniger strengen Voraussetzungen auf eine entsprechende, bereits vorhandene Konserve zurückgreifen. Noch zugespitzter wird das Szenario, wenn ein ersuchter Staat bei Vorliegen entsprechender Anknüpfungspunkte ein eigenes Strafverfahren eröffnet, die TKÜ für dieses durchführt und anschließend die TKÜ-Protokolle als Konserve an den ersuchenden Staat übermittelt, der dann ein neues Strafverfahren mit einem veränderten Tatvorwurf gegen den Betroffenen eröffnet. Die Rechtspraxis wird zeigen, ob zukünftig die Herausgabe von TKÜ-Protokollen auf der Grundlage einer entsprechenden europäischen Ermittlungsanordnung tatsächlich, wie geschildert, unter weit weniger strengen Voraussetzungen gehandhabt werden wird als es bisher der deutschen Rechtspraxis entspricht.

C. Grundstrukturen des materiellen Rechtshilferechts – die Unterscheidung zwischen Leistungs- und Vornahmeermächtigung, insbesondere im Zusammenhang mit völkerrechtlichen Verträgen

In der Darstellung der rechtshilferechtlichen Rechtsgrundlagen ist bisher nur die Frage beantwortet worden, ob eine völkerrechtliche Pflicht zur Leistung der Rechtshilfe (hier: TKÜ) besteht („völkerrechtliches Müssen" bzw. – im Fall vertragsloser Rechtshilfe – „völkerrechtliches Können"). Eine andere Frage ist es, ob auch innerstaatlich gesehen Rechtshilfe geleistet werden darf, mit anderen Worten: Ob und inwieweit bedarf es für die Leistung der Rechtshilfe einer Ermächtigungs-

---

[178] Siehe Erwägungsgrund 30 a.E.
[179] Siehe unten C.a).

grundlage („innerstaatliches Dürfen")?[180] In diesem Zusammenhang muss man sich grundrechtliche Vorfragen bewusst machen. Grundlegend ist hier für das deutsche Recht die Unterscheidung zwischen „Vornahme- und Leistungsermächtigung". Hierzu sollen einige allgemeine Vorbemerkungen gemacht werden, zunächst bezogen auf eingehende (unten a), dann auf ausgehende Ersuchen (unten b). Anschließend wird näher darauf eingegangen, inwieweit insbesondere Regelungen in völkerrechtlichen Verträgen eine geeignete Ermächtigungsgrundlage darstellen können (unten c) und welche weiteren Ermächtigungsgrundlagen für die Verwertbarkeit im Ausland gewonnener Beweismittel im deutschen Strafverfahren notwendig sind (unten d). Angemerkt sei an dieser Stelle, dass die Ausführungen in diesem und den folgenden Abschnitten den in der Praxis relevantesten Fall der Überwachung der TKÜ aufgrund eines ausländischen Rechtshilfeersuchens mit technischer Hilfe der Behörden des ersuchten Staates in den Blick nehmen.

a) Grundlagen in Bezug auf eingehende Ersuchen

In der deutschen Rechtshilfedoktrin besteht heute Einigkeit darüber, dass bei eingehenden Ersuchen die Geltung des Gesetzesvorbehalts (Art. 1 Abs. 3, Art. 20 Abs. 3 GG) nicht nur hinsichtlich des „Wie" der Durchführung der erbetenen Rechtshilfe (innerstaatliche Beweisgewinnung), sondern auch hinsichtlich des „Ob", d.h. der Leistung von Rechtshilfe nach außen gilt.[181] Das „Wie" betrifft die Befugnis zur Vornahme der begehrten Rechtshilfe und wird deshalb auch als „Vornahmeermächtigung" bezeichnet. Zentrale Vorschrift im Bereich der sonstigen Rechtshilfe bezüglich des „Wie" (mit anderen Worten: mit welchen innerstaatlichen [Zwangs-]Mitteln der rechtshilferechtlich verwertbare Beweis erlangt werden kann) ist § 59 Abs. 3 IRG. Danach kann Rechtshilfe nur geleistet werden, wenn die Voraussetzungen vorliegen, unter denen deutsche Gerichte oder Behörden einander in entsprechenden Fällen Rechtshilfe leisten könnten. Über § 59 Abs. 3 IRG werden die strafprozessualen Regelungen ins Rechtshilferecht einbezogen.[182] Damit wird klargestellt, dass hinsichtlich von Zwangsmaßnahmen, die zur Vornahme erforderlich sind, grundsätzlich dieselben materiell-rechtlichen Ermächtigungsvoraussetzungen bestehen, wie bei einem vergleichbaren Zwangseingriff zugunsten eines rein innerstaatlichen Strafverfahrens.[183] Hinter der Generalverweisungsklausel des § 59 Abs. 3 IRG steckt deshalb auch das rechtshilferechtliche Prinzip der „beiderseitigen Legalität".

Die Ermächtigung ergibt sich für die Zwangsmaßnahme der TKÜ *in concreto* aus §§ 100a, 100d, 100e StPO. Besonderheiten für die Geltung von Grundrechten

---

[180] S/L, Einl. Rn. 75.
[181] Siehe dazu auch *Ahlbrecht/Schlei*, StraFo 2013, 265 (267).
[182] *Trautmann/Zimmermann*, in: S/L, Vor § 59 IRG, Rn. 21.
[183] *Trautmann/Zimmermann*, a.a.O., Rn. 55.

für den Vornahmeakt bestehen nicht, handelt es sich doch aus Sicht des Betroffenen um das typische Eingriffsszenario Staat – Bürger.[184] Dass Anlass der Maßnahme ein ausländischer Akt war (Rechtshilfegesuch um TKÜ), ist unerheblich. Im Gegensatz zu rein innerstaatlichen strafverfahrensrechtlichen Maßnahmen ändern sich nicht die Voraussetzungen, sondern nur die Zielrichtung des Ergebnisses der Maßnahme.

Darüber hinaus entfaltet nach heute allgemeiner Ansicht nicht nur der Vornahme-, sondern auch der Übergabe- bzw. Übermittlungsakt innerstaatliche Rechtswirkung (hier: Übermittlung des erhobenen Beweises an das Ausland).[185] Auch dieser stellt als Rechtshilfe-Vollzugsakt einen Eingriff in die Individualrechte des Betroffenen dar (in Betracht kommt bei TKÜ v.a. Art. 10 GG, zumindest aber das Auffanggrundrecht des Art. 2 Abs. 1 GG), der die Bindung nach Art. 1 Abs. 3 GG auslöst.[186] Deshalb bedarf auch das „Ob" der Rechtshilfeleistung der sog. innerstaatlichen Leistungsermächtigung. Damit ist die Prüfung der Voraussetzungen gemeint, ob die Rechtshilfe „zulässig" ist oder in den Worten des IRG, ob „die Voraussetzungen für die Leistung der Rechtshilfe" gegeben sind.[187] Diese Voraussetzungen ergeben sich entweder aus den Bestimmungen des völkerrechtlichen Vertrags, nachdem er durch das Zustimmungsgesetz nach Art. 59 Abs. 2 GG in das deutsche Recht transformiert worden ist und diese Bestimmungen *self-executing* sind (siehe oben), oder aus dem IRG. Das IRG ist heranzuziehen, wenn sonstige Rechtshilfe vertragslos geleistet werden soll oder wenn es um eine Rechtshilfeleistung an einen Staat der Europäischen Union auf der Grundlage der RL EEA geht. In letzterem Fall bilden die Umsetzungsvorschriften zur RL EEA im IRG die entsprechende Leistungsermächtigungsgrundlage.

Die Notwendigkeit einer innerstaatlichen Ermächtigungsgrundlage sowohl für die Vornahme als auch für die Leistung der Rechtshilfe in der deutschen Rechtshilfedogmatik ist letztlich Ergebnis der sog. dreidimensionalen Sichtweise der Rechtshilfe. Danach muss die Rechtshilfe nicht nur die beiden in Rede stehenden zwischenstaatlichen Interessen, sondern auch die grundrechtlichen und sonstigen

---

[184] S/L, Einl. Rn. 82; *Schaffner*, Das Individuum im internationalen Rechtshilferecht in Strafsachen, 2013, S. 27.

[185] Diese Theorie wurde anhand des Auslieferungsrechts entwickelt, gilt aber sinngemäß auch für die sonstige Rechtshilfe (S/L, Einl., Rn. 79); siehe auch *Rackow*, in: Ambos/König/Rackow (Hrsg.), Rechtshilferecht in Strafsachen, 2015, 1, Rn. 108.

[186] Wegweisend *Lagodny*, Die Rechtsstellung des Auszuliefernden in der Bundesrepublik Deutschland, 1987, S. 18, 28; S/L/G/H, Einl., Rn. 86 ff.

[187] S/L/G/H, Einl., Rn. 80. Rechtstheoretisch begründet *Lagodny* diesen Schluss damit, dass der generelle Auslieferungsvertrag als Vorvertrag zu einem Verpflichtungsvertrag zu qualifizieren sei. Der Verpflichtungsvertrag werde durch die Einzelauslieferung erfüllt, wozu es eines innerstaatlichen Aktes bedürfe, eben der amtlichen Übergabe. Siehe *Lagodny*, Die Rechtsstellung des Auszuliefernden in der Bundesrepublik Deutschland, 1987, S. 21 ff.

Individualinteressen des von der Rechtshilfeleistung Betroffenen in Einklang bringen.[188] Diese Sichtweise steht in Kontrast zu der früher im deutschen Sprachraum, namentlich von *Vogler* vertretenen Lehre, dass die Übergabe ein „neutraler Akt" sei, welcher nicht selbstständig in Grundrechte eingreifen könne.[189] Basis dieser Überlegungen war die Ansicht, dass es sich bei der Rechtshilfe um ein rein zweiseitiges Verhältnis zwischen ersuchendem und ersuchtem Staat handle und dieses allein an völkerrechtlichen Maßstäben zu messen sei („zweiseitige Vertragstheorie").[190] Mit der Unterscheidung zwischen Vornahme- und Leistungsermächtigung wird damit auch der notwendige Ausgleich der Interessentrias – Schutz staatlicher Souveränität – extraterritoriale Strafverfolgung – Rechte des Individuums – auf mehreren Ebenen des Rechtshilferechts in einem international-arbeitsteiligen Strafverfahren vor Augen geführt. Die Unterscheidung setzt sich letztlich im Rechtshilfeverfahren fort (unten II.).

Leistungs- und Vornahmeermächtigung stehen in einem Wechselverhältnis. Die Vornahme einer Maßnahme kann – mangels Geeignetheit – nicht durchgeführt werden, wenn es für die Leistung der ersuchten Rechtshilfe im Außenverhältnis an der erforderlichen Ermächtigung fehlt. Umgekehrt führt eine fehlende Grundlage im Innenverhältnis, d.h. das Fehlen bzw. Nichterfülltsein der gesetzlichen Grundlage für die Vornahme der erbetenen Maßnahme dazu, dass die Erbringung der Rechtshilfeleistung nach außen ausscheidet.[191] Dies zeigt, dass sich im Bereich der sonstigen Rechtshilfe (anders etwa als bei der Auslieferung[192]) die Unterscheidung zwischen Leistungs- und Vornahmeermächtigung nicht stringent durchhalten lässt,

---

[188] *Rackow*, in: Ambos/König/Rackow (Hrsg.), Rechtshilferecht in Strafsachen, 2015, HT 1, Rn. 106); instruktiv auch *Fabbri/Furger*, ZStrR 2010, 394.

[189] Ebenfalls entwickelt anhand des Auslieferungsrechts. Siehe *Vogler*, 140 Jahre Auslieferungsrecht in Goltdammer's Archiv. Ein Rückblick auf die Anfänge, in: Wolter (Hrsg.), FG Pötz, 1993, S. 251 (258); *Vogler*, Auslieferung bei drohender Todesstrafe und Europäische Menschenrechtskonvention (EMRK) – Der Fall Soering vor dem Europäischen Gerichtshof für Menschenrechte (EGMR), in: Geppert/Dehnicke (Hrsg.), GD Meyer 1990, S. 477 (487).

[190] *Vogler*, Auslieferungsrecht und Grundgesetz, 1970, S. 332. Rechtsdogmatisch begründet *Vogler* dies damit, dass – angelehnt an das Zivilrecht – der generelle Auslieferungsvertrag einen Verpflichtungsvertrag bilde, die Auslieferung des Einzelnen also einen Verfügungsvertrag darstelle, der durch die Übergabe erfüllt werde. Die Übergabe sei lediglich die zweckgebundene Verfügung über Hoheitsrechte, nämlich zur Unterstützung fremder Strafrechtspflege. Ausf. zur dogmatischen Begründung *Vogler*, Auslieferungsrecht und Grundgesetz, 1970, S. 43 ff.; zusammenfassend *Vogler*, Auslieferung und Asylrecht, in: Wilke (Hrsg.), Festschrift zum 125 jährigen Bestehen der Juristischen Gesellschaft zu Berlin 1984, S. 829, (831 f.). Zu einem Anwendungsfall BVerfGE 46, 214.

[191] *Rackow*, in: Ambos/König/Rackow (Hrsg.), Rechtshilferecht in Strafsachen, 2015, HT 1, Rn. 108.

[192] Dort: Auslieferungshinderungsgründe im Bereich der Leistungsermächtigung vs. „Haft" des Auszuliefernden als „Vornahme" der Maßnahme.

sondern das Modell der beiderseitigen Legalität Auswirkungen auch auf die Leistungsermächtigung hat.[193]

b) Grundlagen in Bezug auf ausgehende Ersuchen

Bei ausgehenden Ersuchen bildet die Anordnungsermächtigung das Pendant zur Vornahmeermächtigung und die sog. Anforderungsermächtigung das Gegenstück zur Leistungsermächtigung. Das Vorgehen ist spiegelbildlich zu eingehenden Ersuchen. Deshalb hängt nach deutscher Auffassung die Zulässigkeit eines ausgehenden Rechtshilfeersuchens zunächst davon ab, ob für die Maßnahme, auf die es gerichtet ist, die einschlägigen innerstaatlichen Eingriffsvoraussetzungen erfüllt sind. D.h. die Stelle, welche das Rechtshilfeersuchen stellen will, muss prüfen, ob die entsprechenden materiellen und formellen innerstaatlichen Voraussetzungen erfüllt sind, wäre die Maßnahme im Inland durchzuführen. Im Außenverhältnis wirkt sich dies dahingehend aus, dass das Vorliegen einer entsprechenden Entscheidung in der Regel Voraussetzung für die Leistung der Rechtshilfe durch den ersuchten Staat ist. In einem zweiten Schritt ist die Frage zu beantworten, ob die Leistung der Rechtshilfe vom ersuchten Staat angefordert werden kann, d.h. ob die einschlägigen Rechtshilfevoraussetzungen (die sich wiederum entweder aus dem vollzugsfähigen Rechtshilfevertrag oder dem IRG ergeben) erfüllt sind.[194]

c) Ermächtigungsgrundlagen in concreto

Gesetzliche Grundlagen für die Leistung von Rechtshilfe im Anwendungsbereich der RL EEA ergeben sich aus §§ 91a ff. IRG i.V.m. den subsidiär anwendbaren allgemeinen Bestimmungen des Fünften bis Siebten Teils des IRG. Ggf. sind die deutschen Umsetzungsvorschriften richtlinienkonform sowie im Lichte des Grundsatzes der gegenseitigen Anerkennung justizieller Entscheidungen auszulegen.

Ermächtigungsgrundlage für die Leistung von Rechtshilfe können auch völkervertragliche Regelungen sein. Dies soll anhand von Art. 18 EU-RhÜbk als der derzeit einzigen umfassenden völkervertragsrechtlichen Regelung zur TKÜ, bei der die technische Hilfe des ersuchten Staates notwendig ist, veranschaulicht werden. Art. 18 EU-RhÜbk ist klar und hinreichend bestimmt. Nach seinem Wortlaut, Zweck und Inhalt begründet die Norm unmittelbar Rechte und Pflichten für die Staatsorgane bzw. Rechtsunterworfenen. Etwas anderes ergibt sich auch nicht aus den „Kann-Bestimmungen" der Norm (wie etwa Art. 18 Abs. 4 Satz 2, Abs. 5 lit. b) Satz 2). Diese stellen sog. Fakultativklauseln dar, welche den ersuchten Bewilligungsbehörden einen Ermessensspielraum einräumen. Stehen grundrechtliche

---

[193] Diese Doppelnatur des § 59 Abs. 3 IRG andeutend, *Lagodny*, in: S/L/G/H, Vor § 59 IRG, Rn. 9; *Trautmann/Zimmermann*, in: S/L, Vor § 59, Rn. 21, 24.

[194] Zum Ganzen siehe auch *Rackow*, in: Ambos/König/Rackow (Hrsg.), Rechtshilferecht in Strafsachen, 2015, HT 1, Rn. 108, 115 f.

Belange auf dem Spiel, können solche Ermessensspielräume nach innerstaatlichem Recht auch zu einer Ermessensreduzierung auf Null führen. Es ändert sich jedoch nichts daran, dass solche Fakultativklauseln keiner Umsetzung in das innerstaatliche Recht bedürfen, sondern vielmehr unmittelbar anwendbar sind. Art. 18 EU-RhÜbk stellt deshalb eine taugliche Ermächtigungsgrundlage für die Leistung der Rechtshilfe dar. Allerdings kommt die Norm als Ermächtigungsgrundlage nur so weit in Betracht, wie ihr Anwendungsbereich geht. Art. 18 EU-RhÜbk ermächtigt deshalb zur Stellung von Rechtshilfeersuchen zur Durchführung einer TKÜ seitens der deutschen Behörden[195] sowie zur Durchführung einer von einem Vertragsstaat beantragten TKÜ in den nach Art. 18 Abs. 2 genannten Alternativen. Einer gesonderten innerstaatlichen Ermächtigungsgrundlage bedarf es *insoweit* nicht mehr.[196] Zusätzlich zu Art. 18 EU-RhÜbk ist das Vorliegen der allgemeinen Rechtshilfevoraussetzungen in den Blick zu nehmen, insbesondere der Rechtshilfehindernisse (siehe oben A.), sofern sie von Art. 18 nicht abbedungen sind. Die Voraussetzungen sind ebenfalls *self-executing* (siehe oben A.1.).

d) Ermächtigungsgrundlagen für die Verwertbarkeit im Ausland gewonnener Beweismittel

Davon zu trennen ist die Frage, inwieweit bei *ausgehenden* Ersuchen Deutschlands darüber hinaus eine Ermächtigungsgrundlage notwendig ist. Es stellt sich in dem Zusammenhang vor allem die Frage, inwieweit es einer gesonderten Ermächtigungsgrundlage für die Verwertung und Verwertbarkeit der aus der TKÜ gewonnenen Informationen bedarf.[197] Dies ist umstritten. Der Streit wurde vor allem um die (unmodifizierende) Anwendung der in der StPO gesondert geregelten Verwendungsbeschränkung des § 100b Abs. 5 StPO a.F. (jetzt § 477 Abs. 2 Satz 2 SPO)

---

[195] Zur Notwendigkeit einer Ermächtigungsgrundlage bei der Stellung eines Rechtshilfeersuchens an das Ausland siehe *Scheller*, Ermächtigungsgrundlagen für die internationale Rechts- und Amtshilfe zur Verbrechensbekämpfung, 1997, S. 230 ff.

[196] Im Ergebnis ebenso *Kubiciel*, in: Ambos/König/Rackow (Hrsg.), Rechtshilferecht in Strafsachen, 2015, HT 4, Rn. 329. Im Ergebnis wie Deutschland auch Tschechien (siehe Landesbericht Tschechien, V.B.4.). Anders wohl nach belgischem Recht. In Belgien wurde die TKÜ nach Art. 20 EU-RhÜbk in nationales Recht umgesetzt, nicht jedoch die TKÜ nach Art. 18, 19 EU-RhÜbk. Die Durchführung einer TKÜ auf der Grundlage von Art. 18 und 19 EU-RhÜbk ist aufgrund dessen nach Einschätzung des „Board of Prosecutors General" nicht möglich (siehe Landesbericht Belgien, V.B.3.). Hintergrund dürfte ein anderes Verständnis in Belgien bezüglich des Verhältnisses von völkerrechtlicher *(self-executing)* Verpflichtung und nationalem Recht als Rechtsgrundlage für Rechtshilfe sein. Auch Spanien sieht wohl Art. 18 EU-RhÜbk nicht als ausreichende Rechtsgrundlage an (siehe Landesbericht Spanien, V.B.4.).

[197] *Gleß/Wahl*, in: S/L, III B 1b, Art. 18 EU-RhÜbk, Rn. 25. Nicht erörtert wird, soweit ersichtlich, im deutschen Schrifttum der Fall, dass die *anlässlich* eines *eingehenden* Ersuchens gewonnenen Beweise auch in einem deutschen Strafverfahren verwendet werden dürfen. In Tschechien sieht das dortige Rechtshilferecht eine ausdrückliche gesetzliche Regelung vor (siehe Art. 42 Abs. 2 ZMJS und Landesbericht Tschechien, V.B.1.).

geführt. Dieser Streit dürfte allerdings nach der Entscheidung des BGHSt 58, 32 nur noch theoretischen Wert haben. Obwohl sich der BGH in seiner bisherigen Rechtsprechung zur Verwertung ausländischer Beweismittel nicht eindeutig dazu positioniert hat,[198] ob für die Verwertung eine gesonderte Ermächtigungsgrundlage erforderlich ist, stellt er fest, dass im Rahmen eines Rechtshilfeersuchens von dem zuständigen Ermittlungsrichter zu prüfen ist, ob bei einem Inlandssachverhalt eine Verwendung bereits gewonnener Informationen aus einer TKÜ gemäß § 477 Abs. 2 Satz 2 StPO zulässig wäre.[199] Implizit geht der BGH von einer analogen, vollständigen Anwendung der gesonderten Verwendungsregelungen der StPO für den Auslandsbeweis aus. Zum gleichen Ergebnis kommt die Gegenauffassung, die vor allem *Böse* vertritt. Er sieht auch in der Verwertung ausländischer Beweismittel einen selbstständigen Grundrechtseingriff und verlangt eine gesonderte gesetzliche Grundlage.[200] Vorübergehend will er jedoch § 100b Abs. 5 StPO a.F. (jetzt § 477 Abs. 2 Satz 2 SPO) analog auch auf die Verwertung von Erkenntnissen aus einer Telefonüberwachung durch ausländische Behörden anwenden.[201]

Einigkeit dürfte darin bestehen, dass eine Rechtsgrundlage, sofern man sie verlangt, in den innerstaatlichen Verwendungsregelungen zu suchen ist und nicht etwa in Art. 18 EU-RhÜbk oder Art. 30 RL EEA gesehen werden kann, da diese in ihren Anwendungsbereichen die Frage der Verwertung gar nicht regeln.[202] Hinzunehmen wäre insbesondere auch § 100d Abs. 2 Satz 1 StPO (§ 100a Abs. 4 Satz 2 StPO a.F.). Der BGH musste diese Frage in seiner Entscheidung zwar nicht beantworten. Allerdings muss hier der Grundgedanke gelten, dass deutsche Verwendungsregelungen, die einen besonderen grundrechtlichen Schutz zum Ausdruck bringen, nicht durch die bloße Beweiserhebung durch eine ausländische Behörde umgangen werden können.[203] Zudem ergäbe sich ein Widerspruch zu eingehenden Ersuchen: Verlangt man für die Herausgabe von TKÜ-Protokollen, dass die Voraussetzungen des § 477 Abs. 2 Satz 2 StPO auch im Hinblick auf das ausländische Strafverfahren erfüllt sein müssen (siehe oben und Nr. 77a RiVASt), kann die Schutzwirkung des § 477 Abs. 2 Satz 2 StPO nicht allein deshalb unterlaufen werden, weil es sich um ein ausgehendes Ersuchen einer deutschen Behörde handelt. Dieser Gedanke ist aber auf alle sonstigen Verwendungsbeschränkungen der StPO übertragbar.

---

[198] BGHSt 58, 32, Rn. 21; *Böse*, ZStW 114 (2002), 148 (150 f.).

[199] BGHSt 58, 32, Rn. 44.

[200] *Böse*, ZStW 114 (2002), 148 (162) mit Verweis auf BVerfGE 100, 313, 363 f.

[201] *Böse*, a.a.O.; siehe auch *Scheller*, Ermächtigungsgrundlagen für die internationale Rechts- und Amtshilfe zur Verbrechensbekämpfung, 1997, S. 317 ff.

[202] *Gleß/Wahl*, in: S/L/G/H, III B 1b, Art. 18 EU-RhÜbk, Rn. 24.

[203] Für die volle Maßgeblichkeit anderer in der StPO geregelter Verwendungsbeschränkungen auch *Böse*, ZStW 114 (2002), 148 (162 f.).

II. Rechtshilfeverfahren

Im Folgenden sollen die Fragen nach der Zuständigkeit der Behörden (Rechtshilfeverfahren) sowohl für eingehende als auch für ausgehende Ersuchen zusammen behandelt werden. Die Fragen nach der Ausfilterung privilegierter Informationen – sowohl wenn Deutschland ersuchter als auch ersuchender Staat ist – werden wegen der thematischen Zusammengehörigkeit im Anschluss (gesondertes Kapitel III.) beantwortet.

Unabhängig von der Richtung des Rechtshilfeersuchens werden übergreifend zunächst allgemeine Bemerkungen zu den Verfahrensarten und Bund-Länder-Zuständigkeiten im Rechtshilferecht gemacht (A.). Bei den anschließenden Ausführungen für eingehende (B.) bzw. ausgehende (C.) Ersuchen findet zunächst eine Trennung zwischen der Darstellung des Rechtshilfeverfahrens (B.1. bzw. C.1.) und derjenigen des Rechtsschutzverfahrens gegen Rechtshilfemaßnahmen statt (B.2. bzw. C.2.). Hierbei wird jeweils das „übliche Verfahren" dargestellt, das allgemein für jede TKÜ-Rechtshilfe, sei sie auf vertraglicher oder vertragsloser Rechtsgrundlage geleistet, Anwendung findet. Jeweils im Anschluss daran erfolgt der Hinweis auf Besonderheiten im Zusammenhang der EEA, welche ohne Verständnis der Verfahrensgänge bzw. Rechtsschutzmöglichkeiten der konventionellen Rechtshilfe nicht verständlich wäre.

A. Allgemeine Vorbemerkung

Die Unterscheidung zwischen Leistungs- und Vornahmeermächtigung (siehe I.C.) setzt sich im deutschen Rechtshilfeverfahren fort. Wie im Auslieferungsrecht ist das Verfahren bei der sonstigen Rechtshilfe grundsätzlich zweistufig, wobei es – im Unterschied zur Auslieferung – bei eingehenden Ersuchen kein eigenes, gesondertes Zulässigkeitsverfahren gibt (unten B). An dieser Zweiteilung des Verfahrens hat der Gesetzgeber auch bei der Rechthilfe im Rahmen der EEA festgehalten. Die Entscheidungen von Behörden eines anderen EU-Mitgliedstaates sind nicht – wie man aufgrund der Idee der gegenseitigen Anerkennung meinen mag – unmittelbar zu vollstrecken, sondern bedürfen der Prüfung und Umsetzung durch die deutschen Justizbehörden und Gerichte.[204] Die RL EEA wurde durch den deutschen Gesetzgeber in das IRG nur eingewoben, ersetzt aber nicht die grundsätzlichen Verfahrensstrukturen. Die Umsetzung der RL EEA in das deutsche Recht bringt deshalb nur punktuelle Änderungen.

---

[204] *Hackner/Schierholt*, Internationale Rechtshilfe in Strafsachen, 3. Aufl. Rn. 178.

Grundsätzlich zu differenzieren ist zwischen dem Bewilligungsverfahren, für welches die Leistungsermächtigung relevant ist, und dem Vornahmeverfahren, in dem primär die Vornahmeermächtigung zu prüfen ist.[205] Demgemäß können für das Bewilligungsverfahren und das Vornahmeverfahren unterschiedliche Behörden zuständig sein. Hinsichtlich der Bestimmung der Bewilligungsbehörde gilt § 74 IRG. Da eingehende ausländische Rechtshilfeersuchen sowie die Stellung von Ersuchen an ausländische Staaten um Rechtshilfe als Pflege der Beziehungen zu ausländischen Staaten i.S.d. Art. 32 GG angesehen werden, trifft grundsätzlich die Bundesregierung die Bewilligungsentscheidung. Ressortmäßig zuständig ist nach § 74 Abs. 1 IRG im Regelfall das Bundesministerium der Justiz bzw. seit 2007 das Bundesamt für Justiz[206] im Einvernehmen mit dem Auswärtigen Amt.[207]

Die Bundesregierung hat die Ausübung der genannten Befugnisse für den sonstigen Rechtshilfeverkehr mit EU-Mitgliedstaaten im Wege von § 74 Abs. 2 IRG i.V.m. Nr. 1 der Zuständigkeitsvereinbarung vom 28. April 2004 weitgehend den Landesregierungen übertragen.[208] Auch die sonstige Rechtshilfe mit Nicht-EU-Staaten ist an die Länder übertragen.[209]

Die Landesregierungen haben ihrerseits die Ausübung der Befugnisse durch Erlasse, Verordnungen, Verwaltungsvorschriften, Anordnungen etc. weiter delegiert.[210] An welche Stelle die weitere Delegation genau erfolgt, ist aufgrund der unterschiedlichen Erlasse und Behördenstrukturen zwischen den Bundesländern nicht notwendigerweise einheitlich. Unterschieden wird in der Regel zwischen eingehenden und ausgehenden Ersuchen (Näheres hierzu unter B.1.a. und C.1.a.).

Wichtig ist die Feststellung, dass die Delegationen nicht die Befugnisse des Bundes übertragen, sondern nur deren Ausübung. Es handelt sich um einen Fall der Organleihe.[211] Das hat vor allem zwei Konsequenzen:

---

[205] *Trautmann/Zimmermann*, in: S/L, Vor § 59, Rn. 18.

[206] Erlass des BMJ vom 2.1.2007 (abgedruckt bei S/L, Anhang 1).

[207] Soweit die Leistung der Rechtshilfe im Einzelfall auch den Geschäftsbereich anderer Bundesministerien betrifft, werden diese ebenfalls an der Vorbereitung zur Findung der Entscheidung beteiligt (§ 74 Abs. 1 Satz 1 IRG). Ein anderes Bundesministerium tritt an die Stelle des BMJ/BfJ, wenn für die Leistung der Rechtshilfe keine Justizbehörde, sondern eine andere Behörde zuständig ist, die in dessen Geschäftsbereich fällt (z.B. Zollbehörden → Bundesfinanzministerium – § 74 Abs. 1 Satz 2 IRG).

[208] Die Zuständigkeitsvereinbarung vom 28. April 2004 ist abgedruckt bei: S/L, Anhang 2.

[209] Nr. 2 lit. c) der Zuständigkeitsvereinbarung. Ausnahme: Durchbeförderung von Zeugen (§ 64 IRG) und Durchbeförderung zur Vollstreckung (§ 65 IRG). Beachte auch die Einschränkungen der Übertragung in Nr. 5 der Zuständigkeitsvereinbarung.

[210] Nr. 4 Zuständigkeitsvereinbarung.

[211] *Hackner*, in: S/L, § 74, Rn. 14; *Rackow*, in: Ambos/König/Rackow (Hrsg.), Rechtshilferecht in Strafsachen, 2015, HT 1, Rn. 139.

Die erste Konsequenz ist, dass der Bund Herr des Rechtshilfeverfahrens bleibt und jederzeit eine Sache an sich ziehen kann. Dies gilt auch in der gesamten Delegationskette für die jeweils höhere Behörde.[212] In der Praxis zu beachten sind in diesem Zusammenhang die Berichtspflichten der jeweiligen untergeordneten Bewilligungsbehörde. Diese hat vor Ausführung eines eingehenden oder der Weiterleitung eines ausgehenden Ersuchens der obersten Landesjustiz- oder Verwaltungsbehörde zu berichten und deren Äußerung abzuwarten, wenn das Ersuchen aus der Sicht des ersuchenden oder ersuchten Staates in politischer, tatsächlicher oder rechtlicher Beziehung von besonderer Bedeutung sein könnte (Nr. 13 RiVASt). Die Landesregierungen müssen sich in diesen Fällen ihrerseits mit der Bundesregierung rechtzeitig ins Benehmen setzen (Nr. 8 Zuständigkeitsvereinbarung). Bedenken der Bundesregierung müssen sie Rechnung tragen. Die Einschätzung, ob eine besondere Bedeutung vorliegt, liegt bei der zuständigen Bewilligungsbehörde. Im Zweifel wird sie der Berichtspflicht nachkommen. Gerade bei TKÜs kann eine besondere Bedeutung häufig anzunehmen sein, da sie meistens größere Strafverfahren betreffen und auch die Interessen des Bundes an seiner Außenwirkung tangiert sein können. In solchen Fällen ist, sofern die Maßnahme mit einem gewissen Vorlauf verbunden werden kann, deshalb ggf. vor Durchführung die Stellungnahme der nächsthöheren Behörde abzuwarten.[213]

Die zweite Konsequenz ist, dass der von der Rechtshilfemaßnahme Betroffene eine etwaige Klage gegen die Bewilligungsentscheidung – unabhängig von der Frage, ob und inwieweit dagegen überhaupt Individualrechtsschutz zu erlangen ist – nicht gegen die Landesbehörde richten muss, sondern gegen den Bund, vertreten durch das Bundesministerium der Justiz.[214]

Wer Vornahmebehörde ist, richtet sich danach, welche deutsche Stelle eine entsprechende Verfahrenshandlung auch in einem rein innerstaatlichen Verfahren vornehmen würde. Ist zur Vornahme der erbetenen Rechtshilfehandlung ein Gericht zuständig oder eingeschaltet (wie bei Ermittlungsmaßnahmen der Ermittlungsrichter nach § 162 StPO), wird das Gericht als „Vornahmegericht" bezeichnet.[215] Im Detail ist wiederum die Unterscheidung zwischen eingehenden und ausgehenden Ersuchen maßgeblich.

---

[212] *Hackner*, a.a.O.
[213] Zu Berichtspflichten in Belgien zum föderalen Justizministerium siehe Landesbericht Belgien, V.B.1.c.
[214] *Rackow*, in: Ambos/König/Rackow (Hrsg.), Rechtshilferecht in Strafsachen, 2015, HT 1, Rn. 139.
[215] *Trautmann/Zimmermann*, in: S/L, Vor § 59, Rn. 22.

B. Eingehende Ersuchen um TKÜ (Deutschland als ersuchter Staat)

1. Übliches Verfahren

a) Bewilligungs- und Vornahmeverfahren bei der sonstigen Rechtshilfe

Das Verfahren bei eingehenden Ersuchen ist, wie oben dargelegt, zweistufig. Es setzt sich aus Bewilligung und Vornahme zusammen. Dies gilt auch, wenn im Rahmen einer EEA um eine TKÜ ersucht wird.

Die meisten Bundesländer sehen nach ihren Delegationserlassen im Ergebnis vor, dass der Leitende Oberstaatsanwalt bzw. „Behördenleiter" der Staatsanwaltschaften bei den Landgerichten über eingehende Ersuchen um Rechtshilfe nach einer TKÜ zuständige Bewilligungsbehörde ist. Die Mehrzahl der Länder macht die Zuständigkeit für sonstige Rechtshilfe davon abhängig, ob in einer Übereinkunft der unmittelbare Geschäftsverkehr gegeben ist.[216] Das ist für Ersuchen auf der Grundlage einer RL EEA oder aufgrund des EU-RhÜbk der Fall.[217] Andere Länder wie Hessen, Nordrhein-Westfalen und Schleswig-Holstein, sehen die Zuständigkeit der örtlich zuständigen Staatsanwaltschaft unabhängig vom Geschäftsweg für alle eingehenden Ersuchen um sonstige Rechtshilfe vor (sei es von Mitgliedstaaten der Europäischen Union oder von Drittstaaten).[218]

Die Bewilligungsbehörde prüft in einem ersten Schritt – in der Regel summarisch –, ob die Voraussetzungen der Leistungsermächtigung vorliegen, d.h. ob eine Pflicht zur Leistung der Rechtshilfe aufgrund der völkerrechtlichen Übereinkunft besteht und ob die Rechtshilfevoraussetzungen offensichtlich gegeben sind. Liegen

---

[216] Siehe z.B. II. Nr. 1 c) der Gemeinsamen Verwaltungsvorschrift des Justizministeriums und des Innenministeriums über die Ausübung der Befugnisse im Rechtshilfeverkehr mit dem Ausland in strafrechtlichen Angelegenheiten, Baden-Württemberg, GABl. 1994, S. 835; I. Nr. 3 lit. b) Gemeinsamer Runderlass des Ministeriums der Justiz und des Ministeriums des Innern des Landes Brandenburg vom 27.10.2006; 1.3.3.1 Gem. RdErl. des Ministeriums der Justiz und des Ministeriums des Innern Niedersachsens vom 13.10.2005, Nds MBl. Nr. 42/2005, 858; Nr. 1.2 der Verwaltungsvorschrift des Ministeriums der Justiz Rheinland-Pfalz vom 9.8.2004 (9350-4-62); § 1 Abs. 3 Nr. 3 der saarländischen Verordnung über die Übertragung von Zuständigkeiten und die Errichtung von Prüfungsbehörden im Rechtshilfeverkehr mit dem Ausland in strafrechtlichen Angelegenheiten vom 23.2.2005, Amtsblatt 2005, S. 500; § 6 Abs. 2 Rh-ZuVO Sachsen vom 9.11.2004; 1.1 Uabs. 3 c) bb) RdErl. des MJ und MI Sachsen-Anhalt v. 23. 8. 2004, MBl. LSA. 2004, 526; § 4 Nr. 3 ThürZustVSRH vom 25.8.1993.

[217] Zum EU-RhÜbk, siehe dessen Art. 6, der den unmittelbaren Geschäftsverkehr auch bei TKÜs als Regelfall vorsieht. Zu beachten ist, dass die Frage, auf welchem Geschäftsweg ein Rechtshilfeersuchen zu übermitteln ist, strikt zu trennen ist von der Frage, welche Behörde zuständige Bewilligungsbehörde ist. Die erste Frage betrifft den völkerrechtlichen Rechtshilfeverkehr, die zweite ist eine Sache des innerstaatlichen Rechts.

[218] Siehe § 2 Nr. 3 lit. b) u. c) der hessischen Zuständigkeitsbestimmungsverordnung, GVBl. I 2004, 285; Nr. 4. Gem. RdErl. des Justizministeriums und des Innenministeriums NRW, JMBl. NRW, S. 171; 5.3.3. AV d. MJF Schleswig-Holstein vom 2.11.2004, SchlHA 2005, S. 14.

die Voraussetzungen ersichtlich nicht vor, hat sie ggf. weitere Informationen von der ersuchenden Behörde einzuholen, die eine Zulässigkeitsbeurteilung ermöglichen, oder das Gesuch abzulehnen.

Hält sie das Ersuchen für zulässig, geht das Verfahren in das Vornahmeverfahren über. Die zuständige Stelle für die Vornahme der Rechtshilfe ist diejenige, die eine entsprechende Verfahrenshandlung auch nach rein innerstaatlichem Recht vornehmen würde. Da es sich bei der TKÜ in der Regel um das Stadium des Ermittlungsverfahrens handeln wird, beantragt die Staatsanwaltschaft bei dem Landgericht beim zuständigen Ermittlungsrichter (im Regelfall beim Amtsgericht) die Anordnung der TKÜ. Im Fall von Gefahr im Verzug kann die Staatsanwaltschaft die Anordnung selbst treffen, muss sie jedoch innerhalb einer Frist von drei Tagen vom Gericht bestätigen lassen. Die Zuständigkeit des Ermittlungsrichters beim AG ergibt sich aus § 77 Abs. 1 IRG i.V.m. § 100e Abs. 1 i.V.m. § 162 Abs. 1 StPO.[219] Der Ermittlungsrichter fungiert nun als Vornahmegericht im rechtshilferechtlichen Sinne.

Nach § 61 Abs. 1 Satz 1 IRG muss der Ermittlungsrichter jedoch nicht nur die Voraussetzungen der Vornahmeermächtigung prüfen, sondern auch, ob die „Voraussetzungen für die Leistung der Rechtshilfe" vorliegen, d.h. er muss die vertraglichen Zulässigkeitsvoraussetzungen oder anders ausgedrückt: die Leistungsermächtigung prüfen.[220] Damit wird nach dem deutschen Rechtshilfesystem im Bereich der sonstigen Rechtshilfe ein gerichtliches *präventives Feststellungsverfahren* nur für den Fall integriert, wenn, wie hier, ein Vornahmegericht in die Ermittlungsmaßnahme einzuschalten ist.[221] Kommt der Ermittlungsrichter zu dem Ergebnis, dass die Rechtshilfe unzulässig ist oder hat er Zweifel an der Zulässigkeit, muss er die Entscheidung des Oberlandesgerichts (OLG) einholen (§ 61 Abs. 1 Satz 1 IRG). In diesem Fall besteht also eine Vorlagepflicht. Nicht vorlageberechtigt ist jedoch der Ermittlungsrichter, wenn er die Voraussetzungen der Vornahmeermächtigung verneint, z.B. wenn er der Ansicht ist, dass keine Katalogtat in Rede steht oder der Subsidiaritätsgrundsatz nicht erfüllt ist.[222] Ferner entscheidet er selbstständig, wenn er der Ansicht ist, dass die Voraussetzungen für die Leistung der Rechtshilfe vorliegen.

Die Generalstaatsanwaltschaft hat ebenfalls das Recht (nicht aber die Pflicht), eine Zulässigkeitsentscheidung des OLG herbeizurufen (§ 61 Abs. 1 Satz 2, Alt. 1

---

[219] Siehe auch *Meyer-Goßner/Schmitt*, Strafprozessordnung, 61. Aufl. 2018, § 100e, Rn. 4.

[220] Zum deutschen System des Rechtsschutzes im Bereich der sonstigen Rechtshilfe siehe *Vogel*, in: Grützner/Pötz/Kreß (Hrsg.), Internationaler Rechtshilfeverkehr in Strafsachen, Vor § 1, Rn. 104.

[221] Im Bereich des Auslieferungs- und Vollstreckungshilferechts ist das Zulässigkeitsverfahren als ständiges, gesondertes Offizialverfahren ausgestaltet.

[222] *Lagodny/Zimmermann*, in: S/L, § 61, Rn. 10; *Güntge*, in: Ambos/König/Rackow (Hrsg.), Rechtshilferecht in Strafsachen, 2015, HT 4, Rn. 50.

IRG). Die Bewilligungs- bzw. Vornahmebehörde (in der Regel Staatsanwaltschaft beim Landgericht) hat kein Antragsrecht, kann aber, etwa wenn sie Zweifel an der Zulässigkeit des Ersuchens hat oder die außenpolitische Rückendeckung durch das höherrangige und in Rechtshilfesachen als sachnäher angesehene OLG erhalten will, einen entsprechenden Antrag bei der Generalstaatsanwaltschaft anregen. Einer solchen Anregung wird in der Regel entsprochen.[223] Insoweit *kann* die Generalstaatsanwaltschaft auch als „Stellvertreter eines Individualrechtsschutzes" fungieren.[224]

Das OLG kann seinerseits den Bundesgerichtshof anrufen (§ 61 Abs. 1 i.V.m. § 42 Abs. 1 IRG). Die Anrufung ist nur möglich, wenn das OLG die Entscheidung des BGH für geboten hält, um eine Rechtsfrage von grundlegender Bedeutung zu klären (sog. Rechtsfragen-Vorlegung) oder von der Entscheidung eines anderen OLG abweichen will (sog. Abweichungs-Vorlegung). Zur Klärung einer Rechtsfrage kann auch der Generalbundesanwalt oder der Generalanwalt den BGH anrufen (§ 61 Abs. 1 i.V.m. § 42 Abs. 2 IRG). Eine Zuständigkeit des BGH kann jedoch unmittelbar weder von der Bewilligungsbehörde, der Vornahmebehörde bzw. dem Vornahmegericht noch vom Betroffenen begründet werden.[225]

§ 61 Abs. 3 und 4 IRG regelt die Rechtsfolgen der Entscheidungen des OLG. Die Entscheidung des OLG bindet das Vornahmegericht und die Vornahmebehörde. Das Vornahmegericht muss also sowohl eine die Zulässigkeit der Rechtshilfe bejahende als auch eine solche verneinende Entscheidung des OLG akzeptieren. Die Bewilligungsbehörde ist jedoch nur an eine negative Entscheidung des OLG gebunden. Die Bewilligungsbehörde kann deshalb die Rechtshilfe (theoretisch) ablehnen, auch wenn das OLG sie für rechtlich zulässig befunden hat.[226] In der Praxis folgt jedoch die Bewilligungsbehörde regelmäßig dem positiven Votum des OLG.

Die Durchführung der angeordneten TKÜ nach § 100a Abs. 4 StPO fällt in den Zuständigkeitsbereich der Staatsanwaltschaft (§ 36 Abs. 2 StPO). Sie teilt dem Telekommunikationsanbieter die Anordnung mit und benachrichtigt die Polizei, welche die Abhörstelle einrichtet.[227] Im Auftrag der Staatsanwaltschaft kann auch die Polizei den Kontakt mit dem Telekommunikationsanbieter herstellen.

b) Besonderheiten bei der EEA

Am unter a. beschriebenen Verfahren ändert sich auch bei Ersuchen um TKÜ, welche im Wege der EEA eingehen, nichts. Die Umsetzung der RL EEA lässt

---

[223] *Lagodny/Zimmermann*, a.a.O., Rn. 14.
[224] *Lagodny/Zimmermann*, a.a.O., Rn. 2.
[225] *Lagodny/Zimmermann*, a.a.O., Rn. 40.
[226] *Güntge*, in: Ambos/König/Rackow (Hrsg.), Rechtshilferecht in Strafsachen, 2015, HT 4, Rn. 59.
[227] *Meyer-Goßner/Schmitt*, Strafprozessordnung, 61. Aufl. 2018, § 100a Rn. 23.

auch die bereits existierenden Zuständigkeiten für den Rechtshilfeverkehr mit EU-Mitgliedstaaten unberührt. Wie eingangs erläutert, bleibt auch das zweistufige Bewilligungs- und Vornahmeverfahren erhalten.

aa) Arten von Zurückweisungsgründen in der RL EEA

Die Umsetzung der RL EEA bringt im Bereich der Leistungsermächtigung durch die Unterteilung in Zulässigkeitsgründe (§§ 91b und c IRG) und Bewilligungshindernisgründe (§ 91e IRG) aber eine Klarstellung mit sich. Dadurch wird ein klares Prüfprogramm für die involvierten Akteure in Deutschland als Vollstreckungsstaat auferlegt. Die Zurückweisungsgründe sind durch die RL EEA abschließend festgelegt. Im Lichte des Grundsatzes der gegenseitigen Anerkennung sind diese Gründe grundsätzlich eng auszulegen.[228] Der deutsche Gesetzgeber unterscheidet wie folgt:

- Zwingende allgemeine Zulässigkeitsablehnungsgründe sind in § 91b IRG geregelt; sie spiegeln zum Teil Art. 11 RL EEA wider;
- Zulässigkeitsablehnungsgründe für besondere Maßnahmen, einschließlich der TKÜ nach Art. 30, 31 RL EEA, ergeben sich aus § 91c IRG;
- Bestimmte in der RL vorgesehene Ablehnungsgründe hat der deutsche Gesetzgeber als sog. Bewilligungshindernisse in § 91e IRG ausgestaltet, d.h. sie stehen im pflichtgemäßen Ermessen der Bewilligungsbehörde. Dadurch soll erreicht werden, dass Rechtshilfe gegenüber einem Mitgliedstaat der Europäischen Union auch trotz Vorliegens eines Hinderungsgrundes geleistet werden kann.
- Ferner ist zu beachten, dass ein Ersuchen aus formalen Gründen abgelehnt werden kann (§ 91d IRG).

Danach ergibt sich speziell für den Fall der TKÜ folgendes Bild:

(1) Ein Ersuchen um TKÜ kann aus formalen Gründen abgelehnt werden, wenn
- nicht das in Anhang A der RL EEA wiedergegebene Formblatt verwendet wird;[229]
- das Ersuchen nicht von einer justiziellen Stelle i.S.v. Art. 2 lit. c) Ziff. 1 RL EEA ausgestellt wurde oder nicht von einer justiziellen Stelle validiert wurde.[230]

Ferner ist die Durchführung der beantragten Maßnahme faktisch aufzuschieben,[231] wenn das Formblatt unvollständig oder offensichtlich unrichtig ausgefüllt

---

[228] Diese Prämisse gründet vor allem auf die Rechtsprechung des EuGH zum Europäischen Haftbefehl (instruktiv EUGH, Urt. v. 6.12.2018, Rs. C-551/18 PPU („*IK*"), Rn. 41 m.w.N.). Sie kann auf die anderen Instrumente der gegenseitigen Anerkennung, wie die EEA, übertragen werden.

[229] § 91d Abs. 1 IRG.

[230] § 91d Abs. 1 Nr. 1 und Nr. 2 IRG.

[231] *Brahms/Gut*, NStZ 2017, 388, 392.

ist und deshalb Rechtshilfe nicht geleistet werden kann (§ 91d Abs. 3 IRG).[232] In diesen beiden Fällen ist dem Ausstellungsstaat zunächst Gelegenheit zur Nachbesserung zu geben.

Fraglich ist, wie zu verfahren ist, wenn eine EEA ohne deutsche Übersetzung eingeht. Nach der Erklärung der Bundesrepublik Deutschland zur Umsetzung der RL EEA v. 14.3.2017[233] lässt Deutschland für eingehende Ersuchen nur die deutsche Sprache zu.[234] Die RL EEA hat diese Frage offengelassen. Sie sieht weder ein Rückgaberecht noch eine Unterrichtungspflicht vor.[235] Vertreten wird, diesen Fall dem des „unvollständig" ausgefüllten Formblatts nach § 91d Abs. 3 IRG gleichzusetzen.[236] Dem ist mit der Einschränkung zuzustimmen, dass aufgrund der fehlenden Übersetzung Rechtshilfe nicht geleistet werden kann, wie es der Zusatz in § 91d Abs. 3 IRG vorsieht. Sind die Entscheider in der Bewilligungs- und Vornahmebehörde sprachlich in der Lage, das Ersuchen zu verstehen und ist deren Inhalt so vollständig, dass das entsprechende Prüfprogramm nach dem IRG durchgeführt werden kann, kann das Ersuchen um TKÜ, welches nicht in deutscher Sprache vorliegt, auch ausgeführt werden. In Zweifelsfällen ist jedoch eine Übersetzung nachzufordern.[237]

Für die inhaltliche Bewertung einer EEA zur TKÜ ist Folgendes zu beachten:

(2) Ein Ersuchen um TKÜ ist zwingend abzulehnen, wenn innerstaatliche Eingriffsvoraussetzungen für besondere Ermittlungsmaßnahmen in Bezug auf besonders bezeichnete Straftaten oder bestimmte Erheblichkeit fehlen (§ 91b Abs. 1 Nr. 1 IRG).[238] Dadurch wird klargestellt, dass besondere Eingriffsvoraussetzungen für sensible Ermittlungsmaßnahmen der StPO auch bei Vollstreckung einer EEA eingehalten werden müssen.[239] Diese Voraussetzung ergibt sich bereits aus § 59 Abs. 3 IRG, wonach die Zulässigkeit der Vollstreckung eines Rechtshilfeersuchens grundsätzlich davon abhängt, ob die Voraussetzungen vorliegen, unter denen deutsche Stellen einander in entsprechenden Fällen Rechtshilfe leisten könnten. Dieser für das deutsche Rechtshilferecht eherne Grundsatz der „beiderseitigen Legalität" (oben I.C. a)) bleibt auch im Rahmen der RL EEA unberührt.[240] Eine Ermittlungs-

---

[232] Vgl. bereits Nr. 18 RiVASt.
[233] Abrufbar unter https://www.ejn-crimjust.europa.eu/ejn/libdocumentproperties.aspx?Id=2096 [Stand Oktober 2020].
[234] Vgl. Art. 33 Abs. 1 lit. b) i.V.m. Art. 5 Abs. 2 RL EEA. Damit tritt die Sprachregelung in der EEA sogar hinter das Europaratsübereinkommen zur Rechtshilfe von 1959 zurück, wonach auch die Europaratssprachen Englisch und Französisch für die Abwicklung des Rechtshilfeverkehrs akzeptiert sind.
[235] *Brahms/Gut*, NStZ 2017, 388, 392.
[236] *Brahms/Gut*, a.a.O.
[237] Zur Problematik auch *Schierholt*, in: S/L, § 91d, Rn. 15f.
[238] Vgl. auch Art. 11 Abs. 1 lit. h) RL EEA.
[239] BT-Drucks. 18/9757, S. 58.
[240] BT-Drucks. 18/9757, S. 57.

maßnahme wie die TKÜ kann von deutschen Behörden nicht vorgenommen werden, wenn sie nach innerstaatlichem Recht nicht zulässig ist.[241] Insofern handelt es sich bei § 91b Abs. 1 Nr. 1 IRG lediglich um eine Konkretisierung dieser allgemeinen Bestimmung. Konkret für die TKÜ bedeutet dies, dass eine der in § 100a Abs. 2 StPO genannten Katalogtaten vorliegen muss. Die Hürde der „erheblichen Bedeutung" muss bei der Erhebung von Verkehrsdaten nach § 100g Abs. 1 Satz 1 Nr. 1 StPO genommen werden. Mit der Regelung des § 91b Abs. 1 Nr. 1 IRG wird klargestellt, dass die Prüfung der beiderseitigen Strafbarkeit in diesen Fällen nicht entfällt, auch dann nicht, wenn es sich um ein in der RL aufgeführtes sog. Listendelikt handelt (Art. 11 Abs. 1 lit. g) i.V.m. Anhang D der RL EEA).[242] Ggf. ergibt sich Deckungsgleichheit zwischen dem deutschen und ausländischen Straftatbestand „nach sinngemäßer Umstellung des Sachverhalts" (siehe § 91b Abs. 1 Nr. 1 IRG). Es gelten dann dieselben Maßstäbe wie im Auslieferungsrecht.[243]

(3) Ferner ist eine EEA zwingend abzulehnen, wenn Zeugnis-, Auskunftsverweigerungs- oder Immunitätsrechte entgegenstehen (§ 91b Abs. 1 Nr. 2 IRG).[244] Auch dieser Ablehnungsgrund wurde lediglich aus Transparenzgründen aufgenommen. Er ergibt sich bereits aus § 91 Abs. 1 i.V.m. § 77 Abs. 1 und 2 IRG i.V.m. den entsprechenden Vorschriften der StPO und des GVG.

(4) Nach § 91b Abs. 2 IRG ist die Rechtshilfe auch zulässig, wenn bei einem Ersuchen in Steuer-, Abgaben-, Zoll- oder Währungsangelegenheiten das deutsche Recht keine gleichartigen Steuer-, Abgaben-, Zoll- oder Währungsbestimmungen enthält wie das Recht des ersuchenden Mitgliedstaates. Hier handelt es sich nicht um ein Zulässigkeitshindernis i.e.S., sondern um eine Zulässigkeitserweiterung. Die Norm drängt das traditionelle Rechtshilfehindernis des fiskalischen Delikts zurück.[245] Sie hängt mittelbar mit der Prüfung der beiderseitigen Strafbarkeit zusammen. Bei der TKÜ kann § 91b Abs. 2 IRG Bedeutung erhalten, wenn eine TKÜ wegen Steuerhinterziehung nach § 100a Abs. 2 Nr. 2 lit. a) StPO verlangt wird.

(5) § 91b Abs. 3 IRG erklärt die Vollstreckung einer EEA für unzulässig, wenn berechtigte Gründe für die Annahme bestehen, dass ihre Erledigung mit europäischen Grundrechten unvereinbar wäre. Auch diese Norm hat lediglich klarstellenden Charakter, da dieser europäische *ordre public*-Vorbehalt bereits in § 73 Satz 2 IRG geregelt ist. Nach deutscher Auffassung ist die allgemeine Vorschrift des § 73 Satz 2 IRG, wonach Erledigungen von Ersuchen unzulässig sind, wenn sie zu den in Art. 6 EUV enthaltenen Grundsätzen in Widerspruch stehen, auf alle Formen der

---

[241] *Brahms/Gut*, NStZ 2017, 388 (390).
[242] *Brahms/Gut*, a.a.O., (391).
[243] Vgl. ausf. *Vogel/Burchard*, in: Grützner/Pötz/Kreß/Gazeas (Hrsg.), Internationaler Rechtshilfeverkehr in Strafsachen, § 3 IRG, Rn. 33 ff.
[244] Vgl. auch Art. 11 Abs. 1 lit. a) RL EEA.
[245] Siehe Art. 2 lit. a) EuRhÜbk. Zur Zurückdrängung im vertraglichen Rechtshilfeverkehr siehe Art. 1 und Art. 2 ZP-EuRhÜbk, Art. 8 ZP-EU-RhÜbk und Art. 50 SDÜ.

Rechtshilfe mit EU-Mitgliedstaaten anwendbar, seien es Auslieferung, Vollstreckungshilfe oder – die hier in Rede stehende – sonstige Rechtshilfe. Die „Wiederholung" in den Umsetzungsvorschriften zur RL EEA ist dem Umstand geschuldet, dass die RL EEA im Gegensatz zu den einschlägigen Rechtsakten der gegenseitigen Anerkennung in anderen Bereichen – namentlich dem Europäischen Haftbefehl – den Zurückweisungsgrund zum Schutz von Grundrechten ausdrücklich vorsieht (Art. 11 Abs. 1 lit. f)). Substanzielle Unterschiede zu § 73 Satz 2 IRG ergeben sich dadurch aber nicht. Eine Ablehnung aufgrund eines Grundrechtsverstoßes kann sich aus folgenden Gründen ergeben:

- Die Umstände der Vornahme verstoßen gegen Grundrechte, z.B. Überwachung des Telefonanschlusses eines Journalisten, um die Identität eines Informanten zu ermitteln, der dem Geheimnisschutz unterfallende Unternehmensinterna „geleakt" hat,[246] oder ein anwaltliches Mandatsgespräch zwischen dem Beschuldigten und seinem Verteidiger soll abgehört werden.[247]
- Das Ersuchen selbst ist grundrechtlich problematisch, z.B. die TKÜ wird zwar für eine Katalogtat verlangt, der Schaden, den diese Katalogtat angerichtet hat, ist aber gering, sodass Zweifel an der Verhältnismäßigkeit der Maßnahmen bestehen.
- Umstände im ersuchenden Staat, die nach Erledigung der EEA prognostiziert werden können, sind grundrechtlich bedenklich, z.B. weil Mängel des Justizwesens im ersuchenden Staat ein faires Strafverfahren nicht gewährleisten.[248]

Die Prüfung des Grundrechtsverstoßes wird bereits ausgelöst, wenn die deutschen Stellen plausible Zweifel anhand der vorliegenden Informationen haben; eine abstrakte Gefahr eines Grundrechtsverstoßes reicht dagegen nicht aus.[249]

(6) Für besondere Formen der Rechtshilfe ergeben sich besondere Zulässigkeitsvoraussetzungen aus § 91c IRG. Zu beachten ist im hier zu erörternden Zusammenhang § 91c Abs. 2 Nr. 2 lit. c) dd), wonach Ersuchen um Überwachung der Telekommunikation nur erledigt werden können, wenn die Voraussetzungen vorliegen, unter denen deutsche Gerichte und Behörden nach § 59 Abs. 3 IRG Rechtshilfe leisten. Auch diese Norm hat letztlich nur klarstellenden Charakter, da der deutsche Gesetzgeber die besonderen Bestimmungen der RL EEA für besondere Ermittlungsmaßnahmen (Art. 22 ff. der RL) umsetzen wollte. § 91c Abs. 2 Nr. 2 lit. c) dd) IRG geht über § 91b Abs. 1 Nr. 1 IRG für den Bereich der TKÜ insoweit

---

[246] Vgl. hierzu BVerfGE 107, 299, insbesondere 336.

[247] Hierzu *Ahlbrecht*, StV 2018, 601 (605).

[248] Zur aktuellen Rechtsprechung des EuGH in diesem Zusammenhang im Bereich des Europäischen Haftbefehls, siehe das Urt. des EuGHs v. 25.7.2018, Rs. C-216/18 PPU („*LM*"); vgl. auch OLG Karlsruhe, Beschl. v. 17.2.2020 – Ausl 301 AR 156/19 und OLG Karlsruhe, Beschl. v. 7.1.2019 – Ausl 301 AR 95/18.

[249] BVerfG StV 2016, 220.

hinaus, als dass er alle materiell-rechtlichen Tatbestandsvoraussetzungen für die Ermittlungsmaßnahme, wie sie sich aus §§ 100a ff. StPO ergeben, für anwendbar erklärt und sich nicht auf die straftatbezogenen Voraussetzungen (Stichwort: Katalogtat und „erhebliche Bedeutung" der Tat) wie in § 91b IRG beschränkt. Für die TKÜ mit Mitgliedstaaten der EU nach der RL EEA ergeben sich aus § 91c IRG folgende Konsequenzen:

– Klargestellt wird, dass für die in der RL EEA gesondert aufgeführten „Echtzeitmaßnahmen" § 59 Abs. 3 IRG uneingeschränkt gilt.

– Durch den Wortlaut („insbesondere") wird ferner klargestellt, dass unter die Norm auch weitere Ermittlungsmaßnahmen außerhalb des klassischen Verständnisses von TKÜ i.S.v. Art. 30 RL EEA subsumiert werden können, wie z.B. die Erhebung von Verkehrs- und Standortdaten. Nicht erfasst werden soll durch die Norm laut Gesetzesbegründung jedoch die Übermittlung *historischer* Verkehrs- und Standortdaten (siehe oben I.B.8.c)).

– Für die klassische TKÜ selbst stellt § 91c Abs. 2 Nr. 2 c) dd) IRG klar, dass es auch auf der neuen Grundlage der RL EEA keine Besonderheiten oder Abweichungen im Vergleich zu den schon bei der traditionellen Rechtshilfe geltenden Voraussetzungen gibt, wie sie in Nr. 77a RiVASt zusammengefasst sind.

– Die Zurückweisungsmöglichkeiten sind bereits aus dem EU-RhÜbk bekannt.[250]

– Das Prinzip der doppelten Legalität gilt ungeachtet dessen, ob für die TKÜ die technische Hilfe Deutschlands erforderlich ist oder nicht.

(7) Über diese Zulässigkeitsgründe hinaus sieht § 91e Abs. 1 IRG folgende Gründe vor, aufgrund derer die Bewilligung der Rechtshilfe abgelehnt werden *kann* (Bewilligungshindernisse):

1. Durch die Bewilligung würden wesentliche Sicherheitsinteressen des Bundes oder der Länder beeinträchtigt, Informationsquellen gefährdet oder eine Verwendung von Verschlusssachen über spezifische nachrichtendienstliche Tätigkeit erforderlich.[251]

2. Die verfolgte Person wurde wegen derselben Tat, die dem Ersuchen zugrunde liegt, bereits von einem anderen als dem ersuchenden Mitgliedstaat rechtskräftig abgeurteilt und im Fall der Verurteilung ist die Sanktion bereits vollstreckt worden, wird gerade vollstreckt oder kann nach dem Recht des Urteilsstaates nicht mehr vollstreckt werden.[252]

---

[250] So auch *Brahms/Gut*, NStZ 2017, 388 (392); zum Gleichklang der in der RL EEA geregelten grundrechtssensiblen Ermittlungsmaßnahmen mit den älteren Rechtshilfeinstrumenten auch *Zimmermann*, ZStW 127 (2015), 143, 175; *Ahlbrecht*, StV 2013, 114, 119 f.

[251] Umsetzung von Art. 11 Abs. 1 lit. b) RL EEA.

[252] Umsetzung von Art. 11 Abs. 1 lit. d) RL EEA, *ne bis in idem*.

3. Die dem Ersuchen zugrunde liegende Tat
   a) wurde außerhalb des Hoheitsgebiets des ersuchenden Mitgliedstaates und ganz oder teilweise im Inland oder in einem der in § 4 StGB genannten Verkehrsmittel begangen und
   b) ist nach deutschem Recht weder als Straftat mit Strafe noch als Ordnungswidrigkeit mit Geldbuße bewehrt.[253]

Ferner kann nach § 91e Abs. 2 IRG die Bewilligung der EEA aufgeschoben werden, wenn durch die Rechtshilfe Rechtsdurchsetzungsinteressen der deutschen Stellen beeinträchtigt würden. Ein Aufschub ist möglich, wenn

1. die Rechtshilfe laufende strafrechtliche Ermittlungen beeinträchtigen könnte oder
2. die Beweismittel, um die ersucht wird, bereits in einem anderen Verfahren verwendet werden.

(8) Im Gegensatz zum bisherigen Rechtshilfeinstrumentarium sieht die RL EEA außerdem einen Mechanismus zum Rückgriff auf andere Ermittlungsmaßnahmen vor (Art. 10 RL EEA).[254] Nach § 91f IRG ist dies u.a. der Fall, wenn eine weniger einschneidende Ermittlungsmaßnahme als die in der RL EEA angegebene das gleiche Ergebnis erzielen würde (dann Rückgriff auf die erstere, § 91f Abs. 1), oder wenn die genannte Ermittlungshandlung in einem vergleichbaren innerstaatlichen Fall nicht zur Verfügung stünde (§ 91f Abs. 2 Nr. 2). Über § 91 Abs. 5 wird im Fall des § 91f Abs. 2 Nr. 2 ein zusätzlicher Ablehnungsgrund geschaffen: Kann das gleiche Ergebnis nicht durch eine alternative Ermittlungsmaßnahme erzielt werden, ist das Ersuchen abzulehnen. Nach der Gesetzesbegründung ist § 91 Abs. 5 i.V.m. Abs. 2 Nr. 2 IRG als umfassender Ablehnungsgrund konzipiert. D.h. die Ermittlungsmaßnahme ist abzulehnen, wenn in einem vergleichbaren innerstaatlichen Fall die Voraussetzungen der Eingriffsnorm nicht vorliegen.[255] Praktische Relevanz soll die Vorschrift nach der Gesetzesbegründung insbesondere dann haben, wenn – unter Zugrundelegung deutscher Maßstäbe – die Maßnahme als unverhältnismäßig erscheint.[256] In der Literatur werden weitere Beispiele für die Anwendung des Mechanismus nach § 91f Abs. 2 i.V.m. Abs. 5 in Bezug auf die TKÜ genannt. Die Zurückweisung wäre danach möglich, wenn das besondere Gewicht der zugrunde liegenden Tat im konkreten Einzelfall nicht besteht (§§ 100a Abs. 1 Nr. 2; 100b

---

[253] Umsetzung von Art. 11 Abs. 1 lit. e) RL EEA, sog. Territorialitätsklausel.

[254] Art. 10 RL EEA ist sowohl Ausdruck des Verhältnismäßigkeitsprinzips als auch eines allgemeinen Gleichbehandlungsgebots, vgl. *Mosna*, ZStW 131 (2019), 808 (818).

[255] BT-Drucks. 18/9757, S. 72; *Brahms/Gut*, NStZ 2017, 388, 390; *Böse*, ZIS 2014, 152, 155 f.; vgl. auch *Bachmaier*, Mutual Recognition and Cross-Border Interception of Communications: The Way Ahead for the European Investigation Order, in: Brière/Weyembergh (Hrsg.), The Needed Balances in EU Criminal Law, Oxford 2018, S. 313 (317), wonach bereits in der RL ein „verkappter Ablehnungsgrund" angelegt war.

[256] BT-Drucks. 18/9757, S. 72.

Abs. 1 Nr. 2; 100g Abs. 1 Nr. 1, Abs. 2 Satz 1, 100i Abs. 1 StPO).[257] Ebenfalls einschlägig wäre die Norm bei der negativen Rechtmäßigkeitsvoraussetzung einer Berührung des Kernbereichs privater Lebensgestaltung (§ 100d Abs. 4 StPO).[258]

(9) Zu beachten ist, dass § 91f IRG durch Art. 10 Abs. 2 RL EEA eingeschränkt wird. Danach besteht eine sog. Positivliste für bestimmte Ermittlungsmaßnahmen, die für die Ausführung einer EEA stets zur Verfügung stehen müssen.[259] Dazu gehört gemäß Art. 10 Abs. 2 lit. e) RL EEA die Ermittlung eines Telefonanschlusses oder einer bestimmten IP-Adresse.[260] Auf das deutsche Recht bezogen ist damit § 100j StPO i.V.m. §§ 95, 111 TKG (Bestandsdatenauskunft) gemeint, wo der deutsche Gesetzgeber bereits jetzt keine besondere Eingriffsschwelle voraussetzt.[261]

bb) Konsequenzen für das Rechtshilfeverfahren

Für das Verfahren hat die durch den deutschen Gesetzgeber vorgenommene Unterteilung folgende Konsequenzen. Zunächst ist zu eruieren, ob die Norm das „Ob" der Rechtshilfe (Leistungsermächtigung) oder das „Wie" (Vornahmeermächtigung) betrifft. Zur ersten Kategorie sind die in § 91b und § 91e IRG enthaltenen obligatorischen und fakultativen Verweigerungsgründe zu zählen. Die Bewilligungsbehörde, d.h. die Leiter der Staatsanwaltschaften bei den Landgerichten bzw. die örtlich zuständige Staatsanwaltschaft (siehe oben a)) haben bei Eingang einer EEA – zumindest summarisch – auch die zwingenden Zulässigkeitsablehnungsgründe in § 91b IRG zu prüfen. Ist ein solcher Grund gegeben, ist die ausstellende Behörde zu unterrichten, ggf. das Ersuchen zurückzuweisen. Gleiches gilt, wenn das bei der EEA zu verwendende Formblatt unvollständig oder offensichtlich unrichtig ist (§ 91d Abs. 3 IRG). Das Ersuchen ist dagegen aus formalen Gründen zurückzugeben, wenn die in § 91d Abs. 1 IRG bestimmten Voraussetzungen nicht vorliegen. Wird eines der Bewilligungshindernisse in § 91e IRG für einschlägig erachtet, steht den Leitern ein Ermessensspielraum dahingehend zu, ob trotzdem Rechtshilfe geleistet werden soll.

Die übrigen Gründe gegen die Durchführung einer TKÜ sind von der „Vornahmebehörde" zu prüfen. Die besonderen Zulässigkeitsvoraussetzungen für die TKÜ nach § 91c IRG sowie die Ersetzungs- und Zurückweisungsmöglichkeiten nach § 91f IRG richten sich an die „Vornahmebehörde", im Regelfall also den Ermitt-

---

[257] *Zimmermann*, ZStW 127 (2015), 143, 167.
[258] *Böse*, ZIS 2014, 152, 155.
[259] Der deutsche Gesetzgeber sah hier keinen Umsetzungsbedarf (BT-Drucks. 18/9757, S. 26).
[260] Zu Art. 10 Abs. 2 lit. a) [Frage der Herausgabe von TKÜ-Protokollen] siehe bereits oben I.B.8.
[261] Siehe *Böse*, ZIS 2014, 152 (155); eine Ablehnung soll jedoch unter Verhältnismäßigkeitsgesichtspunkten möglich bleiben (BT-Drucks. 18/9757, S. 27).

lungsrichter beim Amtsgericht oder bei Gefahr in Verzug den zuständigen Staatsanwalt. Dass durch die RL EEA keine Richtervorbehalte nach dem innerstaatlichen Recht des Vollstreckungsstaates umgangen werden können, stellt § 91h Abs. 1 IRG nochmals ausdrücklich klar.[262]

Das Vornahmegericht hat inzident auch erneut die allgemeinen Zulässigkeitsvoraussetzungen zu prüfen, d.h. die möglichen Verweigerungsgründe nach § 91b IRG und die formale Richtigkeit einer EEA nach § 91d Abs. 1 und 3 IRG. Ebenfalls kann das Vornahmegericht die Bewilligungshindernisse nach § 91e IRG prüfen. Hat es Zweifel an der Zulässigkeit der EEA (d.h. an der Leistungsermächtigung), muss es die Entscheidung des OLG gemäß § 61 Abs. 1 Satz 1 IRG einholen. Das gleiche Recht steht auch der Generalstaatsanwaltschaft zu (§ 61 Abs. 1 Satz 2 IRG).

Nach einem Urteil des OLG Frankfurt a.M. müssen jedoch vor einer Vorlage durch den Ermittlungsrichter zunächst die durch die RL EEA vorgegebenen Konsultationsmechanismen mit dem beantragenden ersuchenden Mitgliedstaat genutzt werden. Im konkreten Fall hatte der Ermittlungsrichter Zweifel an der formalen Zulässigkeit einer lettischen EEA (unzureichende Beschreibung der vorgeworfenen Straftaten). Die Durchführung eines Nachfrageersuchens auf der Grundlage von § 91d Abs. 3 IRG sei jedoch, so das OLG, zwingende Zulässigkeitsvoraussetzung für eine Vorlage nach § 61 IRG. Nur wenn das Vorlagegericht (hier: AG) den Sachverhalt vollständig ermittelt habe, ergebe das präventive Feststellungsverfahren nach § 61 IRG Sinn.[263]

Gemäß § 91i Abs. 1 IRG überprüft das OLG auf Antrag auch die Entscheidung für oder gegen die Bewilligung der EEA bzw. diejenige des Aufschubs der Bewilligung nach § 91e Abs. 1 und 2 IRG. Die Prüfung ist auf Ermessensfehler der Bewilligungsbehörde beschränkt. Gleichfalls überprüfen kann das OLG die Ersetzungsentscheidung nach § 91f Abs. 1 und 2 IRG. Diese Entscheidung ist vom OLG unbeschränkt überprüfbar, da es sich nicht um eine Ermessensentscheidung handelt, sondern der Vornahmebehörde nur ein Beurteilungsspielraum zusteht.[264] In welchen Konstellationen es zur Überprüfung der Ersetzungsentscheidung kommt, ist weitgehend unklar, da das Vornahmegericht § 91f IRG ohnehin zu prüfen hat. Denkbar ist eine Vorlage, wenn es um die Klärung grundlegender Rechtshilfefragen im Sinne einer einheitlichen Rechtsanwendung geht.

---

[262] „Liegen die Voraussetzungen für die Leistung der Rechtshilfe vor, ist das Ersuchen nach § 91d Absatz 1 nach denselben Vorschriften auszuführen, die gelten würden, wenn das Ersuchen von einer deutschen Stelle gestellt worden wäre; dies gilt auch für Zwangsmaßnahmen, die bei der Erledigung des Ersuchens notwendig werden." Damit wird letztlich Art. 2 lit. d) S. 2 RL EEA umgesetzt. Vgl. auch *Mosna*, ZStW 131 (2019), 808 (816) mit Hinweisen zur entsprechenden französischen und italienischen Umsetzung.

[263] Siehe OLG Frankfurt a.M. NStZ-RR 2019, 62.

[264] *Brahms/Gut*, NStZ 2017, 388 (394).

Zu beachten ist ferner, dass die Überprüfungen zu §§ 91e und 91f IRG nur „auf Antrag" durch das OLG vorgenommen werden und es sich ausweislich des Wortlauts („auch") nur um akzessorische Prüfungen handeln kann. Das vorlegende Vornahmegericht oder die Generalstaatsanwaltschaft müsste also „zumindest auch" Zweifel an der Zulässigkeit der EEA i.S.v. § 91b IRG geltend machen. Wie mit Verfahren umgegangen werden soll, bei denen „nur" die Ermessensausübung der Bewilligungsbehörde oder die Frage nach ersetzenden Alternativmaßnahmen durch das OLG geprüft werden soll, hat der Gesetzgeber offengelassen.

cc) Zwischenbewertung im Hinblick auf die TKÜ

Für den hier zu untersuchenden Fall der TKÜ ist zunächst festzuhalten, dass die (Umsetzung der) RL EEA nicht an den Grundfesten des deutschen Rechtshilferechts rüttelt. Weiterhin klargestellt ist, dass für Telekommunikationsüberwachungen nach § 100a StPO, aber auch nach § 100g oder § 100i StPO das Prinzip der „beiderseitigen Legalität", wie es in § 59 Abs. 3 IRG verankert ist, gilt. Auch führt die RL EEA nicht zu einer Änderung des im deutschen Recht üblichen Bewilligungs- und Vornahmeverfahrens.

Für Verwirrung sorgt jedoch die Vermischung von Leistungs- und Vornahmeermächtigung durch die Umsetzungsvorschriften.[265] Teile der sich bereits aus § 59 Abs. 3 IRG – welcher nach Ansicht des deutschen Gesetzgebers durch die RL EEA nicht berührt, sondern nur „konkretisiert" werden soll – ergebenden Vornahmeermächtigung werden zu Zulässigkeitsgründen erhoben (§ 91b Abs. 1 Nr. 1 IRG) oder werden an verschiedenen Stellen des Gesetzes wiederholt (§ 91c und § 91f Abs. 2 Nr. 2 i.V.m. Abs. 5 IRG). Das führt dazu, dass in einem Fall mehrere Zurückweisungsgründe gegeben sein können.[266] Dass z.B. die TKÜ auf der Grundlage einer EEA durch einen deutschen Richter angeordnet werden muss, ergibt sich sowohl aus § 91c Abs. 2 Nr. 2 c) dd) i.V.m. § 59 Abs. 3 IRG als auch aus § 91f Abs. 2 Nr. 2 IRG und schließlich aus § 91h Abs. 1 IRG. Die Ablehnung einer EEA, weil die Straftat auch im Einzelfall nicht besonders schwer wiegt, ließe sich stützen auf § 91b Abs. 1 Nr. 1 oder § 91c Abs. 2 Nr. 2 c) dd) i.V.m. § 59 Abs. 3 IRG oder § 91f Abs. 2 Nr. 2 i.V.m. Abs. 5 IRG.

Im Anwendungsbereich des EU-RhÜbk ergibt sich dies bereits allein aus dem unmittelbar anwendbaren Art. 18 Abs. 5 lit. b), im vertragslosen Rechtshilfever-

---

[265] Auch *Brahms/Gut*, NStZ 2017, 388 (390) geben zu, dass sich die Ergebnisse der rechtshilferechtlichen Prüfungen bereits aus § 59 Abs. 3 IRG ggf. i.V.m. § 77 IRG ergeben. Die Abbildung der Zurückweisungsmöglichkeiten sollte dem Rechtsanwender aber den Überblick und die Handhabung erleichtern sowie die Funktionalität des Systems gewährleisten. Ferner sollte das Verfahren für die von einer Rechtshilfemaßnahme betroffenen Personen transparenter werden (vgl. BT-Drucks. 18/9757, S. 18).

[266] Welche dann gegenüber der Anordnungsbehörde geltend gemacht werden, obliegt dem Ermessen der zuständigen deutschen Stellen (BT-Drucks. 18/9757, S. 62).

kehr aus § 59 Abs. 3 IRG bzw. Nr. 77a RiVASt. Zu erklären ist die Regelungstechnik wohl damit, dass der deutsche Gesetzgeber einen doppelten Boden einbauen wollte und mit der Umsetzung klarstellt, dass die RL EEA keiner blinden Anerkennungsautomatik folgt.[267] Geschuldet sind die Redundanzen schließlich auch der RL EEA selbst, welche als typische EU-Kompromisslösung Überschneidungen impliziert bzw. die verschiedenen Verweigerungsgründe nicht kohärent voneinander abgrenzt.[268]

Verkompliziert wird die Handhabung letztlich jedoch dadurch, dass der deutsche Gesetzgeber die Vorgaben aus der RL in Zulässigkeits- und Bewilligungshindernisse aufteilt. Eine weitere Verkomplizierung ergibt sich dadurch, dass die in der RL EEA vorgesehene Möglichkeit von Ersatzmaßnahmen (Art. 10) durch § 91f Abs. 5 i.V.m. Abs. 2 Nr. 2 IRG *de facto* zu einem allgemeinen Anerkennungsverweigerungsgrund wird. Die Zurückweisungsmöglichkeiten sind teilweise an die Bewilligungsbehörde und teilweise an das Vornahmegericht adressiert. Diese Aufteilung schlägt sich letztlich auf das gerichtliche Prüfverfahren nach § 61 IRG nieder, das im Rahmen der RL EEA zu zusätzlichen Unklarheiten führt.

dd) Sonstige Verfahrensmodalitäten durch die RL EEA

Im Vergleich zum traditionellen Rechtshilfeverfahren bringt die Umsetzung der RL EEA noch folgende wesentliche Änderungen mit sich:

(1) In formaler Hinsicht führt die RL EEA zu einer erheblichen Vereinfachung für die Justizbehörden dadurch, dass einheitliche Formulare zu verwenden sind. Diese sind im Anhang der RL abgedruckt und in ausfüllbarer Form auf den Internetseiten des EJN bereitgestellt.[269] Der deutsche Gesetzgeber schreibt die Verwendung der Formblätter A und C zwingend für eingehende Ersuchen vor (§ 91d Abs. 1 IRG). Maßgebend für die Prüfung sind allein die in den Formblättern enthaltenen Angaben.

---

[267] Das Bestehen möglicher paralleler Ablehnungsgründe soll nach der Intention der Bundesregierung bewusst bestehen bleiben (BT-Drucks. 18/9757, S. 62).

[268] Vgl. auch *Böse*, ZIS 2014, 152 (156), der darauf hinweist, dass die Doppelungen und Redundanzen voraussichtlich darauf zurückzuführen sind, dass die allgemeine Gleichstellungsklausel nach Art. 10 Abs. 1 RL EEA erst zum Ende der Verhandlungen hin eingeführt und eine Abstimmung mit den Sonderregelungen wohl versäumt worden ist. Wichtig ist darauf hinzuweisen, dass die Grenze der Katalogtat (Art. 11 Abs. 1 lit. h) RL EEA) nicht für die in der Positivliste von Art. 10 Abs. 2 RL EEA genannten Maßnahmen gilt (siehe Art. 11 Abs. 2 RL EEA); siehe dazu auch oben I.B.4.ee). Siehe auch *Bachmaier*, Mutual Recognition and Cross-Border Interception of Communications: The Way Ahead for the European Investigation Order, in: Brière/Weyembergh (eds.), The Needed Balances in EU Criminal Law, Oxford 2018, S. 313 (315), die darauf hinweist, dass die in den Spezialvorschriften wie Art. 30 Abs. 5 RL EEA enthaltenen Ablehnungsgründe nicht notwendig gewesen wären, da sie sich bereits aus den allgemeinen Bestimmungen (Art. 11 der RL) ergeben.

[269] https://www.ejn-crimjust.europa.eu/ejn/libcategories.aspx?Id=120 [Stand Oktober 2020].

(2) Ein Hauptziel der RL EEA war, die Rechtshilfe zwischen EU-Staaten zu beschleunigen. Dies wird erreicht durch die Festlegung von Fristen (siehe Art. 12 RL EEA). Umgesetzt werden die Fristenregelungen der RL in § 91g IRG. Danach soll über die Bewilligung „unverzüglich", spätestens aber 30 Tage nach Eingang des Ersuchens bei der zuständigen Stelle entschieden werden (§ 91g Abs. 1 Satz 1 IRG i.V.m. Art. 12 Abs. 1 und 3 RL EEA). Davon zu unterscheiden ist die „Durchführungsfrist", d.h. die Vornahme der beantragten Maßnahme ist ebenfalls unverzüglich, spätestens 90 Tage nach Bewilligung umzusetzen (§ 91g Abs. 2 IRG i.V.m. Art. 12 Abs. 4 RL EEA). Zu beachten ist, dass die ausstellende Behörde in Abschnitt B des Formblatts A im Anhang der RL EEA Dringlichkeitsgründe angeben und eine kürzere Frist bestimmen kann. Die Behörden bzw. Gerichte im Vollstreckungsstaat haben dieser Frist „möglichst zu entsprechen" (§ 91g Abs. 3 IRG i.V.m. Art. 12 Abs. 2 RL EEA). Gleiches gilt, wenn die Anordnungsbehörde um die Durchführung der Ermittlungsmaßnahme zu einem bestimmten Zeitpunkt bittet. Dies wäre z.B. der Fall, wenn innerhalb einer internationalen Operation gegen organisierte Kriminalität die Durchführung einer TKÜ koordiniert werden soll. In solchen Fällen wird jedoch nur der „Vornahmezeitpunkt" aufgeschoben. D.h. das Ersuchen ist innerhalb der 30-Tage-Frist zu bewilligen, lediglich die 90-Tage-Frist für die Durchführung ist aufgehoben.

Bei den genannten Fristen handelt es sich jedoch nur um Sollvorschriften. Die Nichteinhaltung bzw. Überschreitung hat keine rechtlichen Konsequenzen.[270]

(3) Umfangreiche Unterrichtungs- und Konsultationspflichten sind schließlich ein weiteres wesentliches Charakteristikum, das die RL EEA von den bisherigen rechtshilferechtlichen Instrumenten unterscheidet. Dadurch soll die Kommunikation der beteiligten Behörden im Einzelfall gestärkt werden. Insbesondere bei Schwierigkeiten der Anerkennung und Vollstreckung erbetener Maßnahmen muss der ersuchte Staat den ersuchenden Staat in Kenntnis setzen, um möglichst nach Lösungen zu suchen.[271] Unterrichtungspflichten bestehen in folgenden Fällen:

– nach Empfang der EEA und ggf. bei Abgabe des Ersuchens an eine andere Stelle (§ 91d Abs. 2 IRG i.V.m. Anhang B der RL EEA);
– bei unvollständig oder offensichtlich unrichtig ausgefülltem Formblatt (§ 91d Abs. 3 IRG);
– bei Unzulässigkeit der Leistung der Rechtshilfe (§ 91b Abs. 5 IRG);
– bei Vorliegen eines Bewilligungshindernisses (§ 91e Abs. 4 IRG);
– bei Aufschub der Bewilligung (§ 91e Abs. 4 IRG);
– vor Rückgriff auf eine andere Ermittlungsmaßnahme (§ 91f Abs. 4 IRG);

---

[270] Zur wichtigen Ausnahme bei TKÜs ohne technische Hilfe, siehe unten III.C.
[271] *Brahms/Gut*, NStZ 2017, 388, 393.

- bei Unmöglichkeit des Rückgriffs auf eine vergleichbare Maßnahme (§ 91f Abs. 5 IRG);
- bei Nichteinhaltung der Fristen oder bestimmter fristbezogener Wünsche des ersuchenden Mitgliedstaates (§ 91g Abs. 4 u. 5 IRG);
- bei Unmöglichkeit der Einhaltung bestimmter Form- und Verfahrensvorschriften, die der Ausstellungsstaat angegeben hat (§ 91h Abs. 2 Satz 2 IRG);
- wenn Rechtsbehelfe in der Bundesrepublik Deutschland eingelegt wurden (§ 91i Abs. 3 IRG);
- bei Durchführung weiterer Ermittlungsmaßnahmen, die zunächst nicht vorgesehen waren oder die zum Zeitpunkt des Erlasses der EEA nicht angegeben werden konnten (Art. 16 Abs. 2 lit. b) RL EEA, Nr. 208 (1) Nr. 1 RiVASt);
- wenn Vertraulichkeit nicht gewährleistet werden kann (Art. 19 Abs. 2 RL EEA, Nr. 208 (1) Nr. 2 RiVASt)

Darüber hinaus ergeben sich folgende Konsultationspflichten aus der RL EEA, die bisher nur teilweise in der RiVASt umgesetzt worden sind:

- Die Vollstreckungsbehörde hat Grund zu der Annahme, dass die in Art. 6 Abs. 1 RL EEA genannten Bedingungen für den Erlass einer EEA nicht erfüllt sind (Art. 6 Abs. 3 RL EEA);
- Die Effizienz der Anerkennung und Vollstreckung der EEA kann erleichtert werden (Art. 9 Abs. 6 RL EEA);
- Bevor die EEA ganz oder teilweise nicht anerkannt oder vollstreckt wird (Art. 11 Abs. 4 RL EEA);
- Beweismittel wurden nur vorübergehend übergeben und sind vom Anordnungsstaat wieder zurückzugeben (Art. 13 Abs. 4 RL EEA, Nr. 207 (2) RiVASt);
- Die Vollstreckungsbehörde ist der Auffassung, dass Kosten der Vollstreckung der EEA außergewöhnlich hoch sind, so dass eine Kostenteilung oder Änderung der EEA vereinbart werden kann (Art. 21 Abs. 2 RL EEA, Nr. 209 (2) RiVASt);
- Die Ausgestaltung der Überwachung der Telekommunikation ist zu vereinbaren (Art. 30 Abs. 6 RL EEA).

Für die Unterrichtung ist regelmäßig eine Form zu verwenden, die „einen schriftlichen Nachweis ermöglicht", was alle gängigen Kommunikationsmittel wie E-Mail oder Fax umfasst.

2. Rechtsschutzmöglichkeiten des Betroffenen

a) Das deutsche Rechtsschutzsystem bei der sonstigen Rechtshilfe

Der von einer TKÜ-Maßnahme Betroffene hat nach h.M. kein eigenes Antragsrecht zum OLG. Zwar sieht § 61 Abs. 1 Satz 2, Alt. 2 IRG ein Antragsrecht des von einer Rechtshilfemaßnahme „Betroffenen" vor, beschränkt dies jedoch auf die Fälle des § 66 IRG, wo es um die Herausgabe von Gegenständen geht. Nach h.M. findet § 66 IRG aber nur auf die Herausgabe von (körperlichen) Gegenständen aus privater Hand Anwendung, nicht auf heimliche Ermittlungsmethoden wie die TKÜ. Die h.M. argumentiert, dass der Individualrechtsschutz zum OLG im Bereich der sonstigen Rechtshilfe abschließend in § 61 IRG geregelt sei, die Bestimmung also nicht analog auf andere Formen der Rechtshilfe außer auf die Herausgabe von Gegenständen anwendbar ist. Dies entspreche dem gesetzgeberischen Willen.[272] Außerdem sieht die h.m. lediglich den „Dritten" i.S.v. § 66 Abs. 2 Nr. 3 IRG, der geltend macht, durch die Herausgabe in seinen Rechten verletzt zu sein, als antragsberechtigt an, nicht aber auch die von der Rechtshilfe unmittelbar betroffene Person.[273]

Die deutsche Rechtsprechung hat jedoch für andere Formen der sonstigen Rechtshilfe als der Herausgabe von Gegenständen Rechtsschutz des von der Rechtshilfe unmittelbar Betroffenen nicht ausgeschlossen. Anderes wäre mit dem Grundrecht auf Gewährung effektiven Rechtsschutzes (Art. 19 Abs. 4 GG) nicht vertretbar.[274] Folgende Lösung ist auf der Basis der Rechtsprechung des Bundesverfassungsgerichts entwickelt worden:[275] Der Betroffene kann gegen die Vornahmeermächtigung nach den strafprozessualen Vorschriften vorgehen, und zwar unbeschadet davon, dass die Rechtshilfemaßnahme für ein ausländisches Strafverfahren durchgeführt worden ist. In diesem Rechtsschutzverfahren kann er dann auch Einwände gegen die sog. Leistungsermächtigung geltend machen, d.h. er kann die Unzulässigkeit der Rechtshilfe („ob") rügen.[276] Das angerufene Gericht hat den Einwänden nachzugehen. Dieses Verfahren wird auch als „Integrationslösung" bezeich-

---

[272] Zum Ganzen siehe BVerfG EzSt IRG § 61 Nr. 2; OLG München, in: *Eser/Lagodny/Wilkitzki*, Internationale Rechtshilfe in Strafsachen – Rechtsprechungssammlung, 2. Aufl. 1993 – U 108; *Johnson*, in: Grützner/Pötz/Kreß/Gazeas (Hrsg.), Internationaler Rechtshilfeverkehr in Strafsachen, § 61 IRG, Rn. 14; *Lagodny/Zimmermann*, in: S/L, Vor § 59, Rn. 55 und § 61, Rn. 19; *Güntge*, in: Ambos/König/Rackow (Hrsg.), Rechtshilferecht in Strafsachen, 2015, HT 4, Rn. 53.

[273] OLG Nürnberg, Beschl. v. 4.9.2012, 1 OLG Ausl 166/11, juris Rn. 13; OLG Stuttgart, wistra 2016, 127; *Johnson*, in: Grützner/Pötz/Kreß/Gazeas (Hrsg.), Internationaler Rechtshilfeverkehr in Strafsachen, § 61 IRG, Rn. 12; *Mertens*, NStZ-RR 2015, 270 (273); a.A. *Lagodny/Zimmermann* in: S/L, § 61, Rn. 16; *Lagodny*, ZWH 2016, 127.

[274] *Johnson*, in: Grützner/Pötz/Kreß/Gazeas (Hrsg.), Internationaler Rechtshilfeverkehr in Strafsachen, § 61 IRG, Rn. 15.

[275] BVerfG EzSt IRG § 61 Nr. 2; BVerfG, Beschl. v. 24.6.1997 – 2 BvR 1581/95; OLG Dresden, NStZ-RR 2011, 146; VG Hamburg, in: Eser/Lagodny/Wilkitzki, Internationale Rechtshilfe in Strafsachen – Rechtsprechungssammlung, 2. Aufl. 1993 – U 147.

[276] OLG Koblenz, Beschl. v. 23.1.2012 – 1 Ausl S 184/1. Eine Überprüfung der Bewilligungsentscheidung wird von der h.M. abgelehnt (*Johnson*, in: Grützner/Pötz/Kreß/Gazeas (Hrsg.), Internationaler Rechtshilfeverkehr in Strafsachen, § 61 IRG, Rn. 15; zweifelnd *Trautmann/Zimmermann*, in: S/L, Vor § 59, Rn. 64 ff.).

net.[277] Über diesen Hebel erfasst der Vornahmerechtsschutz auch den Leistungsrechtsschutz des Einzelnen außerhalb der §§ 61 Abs. 1 Satz 1 und 2, 66 IRG.[278]

Das BVerfG hat diese Grundsätze für die kommissarische Beschuldigtenvernehmung entwickelt.[279] Sie müssen jedoch sinngemäß auch für Maßnahmen der Rechtshilfe in Form der TKÜ Anwendung finden. Zu beachten ist allerdings, dass die TKÜ in der Regel ohne Wissen des Betroffenen durchgeführt wird, und die Vornahmehandlungen sowie ggf. auch die Rechtshilfeleistungshandlungen schon erledigt sind. Bei der TKÜ in Echtzeit i.S.v. Art. 30 RL EEA, Art. 18 Abs. 1 lit. a) EU-RhÜbk fallen sogar Vornahmehandlung (Überwachung der TK) und Leistungshandlung (Übermittlung der TK) zusammen. Rechtsschutz ist regelmäßig deshalb nur als nachträglicher Rechtsschutz gegen die Ermittlungsmaßnahme möglich. Diese Besonderheit ist in die vom BVerfG aufgestellten Grundsätze zu integrieren. Der Rechtsschutz entfällt jedoch nicht nur weil die Rechtshilfehandlung erledigt ist.[280] Danach ergibt sich im Einzelnen Folgendes:

– Die deutsche Staatsanwaltschaft hat bei Übermittlung der TKÜ die ersuchenden Behörden darauf hinzuweisen, dass sie den Betroffenen gemäß § 101 StPO zu unterrichten hat, wenn die Maßnahme beendet ist und nicht einer der Zurückstellungsgründe (Gefährdung des Untersuchungszwecks, der öffentlichen Sicherheit und von Leib und Leben einer Person) gegeben ist. Sie stellt der ersuchenden Behörde eine Äußerungsfrist. Falls nicht entgegenstehende Tatsachen vor Fristablauf mitgeteilt werden, erfolgt die Benachrichtigung (siehe Nr. 77a RiVASt).

– Der Betroffene hat innerhalb von zwei Wochen nach der Benachrichtigung gemäß § 77 Abs. 1 IRG i.V.m. § 101 Abs. 7 Satz 2 StPO die Möglichkeit gegen die Vornahme der TKÜ vorzugehen. Einwände gegen die Vornahme können sein: die Rechtmäßigkeit der Maßnahme oder die Art und Weise des Vollzugs. In diesem Verfahren kann er auch gleichzeitig Einwände gegen die Zulässigkeit der Bewilligung der Rechtshilfe geltend machen. Eines gesonderten Feststellungsinteresses bedarf es hierfür m.E. nicht. Denn auch die Bewilligung der Rechtshilfe einer TKÜ stellt einen tiefgreifenden Grundrechtseingriff dar, sie perpetuiert sogar die vorgängige Überwachung des Telekommunikationsverkehrs auf deutschem Hoheitsgebiet.[281] Der Gesetzgeber ging jedoch in § 101 StPO, der freilich

---

[277] *Trautmann/Zimmermann*, a.a.O., Rn. 55; *Güntge*, in: Ambos/König/Rackow (Hrsg.), Rechtshilferecht in Strafsachen, 2015, HT 4, Rn. 53.

[278] *Ahlbrecht* in: Ahlbrecht/Böhm/Esser/Eckelmans, Internationales Strafrecht in der Praxis, 2. Aufl. 2018, Rn. 1327.

[279] BVerfG EzSt IRG § 61 Nr. 2.

[280] OLG Karlsruhe NJW 1990, 2208, 2209.

[281] Mit Verweis auf BVerfG, Beschl. v. 9.8.1990 – 1128/88 sehen auch *Vogel/Burchard* den Betroffenen durch die Bewilligung der Rechtshilfe als beschwert an (Grützner/Pötz/Kreß/Gazeas (Hrsg.), Internationaler Rechtshilfeverkehr in Strafsachen, § 77 IRG, Rn. 53).

nur die Vornahme der TKÜ erfasst, davon aus, dass schon allein wegen der aufgeführten heimlichen Ermittlungsmethoden ein spezielles Rechtsschutzinteresse unwiderlegbar vermutet wird.[282] Dieser Grundgedanke trifft aber gleichermaßen für die Leistung der Rechtshilfe zu. Selbst wenn man ein Feststellungsinteresse verlangt, wird dieses regelmäßig anzunehmen sein, weil der Betroffene ein Interesse daran hat, dass das übermittelte Material in dem gegen ihn geführten ausländischen Strafverfahren nicht verwendet wird.[283]

– Wurden die Erledigungsstücke schon übermittelt, wie bei der klassischen TKÜ regelmäßig, bei der TKÜ in Echtzeit immer der Fall, sollte die deutsche Behörde bei der Übermittlung die Auflage machen, dass der ersuchende Staat (Gericht/Behörde) das übermittelte Material noch nicht als *Beweismittel* im gegen den Betroffenen gerichteten Strafverfahren verwertet, bevor nicht eine abschließende Beurteilung durch das Gericht in der Bundesrepublik erfolgt.[284] Dies ist unabhängig davon, ob tatsächlich Rechtsmittel durch den Betroffenen eingelegt werden oder nicht. Würde diese Benachrichtigung unterlassen, liefe der Rechtsschutz des Betroffenen gegen die Rechtshilfemaßnahme ins Leere. Die Effektivität des Rechtsschutzes wäre nicht mehr gegeben. Die spezifischen Auflagen sollten in der Praxis in Form einer *Garantieerklärung* erfolgen, in der die Behörde/das Gericht des ersuchenden Staates zusichert, dass sie die erhaltenen Informationen nicht als Beweismittel verwendet.[285] Innerhalb der hier in Rede stehenden Abwägung zwischen Effektivität des Rechtsschutzes und Effektivität der Strafverfolgung erscheint es aber zulässig, dass das übermittelte Material zu *Fahndungs- und Ermittlungszwecken* genutzt wird.[286] Die Abgrenzung zwischen „Ermittlungs- und Beweiszwecken" könnte dahingehend vorgenommen werden, dass alle zur Sicherung der Durchführung eines Strafprozesses und zur Begründung einer Untersuchungshaft dienenden Handlungen nicht als Beweise im Sinne der Garantieerklärung angesehen werden, sondern eher als solche zu Ermittlungszwecken.[287] Dies erscheint auch deshalb sachgerecht, weil eine Person nicht davor gefeit ist, bei entsprechendem begründetem Tatverdacht in Untersuchungshaft genommen zu werden, allerdings Sicherungsmechanismen eingebaut werden müssen, damit gegenüber ihr nicht eine ungerechtfertigte Strafe ergeht.

---

[282] *Beulke/Swoboda*, Strafprozessrecht, 14. Aufl. 2018, Rn. 327a.
[283] *Trautmann/Zimmermann*, in: S/L/, Vor § 59, Rn. 74; *Nelles/Ahlbrecht*, Grenzüberschreitende Strafverfolgung, in: Volk (Hrsg.), Münchener Anwaltshandbuch, Verteidigung in Wirtschafts- und Steuerstrafsachen, 2. Aufl. 2014, § 16, Rn. 230.
[284] Zu dieser Möglichkeit siehe auch OLG Karlsruhe NJW 1990, 2208, 2211. Das OLG Karlsruhe war jedoch der Ansicht, dass das Setzen von Bedingungen eine „wünschenswerte Möglichkeit" sei, aber in das außenpolitische Grundsatzermessen der Bewilligungsbehörde falle und daher einer gerichtlichen Überprüfung nicht zugänglich sei.
[285] *Fabbri/Furger*, ZStrR 2010, 394 (406).
[286] *Fabbri/Furger*, a.a.O.
[287] *Fabbri/Furger*, a.a.O., (408).

Die Verwendung der rechtshilfeweise erhobenen Informationen in einer Anklageschrift oder in einem Anklagezulassungsverfahren stellt dagegen eine vorzeitige Verwendung zu Beweiszwecken und somit einer Verletzung der abgegebenen Garantie dar.[288]

- Die Zuständigkeit für den Antrag auf nachträglichen Rechtsschutz weist der Gesetzgeber nach § 77 Abs. 1 IRG i.V.m. § 101 Abs. 7 Satz 2 StPO demjenigen Gericht zu, das für die Anordnung der TKÜ ursprünglich zuständig war. In der Regel wird also wiederum der Ermittlungsrichter beim Amtsgericht (§ 162 Abs. 1 StPO) über den Antrag des Betroffenen entscheiden.[289] Der Ermittlungsrichter würde dann – in der Logik des IRG – erneut als Vornahmegericht fungieren, weshalb ihm eine Vorlagepflicht zum OLG gemäß § 61 Abs. 1 StPO zukommt, etwa wenn ihn der Betroffene von der Unzulässigkeit der Rechtshilfe überzeugt.[290] Im Einzelnen sind jedoch hier viele Fragen ungeklärt und offen. Erstens ist noch unklar, ob die Vorlagepflicht beschränkt ist, d.h. der Ermittlungsrichter nur solche Vorlagefragen stellen kann, die die Zulässigkeit („Voraussetzungen für die Leistung der Rechthilfe") betreffen,[291] oder ob nicht vielmehr das OLG über den gesamten dem Vornahmegericht vorliegenden Prozessgegenstand entscheidet, also auch über alle strafprozessualen Gesichtspunkte der Vornahme.[292] Zweitens ist nicht geklärt, ob das beschriebene Verfahren nur dann zur Anwendung kommen kann, wenn das Vornahmegericht nicht bereits im Zeitpunkt der Anordnung der TKÜ ein Vorlageverfahren an das OLG initiiert hat. Ist das OLG bereits tätig geworden, ließe sich mit guten Argumenten vertreten, dass – auch dann, wenn die Rechtshilfemaßnahme erledigt ist – eine Zuständigkeitskonzentration beim OLG eingetreten ist. Nähme man dieses an, stellen sich wiederum die Folgefragen, ob überhaupt noch ein Rechtsschutzbedürfnis des Betroffenen besteht und wenn ja, ob das OLG umfassend über den Prozessgegenstand entscheiden kann oder (erneut) nur über die Fragen der Zulässigkeit der Rechtshilfe. Nähme man Letzteres an, müsste man sich mit der Frage auseinandersetzen, ob die Zersplitterung des Rechtsschutzes in Kauf genommen werden soll, da der von der TKÜ betroffene weiterhin Rechtsschutz nur bei den Vornahmegerichten suchen kann, wenn er die Vornahmeermächtigung

---

[288] *Fabbri/Furger*, a.a.O. (408) mit Verweis auf zwei Entscheide des schweizerischen Bundesstrafgerichts.

[289] In Betracht zu ziehen wäre auch, ob nicht sofort das Rechtsmittelgericht (LG) Eingangsinstanz wäre, da bereits eine Anordnungsentscheidung des AG vorliegt (dazu tendierend möglicherweise *Johnson*, in: Grützner/Pötz/Kreß/Gazeas (Hrsg.), Internationaler Rechtshilfeverkehr in Strafsachen, § 61 IRG, Rn. 15).

[290] OLG Hamburg, in: Eser/Lagodny/Wilkitzki, Internationale Rechtshilfe in Strafsachen – Rechtsprechungssammlung, 2. Aufl. 1993 – U 109; OVG Hamburg, in: Eser/Lagodny/Wilkitzki, a.a.O. – U 118; *Trautmann/Zimmermann*, in: S/L, Vor § 59, Rn. 77.

[291] So OLG Hamburg, in: Eser/Lagodny/Wilkitzki, Internationale Rechtshilfe in Strafsachen – Rechtsprechungssammlung, 2. Aufl. 1993 – U 109.

[292] So BReg., BT Drucks. 9/1338, S. 118 f.

angreift. Schließlich ist drittens nicht abschließend geklärt, welche Stellung und Befugnisse das Beschwerdegericht hat. Nach § 101 Abs. 7 Satz 3 StPO ist die gerichtliche Entscheidung des Ermittlungsrichters durch die fristgebundene sofortige Beschwerde anfechtbar. Zuständig ist das LG. Uneins sind sich deutsche Rechtsprechung und Literatur, ob das Beschwerdegericht als „Vornahmegericht" betrachtet werden kann und es deshalb a) Fragen der Zulässigkeit der Rechtshilfe (die Leistungsermächtigung) prüfen kann[293] und b) nach § 61 Abs. 1 Satz 1 IRG gegenüber dem OLG vorlageberechtigt ist.[294]

– Einigkeit besteht jedenfalls darin, dass Entscheidungen des OLG nach § 61 IRG nicht mehr anfechtbar sind. Dies wird aus einem Erst-recht-Schluss zu § 13 Abs. 1 Satz 2 IRG gefolgert. Danach ist die Anfechtbarkeit der Entscheidungen des OLG in Auslieferungssachen ausgeschlossen. Im Hinblick auf die weniger grundrechtsintensive sonstige Rechtshilfe könne deshalb, so die h.M., nichts anderes gelten. Auch § 304 Abs. 4 StPO, der über § 77 Abs. 1 IRG Anwendung finden könnte, sei nicht einschlägig.[295] Möglich bleibt dem Betroffenen aber, mit dem außerordentlichen Rechtsbehelf der Verfassungsbeschwerde die Verletzung seiner Grundrechte durch die OLG-Entscheidung zu rügen.[296]

b) Besonderheiten bei der EEA

Im Gegensatz zu den bestehenden völkerrechtlichen Rechtshilfeinstrumenten macht die RL EEA Vorgaben im Hinblick auf den Rechtsschutz des Betroffenen. Hervorzuheben sind an dieser Stelle Art. 14 Abs. 1 und 2 RL EEA. Nach Art. 14 Abs. 1 sorgen die Mitgliedstaaten dafür, dass gegen die in der RL angegebenen Ermittlungsmaßnahmen Rechtsbehelfe eingelegt werden können, die den Rechtsbehelfen gleichwertig sind, die in einem vergleichbaren innerstaatlichen Fall zur Verfügung stehen. Gemäß Art. 14 Abs. 2 RL EEA können die sachlichen Gründe für den Erlass einer EEA nur durch eine Klage im Anordnungsstaat angefochten werden. Nach Halbsatz 2 lässt dies aber die Garantie der Grundrechte im Vollstreckungsstaat unberührt.

---

[293] Bejahend OLG Hamburg, in: Eser/Lagodny/Wilkitzki, Internationale Rechtshilfe in Strafsachen – Rechtsprechungssammlung, 2. Aufl. 1993 – U 109; VG Hamburg, a.a.O. – U 147; verneinend KG JR 1998, 83; OLG München, in: Eser/Lagodny/Wilkitzki, a.a.O. – U 108.

[294] Für eine (auf die Leistungsermächtigung beschränkte) Vorlagepflicht *Trautmann/Zimmermann*, in: S/L, Vor § 59, Rn. 79; implizit bejahend m.E. auch BVerfG, Beschl. v. 24.6.1997 – 2 BvR 1581/95.

[295] *Johnson*, in: Grützner/Pötz/Kreß/Gazeas (Hrsg.), Internationaler Rechtshilfeverkehr in Strafsachen, § 61 IRG, Rn. 25; *Güntge*, in: Ambos/König/Rackow (Hrsg.), Rechtshilferecht in Strafsachen, 2015, HT 4, Rn. 61; *Lagodny/Zimmermann*, in: S/L, § 61, Rn. 41.

[296] Vgl. nur *Schierholt*, in: S/L, § 13, Rn. 9; *Trautmann/Zimmermann*, in: S/L, Vor § 59, Rn. 62.

Gibt es im Anordnungsstaat gegen die angeordnete Ermittlungsmaßnahme keine Rechtsbehelfe, führt dieser Umstand nicht zur Unzulässigkeit einer EEA. Dies hat der EuGH implizit in der Rechtssache *Gavanozov* entschieden.[297] Danach verlange das Formblatt in Anhang A der RL EEA nur, dass Rechtsbehelfe eingetragen würden, die im konkreten Fall gegen die Ermittlungsanordnung eingelegt worden seien, nicht dagegen die Rechtsbehelfe, die gegebenenfalls eingelegt werden können.[298] Generalanwalt *Yves Bot* hatte in dem Verfahren die weitergehende Ansicht vertreten, dass der Mechanismus der EEA gegenüber einem Mitgliedstaat, der entgegen Art. 14 der Richtlinie keine Möglichkeiten vorsieht, den Sachgrund der Anordnung anzufechten, einzufrieren sei.[299]

In diesen Vorschriften ist jedoch keine Kompetenzaufteilung des gerichtlichen Rechtsschutzes zu sehen.[300] Für die unter a) beschriebenen Rechtsschutzmöglichkeiten des von einer TKÜ-Maßnahme Betroffenen ergeben sich keine Besonderheiten. Die in Art. 14 Abs. 1 RL EEA enthaltene Regelung ist aus deutscher Sicht äquivalent zu der schon immer bestehenden Überprüfung der Vornahmeermächtigung, die sich aus § 77 IRG ergibt. Auch Art. 14 Abs. 2 RL EEA ist letztlich nur eine Bestätigung der bisherigen Kompetenzaufteilung in der traditionellen Rechtshilfe.[301] Nach dem ausgestalteten Rechtsschutzsystem kann in Deutschland nur die Zulässigkeit der Rechtshilfe überprüft werden, d.h. die Zulässigkeit der Anerkennung eines Ersuchens sowie die Art und Weise der Vornahme der erbetenen Zwangsmaßnahme. Einwände gegen die Grundentscheidung sind – wie bisher – im ersuchenden Staat geltend zu machen, wozu der – ohnehin in Deutschland grundsätzlich nicht zu überprüfende – Tatverdacht, die Rechtmäßigkeit und die Verhältnismäßigkeit der fraglichen Maßnahme im ersuchenden Staat (in der Terminologie der RL EEA: Anordnungsstaat) gehören.

Neu ist in diesem Zusammenhang, dass die RL EEA einen – allerdings unverbindlichen – Mechanismus aufstellt, wonach die Vollstreckungsbehörde Informationen über Einwände von einem Beteiligten im Vollstreckungsstaat in Bezug auf Sachgründe für den Erlass der EEA an die Anordnungsbehörde übermittelt und der Beteiligte entsprechend informiert wird. Die Vollstreckungsbehörde fungiert damit als „Briefkasten", um den Rechtsschutz effektiver zu machen und Schwierigkeiten, die der Betroffene wegen der Aufspaltung des Rechtsschutzes gegenübersteht (z.B. Unkenntnis der zuständigen Behörden und Gerichte, fremde Sprache), zu mildern. Betroffene sollen so zügig Informationen über Rechtsbehelfsmöglichkeiten im Anordnungsstaat erhalten können, da die Vollstreckungsbehörde etablierte Kontakte

---

[297] EuGH, Urt. v. 24.10.2019, Rs. C-324/17 *(Ivan Gazanozov)*.
[298] EuGH, a.a.O., Rn. 33.
[299] Schlussanträge vom 11. April 2019, Rs. C-324/17, Rn. 90.
[300] Ebenso *Böse*, ZIS 2014, 152 (159 f.).
[301] Vgl. auch *Leonhardt*, Die Europäische Ermittlungsanordnung in Strafsachen, 2017, S. 94; *Mosna*, ZStW 131 (2019), 808 (828).

nutzen kann.³⁰² Dieses auch als „Brückenkopfmodell" *(bridgehead model)* bezeichnete Verfahren geht auf eine Initiative der Bundesrepublik Deutschland während der Verhandlungen der RL im Rat zurück.³⁰³ Es ist, wie gesagt, nur eine Sollbestimmung, da das Modell nicht wie von Deutschland befürwortet in den Richtlinientext, sondern nur in die Erwägungsgründe der RL aufgenommen worden ist (Nr. 22 Satz 3). Ferner wird die Unverbindlichkeit durch den Wortlaut des Erwägungsgrundes nochmals herausgestrichen, indem es dort heißt, dass es bei entsprechenden Einwänden „angebracht ist", dass die Vollstreckungsbehörde die Informationen übermittelt.

Mit Art. 14 Abs. 2, 2. Hs. wird vor allem erneut die Bedeutung von Richtervorbehalten im ersuchten Staat (Vollstreckungsstaat) hervorgehoben. Ferner soll damit – aus den Erfahrungen des Europäischen Haftbefehls heraus – klargestellt werden, dass die Verhältnismäßigkeit des staatlichen Handelns der Anordnungsbehörde auch im Vollstreckungsstaat überprüfbar ist.³⁰⁴ Diese Vorschrift lässt sich auch als Grundlage heranziehen, dass die RL EEA die Überprüfung der Leistungsermächtigung im Vollstreckungsstaat unberührt lässt. Es bleibt also auch nach der RL EEA bei der oben unter a) erläuterten Integrationslösung.³⁰⁵

Neuland betritt der deutsche Gesetzgeber aber damit, dass nun erstmalig im Bereich der sonstigen Rechtshilfe auch Bewilligungsentscheidungen gerichtlich überprüfbar sind. Dies ist letztlich die Konsequenz der Aufteilung der Anerkennungsverweigerungsgründe in der RL in Zulässigkeits- und Bewilligungshindernisse. Obwohl zunächst angedacht, führte diese Strukturveränderung nicht zu einer Neuregelung der Rechtsbehelfe bezüglich der Zusammenarbeit innerhalb der Europäischen Union. Vielmehr ist die Justitiabilität auch im Rahmen der Integrationslösung zu beachten.³⁰⁶

Sollte im Rahmen der Integrationslösung das OLG durch das Vornahmegericht angerufen werden, kann das OLG auf Antrag auch in dem unter 1 b) bb) beschriebenen Umfang die Entscheidung der Bewilligungsbehörde auf Ermessensfehler bei der Nichtgeltendmachung von Bewilligungshindernissen nach § 91e IRG überprüfen. Außerdem ist die Ersetzungsentscheidung nach § 91f Abs. 1 und 2 IRG anfechtbar. Fraglich ist nur, welchen Einfluss der Betroffene auf das Verfahren nehmen kann. Zunächst ist er – wie bisher – vom Willen des Vornahmegerichts abhängig, Einwände gegen die Leistungsermächtigung dem OLG vorzulegen. Rechtsschutz hat er insoweit – wie bisher – also nur mittelbar. Erfolgt eine Vorla-

---

[302] BT-Drucks. 18/9757, S. 31.
[303] Ratsdokument 9927/11 vom 10. Mai 2011, S. 10; BT-Drucks. 18/9757, 31. Siehe auch *Leonhardt*, Die Europäische Ermittlungsanordnung in Strafsachen, 2017, S. 297 ff.
[304] BT-Drucks. 18/9757, S. 31; *Leonhardt*, a.a.O., und S. 97; *Mosna*, ZStW 131 (2019), 808 (816).
[305] So ausdrücklich auch BT-Drucks. 18/9757, S. 30.
[306] *Brahms/Gut*, NStZ 2017, 388 (394).

ge, ist zusätzlich die Frage zu stellen, ob der Betroffene isoliert einen Antrag auf Prüfung der Bewilligungs- oder Ersetzungsentscheidung stellen kann, wenn das Vornahmegericht lediglich wegen Zweifel an der Zulässigkeit der Rechtshilfe gemäß § 91b IRG an das OLG vorgelegt hat. Ferner stellt sich die Frage, ob der Betroffene mit seinen Einwänden präkludiert ist, wenn bereits vor Durchführung der TKÜ ein Vorlageverfahren vor dem OLG stattgefunden hat. Auch im Rahmen der EEA haben sich also Zweifelsfragen am Rechtsschutzverfahren nicht gelöst, vielmehr sind zusätzliche hinzugekommen.

Auch an der hier vertretenen Notwendigkeit, bereits bei Durchführung der TKÜ, d.h. vor Einlegung etwaiger Rechtsbehelfe, eine Garantieerklärung von der Anordnungsbehörde zu verlangen, dass die Ergebnisse der TKÜ zunächst nicht zu Beweiszwecken verwendet werden, ändert sich durch die RL EEA nichts. Zwar enthält Art. 13 Abs. 2 RL EEA eine konkrete Beschränkungsregelung über die Übermittlung von Beweismitteln bis über einen Rechtsbehelf entschieden worden ist (umgesetzt in § 91i Abs. 2 IRG). Allerdings ist die Norm nicht auf die heimlich durchgeführten Ermittlungsmaßnahmen anwendbar.[307] Im Übrigen ist der in Art. 13 Abs. 2 RL geregelte Sachverhalt zu trennen von der hier zu beurteilenden Konstellation, ob bei der besonderen und grundrechtssensiblen Ermittlungsmaßnahme der TKÜ zum Schutz effektiven Rechtsschutzes bereits vor Einlegung von Rechtsbehelfen, Beschränkungen zur *Verwendung* von Beweismitteln getätigt werden können. Diese Frage behandelt die RL EEA nicht. Zudem enthalten Art. 14 Abs. 3, 4 und 7 der RL Vorgaben an die Mitgliedstaaten, damit der Rechtsschutz des Betroffenen effektiv ausgeübt werden kann. Dieser Ansatz der RL, wonach Wert auf die Wirksamkeit des Rechtsschutzes gelegt wird, bestärkt den oben erläuternden Vorschlag zur Garantieerklärung, dass bereits im Vorfeld einer etwaigen Rechtsbehelfsausübung Maßnahmen zu ergreifen sind, damit der Rechtsschutz nachträglich effektiv ausgeübt werden kann. Sollte durch den Betroffenen tatsächlich ein Rechtsbehelf im Wege des nachträglichen Rechtsschutzes gegen die durchgeführte TKÜ eingelegt werden, dürfte sich das Ermessen in § 91i Abs. 2 IRG sogar dahingehend auf Null reduzieren, dass die Verwendungsbeschränkung von den deutschen Behörden aufrechtzuerhalten ist.

c) Zusammenfassung

Zusammenfassend kann hinsichtlich des Rechtsschutzes gegen TKÜ-Maßnahmen Folgendes festgehalten werden:
1. Das Rechtsschutzsystem des deutschen Rechtshilferechts hindert nicht, die Leistung der Beweisrechtshilfe bei der TKÜ vorzunehmen bzw. zu erledigen

---

[307] *Eisenberg*, Beweisrecht der StPO, 10. Aufl. 2017, Rn. 490; *Swoboda*, HRRS 2014, 10 (18); *Böse*, ZIS 2014, 152 (161).

bevor ein Gericht über Einwände des von der TKÜ Betroffenen entscheidet.[308] Allerdings sollte im Hinblick auf die Wahrung effektiven Rechtsschutzes vor der Übermittlung des TKÜ-Materials eine *Garantieerklärung* des ersuchenden Staates (Gericht oder Behörde) eingeholt werden, dass die übermittelten Informationen nicht zu Beweiszwecken im gegen den Betroffenen geführten Strafverfahren des ersuchenden Staates verwendet werden dürfen. Eine Verwendung zu Fahndungs- und Ermittlungszwecken ist nach hiesiger Ansicht grundsätzlich[309] zulässig. Dies gilt auch, wenn ein TKÜ-Ersuchen mittels einer EEA gestellt wird.

2. Der Betroffene kann die Zulässigkeit der Rechtshilfe (Leistungsermächtigung) nur angreifen, indem er gegen die Vornahme der TKÜ vorgeht („Integrationslösung"). Dies muss bei TKÜ-Maßnahmen wegen der ihnen innewohnenden Heimlichkeit über nachträglichen Rechtsschutz angegangen werden. Nach der hier vertretenen Ansicht muss er seine Rügen gegenüber dem Anordnungsgericht (= Vornahmegericht i.S.d. IRG) vorbringen. In der Regel ist dies der Ermittlungsrichter beim Amtsgericht am Sitz der für die TKÜ verantwortlichen Staatsanwaltschaft (§ 77 Abs. 1 IRG i.V.m. §§ 101 Abs. 7 Satz 2, 162 Abs. 1 Satz 1 StPO). Der Betroffene hat nur indirekten Zugang zum Oberlandesgericht, indem er das Vornahmegericht davon überzeugt, dass die „Voraussetzungen für die Leistung der Rechtshilfe" (= Zulässigkeitsvoraussetzungen) nicht vorliegen und dadurch eine Vorlage durch das AG auslöst.[310] Dieses Verfahren gilt auch, wenn ein Rechtshilfeersuchen als EEA übermittelt wird.

3. Bei der EEA besteht verfahrensmäßig die Besonderheit, dass das OLG sowohl die Entscheidung über die Bewilligung oder den Aufschub der Bewilligung nach § 91e Abs. 3 IRG als auch die Entscheidung für oder gegen die Ersetzung der vom ersuchenden Staat erbetenen TKÜ nach § 91f Abs. 1 u. Abs. 2 IRG überprüfen kann. Offen ist, ob der von der Rechtshilfemaßnahme Betroffene im Rahmen der Integrationslösung ein auf solche Überprüfungen gerichtetes eigenes Antragsrecht hat, wenn das Vornahmegericht lediglich wegen Zweifeln an der Zulässigkeit der Rechtshilfe nach § 91b IRG vorlegt.

4. Die Entscheidung des OLG ist unanfechtbar. Der Betroffene hat aber die Möglichkeit, mit dem außerordentlichen Rechtsbehelf der Verfassungsbeschwerde vor das Bundesverfassungsgericht zu ziehen.

---

[308] Siehe *Fabbri/Furger*, ZStrR 2010, 394 (397), die darauf hinweisen, dass das Rechtsschutzsystem im schweiz. IRSG in diesem Zusammenhang strenger ist, weshalb verschiedene Probleme bei der Durchführung von TKÜs, insbesondere der Direktausleitung entstehen. Vgl. zur deutschen Rechtslage auch *Trautmann/Zimmermann*, in: S/L, Vor § 59, Rn. 46 ff., 73 f.

[309] Siehe zu weiteren Grenzen unten III.A.

[310] Siehe zusammenfassend auch *Güntge*, in: Ambos/König/Rackow (Hrsg.), Rechtshilferecht in Strafsachen, 2015, HT 4, Rn. 53.

C. Ausgehende Ersuchen um TKÜ (Deutschland als ersuchender Staat)

1. Übliches Verfahren

a) Zweiteilung

Auch für ausgehende Ersuchen ist wiederum die dem deutschen Recht innewohnende Zweiteilung zu beachten. Zuerst ist zu fragen, welche Stelle für die gewünschte TKÜ-Maßnahme zuständig ist und welche Voraussetzungen sie für deren Anordnung beachten muss. Als Zweites ist zu fragen, wer über das ausgehende Ersuchen selbst entscheidet.[311] Die erste Frage richtet sich allein nach deutschem Strafverfahrensrecht, die zweite betrifft die Bewilligungszuständigkeit bzw. das Bewilligungsverfahren. Hinsichtlich der einzelnen Schritte ergibt sich danach üblicherweise Folgendes:

– Die ein konkretes innerstaatliches Strafverfahren führende Staatsanwaltschaft entscheidet, ggf. in Absprache mit der Polizei als Hilfsbeamte, ob eine TKÜ als Rechtshilfeleistung zweckdienlich ist. In der Regel ist dies die Staatsanwaltschaft bei den Landgerichten, in ihrem Zuständigkeitsbereich kann dies auch die Generalstaatsanwaltschaft oder der Generalbundesanwalt sein. Die Polizei oder andere Ermittlungspersonen können also ein Rechtshilfeersuchen lediglich anregen.[312]

– Nach deutscher Auffassung kann ein Rechtshilfeersuchen immer nur dann gestellt werden, wenn die innerstaatlichen Eingriffsvoraussetzungen vorliegen.[313] Das bedeutet, dass der deutsche Staatsanwalt die rechtliche Zulässigkeit einer TKÜ zu prüfen hat, wenn sie im Inland im konkreten Fall durchzuführen wäre. Dabei müssen nicht nur die relevanten materiellen Voraussetzungen, sondern auch die formellen Voraussetzungen vorliegen.[314] Die TKÜ muss also vom Ermittlungsrichter angeordnet werden;[315] im Fall der Zuständigkeit der Staatanwaltschaft bei den Landgerichten ist dies der Ermittlungsrichter beim AG (§ 100e Abs. 1 Satz 1 i.V.m. § 162 StPO). In Fällen der Gefahr im Verzug kann die Anordnung durch den Staatsanwalt selbst erfolgen. Die TKÜ-Anordnung hat nicht die Wirkung eines Vollstreckungsbefehls für die ausländische Behörde/das ausländische Gericht, sondern dient der Erfüllung der formalen Voraus-

---

[311] Siehe auch *Vogel*, in: Grützner/Pötz/Kreß/Gazeas (Hrsg.), Internationaler Rechtshilfeverkehr in Strafsachen, Vor § 1 IRG, Rn. 108, 109.

[312] Das gilt auch für die EEA; siehe *Ahlbrecht*, StV 2018, 601 (603).

[313] *Rackow*, in: Ambos/König/Rackow (Hrsg.), Rechtshilferecht in Strafsachen, 2015, HT 1, Rn. 115; *Ahlbrecht*, a.a.O.

[314] *Rackow*, a.a.O.; *Vogel*, in: Grützner/Pötz/Kreß/Gazeas (Hrsg.), Internationaler Rechtshilfeverkehr in Strafsachen, Vor § 1 IRG, Rn. 108; für die TK-Verbindungsdaten explizit auch *Schomburg/Hackner*, in: S/L/G/H, Vor § 68, Rn. 17.

[315] Dies erfolgt in der Regel als Feststellungsbeschluss.

setzung in den Rechtshilfeverträgen, die eine entsprechende Überwachungsanordnung erforderlich machen (siehe Art. 18 Abs. 3 lit. b) EU-RhÜbk).[316]
- Falls die rechtlichen Voraussetzungen vorliegen, bereitet die Staatsanwaltschaft das Rechtshilfeersuchen vor. In größeren Staatsanwaltschaften stehen hierfür für Rechtshilfesachen zuständige Staatsanwälte zur Verfügung. Zu beachten sind insbesondere die Formalia. Die in Art. 18 Abs. 3 und 4 EU-RhÜbk erforderlichen Informationen müssen enthalten sein. Bereits bei der Vorbereitung des Ersuchens können sich weitere nützliche Hinweise in den Bestimmungen für ausgehende Rechtshilfeersuchen in der RiVASt ergeben (siehe vor allem Nr. 25–31).
- Die Staatsanwaltschaft legt nun das Rechtshilfeersuchen der Bewilligungsbehörde vor. Diese ergibt sich wiederum aus § 74 IRG i.v.m. den Delegationserlassen der Länder. Für den sonstigen Rechtshilfeverkehr mit Mitgliedstaaten der Europäischen Union ist in der Regel die Bewilligungszuständigkeit an den Behördenleiter/Präsident derjenigen Behörde delegiert worden, von der das Ersuchen ausgeht. Für die von der Staatsanwaltschaft bei den Landgerichten ausgehenden Rechtshilfeersuchen ist dies der Leitende Oberstaatsanwalt/die Leitende Oberstaatsanwältin.[317] Geht das Ersuchen vom Generalbundesanwalt aus, ist Bewilligungsbehörde das Bundesamt für Justiz. Die Bewilligungsbehörde prüft erneut die innerstaatliche Zulässigkeit der Maßnahme, um die ersucht werden soll, sowie die im jeweiligen zwischenstaatlichen Verhältnis einschlägigen Rechtshilfevoraussetzungen.[318] Die Bewilligungsentscheidung ist eine Ermessensentscheidung. Leitgesichtspunkt ist die Wahrheitsermittlung im innerstaatlichen Strafprozess.[319]

---

[316] Siehe auch *Vogel*, a.a.O.; *Rackow*, a.a.O. Nach Auffassung in Tschechien ist eine innerstaatliche TKÜ-Anordnung nur dann notwendig, wenn der ausländische (ersuchte) Staat diese verlangt (siehe Landesbericht Tschechien, V.B.2.).

[317] Siehe z.B. II Nr. 2 b) cc) der Gemeinsamen Verwaltungsvorschrift des Justizministeriums und des Innenministeriums über die Ausübung der Befugnisse im Rechtshilfeverkehr mit dem Ausland in strafrechtlichen Angelegenheiten, Baden-Württemberg, GABl. 1994, S. 835; II. Nr. 3 lit. b) Gemeinsamer Runderlass des Ministeriums der Justiz und des Ministeriums des Innern des Landes Brandenburg vom 27.10.2006; § 2 Nr. 5 lit. a) der hessischen Zuständigkeitsbestimmungsverordnung, GVBl. I 2004, 285; 1.8.2.2 Gem. RdErl. des Ministeriums der Justiz und des Ministeriums des Innern Niedersachsens vom 13.10.2005, Nds MBl. Nr. 42/2005, 858; (Teil II) Nr. 1. Gem. RdErl. des Justizministeriums und des Innenministeriums NRW, JMBl. NRW, S. 171; Nr. 2.2 der Verwaltungsvorschrift des Ministeriums der Justiz Rheinland-Pfalz vom 9.8.2004 (9350-4-62); § 1 Abs. 7 Nr. 2 der saarländischen Verordnung über die Übertragung von Zuständigkeiten und die Errichtung von Prüfungsbehörden im Rechtshilfeverkehr mit dem Ausland in strafrechtlichen Angelegenheiten vom 23.2.2005, Amtsblatt 2005, S. 500; § 7 i.V.m. § 6 Abs. 2 der Rh-ZuVO Sachsens vom 9.11.2004; 6.2.2. AV des MJF Schleswig-Holstein vom 2.11.2004, SchlHA 2005, S. 14; § 5 Nr. 2 b) i.V.m. § 4 Nr. 3 ThürZustVSRH vom 25.8.1993.

[318] *Rackow*, in: Ambos/König/Rackow (Hrsg.), Rechtshilferecht in Strafsachen, 2015, HT 1, Rn. 116.

[319] *Rackow*, a.a.O.; eingehend *Vogel*, in: Grützner/Pötz/Kreß/Gazeas (Hrsg.), Internationaler Rechtshilfeverkehr in Strafsachen, Vor § 1 IRG, Rn. 109.

– Bejaht die Bewilligungsbehörde die Stellung des Rechtshilfeersuchens, übermittelt sie das Ersuchen auf dem vorgesehenen Geschäftsweg an die zuständige ausländische Stelle. Häufig gilt nun der unmittelbare Geschäftsweg, wie z.B. nach Art. 18 i.V.m. Art. 6 EU-RhÜbk oder der justizministerielle Geschäftsweg; im vertraglosen Rechtshilfeverkehr gilt weiterhin der diplomatische über das Auswärtige Amt.

b) Besonderheiten bei der EEA

Wie bei eingehenden Ersuchen ändert sich auch bei ausgehenden Ersuchen an den unter a) aufgezeigten Grundstrukturen nichts, wenn ein TKÜ-Ersuchen auf der Grundlage einer EEA gestellt wird. Weiterhin gelten die Zweiteilung des Verfahrens sowie die sachlichen Zuständigkeiten.[320] Wie bei Rechtshilfeersuchen in traditioneller Weise ist auch bei ausgehenden Ersuchen per EEA an das allgemeine Strafverfahrensrecht anzuknüpfen.[321] Deshalb enthält das deutsche Umsetzungsgesetz für ausgehende Ersuchen nur eine knappe Regelung in § 91j IRG. Diese wird ergänzt durch Nr. 213–215 RiVASt n.F.

aa) Form und Sprache

In formaler Hinsicht ist hervorzuheben, dass der Gesetzgeber auch für die ausgehenden Ersuchen die Verwendung der in Anhang A und C der RL EEA wiedergegebenen Formblätter zwingend vorschreibt (§ 91j Abs. 1 IRG).[322] Zu beachten ist, dass die EEA in eine der vom Vollstreckungsstaat zugelassenen Sprachen zu übersetzen ist. Das EJN hält eine Zusammenstellung bereit, welche Sprachen akzeptiert werden, insbesondere ob neben der Amtssprache des Landes auch Englisch akzeptiert wird (z.B. Belgien, Niederlande, Estland, Litauen, Finnland, Schweden, Griechenland, Rumänien).[323]

---

[320] Derzeit unklar ist, welche Auswirkungen das Urteil des EuGHs vom 27. Mai 2019 (verb. Rs. C-508/18 (OG) u. C-82/19 PPU (PI)) zur Unzulässigkeit der Ausstellung Europäischer Haftbefehle durch deutsche Staatsanwaltschaften auf die Europäische Ermittlungsanordnung hat. Eine entsprechende auf die RL EEA bezogene Vorlagefrage hat das Landesgericht für Strafsachen in Wien dem EuGH gestellt. Das Verfahren wird geführt unter der Rs. C-584/19.

[321] *Brahms/Gut*, NStZ 2017, 388, 395.

[322] Siehe auch Nr. 213 (1) RiVASt. Zur Ergänzung früherer Ersuchen, siehe Nr. 213 (3) RiVASt, wonach insoweit auf Abschnitt D des Formblatts in Anhang A der RL EEA verwiesen wird.

[323] Eine Fassung vom Februar 2018 ist öffentlich zugänglich unter: http://www.ejtn.eu/ Documents/About%20EJTN/Criminal%20Justice%202018/CR201802-BCN/Competent-authorities-and-languages-accepted-EIO-26-February-2018.pdf [Stand Oktober 2020]. Die Übersicht wurde jedoch zuletzt am 12.9.2018 aktualisiert. Das Dokument ist passwortgeschützt enthalten auf: https://www.ejn-crimjust.europa.eu/ejn/libdocumentproperties.aspx? Id=2120 – EJN registry document [Stand Oktober 2020]. Ungarn akzeptiert in Eilfällen

bb) Bedingungen für den Erlass der EEA und Verwendungsbeschränkung

Die Anknüpfung an das deutsche Strafverfahrensrecht auch bei Erlass einer EEA bedeutet vor allem auch, dass weiterhin die innerstaatliche Rechtmäßigkeit bei Erlass der EEA feststehen muss. Art. 6 Abs. 1 lit. b) RL EEA stellt dies noch einmal klar,[324] indem von der Anordnungsbehörde verlangt wird, dass sie die EEA nur erlassen kann, wenn die in der EEA angegebene(n) Ermittlungsmaßnahme(n) in einem vergleichbaren innerstaatlichen Fall unter denselben Bedingungen angeordnet hätte(n) werden können. Damit können die Strafverfolgungsbehörden nicht innerstaatliche Bindungen umgehen, indem sie um Vornahme einer nach ihrem Recht unzulässigen Maßnahme in einem anderen EU-Mitgliedstaat ersuchen (Vermeidung eines „Befugnis-shoppings").[325]

Dies bedeutet vor allem, dass neben den materiellen Voraussetzungen einer TKÜ z.b. gemäß § 100a StPO[326] die deutsche Staatsanwaltschaft einen richterlichen Beschluss zur Vornahme der TKÜ einholen muss.[327] Im Gegensatz zum EU-RhÜbk muss dieser Beschluss nicht mehr beigefügt werden (vgl. Art. 30 Abs. 3 und Abschnitt H7 des Formblatts in Anhang A der RL EEA). Eine Beifügung – dann allerdings ggf. in übersetzter Form – kann in der Praxis gleichwohl sinnvoll sein, da dem Vollstreckungsstaat damit eine zusätzliche Grundlage gegeben wird, um die Rechtmäßigkeit der Maßnahme im Anordnungsstaat (insbesondere im Hinblick auf die Verhältnismäßigkeit) zu beurteilen (vgl. auch Art. 6 Abs. 3 RL EEA). Damit können ggf. Nachfragen seitens der Vollstreckungsbehörde, die wiederum zu Verfahrensverzögerungen führen, vermieden werden.

cc) Validierungsverfahren bei Steuerstrafermittlungen

Eine Besonderheit der RL EEA ist schließlich, dass sie erstmalig im Bereich der justiziellen Zusammenarbeit in Strafsachen ein sog. Validierungsverfahren einfügt,

---

oder wenn die Übersetzung in das Ungarische extreme Schwierigkeiten bereitet, neben Englisch sogar Deutsch. Kroatien akzeptiert Englisch in Eilfällen unter Vorbehalt der Gegenseitigkeit.

[324] *Bachmaier-Winter*, ZIS 2010, 580, 583.

[325] *Böse*, ZIS 2014, 152, 153; *Böhm*, NJW 2017, 1512 (1514); *Zimmermann*, ZStW 127 (2015), 143 (146 f.). Zur Entsprechung im traditionellen Rechtshilferecht siehe *Vogel/Burchard*, in: Grützner/Pötz/Kreß/Gazeas (Hrsg.), Internationaler Rechtshilfeverkehr in Strafsachen, § 77 IRG, Rn. 38.

[326] Ferner hat nach der RL die Anordnungsbehörde auch eine Verhältnismäßigkeitsprüfung vorzunehmen, d.h. nach Art. 6 Abs. 1 lit. a) RL EEA muss geprüft werden, ob der Erlass einer EEA „unter Berücksichtigung der Rechte der verdächtigen oder beschuldigten Person notwendig und verhältnismäßig" ist. Verhältnismäßigkeitserwägungen sind aber bereits bei der Anordnung einer Maßnahme nach § 100a StPO vorzunehmen. Zudem stellte Nr. 25 Abs. 1 Satz 3 RiVASt bereits zuvor ausdrücklich klar, dass bei der Stellung des Rechtshilfeersuchens der Verhältnismäßigkeitsgrundsatz zu beachten ist. Art. 6 Abs. 1 lit. a) RL EEA dürfte im Rahmen der TKÜ keine gesonderte Bedeutung zukommen.

[327] *Böhm*, NJW 2017, 1512 (1514).

wenn die EEA nicht von einem Richter, (Straf-)Gericht, Ermittlungsrichter oder Staatsanwalt gestellt wird. Anordnungsbehörde kann gemäß Art. 2 lit. c) ii) RL EEA auch jede andere vom Anordnungsstaat bezeichnete zuständige Behörde sein, die in dem betreffenden Fall in ihrer Eigenschaft als Ermittlungsbehörde in einem Strafverfahren nach nationalem Recht für die Anordnung der Erhebung von Beweismitteln zuständig ist. Nach der RL müssten solche Ersuchen von einer justiziellen Stelle (Richter, Gericht, Ermittlungsrichter oder Staatsanwalt) zunächst bestätigt („validiert") werden. Umgesetzt ist dieses Validierungsverfahren in § 91j Abs. 2–4 IRG. Bei der TKÜ könnte diese Regelung auf die Finanzbehörden bei der Verfolgung von Steuerstraftaten im Rahmen von § 386 Abs. 2 AO zutreffen. Auch diese könnten eine TKÜ-Maßnahme veranlassen.[328] Nach der deutschen Erklärung zur Umsetzung der RL vom 14.3.2017[329] sollen Ersuchen von deutschen Finanzbehörden, die ein strafrechtliches Ermittlungsverfahren nach § 386 Abs. 2 AO eigenständig führen, jedoch nicht dem Validierungsverfahren unterfallen. Argumentiert wird damit, dass die Finanzbehörden in diesem Fall gemäß § 399 Abs. 1 AO i.V.m. § 77 IRG die Rechte und Pflichten einer Staatsanwaltschaft wahrnehmen und somit selbst als justizielle Behörde im Sinne von Art. 2 lit. c) RL EEA handeln.

Diese besondere Stellung der Finanzbehörden als eigentliche Verwaltungsbehörden im deutschen Steuerstrafverfahren scheint jedoch nicht von allen Mitgliedstaaten akzeptiert zu werden. Ggf. muss deshalb die EEA durch die zuständige Staatsanwaltschaft (nach)validiert werden. Das Validierungsverfahren ist eine Zulässigkeitsvoraussetzung. Ersuchende Stelle bleibt aber die Verwaltungsbehörde, die das Ersuchen an die zuständige Stelle im Vollstreckungsmitgliedstaat übermittelt. Ein Geschäftsweg über die (validierende) Justizbehörde wird damit nicht eröffnet.

2. Rechtsschutz

Eine § 61 IRG entsprechende Regelung über den Rechtsschutz bei ausgehenden Ersuchen existiert im IRG nicht. Der Rechtsschutz bei ausgehenden Ersuchen der Beweisrechtshilfe, welche heimliche Ermittlungsmethoden zum Gegenstand haben, ist, soweit ersichtlich, in der deutschen Rechtsprechung und Literatur noch nicht vertiefend erörtert worden.[330] Generell gilt nach h.M., dass der Betroffene durch die jeweils zuständige Stelle Rechtsschutz gegen die innerstaatliche Anordnung der

---

[328] Z.B. gemäß § 100a Abs. 2 Nr. 2 StPO i.V.m. § 399 Abs. 1 i.V.m. § 386 Abs. 2 AO i.V.m. § 77 IRG.

[329] Abrufbar unter https://www.ejn-crimjust.europa.eu/ejn/libdocumentproperties.aspx?Id=2096 [Stand Oktober 2020].

[330] Vgl. *Rackow*, a.a.O., Rn. 117; *Nelles/Ahlbrecht*, Grenzüberschreitende Strafverfolgung, in: Volk (Hrsg.) Münchener Anwaltshandbuch Verteidigung in Wirtschafts- und Steuerstrafsachen, 2. Aufl. 2014, § 16, Rn. 223 ff.; *Böhm*, in: Ahlbrecht/Böhm/Esser/Eckelmans, Internationales Strafrecht in der Praxis, 2. Aufl. 2018, Rn. 732.

Maßnahme erhalten kann.[331] Die RL EEA stellt dies in Art. 14 Abs. 2 klar (siehe oben). Anwendung finden – entweder unmittelbar oder über § 77 Abs. 1 IRG – die in der Strafprozessordnung und im Gerichtsverfassungsgesetz vorgesehenen Rechtsbehelfe.[332] Übertragen auf die TKÜ stünde dem Betroffenen der nachträgliche Rechtsschutz nach § 101 Abs. 7 Satz 2 StPO offen, sobald er von der Maßnahme benachrichtigt wurde.

Sehr streitig ist, ob der Betroffene auch gegen die Stellung des Ersuchens vorgehen und die Unzulässigkeit der Bewilligung der TKÜ-Maßnahme durch die entsprechende deutsche Stelle (in der Regel: LOStA) rügen kann. Im Anwendungsbereich der EEA besteht diese Problematik fort, da § 91i IRG den Rechtsschutz in Bezug auf die Bewilligungsentscheidung nur für eingehende Ersuchen regelt und das für die traditionelle Rechtshilfe geltende Rechtsschutzsystem weder durch die RL noch durch den deutschen Umsetzungsgesetzgeber angetastet worden ist.[333]

Nach h.A. scheidet eine (verwaltungsgerichtliche) Klage gegen die Rechtshilfebewilligung aus. Argumentiert wird damit, dass der von der Rechtshilfemaßnahme Betroffene durch die Bewilligungsentscheidung nicht in eigenen Rechten verletzt sei bzw. kein Rechtsschutzinteresse haben könne. Ferner wird argumentiert, dass das Rechtshilfeermessen nicht justiziabel sei, da es in erster Linie nicht individualrechtsschützende Belange des Betroffenen betreffe, sondern sich auf außen- und kriminalpolitische Zweckmäßigkeitserwägungen beziehe.[334]

Davon ist das BVerfG im Vollstreckungshilfeverkehr abgewichen. Dort kann nach der völkerrechtlichen Vertragslage der Betroffene, d.h. derjenige, der die Vollstreckung seiner im Ausland zu verbüßenden Strafhaft in Deutschland erbittet, gegenüber den deutschen Behörden nur die Stellung eines entsprechenden Ersuchens an den ausländischen Staat anregen. Das BVerfG hat die Argumentation, die Staatsanwaltschaft als Vollstreckungsbehörde habe ein unbegrenztes Ermessen für die Vornahme der Maßnahme, zurückgewiesen und stattdessen eine gerichtliche Überprüfung auf fehlerfreie Ermessensentscheidung nach Art. 19 Abs. 4 GG für notwendig gehalten, „wenn das Entscheidungsprogramm des Gesetzes der Behörde aufgibt, bei der Ermessensausübung rechtlich geschützte Interessen des Betroffenen zu berücksichtigen".[335] Dieses „Entscheidungsprogramm" hat das BVerfG im gesetzlich enthaltenen Resozialisierungsanspruch des Verurteilten gesehen, welcher neben dem öffentlichen Interesse an Strafverfolgung zu berücksichtigen sei.[336]

---

[331] OLG Celle NStZ 2010, 534; *Vogel*, in: Grützner/Pötz/Kreß/Gazeas (Hrsg.), Internationaler Rechtshilfeverkehr in Strafsachen, Vor § 1 IRG, Rn. 133; *Böhm*, a.a.O., Rn. 732.

[332] *Vogel*, a.a.O.; *Böhm*, a.a.O.

[333] *Brahms/Gut*, NStZ 2017, 388, 394.

[334] Siehe dazu die Darstellung bei *Vogel*, a.a.O., Rn. 136 (und Rn. 137 zu den Gegenauffassungen).

[335] BVerfGE 96, 100 (Leitsatz Nr. 1).

[336] BVerfGE 96, 100, 118.

Der Anspruch auf gerichtliche Entscheidung der Ermessensausübung gelte auch, so das BVerfG in einer neueren Entscheidung, wenn die Bewilligungsbehörde die individualrechtlichen, vollstreckungshilferechtlichen Belange nach Anregung der Staatsanwaltschaft überprüft.[337] Ebenfalls abgewichen ist das BVerfG im Bereich des Europäischen Haftbefehls. Die fehlende Anfechtbarkeit der Bewilligungsentscheidung kritisierte das BVerfG deshalb, weil die Bewilligungsbehörde jetzt nicht mehr nur über unbenannte außen- und allgemeinpolitische Aspekte entscheide, sondern auch in einen Abwägungsprozess einzutreten habe, in dem auch individualschützende Belange eine Rolle spielen.[338]

Ob diese Grundsätze auf die sonstige Rechtshilfe in Form der grenzüberschreitenden TKÜ sinngemäß übertragbar sind, erscheint fraglich. Dafür könnte sprechen, dass die Bewilligungsbehörde ebenfalls die Voraussetzungen der §§ 100a, 100e StPO in ihrem Prüfungskanon hat, welche letztlich die grundrechtlichen Belange des Art. 10 GG umsetzen. Ebenso können die allgemeinen Zulässigkeitsvoraussetzungen der Rechtshilfe individualschützenden Charakter haben.[339] Insoweit gehören hier individualrechtliche Belange ebenfalls zum „Entscheidungsprogramm" der Bewilligungsbehörde. Dagegen spricht, dass bei der Vollstreckungshilfe das zweistufige Verfahren anders ausgestaltet ist als bei der sonstigen Rechtshilfe oder Auslieferung. Die Bewilligungsbehörde wird bei der Vollstreckungshilfe unmittelbar tätig, wenn ein Gesuch um Vollstreckungsübernahme von der Staatsanwaltschaft als Vollstreckungsbehörde gestellt wird; Gerichte müssen hier nicht notwendigerweise eingeschaltet sein.

Dagegen unterliegen grundrechtliche Belange bei der sonstigen Rechtshilfe um Zwangsmaßnahmen und der Auslieferung vor Stellung des Ersuchens einer gerichtlichen Kontrolle, und zwar indem die Anordnung nicht ohne gerichtliche Zustimmung ergehen kann (Erlass eines nationalen Haftbefehls oder – wie hier – Erlass einer nationalen TKÜ). Insofern ist auch die Entscheidung des BVerfG zum Europäischen Haftbefehl nicht übertragbar, da sie sich nur auf den Rechtsschutz bei eingehenden Ersuchen bezieht. Ferner hat das BVerfG in den maßgeblichen Entscheidungen zur Vollstreckungshilfe darauf abgestellt, dass die Anregung der Vollstreckungsbehörde um Vollstreckungsübernahme eine unmittelbare Außenwirkung habe, welche sich unmittelbar auf das grundrechtliche geschützte Resozialisierungsinteresse des Verurteilten auswirkt.[340] Eine solche unmittelbare Auswirkung besteht bei der sonstigen Rechtshilfe oder der Auslieferung dagegen m.E. nicht, denn hier muss dem Umstand, dass die Wirkungen des Ersuchens erst über die Entscheidung des ersuchten Staates vermittelt werden, erhöhtes Gewicht zukom-

---

[337] BVerfG NStZ-RR 2005, 182.
[338] BVerfGE 113, 273 (313 f.).
[339] Siehe S/L, Einl., Rn. 57 ff.; im Einzelnen str.
[340] BVerfG NStZ-RR 2005, 182.

men.³⁴¹ Dementsprechend hat das OLG Celle entschieden, dass das Ersuchen um Auslieferung und Festnahme mittels eines Europäischen Haftbefehls keine unmittelbaren Rechtswirkungen für den Betroffenen entfalte und insoweit ein gerichtlicher Rechtsschutz ausscheide.³⁴² Der Fall um Stellung eines Ersuchens um grenzüberschreitende TKÜ kann nicht anders beurteilt werden. Somit muss weiterhin davon ausgegangen werden, dass Bewilligungsentscheidungen bei ausgehenden Ersuchen um sonstige Rechtshilfe nicht anfechtbar sind.³⁴³

In der Praxis wird es jedoch weniger darum gehen, ob im Wege nachträglichen Rechtsschutzes auch die Bewilligungsentscheidung gerichtlich überprüfbar ist, sondern darum, ob die durch die TKÜ im Ausland gewonnenen Informationen in deutschen Strafverfahren als Beweis verwertet werden können.³⁴⁴ Die Frage des Rechtsschutzes verlagert sich deshalb meist auf die Frage eines etwaigen Beweisverwertungsverbots im deutschen Hauptsacheverfahren. Diesem Fragenkreis wird sogleich unter III.B. nachgegangen.

III. Filterpflichten und Verwertungsfragen

Mit der Frage zu den Filterpflichten im Fall „privilegierter Informationen" sind die Grenzen der Rechtshilfe angesprochen. Entsprechend dem Rechtshilfeverfahren wird im Folgenden zwischen eingehenden und ausgehenden Ersuchen unterschieden. Auf Besonderheiten der EEA wird im jeweiligen Kontext eingegangen. Die Ausführungen unter A. und B. gehen von der Prämisse aus, dass es sich um eine Rechtshilfe zur TKÜ im eigentlichen Sinne handelt, d.h. die technische Hilfe Deutschlands ist erforderlich und die Zielperson befindet sich auf deutschem Hoheitsgebiet. Deutschland hat somit ein die Grenze der Rechtshilfe absteckendes Gegenrecht in Form der erforderlichen Zulässigkeit in einem „vergleichbaren innerstaatlichen Fall". Dies entspricht den Fällen des Art. 30 Abs. 2 Satz 2 i.V.m. Abs. 5 RL EEA bzw. Art. 18 Abs. 2 lit. b) i.V.m. Abs. 5 lit. b) EU-RhÜbk (siehe auch oben I.B.1./I.B.2.).

Auf Besonderheiten und Abweichungen im Zusammenhang mit einer TKÜ, für welche die technische Hilfe Deutschlands nicht erforderlich ist und welche insbesondere eingehende Ersuchen betrifft (Unterrichtungsverfahren nach den Fällen des Art. 31 RL EEA und Art. 20 EU-RhÜbk) wird unter C. eingegangen.

---

³⁴¹ *Rackow*, in: Ambos/König/Rackow (Hrsg.), Rechtshilferecht in Strafsachen, 2015, HT 1, Rn. 117.
³⁴² OLG Celle NStZ 2010, 534.
³⁴³ Gegen eine Übertragung der Rspr. zur Vollstreckungshilfe auf die sonstige Rechtshilfe auch *Schomburg/Hackner*, in: S/L/G/H, Vor § 68 IRG, Rn. 97.
³⁴⁴ So wohl auch *Nelles*, in: Volk (Hrsg.), Münchener Anwaltshandbuch Verteidigung in Wirtschafts- und Steuerstrafsachen, 1. Aufl. 2006, § 15, Rn. 130, 221 a.E.

A. Eingehende Ersuchen um TKÜ (mit technischer Hilfe) – Deutschland als ersuchter Staat

Im Zusammenhang mit eingehenden Ersuchen sind zwei Konstellationen bzw. Fragenkomplexe zu unterscheiden:
1. Welche Grenzen gelten für die Durchführung der Rechtshilfe in Deutschland im Hinblick auf die Vornahme? Und inwieweit schlagen diese Grenzen auf die Leistung der Rechtshilfe durch? Diese Konstellation betrifft vor allem die Frage, ob deutsche Beweiserhebungsbeschränkungen zu beachten sind und wie diese nach außen hin ggf. durchzusetzen wären, wie z.B. über eine Pflicht zur Filterung und/oder Löschung bestimmter Informationen.
2. Welche Grenzen bestehen, wenn Grundsätze der deutschen Rechtsordnung im ausländischen Verfahren nicht eingehalten werden bzw. das ausländische Verfahren gegen diese Grundsätze verstößt (z.B. wenn die Verfolgung im ersuchenden Staat politisch motiviert ist, das ausländische Verfahren gegen Art. 3 EMRK oder den fair trial-Grundsatz verstößt)? Diese Grenze bezieht sich auf die Leistungsermächtigung. Es fragt sich hier, ob die Grundrechte der deutschen Verfassung als Rechtshilfegegenrechte und Teil der Rechtshilfevoraussetzung des *ordre public* zum Tragen kommen.

In der aufgeworfenen Fragestellung zu den Filterpflichten ist nur der erste Fragenkomplex betroffen. Auf ihn wird im Folgenden näher eingegangen. Die zweite Frage wird nicht gesondert behandelt, da sie nicht speziell auf die TKÜ zugeschnitten ist, sondern die Grenzen der sonstigen Rechtshilfe im Zusammenhang mit der Zulässigkeitsvoraussetzung des *ordre public* betrifft. Sie spielt aber mittelbar für die hier vorgeschlagene Lösung eine Rolle, weshalb sie auch im Rahmen des ersten Fragekomplexes inzident erörtert wird.

Um hier besser auf die Durchführbarkeit möglicher Filterpflichten eingehen zu können, soll zunächst der Fall einer TKÜ in klassischer Form betrachtet werden, d.h. der Aufzeichnung einer ersuchten TKÜ gegenüber einer auf deutschem Hoheitsgebiet befindlichen Zielperson durch die deutschen Behörden und nachfolgender Übermittlung der Aufnahme an die ersuchende ausländische Behörde; in diesem Fall haben also die deutschen Behörden noch reale Eingriffsmöglichkeiten vor der Übermittlung, um z.B. Löschungen vornehmen zu können (unten 1.). Als zweiter Fall sollen die Besonderheiten einer TKÜ in Echtzeit, in der Aufzeichnung und Übermittlungsvorgang zeitlich zusammenfallen, behandelt werden (unten 2.). Die RL EEA stellt beide Modalitäten alternativ gegenüber (Art. 30 Abs. 6), während das EU-RhÜbk die letzte Variante als Regelfall vorsieht (Art. 18 Abs. 1, 6 und 7).[345]

---

[345] Dazu bereits oben I.B.1. und 2.

1. TKÜ in klassischer Form

a) Allgemeine Grundsätze

Oben wurde auf die Wechselwirkung zwischen Leistungs- und Vornahmeermächtigung eingegangen sowie auf die Bindung deutscher Amtsträger an die Grundrechte des Grundgesetzes auch bei der Kooperation in Strafangelegenheiten mit ausländischen Behörden. Sowohl der Durchführungs- als auch der Übermittlungsakt stellen keinen grundrechtsfreien Raum dar, was sich aus dem Postulat des Gesetzesvorbehalts aus Art. 20 Abs. 3 GG ergibt. Für die Vornahme einer TKÜ durch deutsche Behörden gegenüber einer auf deutschem Hoheitsgebiet befindlichen Zielperson gilt der rechtshilferechtliche Grundsatz *locus regit actum*. Danach erbringt der ersuchte Staat eine Leistung im sonstigen Rechtshilfeverkehr als eigene Verfahrenshandlung. Sie richtet sich nach der Verfahrensordnung des um Rechtshilfe ersuchten Staates.[346] Weder Art. 30 RL EEA noch Art. 18 EU-RhÜbk ändern nichts an diesem Grundsatz. Art. 30 Abs. 5 und Art. 18 Abs. 5 lit. b) EU-RhÜbk verweisen auf die Durchführung der TKÜ nach innerstaatlichem Recht.[347] Damit wird der Grundsatz locus regit actum letztlich bekräftigt. Welche Konsequenzen daraus im Einzelnen für eingehende Ersuchen zu ziehen sind, ist bislang wenig erörtert.

Einig ist man sich darin, dass die materiellen Anordnungsvoraussetzungen des § 100a StPO gegeben sein müssen. Es wird demnach zunächst für erforderlich gehalten, dass das im Ersuchen geschilderte Verhalten einer Katalogtat nach § 100a Abs. 2 StPO entsprechen muss.[348] Bereits uneinheitlich gesehen wird, welche Prüfpflichten bestehen bzw. welche Prüfintensität die justiziellen Stellen in Deutschland walten lassen müssen, um erstens den Tatverdacht, zweitens die besondere

---

[346] *Gleß*, Das Verhältnis von Beweiserhebungs- und Beweisverwertungsverboten und das Prinzip "locus regit actum", in: Samson (Hrsg.), FS Grünwald, 1999, S. 197 (201).

[347] Zur Bedeutung der Einschränkung „in einem *vergleichbaren* innerstaatlichen Fall", siehe unten dd). Wie hier auch die Auffassung Schwedens (siehe Landesbericht, V.B.).

[348] *Schuster*, NStZ 2006, 657 (659); *Hackner/Schierholt*, Internationale Rechtshilfe in Strafsachen, 3. Aufl. 2017, Rn. 216 f.; *Vogel/Burchard*, in: Grützner/Pötz/Kreß/Gazeas (Hrsg.), Internationaler Rechtshilfeverkehr in Strafsachen, § 77 IRG, Rn. 33. Ungeklärt ist, nach welcher Methode die Prüfung der Katalogtat vorzunehmen ist, d.h. ob – entsprechend den geregelten Fällen der Voraussetzung der beiderseitigen Strafbarkeit (bei der sonstigen Rechtshilfe: §§ 66, 67 IRG, bei der Auslieferung: § 3 IRG) – eine sinngemäße Umstellung des Sachverhalts einzustellen ist (befürwortend: *Vogel/Burchard*, in: Grützner/Pötz/Kreß (Hrsg.), Internationaler Rechtshilfeverkehr in Strafsachen, § 77 IRG, Rn. 30; *Brodowski*, Verdeckte technische Überwachungsmaßnahmen im Polizei- und Strafverfahrensrecht, 2016, S. 401). Beurteilungsgrundlage der Annahme einer Katalogtat ist nach deutschem Verständnis demzufolge die faktische Beschreibung des Tatvorwurfs im Ersuchen. Folge ist ferner, dass es nicht ankommt auf die Normidentität zwischen ausländischem und inländischem Straftatbestand, den Geltungsbereich des deutschen Strafrechts (§§ 3 ff. StGB) oder außerstrafrechtliche Vorfragen nach deutschem Recht (eingehend dazu *Schierholt*, in: S/L, § 3, Rn. 3 ff.).

Schwere der Tat im Einzelfall, drittens die Subsidiaritätsvoraussetzungen und viertens die Verhältnismäßigkeit der Ermittlungsmaßnahme zu bejahen (§ 100a Abs. 1 StPO).[349]

Im Detail unerörtert ist, soweit ersichtlich, in der Rechtsprechung und in der Literatur bislang die hier entscheidende Frage geblieben, ob und inwieweit die in der deutschen StPO geltenden Beweiserhebungsbegrenzungen und Verwertungsverbote einer nationalen TKÜ für den Kernbereichsschutz (§ 100d Abs. 1 und 2 StPO) und bezüglich Berufsgeheimnisträgern (§ 160a StPO) zu beachten sind und wie diese gegenüber dem Ausland durchgesetzt werden müssen. Für eine mögliche Lösung muss auf die allgemein entwickelten Grundsätze zurückgegriffen werden.

Generell bezieht sich die h.M. in Deutschland hinsichtlich der Verpflichtungen der um Rechtshilfe ersuchten deutschen Organe im Grundsatz auf § 59 Abs. 3 IRG. Im Anwendungsbereich der RL EEA findet diese Vorschrift über § 91c IRG explizit bei der Überwachung der Telekommunikation direkt Anwendung (siehe oben). Außerhalb dessen gilt die Vorschrift unmittelbar nur für den vertragslosen Rechtshilfeverkehr,[350] ihr wird jedoch, soweit ersichtlich, ein verallgemeinerungsfähiger Rechtsgedanke entnommen. Rechtshilfe kann danach nur geleistet werden, wenn die Voraussetzungen vorliegen, unter denen deutsche Gerichte oder Behörden einander in entsprechenden Fällen Rechtshilfe leisten können. Gemeint ist damit, dass zur Umsetzung angefragter Rechtshilfe den deutschen Behörden die Instrumentarien zur Verfügung stehen, derer sie sich auch bei der Leistung von Amtshilfe für ein deutsches Strafverfahren bedienen können. Damit wird gleichzeitig zum Ausdruck gebracht, dass die innerstaatlichen Grenzen der Vornahmeermächtigung

---

[349] *Vogel/Burchard* plädieren dafür, dass mit Ausnahme des Tatverdachts die Einschätzungen des ersuchenden Staates „zu berücksichtigen" sind (*Vogel/Burchard*, in: Grützner/Pötz/Kreß/Gazeas (Hrsg.), Internationaler Rechtshilfeverkehr in Strafsachen, § 77 IRG, Rn. 33). Mehrheitlich wird wohl angenommen, dass der von der ausländischen Behörde angenommene Tatverdacht von den deutschen Justizbehörden bzw. Gerichten eigenständig nachgeprüft werden kann (OLG Hamm NStZ 2000, 666; *Schuster*, a.a.O.; *Brodowski*, Verdeckte technische Überwachungsmaßnahmen im Polizei- und Strafverfahrensrecht, 2016, S. 402; *Vogel/Burchard*, in: Grützner/Pötz/Kreß (Hrsg.), Internationaler Rechtshilfeverkehr in Strafsachen, § 77 IRG, Rn. 30). Die Gegenansicht argumentiert mit einem Erst-recht-Schluss aus dem Auslieferungsrecht, wo nach kontinental-europäischer Tradition eine Tatverdachtsprüfung nur ausnahmsweise durchgeführt wird (§ 10 Abs. 2 IRG) und in einem System international-arbeitsteiliger Strafverfolgung das Vertrauen so weit reichen muss, dass das Ergebnis der Verdachtsprüfung durch den ersuchenden Staat anerkannt wird (siehe *Böse*, in: Grützner/Pötz/Kreß/Gazeas (Hrsg.), Internationaler Rechtshilfeverkehr in Strafsachen, Vorbem. III A. 3.9, Rn. 16; *ders.*, ZIS 2014, 152, (157)). In der Praxis dürften speziell bei der TKÜ im Regelfall keine Probleme auftauchen, da das deutsche Recht keinen qualifizierten Tatverdacht voraussetzt und sich in der Regel aus dem Ersuchen die auf bestimmte Tatsachen beruhenden Grundlagen des Verdachts ergeben werden. In Zweifelsfällen ist nach Nr. 18 RiVASt zu verfahren (siehe auch unten IV.C.4.). Zum Prüfprogramm auf der Grundlage einer EEA siehe oben II.B.2.b).

[350] *Johnson*, in: Grützner/Pötz/Kreß/Gazeas (Hrsg.), Internationaler Rechtshilfeverkehr in Strafsachen, Vor § 59 IRG, Rn. 4.

insbesondere dann, wenn sie – wie bei der Informations- und Beweisgewinnungsrechtshilfe – Grundrechte umsetzen, auch auf die Leistung der Rechtshilfe durchschlagen.[351] Rechtshilfe kann deshalb nur umgesetzt werden, wenn sie sich in Einklang mit der deutschen Rechtsordnung befindet.[352] Mit anderen Worten: Einer ausländischen Behörde kann grundsätzlich nicht mehr an Rechtshilfe geleistet werden, was innerstaatlich möglich ist. Das deutsche Strafprozessrecht bildet die Grenze des Leistbaren an Rechtshilfe.[353] Letztlich wird m.E. mit § 59 Abs. 3 IRG für das deutsche Recht das locus regit actum-Prinzip der sonstigen Rechtshilfe noch einmal ausdrücklich aufgenommen und dessen Grenzen in der deutschen Auffassung zur Leistung der Rechtshilfe an ausländische Staaten konturiert. Insoweit gilt § 59 Abs. 3 IRG auch im vertraglichen Rechtshilfeverkehr, es sei denn, der vertragliche Rechtshilfeverkehr verschiebt diese Grenzen durch ausdrückliche Regelungen, wie es z.B. Art. 4 EU-RhÜbk tut, der das *forum regit actum*-Prinzip etablieren will.[354]

Aus den von § 59 Abs. 3 IRG bestimmten Grundsätzen wird gefolgert, dass Beweiserhebungs- und Beweisverwertungsverbote, die nach deutschem Strafverfahrensrecht bestehen, sich auch auf die Weitergabe an das Ausland auswirken. Sich explizit auf die verdeckten technischen Ermittlungen beziehend, führt *Brodowski* aus, dass über § 59 Abs. 3 IRG insbesondere die Vorschriften zum Schutz des Kernbereichs privater Lebensgestaltung und die insoweit begrenzte Verwendbarkeit zu beachten seien; dies wirke sich hier in Form der unzulässigen Weitergabe der Erkenntnisse an das Ausland aus.[355]

Explizit sich auf die TKÜ und akustische Wohnraumüberwachung beziehend, scheint auch *Oehmichen* davon auszugehen, dass die Rechtshilfe nicht geleistet werden kann, wenn Verletzungen des Kernbereichs privater Lebensgestaltung im Raum stehen, und zwar auch im Rahmen der Rechtshilfe innerhalb der Europäischen Union nach dem Grundsatz der gegenseitigen Anerkennung.[356]

Aus dem rechtshilferechtlichen Schrifttum lassen sich ferner folgende Stellungnahmen anführen: Nach *Güntge* stelle § 59 Abs. 3 IRG klar, dass Beweisverbote die Beweisgewinnung und die Weitergabe der Beweisergebnisse ans Ausland sperren.[357] Zu beachten ist in diesem Zusammenhang, dass der Begriff „Beweisverbot"

---

[351] *Güntge*, in: Ambos/König/Rackow (Hrsg.), Rechtshilferecht in Strafsachen, 2015, HT 4, Rn. 2.
[352] *Güntge*, a.a.O.
[353] Siehe auch *Güntge*, a.a.O., Rn. 2, 9, 18.
[354] Näher dazu unten dd); siehe zum Zusammenspiel auch instruktiv *Güntge*, a.a.O., Rn. 20, 21.
[355] *Brodowski*, Verdeckte technische Überwachungsmaßnahmen im Polizei- und Strafverfahrensrecht, 2016, S. 402 f.
[356] *Oehmichen*, StV 2017, 257, 260.
[357] *Güntge*, a.a.O., Rn. 20.

in Deutschland formell als Oberbegriff für Erhebungs- und Verwertungsverbote verwendet wird.[358] Ebenso vertritt *Lagodny*:

> „Liegt nach dem Strafprozessrecht der Bundesrepublik Deutschland ein strafprozessuales Verwertungsverbot vor, so darf schon die zugrunde liegende Information nicht an das Ausland weitergegeben werden."[359]

Diese Ansicht wird explizit für den ausnahmsweise im IRG ausdrücklich geregelten Rechtshilfefall der Herausgabe und der Beschlagnahme von Gegenständen bejaht (§§ 66, 67 IRG). Es müssten die Beweiserhebungs- und Verwertungsverbote nach einfachem deutschem Recht beachtet werden (insbesondere §§ 96, 97 StPO sowie die Beweiserhebungsverbote nach deutschem Verfassungsrecht).[360]

Zum Fall von Mitteilungen behördlich geheim gehaltener Zeugen (V-Mann) führt *Lagodny* im Zusammenhang mit der Beachtung der deutschen Beweisverbote weiter aus, dass größte Zurückhaltung bei der Weitergabe geboten sei. Im Einzelfall könne die Fürsorgepflicht gegenüber einem deutschen Staatsangehörigen die Weitergabe derartiger Informationen verbieten, wenn sie seine rechtliche oder tatsächliche Stellung in einem ausländischen Strafverfahren gerade wegen der Nichtüberprüfbarkeit und der damit verbundenen Einschränkungen der Verteidigungsmöglichkeiten verschlechtere. Auch der Schutz der persönlichen Integrität des V-Mannes dürfe bei der erforderlichen Abwägung nicht außer Betracht gelassen werden.[361]

Eine Ausnahme wird freilich gemacht, wenn es um Rechtshilfemaßnahmen gegenüber nach deutschem Recht Strafunmündigen geht, wie z.B. im Fall der Beschuldigtenvernehmung eines zur Tatzeit 11-Jährigen. Argumentiert wird damit, dass die in § 19 StGB gezogene Altersgrenze nicht aufgrund des GG oder der EMRK geboten sei und deshalb von anderen Staaten durchaus anerkennenswerte Grenzen gezogen werden können.[362] Rechtshilfe für einen solchen Ausnahmefall dürfte bei der Rechtshilfemaßnahme der TKÜ in der Praxis regelmäßig ausscheiden.

---

[358] *Gropp*, StV 1989, 216 (217); *Eisenberg*, Beweisrecht der StPO, 9. Aufl. 2015 (!), Rn. 335 m.w.N.

[359] *Lagodny*, in: S/L/G/H, § 59, Rn. 34.

[360] *Johnson*, in: Grützner/Pötz/Kreß/Gazeas (Hrsg.), Internationaler Rechtshilfeverkehr in Strafsachen, § 67 IRG, Rn. 7; *Schierholt*, in: S/L, § 66, Rn. 13; siehe auch LG Stuttgart wistra 1990, 282, 283.

[361] *Lagodny*, in: S/L/G/H, § 59, Rn. 34; zust. *Trautmann/Zimmermann*, in: S/L, § 59, Rn. 53.

[362] *Lagodny*, in: S/L/G/H, § 59, Rn. 35 f. m.w.N.; *Trautmann/Zimmermann*, a.a.O., Rn. 63; krit. *Güntge*, in: Ambos/König/Rackow (Hrsg.), Rechtshilferecht in Strafsachen, 2015, HT 4, Rn. 20.

b) Ergebnis einer stringenten Sichtweise

Im Bereich der repressiven TKÜ hat der deutsche Gesetzgeber auf der Grundlage der Rechtsprechung des Bundesverfassungsgerichts zu den besonderen Schutzanforderungen bei heimlichen Überwachungsmethoden bestimmte Mechanismen zum Schutz des Kernbereichs privater Lebensgestaltung sowie zum Schutz von bestimmten Berufs- und Personengruppen, deren Tätigkeit von Verfassungs wegen eine hohe Vertraulichkeit voraussetzt, in die Strafprozessordnung eingefügt. Wendet man die im genannten rechtshilferechtlichen Schrifttum aufgestellten Grundsätze auf die in der Fragestellung aufgeworfenen privilegierten Informationen an, müsste bei der TKÜ nach dieser Ansicht gelten,

a) dass die TKÜ nicht durchgeführt werden darf, wenn aufgrund der auf tatsächlichen Anhaltspunkten beruhenden Prognose von vornherein ausschließlich Erkenntnisse aus dem Kernbereich privater Lebensgestaltung zu erwarten sind (Erhebungsverbot nach § 100d Abs. 1 StPO),

b) Aufzeichnungen nicht weitergegeben werden dürfen, soweit bei der Auswertung der angefallenen Erkenntnisse festgestellt wird, dass der Kernbereich überwacht wurde (Verwertungsverbot nach § 100d Abs. 2 StPO),[363]

c) dass die TKÜ nicht durchgeführt werden darf, wenn ein Geistlicher, Verteidiger, Abgeordneter oder Rechtsanwalt, eine nach § 206 BRAO in eine Rechtsanwaltskammer aufgenommene Person oder einen Kammerrechtsbeistand Zielperson oder Nachrichtenmittler ist und ihnen aufgrund einer Prognose im Zusammenhang mit ihrer Berufsausübung Tatsachen anvertraut werden (Erhebungsverbot nach § 160a Abs. 1 Satz 1 StPO),

d) Aufzeichnungen nicht weitergegeben werden dürfen, wenn sich während der Durchführung der TKÜ oder nach deren Auswertung zweifelsfrei Hinweise ergeben, dass geschützte Erkenntnisse in den Fällen c) angefallen sind (absolutes Verwertungsverbot nach § 160a Abs. 1 Satz 2 StPO)[364] oder sich herausstellt, dass die genannten Berufsgeheimnisträger zufällig betroffen waren und die Erkenntnisse das besagte Vertrauensverhältnis betreffen (gleichartiges Beweisverwertungsverbot nach § 160a Abs. 1 Satz 5 StPO),

e) dass die TKÜ nicht durchgeführt werden darf, wenn sonstige Berufsgeheimnisträger i.S.d. § 53 Abs. 1 Nr. 3 bis 3b, 5 StPO (insb. Angehörige von Beratungs- und Heilberufen und Journalisten) betroffen sind und im Wege einer Prognoseentscheidung eine Verhältnismäßigkeitsprüfung gemäß § 160a Abs. 2 StPO dazu führt, dass eine TKÜ nicht angeordnet werden kann,

f) dass Aufzeichnungen nicht weitergegeben werden dürfen, wenn sich erst später eine Fallkonstellation unter e) herausstellt oder sich im weiteren Verfahren die

---

[363] Zur Systematik siehe *Bruns*, in: KK, StPO, § 100a, Rn. 39.
[364] Siehe auch *Griesbaum*, in: KK, StPO, § 160a, Rn. 7.

Tatsachengrundlage der Abwägung geändert hat (relatives Verwertungsverbot nach § 160a Abs. 2 Satz 3 StPO).[365]

Ebenfalls müssten als logische Konsequenz dieser Ansicht die in der StPO normierten Löschungspflichten gelten (für den Kernbereich privater Lebensgestaltung: § 100d Abs. 2 Satz 2 StPO, § 160a Abs. 1 Satz 2 StPO). Dies bedeutet konkret für den Fall der grenzüberschreitenden TKÜ in ihrer klassischen Form, dass der geeignete und betraute Ermittlungsbeamte vor Weitergabe der Aufzeichnung an die ersuchende Behörde die Aufzeichnung durchgehen und die unverwertbaren Erkenntnisse löschen muss.[366] In der Tat kämen dann für die deutschen Stellen erhebliche Filter- und Kontrollpflichten zu.

Für die Ansicht einer strengen Bindung der deutschen Ermittlungsorgane an die deutschen Beweisverbote spricht die Unterscheidung zwischen Vornahme- und Leistungsermächtigung einerseits und völkervertraglicher Verpflichtungen andererseits. Dies gründet auf der in Deutschland h.A., dass nationales Recht und Völkerrecht zwei verschiedene Rechtsordnungen bilden.[367] Die Nichterfüllung einer völkerrechtlichen Verpflichtung wegen entgegenstehenden innerstaatlichen Rechts wird bewusst in Kauf genommen, insbesondere dann, wenn Grundrechte entgegenstehen.[368]

Als Argument für die strenge Beachtung der deutschen Parameter für den Schutz privilegierter Informationen spricht die Rechtsprechung des Bundesverfassungsgerichts zu den verfassungsrechtlichen Anforderungen bei Anwendung heimlicher Überwachungsmethoden wie der Wohnraumüberwachung, dem Zugriff auf informationstechnische Systeme oder der Telekommunikationsüberwachung. In seinem Urteil vom 20. April 2016 zur Verfassungswidrigkeit des BKA-Gesetzes mahnte das Gericht – seine bisherige Rechtsprechung zu verdeckt technischen Ermittlungsmaßnahmen zusammenführend – erneut an, dass erstens auf der Ebene der Datenerhebung zumutbare Vorsorgemaßnahmen zu treffen sind, damit die Erfassung von kernbereichsrelevanten Situationen oder Gesprächen ausgeschlossen bleibt.[369] Gespräche mit Personen höchstpersönlichen Vertrauens, deren Umstände

---

[365] Zu diesem relativen Verwertungsverbot siehe *Bruns*, in: KK, StPO, § 100a, Rn. 44.

[366] Zur Löschungspflicht allg. *Meyer-Goßner/Schmitt*, StPO, 61. Aufl. 2018, § 100d, Rn. 8, 101, Rn. 29, § 160a Rn. 5. Eine Filterpflicht besteht auch nach schwedischem Recht, wonach Daten, die einem innerstaatlichen „legal privilege" unterliegen, nicht übermittelt werden dürfen (siehe Landesbericht Schweden, V.B.). Gänzlich anders wohl in Belgien, wo keine gesetzliche Filterpflicht im Hinblick auf die Übermittlung von TKÜ-Inhalten angenommen wird (siehe Landesbericht Belgien, V.B.1.d)). Ebenso bestehen keine Filterpflichten „privilegierter Informationen" bei eingehenden Ersuchen nach tschechischem Recht (Landesbericht Tschechien, V.B.1.).

[367] *Schweitzer*, Staatsrecht, Völkerrecht, Europarecht, 10. Aufl. 2010, Rn. 31.

[368] *Lagodny*, Die Rechtsstellung des Auszuliefernden in der Bundesrepublik Deutschland, 1987, S. 156.

[369] BVerfG NJW 2016, 1781, Rn. 126, 128.

typischerweise auf eine vertrauliche Situation hinweisen, dürfen nicht überwacht werden. In jedem Fall sei der Abbruch der Maßnahme vorzusehen, wenn erkennbar werde, dass eine Überwachung in den Kernbereich privater Lebensgestaltung eindringe.[370] Zweitens legt das Gericht den Behörden die grundsätzliche Pflicht auf, auf der Ebene der Auswertung und Verwertung kernbereichsrelevante Informationen herauszufiltern, sofern diese Informationen unvermeidbar erhoben worden sind.[371] Obwohl die Rechtsprechung des Bundesverfassungsgerichts nur auf rein nationale Verfahren Bezug nimmt, ließe sich – § 59 Abs. 3 IRG folgend (und auf den Aussagen des BVerfG aufbauend) – vertreten, dass das, was die deutschen Sicherheitsbehörden für sich selbst beachten müssen, auch im Fall der TKÜ, die für Zwecke der Unterstützung eines ausländischen Strafverfahrens durchgeführt wird, zu gelten habe.

Schließlich spricht für eine strenge Bindung an die deutschen Beweisverbote der hinter den Beweisverboten stehende allgemeine Rechtsgedanke, dass es keine Wahrheitserforschung um jeden Preis geben kann. Beweisverbote haben ihren Sinn darin, dass die strafverfahrensrechtliche Aufklärungspflicht hinter anderen Werten zurücktreten muss.[372] Zur Durchsetzung dieser Gedanken kann nichts anderes gelten, wenn statt für ein eigenes Strafverfahren der Beweis zugunsten eines ausländischen Strafverfahrens erhoben wird. Bezogen auf die Rechtshilfe dient schließlich das Beweisverbot dazu, dass die deutsche Strafverfahrensordnung nicht für sachfremde Zwecke genutzt wird, sondern die Rechtshilfe im Wertesystem des ersuchten Staates bleibt.

c) Möglichkeiten einer flexibleren Lösung

Fraglich ist, ob die strenge Anwendung der deutschen Beweisverbote (Beweiserhebungs- und Beweisverwertungsverbote) wie sie für rein nationale Strafverfahren gelten auch im Bereich rechtshilferechtlicher Leistungen vollzogen werden muss oder ob nicht andere, flexiblere – auch noch mit der Verfassung vereinbare – Lösungen denkbar sind.

aa) Negativfolgen einer stringenten Sichtweise und Wertungswidersprüche

Negative Konsequenz einer engen Ansicht ist, dass sämtliche Beweisverbote der deutschen Rechtsordnung bei der Beweisaufnahme für die Rechtshilfe in irgendeiner Weise zu berücksichtigten wären. Dies würde zu einem Totalexport deutschen Beweisrechts führen – ein Ergebnis, das nicht gewollt sein kann. Denn in Deutsch-

---

[370] BVerfG NJW 2016, 1781, Rn. 128.
[371] BVerfG NJW 2016, 1781, Rn. 129. Bei der TKÜ sei, so das Gericht, anders als bei der Wohnraumüberwachung oder der Online-Durchsuchung, nicht unbedingt die Sichtung der erfassten Daten durch eine unabhängige Stelle erforderlich (BVerfG, a.a.O., Rn. 240).
[372] *Eisenberg*, Beweisrecht der StPO, 10. Aufl. 2017, Rn. 330.

land ist die Annahme von Beweisverwertungsverboten äußerst komplex. Sie folgen keiner einheitlichen Dogmatik. Einigkeit besteht nur hinsichtlich der Nomenklatur der Beweisverwertungsverbote, nicht jedoch hinsichtlich ihres Eingreifens. Häufig führt erst ein Bewertungsakt zu deren Annahme. Dieser wird in der Regel erst in einem späteren Stadium der Beweisaufnahme durch das erkennende Gericht in der Hauptverhandlung oder sogar erst im Revisionsverfahren vollzogen,[373] z.B. indem geprüft wird, ob es sich bei den Erkenntnissen wirklich um solche des Kernbereichs privater Lebensgestaltung handelt oder ob die Verhältnismäßigkeit gegen die Verwertung von Erkenntnissen spricht, die bei den nur relativ geschützten Berufsgeheimnisträgern des § 160a Abs. 2 StPO entstanden sind. In vielen Fällen kann der Beweis deshalb erhoben werden und erst in der späteren Phase der Beweiswürdigung wird über die Verwertbarkeit entschieden. Für die TKÜ hat es das BVerfG ausdrücklich für verfassungsrechtlich zulässig erachtet, dass die Telekommunikation zunächst automatisiert aufgezeichnet und erst zu einem späteren Zeitpunkt ausgewertet wird, selbst wenn dadurch vorab (auch) kernbereichsrelevante Gespräche aufgezeichnet und erst dann gelöscht werden, wenn deren Kernbereichsrelevanz erkannt wird.[374] In konsequenter Anwendung des § 59 Abs. 3 IRG dürfte deshalb der Beweis nicht nur erhoben, sondern auch an die ausländische Behörde übermittelt werden, da in einem rein innerstaatlichen Fall dasselbe möglich wäre.

Dieser Gleichbehandlungsgedanke muss insbesondere im Anwendungsbereich der RL EEA gelten. Hier gibt der Grundsatz der gegenseitigen Anerkennung die Marschrichtung vor. Zum Ausgangspunkt des Grundsatzes der gegenseitigen Anerkennung gehört implizit, dass der angeordneten Zwangsmaßnahme (hier:) TKÜ zu entsprechen ist, egal ob eine entsprechende Maßnahme nach rein innerstaatlichem Recht unzulässig wäre.[375] Art. 9 Abs. 1 der RL bringt den Grundsatz der gegenseitigen Anerkennung nochmals besonders zum Ausdruck, wonach die Vollstreckungsbehörde die Vollstreckung einer EEA in derselben Weise und unter denselben Modalitäten gewährleistet, als wäre die betreffende Ermittlungsmaßnahme von einer Behörde des Vollstreckungsstaates angeordnet worden. Eine Nichtvollstreckung oder ein Aufschub ist nur unter den in der RL EEA gegebenen Gründen möglich. Eine Nichtweitergabe aufgrund grundrechtlich bedingter Beweisverbote gehört aber gerade nicht zu den Versagungsgründen.

Für eine (vorläufig) erlaubte Weitergabe der Informationen spricht ferner, dass – wollte man alle deutschen Beweisverwertungsverbote vor der Übertragung prüfen – die Funktionsfähigkeit der Rechtshilfe gefährdet wäre. Denn es müssten u.U. lange Prüfprozeduren vorgeschaltet sein, bis eine Übermittlung des Beweismate-

---

[373] Vgl. *Bruns*, in: KK, StPO, § 100a, Rn. 39.

[374] BVerfGE 129, 208 (245 ff.); *Brodowski*, Verdeckte technische Überwachungsmaßnahmen im Polizei- und Strafverfahrensrecht, 2016, S. 190.

[375] *Zimmerman/Glaser/Motz*, EuCLR 2011, 56 (60).

rials erfolgen kann. Die Frage ist dann auch, wer darüber entscheiden soll (Bewilligungsbehörde? /Vornahmegericht?). Aus praktischer Sicht besteht das Problem, dass deutsche Stellen möglicherweise wegen der verwendeten Sprache gar nicht in der Lage sind, das (mitunter umfangreiche) aufgenommene Beweismaterial seinem Inhalt nach zu prüfen, sondern erst im Zusammenwirken mit den ausländischen Beamten und von diesen bestellten speziellen Dolmetschern oder Übersetzern eine sachgerechte Beurteilung der Kommunikationsinhalte möglich ist.

Zu berücksichtigen ist schließlich, dass eine stringente Sichtweise zu zwei Wertungswidersprüchen führt. Erstens widerspricht sie den Aussagen zum Charakter der internationalen Zusammenarbeit in Strafsachen (1), und zweitens den Leitlinien zum Umgang mit im Ausland erhobenen Beweismitteln im Fall der ausgehenden Rechtshilfe, also dem hier in Rede stehenden umgekehrten Fall (2).

1. Eine Eins-zu-eins-Übertragung der strengen Maßstäbe für ein deutsches Strafverfahren auf die grenzüberschreitende Zusammenarbeit widerspricht den Aussagen des Bundesverfassungsgerichts zur internationalen Zusammenarbeit in Strafsachen. Zwar betont das Gericht, dass die deutsche Staatsgewalt bei der Leistung von Rechtshilfe bzw. der Übermittlung personenbezogener Daten an ausländische Stellen an die Grundrechte gebunden ist (Art. 1 Abs. 3 GG).[376] Allerdings weist das Gericht im Gegenzug darauf hin, dass mit Blick auf die Achtung fremder Rechtsordnungen und -anschauungen eigene verfassungsrechtliche Bedingungen und Grenzen der Datenübermittlung gelten.[377] Begründet wird dies einmal mit dem Argument der Völkerrechtsfreundlichkeit und Offenheit des Grundgesetzes, das an mehreren Stellen (Präambel. Art. 1 Abs. 2, 9 Abs. 2, Art. 16 Abs. 2, Art. 23–26 und Art. 59 Abs. 2 GG) von der Einbindung der Bundesrepublik Deutschland in die internationale Gemeinschaft ausgehe.[378] Ferner seien verfassungsrechtliche Maßstäbe wegen des gegenseitigen Interesses am bestehenden zwischenstaatlichen Rechtshilfeverkehr sowie der außenpolitischen Handlungsfreiheit der Bundesregierung einzuschränken.[379] Konkret folgert das BVerfG daraus, dass eine Rechtshilfeleistung unzulässig ist, wenn im ersuchenden Staat der nach Art. 25 GG in Deutschland verbindliche völkerrechtliche Mindeststandard und die unabdingbaren verfassungsrechtlichen Grundsätze ihrer öffentlichen Ordnung nicht mehr gewährleistet sei.[380] Im Fall der Übermittlung von Daten an das Ausland stellte das BVerfG klar, dass diese unterbleiben müssen, wenn elementare rechtsstaatliche Grund-

---

[376] BVerfG NJW 2016, 1781, Rn. 326.
[377] BVerfG NJW 2016, 1781, Rn. 324, 327 ff.
[378] BVerfGE 63, 332 (337), E 75, 1 (16, 19); NJW 2005, 3483; NJW 2016, 1781, Rn. 325; siehe auch *Pohl*, Vorbehalt und Anerkennung, 2009, S. 105.
[379] BVerfG NVwZ 2003, 1499; NJW 2016, 1781, Rn. 325.
[380] BVerfGE 59, 280 (283); E 63, 332 (337); E 75, 1 (16, 19).

sätze verletzt werden. Keinesfalls dürfe der Staat seine Hand zu Verletzungen der Menschenwürde reichen.[381]

Zwar ist die Rechtsprechung auf die Frage der Behandlung des Betroffenen nach einer Rechtshilfeleistung durch die Bundesrepublik Deutschland (z.B. Übergabe einer auszuliefernden Person) bzw. den Umgang personenbezogener Daten nach Übermittlung im ausländischen Staat gerichtet, aus den Aussagen lässt sich jedoch ableiten, dass das Gericht die Frage, wie deutsche Grundrechtsstandards im grenzüberschreitenden Rechtshilfeverkehr zur Geltung kommen können, bisher noch nicht konkretisiert hat. Das Gericht forderte zwar Schutzmechanismen für rein inländische Verfahren, übertrug diese aber bisher nicht auf auslandsbezogene Fallkonstellationen. Ferner geht das Gericht in seiner rechtshilferechtlichen Rechtsprechung davon aus, dass nur ein eingeschränkter Prüfungsmaßstab anzuwenden ist, d.h. deutsche Stellen müssen lediglich die Gewährleistung grundrechtlicher Mindeststandards – die unabdingbaren Grundsätze der deutschen verfassungsmäßigen Ordnung – sicherstellen.[382] Ob sogar eine weitere Abschwächung der Maßstäbe denkbar ist, wenn mit Mitgliedstaaten der Europäischen Union kooperiert wird, bleibt zudem ungeklärt.[383]

Verallgemeinernd muss in diesem Zusammenhang letztlich der Blick auf die Rechtsnatur der Rechtshilfe gerichtet werden. Davon hängt es auch ab, wie stark man den Individualschutz im Rahmen der Dreidimensionalität der Rechtshilfe (ersuchender Staat – ersuchter Staat – betroffenes Individuum) positioniert.[384] Sieht man die Rechtshilfe als Akt der eigenen Strafrechtspflege,[385] so führt dies naturgemäß zu einem Export des im deutschen Strafverfahrensrecht verankerten Individualschutzes. Eine ähnlich starke Position des Individuums sieht das von *Schomburg* und *Lagodny* entwickelte Modell des „international-arbeitsteiligen Strafverfahrens" vor.[386] Die h.M. in Deutschland sieht dagegen die Rechtshilfe als Unterstützung eines ausländischen Strafverfahrens

---

[381] BVerfG NJW 2016, 1781, Rn. 328.

[382] Siehe auch Argumentation der Bundesregierung in BVerfG, Beschl. v. 21.6.2016 – 2 BvR 637/09 –, juris, Rn. 9.

[383] Ausdrücklich offen gelassen in BVerfG NJW 2016, 1781, Rn. 323; zur Übertragung der neueren Rechtsprechung des BVerfG zur Identitätskontrolle im Rahmen des Europäischen Haftbefehls auf die sonstige Rechtshilfe auf der Grundlage der EEA siehe *Meyer*, HRRS 2016, 332, 337.

[384] Die herrschende neuere Lehre geht (insoweit) übereinstimmend vom sog. dreidimensionalen Ansatz der Rechtshilfe aus. Danach ist das Individuum nicht nur formellverfahrensmäßig als Objekt der Rechtshilfe zwischen den beteiligten Staaten zu betrachten (so der frühere klassische zweidimensionale Ansatz), sondern ist materiell-rechtlich auch Rechtssubjekt. Das Individualschutzprinzip ist deshalb zu beachten.

[385] Grundlegend im deutschen Sprachraum *Lammasch*, Auslieferungsrecht und Asylrecht, 1887, S. 29, 36.

[386] S/L, Einleitung, Rn. 145 ff.

an ("Rechtshilfetheorie").[387] Sie versucht, in rechtshilferechtlichen Fragen stärker einen Ausgleich zwischen völkerrechtlichen Verpflichtungen, Grund- und Menschenrechtsschutz, staatsrechtlichen Erwägungen und der Einhaltung strafverfahrensrechtlicher Dogmen anzustreben.[388] In diesem Zusammenhang wird deshalb auch davon gesprochen, dass in der Rechtshilfe pragmatische Lösungsansätze zu fordern sind.[389] Inwieweit der Individualschutz jedoch konkret auszugestalten ist, ist im Einzelnen bisher im Schrifttum ungeklärt.[390] Das Bundesverfassungsgericht hat sich, soweit ersichtlich, noch nicht dezidert zu den rechtshilferechtlichen Modellen geäußert, seine Rechtsprechung zu den eigenen verfassungsrechtlichen Bedingungen und Grenzen im Falle des Eintretens der Bundesrepublik Deutschland in den Verbund internationaler Strafverfolgung deutet jedoch in die Richtung der „Rechtshilfetheorie".

2. Ein weiterer Wertungswiderspruch ergibt sich, wenn man sich den umgekehrten Fall der ausgehenden Rechtshilfe (Deutschland als ersuchender Staat) betrachtet. Hier ist es nach einhelliger Auffassung so, dass sich die Zulässigkeit der Verwertung eines im Wege der Rechtshilfe gewonnenen Beweises nach der für das erkennende Gericht geltenden Verfahrensordnung richtet.[391] Die Verwertbarkeit eingehender Beweise richtet sich also nach dem Prinzip *forum regit actum*. Die h.M. folgert daraus auch, dass die Verletzung oder Einhaltung des ausländischen Verfahrensrechts grundsätzlich unerheblich für die Bewertung eines Verwertungsverbots nach deutschem Recht ist.[392] Die Grenze zieht der BGH dadurch, dass er verlangt, dass die Beweiserhebung im Ausland grundlegenden rechtsstaatlichen Anforderungen genügt, d.h. in der Sache nach kein Widerspruch zum deutschen *ordre public* (entsprechend § 73 IRG) besteht.[393]

Dies führt dazu, dass stärker zwischen Erhebungs- und Verwertungsphase unterschieden werden sollte. Wenn sich Deutschland das Recht zugesteht, die Beweiserhebung im Ausland als grundsätzlich unbeachtlich anzusehen, und diese durch eigene Wertungen des deutschen Rechts überlagert,[394] fragt sich, warum dieses Recht nicht auch dem ausländischen Staat zuzugestehen ist, wenn

---

[387] Siehe *Böse*, ZIS 2014, 152 (152 f.).

[388] *Fabbri/Furger*, ZStrR 2010, 394 (401); siehe auch *Gleß*, Das Verhältnis von Beweiserhebungs- und Beweisverwertungsverboten und das Prinzip „locus regit actum", in: Samson (Hrsg.), FS Grünwald, 1999, S. 197 (199).

[389] *Gleß*, a.a.O.

[390] Zum Meinungsspektrum der konkreten Positionierung des Individualschutzprinzips in der dreidimensionalen Sichtweise, siehe auch *Fabbri/Furger*, ZStrR 2010, 394 (401–403).

[391] St. Rspr. BGH NStZ 1992, 394; *Gleß*, a.a.O., (202) m.w.N.

[392] *Böse*, ZStW 114 (2002), 148 (150 f). Für den Bereich der TKÜ nun ausdrücklich sogar BGHSt 58, 32. Siehe auch *Brodowski*, Verdeckte technische Überwachungsmaßnahmen im Polizei- und Strafverfahrensrecht, 2016, S. 392 f.

[393] Siehe auch *Brodowski*, a.a.O.

[394] *Böse*, a.a.O. (151).

sich dieser in derselben Position wie Deutschland befindet, also ersuchender Staat ist. Diese Sichtweise führt dazu, dass stärker Schutzmechanismen für die Verwertungsphase als für die Erhebungsphase in den Blick zu nehmen sind.

bb) Zwischenfazit und Parameter

Als Zwischenfazit lässt sich festhalten, dass gegenwärtig die genauen Grenzen einer Informationsübermittlung per Telekommunikationsüberwachung an ausländische Stellen kaum durchdacht worden sind. Insbesondere bleibt unklar, welche Schutzpflichten deutsche Stellen haben, deutsche Beweisverbotsstandards auch im Rahmen der grenzüberschreitenden Zusammenarbeit durchzusetzen bzw. wie diese Schutzpflichten auszugestalten sind.[395] Das Bundesverfassungsgericht hat diese Frage, soweit ersichtlich, bisher nicht entscheiden müssen.[396] Die rechtshilferechtliche Literaturansicht der stringenten Anwendung deutscher Beweisverbote mit der Folge einer Weitergabesperre ist vornehmlich für offene Ermittlungsmaßnahmen entwickelt worden. Hier kann der Betroffene vor Beweiserhebung noch Einfluss auf die Beweisaufnahme nehmen, wie z.B. bei einer Beschlagnahme oder bei einer Zeugenvernehmung, bei der einer Person ein Zeugnisverweigerungsrecht zusteht. Mögliche Beweisverbote können hier im Vorfeld über den Rechtsschutz nach § 61 IRG oder die Integrationslösung des BVerfG gerichtlich festgestellt werden. Keine Rolle spielte hier die für die heimlichen Überwachungsmethoden wichtige Frage, zu welchem Zeitpunkt das Beweisverbot betrachtet werden soll: ex ante zur Zeit der Anordnung der Maßnahme, ex ante zum Zeitpunkt vor Übermittlung oder gar erst ex post nach Weitergabe (z.B. bei gerichtlicher Feststellung eines Beweisverwertungsverbots nach Benachrichtigung des Betroffenen und dessen anschließender Einlegung eines Rechtsbehelfs)?

Feststellen lassen sich lediglich einige Parameter, innerhalb derer ein Ausgleich zwischen den widerstreitenden Interessen bei konkreter Anwendung der Maßnahme zu suchen ist. Diese Parameter lassen sich wie folgt skizzieren:
– Rechtshilferechtlich:
  – Die Funktionsfähigkeit der Rechtshilfe, die Notwendigkeit zwischenstaatlicher Beziehungen sowie das Interesse an internationaler Verbrechensbekämpfung sind ebenso als Werte zu beachten, wie die grund- und menschenrechtliche Position des Individuums.[397]

---

[395] Auf das Problem sinngemäß hinweisend auch *Trautmann*, in: S/L, II D 1, Art. 34, Rn. 3.

[396] Konkret offen gelassen auch bei BVerfG, Beschl. v. 21.6.2016 – 2 BvR 637/09 –, juris, Rn. 35.

[397] Siehe auch BVerfG NJW 2016, 1781, Rn. 102; BVerfG, Beschl. v. 18.2.2016 – 2 BvR 2191/13, Rn. 21; BT-Drucks. 18/9757, S. 79.

- Beachtung der unionsrechtlichen und sogar völkerrechtlichen Verpflichtung, grenzüberschreitende TKÜs sowohl in klassischer Form als auch in Echtzeit durchzuführen (Art. 30 RL EEA und Art. 18 EU-RhÜbk).

- Bei der internationalen Kooperation in Strafsachen ist von einem Vertrauensprinzip auszugehen, das die rechtshilferechtlichen Beziehungen zwischen den Staaten beherrscht und vor allem dann eine Leitmaxime darstellt, wenn sich Staaten durch einen Rechtshilfevertrag gebunden haben.[398] Im Anwendungsbereich der RL EEA ergibt sich das Vertrauensprinzip als immanenter Bestandteil des Grundsatzes der gegenseitigen Anerkennung.

- Aufgrund dieser Interessen sowie der Völkerrechtsfreundlichkeit und Offenheit des Grundgesetzes können Abstriche vom strengen Grundrechtsschutz für rein nationale Strafverfahren gemacht werden, wenn mit ausländischen Staaten kooperiert wird. Die Eigenständigkeit der anderen Rechtsordnung ist zu berücksichtigen. Dass die deutsche Rechtsordnung bei ausländischen Rechtshilfeersuchen auf eine andere Rechtsordnung trifft, deren Abgrenzungslinien, Kategorien und Wertungen mit denen der deutschen Rechtsordnung und auch des Grundgesetzes nicht identisch sind, steht einer Informationsübermittlung nicht von vornherein entgegen.[399] Deutsche Behörden können den Empfängerbehörden bei der Übermittlung Verwendungsbeschränkungen klar und ausdrücklich mitteilen.[400]

- Verletzungen von Grundrechten während der Beweisaufnahme in Deutschland können durch die Rechtshilfe nicht unbeachtlich werden. Grundrechtsverstöße können durch die internationale Rechtshilfe in Strafsachen nicht perpetuiert werden. Deutschland ist auch für die Datennutzung und -verwendung im Ausland verantwortlich.[401] Durch die rechtshilferechtliche Maßnahme, die Übermittlung von Informationen und deren Verwendung im Ausland darf der deutsche Grundrechtsschutz nicht in seiner Substanz ausgehöhlt werden.[402]

- Elementare rechtsstaatliche Grundsätze dürfen im Empfängerstaat nicht verletzt werden.[403] Keinesfalls darf der deutsche Staat seine Hand zu Verlet-

---

[398] BVerfG NVwZ 2004, 1499 = JZ 2004, 141; siehe zur Bedeutung des Vertrauensprinzips auch *Gleß/Wahl/Zimmermann*, in: S/L, § 73 IRG, Rn. 10.

[399] BVerfGE 108, 238 (247 f.); BVerfG NJW 2016, 1781, Rn. 331; BVerfG, Beschl. v. 21.6.2016 – 2 BvR 637/09 –, juris, Rn. 33.

[400] BVerfG NJW 2016, 1781, Rn. 331.

[401] Siehe dazu auch BVerfG NJW 2016, 1781, Rn. 104 ff.; BVerfG, Beschl. v. 21.6.2016 – 2 BvR 637/09 –, juris, abweichende Meinung (Richter Huber), Rn. 28, wonach die Rechtshilfe einen Hebel gibt, den Wertungen des Grundgesetzes zum Durchbruch zu verhelfen. Offen gelassen kann bleiben, ob sich die Bundesrepublik Deutschland die Datenverwertung im Ausland voll zurechnen lassen muss (siehe dazu die Gegenargumentation der Bundesregierung im genannten letzteren Urteil, Rn. 9).

[402] BVerfG NJW 2016, 1781, Rn. 327;

[403] BVerfG, Beschl. v. 21.6.2016 – 2 BvR 637/09 –, juris, Rn. 34.

zungen der Menschenwürde reichen.[404] Deutsche Stellen müssen sich bei Übermittlung der Daten an das Ausland über den rechtsstaatlichen Umgang mit diesen Daten im Empfängerland vergewissern.[405]

- National(verfassungs)rechtlich:
  - Überwachungs- und Ermittlungsmaßnahmen, die meistens ohne Kenntnis des Betroffenen durchgeführt werden, können tief in die Privatsphäre eingreifen und haben in aller Regel ein schwerwiegendes Eingriffsgewicht.[406]
  - Es sind sowohl materiell-rechtliche als auch verfahrensrechtliche Vorkehrungen zu treffen, damit der Eingriff verhältnismäßig ist.[407]
  - Der Kernbereich privater Lebensgestaltung beansprucht gegenüber allen Überwachungsmaßnahmen Beachtung.[408]
  - Der Kernbereichsschutz muss auf Datenerhebungs- und Datenverwertungsebene stattfinden; die unbeabsichtigte Miterfassung von Kernbereichsinformationen ist nach Möglichkeit im Vorfeld auszuschließen, die Folgen eines dennoch unvermeidbaren Eindringens in den Kernbereich privater Lebensgestaltung sind zu minimieren.[409]
  - Heimliche Überwachungsmaßnahmen gegenüber bestimmten Berufs- und anderen Personengruppen, deren Tätigkeit von Verfassungs wegen eine besondere Vertraulichkeit voraussetzt, unterliegen eigenen verfassungsrechtlichen Grenzen. Diese Berufs- und Personengruppen müssen nicht von vornherein von der Überwachungsmaßnahme ausgenommen werden, der Schutz der Vertraulichkeit der Kommunikation ist aber zu gewährleisten.[410]

cc) Übertragung der Parameter auf die Beweisverbote der TKÜ

Die Beachtung der bei einer grenzüberschreitenden TKÜ in Rede stehenden Beweisverbote muss sich nach hiesiger Ansicht innerhalb des unter bb) beschriebenen Rahmens bewegen. Entscheidend ist m.E. die Einhegung von materiell-rechtlichen und verfahrensrechtlichen Sicherungen auch im Rahmen der grenzüberschreitenden TKÜ-Maßnahmen. Sie bilden den Grundpfeiler der verfassungsrechtlichen Rechtsprechung zur verhältnismäßigen Anwendung heimlicher Überwachungsmethoden.

---

[404] BVerfG Beschluss v. 15.12.2015 – 2 BvR 2735/14 –, Rn. 62.
[405] BVerfG NJW 2016, 1781, Rn. 335. Allerdings hat das Urteil offengelassen, ob diese Grundsätze auch für den Datenaustausch mit Mitgliedstaaten der Europäischen Union gelten (!) – siehe BVerfG a.a.O., Rn. 323.
[406] BVerfG NJW 2016, 1781, Rn. 92.
[407] BVerfG NJW 2016, 1781, Rn. 104 ff.; BVerfG, Beschl. v. 21.6.2016 – 2 BvR 637/09 –, juris, abweichende Meinung (Richter Huber), Rn. 10 m.w.N.
[408] BVerfG NJW 2016, 1781, Rn. 123.
[409] BVerfG NJW 2016, 1781, Rn. 126 m.w.N.
[410] BVerfG NJW 2016, 1781, Rn. 132

Nach hiesiger Ansicht sind jedoch die Besonderheiten der Rechtshilfe sowie auch der Charakter der Rechtshilfe als Unterstützung für ein ausländisches Strafverfahren in den Zusammenhang zu bringen. Dadurch lassen sich auch bei zeitnaher Übermittlung von Gesprächsinhalten sowohl die Interessen des Betroffenen bezüglich des Eingriffs in seine Grundrechte und die Rechtsstaatlichkeit als auch die Interessen an einer effektiven Kriminalitätsbekämpfung und der Funktionsfähigkeit der Rechtshilfe bewahren.

(1) Materiell-rechtlich zu beachten sind sicherlich genügender Anlass und Zweckbindung der Maßnahme sowie die Begrenzung auf hinreichend gewichtige Rechtsgüter.[411] Diese Sicherungen sind bereits in § 100a StPO berücksichtigt. Die Beurteilung, ob ein genügender Anlass besteht (Tatverdacht), der Zweck der Maßnahme gegeben ist und gewichtige Rechtsgüter (Vorliegen einer Katalogtat) betroffen sind, ergibt sich aus dem Rechtshilfeersuchen bzw. der EEA. Ist einer der genannten Aspekte negativ zu beurteilen, besteht ein Beweisverbot *vor* Durchführung der Maßnahme.

Im Anwendungsbereich der EEA stellt sich freilich die Frage, ob in einem System der gegenseitigen Anerkennung von Entscheidungen, das auf gegenseitigem Vertrauen basiert, noch eine Verdachtsprüfung durch die vollstreckende Behörde bzw. das vollstreckende Gericht vorgenommen werden kann.[412] Eine Prüfung in derselben Intensität wie in einem rein innerstaatlichen Verfahren nach den Vorgaben des Bundesverfassungsgerichts[413] würde den Grundsatz konterkarieren. Wie in der Praxis des Europäischen Haftbefehls sind deutsche Stellen aber nicht gehindert, eine Plausibilitätsprüfung vorzunehmen.[414] Sind die Ausführungen im Formblatt dünn, so ist der bisherigen Rechtspraxis folgend beim Anordnungsstaat nachzufragen und um ergänzende Informationen zu bitten (Nr. 18 RiVASt). Fraglich ist im Bereich der TKÜ mithin die praktische Relevanz, da das deutsche Recht als Voraussetzung für die Durchführung einer TKÜ nach § 100a StPO – ungeachtet des Vorliegens einer Katalogtat – keinen „qualifizierten" Tatverdacht voraussetzt und sich anhand der vom Anordnungsstaat angegebenen Begründung für den Erlass einer EEA in der Regel kein Anlass für eine Verdachtsprüfung durch den Vollstreckungsstaat ergibt.

(2) Als besondere rechtshilferechtliche materiell-rechtliche Grenze sollte außerdem der *ordre public*-Grundsatz in Ansatz gebracht werden. In der Rechtsprechung bildet er eine entscheidende Grenze einer Rechtshilfeleistung, wenn besondere

---

[411] Für rein nationale Verfahren siehe BVerfGE 128, 1 (47); BVerfG NJW 2016, 1781, Rn. 105 ff.
[412] Zur Diskussion *Böse*, ZIS 2014, 152 (157) m.w.N. Siehe auch oben Fn. 349.
[413] BVerfGE 103, 142 (151).
[414] BT-Drucks. 18/9757, S. 31; *Böhm*, NJW 2017, 1512 (1513); *Oehmichen/Weißenberger*, StraFo 2017, 316 (322); *Schuster*, StV 2015, 393 (396); weitergehend *Heydenreich*, StraFo 2012, 439 (442).

Rechtshilfevoraussetzungen (z.B. Voraussetzung der beiderseitigen Strafbarkeit) nicht eingreifen. Wie oben ausgeführt, gilt die *ordre public*-Grenze insbesondere auch für die Verwertbarkeit von im Ausland gewonnenen Beweismitteln in einem deutschen Strafverfahren. Ungeachtet der Erheblichkeit der Beweiserhebung, führt ein Verstoß des gewonnenen Beweises gegen den *ordre public* zu einem Ausschluss des Beweises in der *Verwertungsphase*. Diese *ordre public*-Grenze kann spiegelbildlich auf den hier zu entscheidenden Fall angewendet werden, bei dem Rechtshilfe für einen anderen Staat durchgeführt wird. Ebenso wie bei an Deutschland geleisteter Rechtshilfe könnte der *ordre public* als Grenze für die *Verwertung* des Beweises im ersuchenden Staat herangezogen werden. Spiegelbildlich folgt daraus, dass die Übermittlung aller Inhalte der auf deutschem Hoheitsgebiet vorgenommenen TKÜ an die ausländische (ersuchende) Behörde zulässig wäre, sofern sie nicht dem deutschen *ordre public* widersprechen.[415]

Der *ordre public* ist eine allgemeine Zulässigkeitsgrenze im Hinblick auf die Rechtshilfehandlung (Art. 2 lit. b) EuRhÜbk, § 73 IRG).[416] Er wird regelmäßig auf das gesamte Rechtshilfe- und Strafverfahren bezogen und würde nach der hier vorgeschlagenen Lösung auf die Einzelmaßnahme, die TKÜ, angewendet. Damit soll nicht zum Ausdruck gebracht werden, dass jegliche Vornahme der TKÜ generell nur noch unter einen *ordre public*-Vorbehalt gestellt wird. Das *ordre public*-Kriterium würde es jedoch ermöglichen, dass aus Gründen der Funktionsfähigkeit der Rechtshilfe und der Praktikabilität eine möglichst effektive Übermittlung von Informationen ins Ausland in rechtsförmiger Weise zugelassen werden kann.

Das *ordre public*-Kriterium besagt, dass Deutschland eine Sperre der Rechtshilfe annimmt, wenn grundlegende rechtsstaatliche Anforderungen nicht erfüllt wurden oder der von der nationalen Rechtsordnung vorgegebene Mindeststandard unterschritten ist.[417]

Was im Einzelnen zum deutschen *ordre public* zählt, ist nicht abschließend festgelegt. Bestimmt wird er für einen Sachverhalt nur im Einzelfall.[418] Der deutsche *ordre public* umfasst vor allem den Kerngehalt der Grund- und Menschenrechte und grundrechtsgleichen Rechte, sowie die Grundsätze der Rechtsstaatlichkeit, einschließlich der Verhältnismäßigkeit und eines Minimums an Verfahrensgerech-

---

[415] Auch *Trautmann* schlägt eine Lösung über die ordre public-Vorschriften vor, wenn es um die Frage nach der Beachtung der im Vornahmestaat geltenden Datenverwendungsregelungen oder Löschungspflichten (vgl. §§ 101, 477 Abs. 2 Satz 2 StPO) durch den ersuchenden Staat geht (S/L, II D 1, Art. 34 Rn. 4).Vgl. auch *Trautmann/Zimmermann*, in: S/L, § 59 IRG, Rn. 36.

[416] *Ahlbrecht/Schlei*, StraFo 2013, 265 (267).

[417] *Schädel*, Die Bewilligung internationaler Rechtshilfe in Strafsachen in der Europäischen Union, 2005, S. 209 f.

[418] *Schädel*, a.a.O., S. 210.

tigkeit.[419] Ferner zu nennen sind die wesentlichen Normen der EMRK als Bestandteil auch des nationalen *ordre public*.[420]

Sicherlich müssen die absoluten Beweiserhebungs- und Beweisverwertungsverbote im Hinblick auf den Kernbereich privater Lebensgestaltung dazu gezählt werden, da sie den Kernbereich grundrechtlicher Gewährleistungen einfachgesetzlich umsetzen. Auch die in § 160a Abs. 1 StPO geschützten Rechte der genannten Berufsgeheimnisträger müssen als *ordre public* betrachtet werden, da sie Ausdruck des fair trial-Grundsatzes (Art. 6 EMRK) sind. Ob auch andere Beweisverbote im Zusammenhang mit der TKÜ zu den wesentlichen Grundsätzen der deutschen Rechtsordnung zählen (z.b. Nichteinhaltung des Subsidiaritätsgrundsatzes), kann wohl nur anhand des Einzelfalls beurteilt werden. In diesem Zusammenhang ist jedoch zu beachten, dass jedenfalls Grundsätze rechtsstaatlichen Verfahrens verletzt wären, wenn gesetzliche Befugnisse des deutschen Rechts gezielt umgangen oder offensichtlich missachtet worden sind.[421]

Berücksichtigt man diese Überlegungen, böte sich folgende Differenzierung für die TKÜ in klassischer Form an:

1. Bestehen vor Durchführung der TKÜ tatsächliche Anhaltspunkte, dass die Beweiserhebung nach deutschem Recht nicht zulässig ist, muss die Rechtshilfemaßnahme abgelehnt werden. Im Kernbereichsschutz betrifft dies vor allem den – praktisch wenig relevanten – Fall, dass aufgrund der Prognose anzunehmen ist, dass – allein (d.h. ausschließlich) – Erkenntnisse aus dem Kernbereich erlangt würden.[422]

2. Liegen keine solchen Bedenken vor, kann die Maßnahme durchgeführt werden. Allerdings besteht eine Fürsorgepflicht der zuständigen Ermittlungsbehörde, Verstöße gegen den deutschen *ordre public* vor der Leistung der Rechtshilfe zu berücksichtigen. Lässt sich in zumutbarer und praktikabler Weise feststellen, dass Erkenntnisse gewonnen worden sind, die in Deutschland unter *ordre public*-Gesichtspunkten nicht verwertet werden dürfen (z.B. weil sie den Kernbereich privater Lebensgestaltung betreffen), ist die für die Rechtshilfe verantwortliche deutsche Behörde (in der Regel: die Staatsanwaltschaft) verpflichtet, die Leistung der Rechtshilfe insoweit abzulehnen.

3. Ersieht die deutsche Stelle keine Beweisverbote, kann die Maßnahme durchgeführt und die Information übermittelt werden. Wird aber nachträglich durch eine anderslautende Entscheidung eines deutschen Gerichts festgestellt, dass – wäre die TKÜ für ein deutsches Verfahren durchgeführt worden – ein Beweis-

---

[419] BVerfGE 63, 366 (377 f.).
[420] *Schädel*, Die Bewilligung internationaler Rechtshilfe in Strafsachen in der Europäischen Union, 2005, S. 210.
[421] Siehe dazu auch *Zietsch*, Kriminalistik 1996, 129 (131).
[422] Siehe *Bruns*, in: KK, StPO, § 100a, Rn. 38.

verwertungsverbot bestünde, und unterfällt dieses dem *ordre public* (Stichworte: Kernbereichsschutz, Vertraulichkeit der Kommunikation mit absolut geschützten Rechtsträgern), ist Deutschland seiner Verpflichtung, dafür Sorge zu tragen, dass der deutsche *ordre public*-Standard auch im ausländischen Strafverfahren gewahrt bleibt, nicht enthoben.

Als besonderer rechtshilferechtlicher Schutzmechanismus in verfahrensrechtlicher Hinsicht bietet sich hier an, dass im Wege der Stellung von *Bedingungen* dafür Sorge getragen wird, die Verwendung von entsprechenden Erkenntnissen im ausländischen Verfahren zu begrenzen. Bedingungen sind verbindliche Auflagen des ersuchten Staates, dass der ersuchende Staat auf eine bestimmte Art und Weise verfährt.[423] Die Berechtigung, Bedingungen zu stellen, ist ausdrücklich in Art. 30 Abs. 5 S. 2 RL EEA und Art. 18 Abs. 5 lit. b) Satz 2 EU-RhÜbk vorgesehen.[424] Im sonstigen völkervertraglichen (z.B. nach dem EuRhÜbk) und vertragslosen Rechtshilfeverkehr sieht dies Nr. 77a RiVASt vor.

Danach kann der ersuchte Staat seine Zustimmung zur Rechtshilfe von der Erfüllung jeglicher Bedingungen abhängig machen, die in einem vergleichbaren innerstaatlichen Fall zu erfüllen wären. Der ersuchte Staat ist autonom, d.h. er legt fest, in welchem Umfang bestimmte Beweismittel im ausländischen Strafverfahren verwertet werden dürfen.[425] Dadurch kann eine Bindung des ersuchenden Staates an nach deutschem Recht einzuhaltende Vorgaben vorgenommen werden. Die Vorgaben zum Schutz des Kernbereichs nach § 100d Abs. 2 StPO können zum Gegenstand einer entsprechenden Bindung gemacht werden, ebenso wie die Regelungen zum Schutz zeugnisverweigerungsberechtigter Berufsgeheimnisträger nach § 160a StPO[426]. Das Setzen einer solchen Bedingung ist eine Form des völkergewohnheitsrechtlichen Spezialitätsgrundsatzes und führt zu einem völkerrechtlichen Beweisverwertungsverbot.[427] Es muss von den am EU-RhÜbk teilnehmenden Mitgliedstaaten zwingend eingehalten werden.[428] Gleiches gilt im Rahmen der EEA. Art. 30 Abs. 5 RL EEA und Art. 18 Abs. 5 EU-RhÜbk sehen zwar vor, dass Bedingungen gestellt werden „können". Er räumt also den zuständigen deutschen Stellen ein Ermessen ein. Zu berücksichtigen ist jedoch, dass dann, wenn es – wie

---

[423] *Nagel*, Beweisaufnahme im Ausland, 1988, S. 128 f.

[424] Siehe auch Nr. 77a Abs. 1 Satz 3 RiVASt.

[425] *Nagel*, Beweisaufnahme im Ausland, 1988, S. 316; zu Inhalt und Umfang möglicher Bedingungen im Bereich der sonstigen Rechtshilfe, siehe auch *Vogel*, in: Grützner/Pötz/Kreß (Hrsg.), Internationaler Rechtshilfeverkehr in Strafsachen, Vor § 1 IRG, Rn. 78.

[426] Zu deren Zuordnung zum ordre public *Trautmann*, in: S/L, II D 1, Art. 34, Rn. 4.

[427] *Schuster*, Verwertbarkeit im Ausland gewonnener Beweise im deutschen Strafprozess, 2006, S. 140; *ders*., ZIS 2016, 564 (573); *Hackner*, in: S/L, § 72, Rn.4; *Nagel*, Beweisaufnahme im Ausland, 1988, S. 315; *Fabbri/Furger*, ZStrR 2010, 394 (404).

[428] Zur Möglichkeit nachträglich Bedingungen zu setzen, jedenfalls bis zum Abschluss des erstinstanzlichen Strafverfahrens im ersuchten Staat, siehe *Ahlbrecht/Schlei*, StraFo 2013, 265 (270 f.).

hier – um die Durchsetzung individualrechtlicher Belange bzw. der Sicherung grundrechtlicher Positionen geht, seitens der deutschen Behörden das Ermessen auf Null reduziert ist.[429]

Zu beachten ist, dass die Bedingung kundgetan und abgegeben werden muss, um Rechtswirkungen zu entfalten.[430] Nicht genügend ist m.e. das bloße Einholen einer Zusicherung oder Garantieerklärung des ersuchenden Staates, mit den übermittelten Informationen in einer bestimmten Weise umzugehen. Bei der Zusicherung handelt es sich um eine einseitige völkerrechtliche Willenserklärung, durch die eine zusätzliche Verpflichtung im Rahmen des vorgegebenen vertraglichen Gegenseitigkeitsverhältnisses übernommen wird.[431] Zusicherungen entfalten Rechtswirkungen rein völkerrechtlich, d.h. zwischen den beteiligten Staaten. Im Gegensatz dazu stärken Bedingungen die Stellung des Individuums. Bedingungen sind wie erwähnt eine Art der Bindung an den Spezialitätsgrundsatz im Bereich der sonstigen Rechtshilfe.[432] Dem Spezialitätsgrundsatz kommt aber individualschützende Wirkung zu.[433] Im ausländischen Verfahren können sich die beteiligten Parteien auf die Einhaltung des Spezialitätsgrundsatzes und auf ein etwaiges sich daraus ergebendes Beweisverwertungsverbot berufen.[434] Ein Verstoß dagegen ist revisibel.[435]

Das für die Beweisverbote Gesagte gilt entsprechend für die nach deutschem Recht geltenden Verwendungsbeschränkungen. Werden z.B. bei einer TKÜ Zufallserkenntnisse gewonnen, die eine andere Katalogtat betreffen, können diese gemäß § 477 Abs. 2 Satz 2 StPO nur verwertet werden, wenn auch für die andere Katalogtat die Überwachung hätte angeordnet werden können und die Erkenntnisse zu Beweiszwecken in einem Strafverfahren verwendet werden sollen (Gedanke des hypothetischen Ersatzeingriffs). Einige Länder, wie z.B. Frankreich oder die Niederlande kennen solche Beschränkungen für Zufallserkenntnisse nicht.[436] Um der deutschen Verwendungsbeschränkung Rechnung zu tragen, muss deshalb über das

---

[429] Zu den Fakultativklauseln siehe oben A.3. Zur Ermessensreduzierung auf Null bei grundrechtlich geschützten Individualbelangen siehe *Vogel*, in: Grützner/Pötz/Kreß (Hrsg.), Internationaler Rechtshilfeverkehr in Strafsachen, § 1 IRG, Rn. 28.

[430] *Fabbri/Furger*, ZStrR 2010, 394 (404); *Schuster*, Verwertbarkeit im Ausland gewonnener Beweise im deutschen Strafprozess, 2006, S. 138; *Nagel*, Beweisaufnahme im Ausland, 1988, S. 316;

[431] Siehe allgemein *Heintschel von Heinegg*, Vorbehalte zu Verträgen, in: Ipsen (Hrsg.), Völkerrecht, 6. Aufl. 2014, § 19, Rn. 2; zur Natur von Zusicherungen zu Haftbedingungen im Auslieferungsrecht siehe *Riegel/Speicher*, StV 2016, 250 (254).

[432] *Schnigula*, DRiZ 1984, 177 (181).

[433] *Vogel*, in: Grützner/Pötz/Kreß/Gazeas (Hrsg.), Internationaler Rechtshilfeverkehr in Strafsachen, Vor § 1 IRG, Rn. 79; S/L, Einl., Rn. 67.

[434] *Habenicht*, wistra 1982, 214 (220); zu den praktischen Schwierigkeiten, die Einhaltung von Seiten der deutschen Behörden zu überwachen, siehe *Oehmichen/Weißenberger*, StraFo 2017, 316 (320).

[435] *Schnigula*, DRiZ 1984, 177 (181); *Nagel*, Beweisaufnahme im Ausland, 1988, S. 317.

[436] *Schuster*, StV 2015, 393 (397).

Stellen einer entsprechenden Bedingung (bei der RL EEA: § 91c Abs. 2 Nr. 2c i.V.m. Art. 30 Abs 5 S. 2 RL EEA, im Rahmen des EU-RhÜbk nach Art. 18 Abs. 5, im sonstigen Rechtshilfeverkehr nach Nr. 77a RiVASt) sichergestellt werden, dass der ausländische Staat etwaige Zufallserkenntnisse für andere Verfahren als Beweismittel verwendet, etwa wenn die Straftat keine Katalogtat im Sinne des deutschen Strafprozessrechts ist.[437] Die deutschen Stellen müssen hier den hypothetisch rechtmäßigen Ermittlungsverlauf analog eines deutschen innerstaatlichen Falles prüfen. Über das Kriterium der Katalogtat hinaus, bedeutet dies vor allem, dass auch die weiteren Anordnungsvoraussetzungen im hypothetischen Fall vorgelegen hätten.[438]

Als weitere verfahrensrechtliche Sicherungsmechanismen in Betracht kommen die Einhaltung von Transparenz, individuellem Rechtsschutz und aufsichtlicher Kontrolle.[439] Auch datenschutzrechtliche Vorschriften sind dem *ordre public* zuzuordnen. Dies schließt die Beachtung der gesetzlichen Vorgaben zu Benachrichtigungspflichten, Auskunftsrechten, der gerichtlichen Rechtmäßigkeitskontrolle, Berichts- und Löschungspflichten ein.[440] Auch hier obliegt es den deutschen Stellen, dass der ersuchende Staat das übermittelte Beweismaterial nicht unkontrolliert nutzt. Insbesondere ist von den deutschen Stellen sicherzustellen, dass bis zum Abschluss des nachträglichen Rechtsschutzverfahrens unter Beachtung der Benachrichtigungspflichten nach § 101 StPO das Beweismaterial nicht zu Beweiszwecken verwendet wird.[441] Gerade durch die gerichtliche Rechtmäßigkeitskontrolle könnte nachträglich festgestellt werden, dass entgegen der Einschätzung im Vorfeld kernbereichsrelevante Informationen erhoben worden sind. Diesem – nachträglich festgestellten – Beweisverbot muss auch gegenüber dem ausländischen Staat zur Beachtung verholfen werden.

d) Modifizierung der Grenzen durch Einschränkungsklauseln in der RL EEA und im EU-RhÜbk?

Es ist zu prüfen, ob das gefundene Ergebnis durch andere Normen infrage zu stellen ist. Gibt es möglicherweise z.B. eine Verpflichtung, Kernbereichsdaten zu erheben und zu übermitteln, weil der ersuchende Staat keinen Kernbereichsschutz kennt? In Betracht zu ziehen sind erstens Normen, welche das *forum regit actum-*

---

[437] *Oehmichen/Weißenberger*, StraFo 2017, 318 (320); *Schuster*, ZIS 2016, 564 (573); *ders.*, StV 2015, 393 (397).

[438] Zum Prüfungsumfang des „hypothetisch rechtmäßigen Ermittlungsverlaufs" *Meyer-Mews*, StraFo 2016, 177 (182), der darauf hinweist, dass in der Praxis die Diskussion häufig unzulässigerweise auf die Frage reduziert, dass es sich um eine Katalogtat im Sinne von § 100a Abs. 2 StPO handeln müsse.

[439] BVerfG NJW 2016, 1781, Rn. 134.

[440] *Trautmann*, in: S/L, II D 1, Art. 34, Rn. 4.

[441] Siehe oben II.B.2.

Prinzip für die Beweisaufnahme etablieren, und zweitens die sog. Vergleichbarkeitsklausel in Art. 30 Abs. 5 Satz 1 RL EEA und Art. 18 Abs. 5 lit. b) EU-RhÜbk. Im Anwendungsbereich der EEA ist drittens speziell darauf einzugehen, ob der sog. „europäische *ordre public*" dem hier vorgeschlagenen Lösungsweg entgegensteht.

(1) Art. 9 Abs. 2 RL EEA, Art. 4 Abs. 1 EU-RhÜbk und Art. 8 2. ZP-EuRhÜbk verpflichten die ersuchten Mitgliedstaaten dazu, die angegebenen Form- und Verfahrensvorschriften des ersuchenden Staates bei der Erledigung der Rechtshilfeersuchen einzuhalten. Damit wird prinzipiell der traditionelle Grundsatz locus regit actum durch den Grundsatz *forum regit actum* abgelöst. Die Vorschriften dienen dazu, dass im Ausland gewonnene Beweismittel tatsächlich im ersuchenden Staat verwertet werden können. Damit gilt prinzipiell keine strikte Bindung mehr an das deutsche Recht bei Vornahme der Rechtshilfehandlung.[442] Allerdings besteht für die Achtung des Rechts des ersuchenden Staates die zweifache Einschränkung, dass es sich a) um eine Form- oder Verfahrensvorschrift handeln muss und b) sich diese Vorschriften mit den Grundprinzipien des Rechts des ersuchten Staates vereinbaren lassen müssen. Der Begriff der Grundprinzipien wird hier weiter verstanden als im Sinne eines *ordre public*. Zu den Grundprinzipien zählen generell anerkannte Regeln und Maximen des nationalen Rechts.[443] Dazu gehören insbesondere die Beweisverbotslehren.[444] Art. 9 Abs. 2 RL EEA, Art. 4 EU-RhÜbk und Art. 8 2. ZP-EuRhÜbk können deshalb die in § 100d Abs. 1 und 2, § 160a StPO festgelegten Grenzen bei der Vornahme der TKÜ von vornherein nicht aufweichen.

(2) Auch Art. 30 Abs. 5 RL EEA und Art. 18 Abs. 5 EU-RhÜbk scheinen einen Vorbehalt zugunsten des ausländischen Rechts einzuführen, indem statuiert wird, dass die erbetene TKÜ-Maßnahme in einem *vergleichbaren* innerstaatlichen Fall durchgeführt werden könnte. Was mit der Begrifflichkeit „vergleichbar" gemeint ist, ist nicht eindeutig.

Die RL EEA erhält dazu keine Hinweise. Der Erläuternde Bericht zum EU-RhÜbk, auf dem auch die Richtlinienbestimmung basiert, führt dazu aus:

> „Dieser (...) Formulierung (...) wurde der Vorzug vor dem Konzept der ‚Übereinstimmung‘[445] mit dem innerstaatlichen Recht' gegeben."[446]

Ferner heißt es:

> „Denn in der Tat ist zu bedenken, dass das fragliche Ersuchen zwangsläufig von einer ausländischen zuständigen Behörde gestellt wurde. Die zum Erlass von Überwachungsanordnungen befugten Behörden sind nun aber in den verschiedenen innerstaatlichen

---

[442] Siehe auch *Schuster*, StV 2008, 396.
[443] *Güntge*, in: Ambos/König/Rackow (Hrsg.), Rechtshilferecht in Strafsachen, 2015, HT 4, Rn. 21.
[444] *Güntge*, a.a.O.; *Gleß/Wahl*, in: S/L, III B 1b, Art. 4 EU-RhÜbk, Rn. 6.
[445] Hervorhebung durch Verfasser.
[446] Erläuternder Bericht, ABl. C 297 vom 29. Dezember 2000, S. 7 (22).

Rechtsvorschriften über die Überwachung im Allgemeinen restriktiv festgelegt, so dass ein Ersuchen einer ausländischen zuständigen Behörde im Widerspruch zu den innerstaatlichen Rechtsvorschriften über die Überwachung stehen könnte."[447]

Nach *Gleß/Schomburg* könne das Präferieren des Konzepts des „vergleichbaren innerstaatlichen Falls" vor dem „übereinstimmenden innerstaatlichen Fall" nur so verstanden werden, dass grundsätzlich zwar die tatsächlichen Voraussetzungen auch für die Durchführung einer Telefonüberwachung durch das innerstaatliche Recht vorliegen müssen, damit die Telefonüberwachung angeordnet werden kann. Die Anordnung dürfe aber auch von einer anderen Behörde kommen oder für einen längeren Zeitraum durchgeführt werden, als das nationale Recht erlaubt.[448]

M.E. wird durch das „Vergleichbarkeitskonzept" noch einmal bekräftigt, bis zu welcher Grenze Besonderheiten des ausländischen Rechts durch den ersuchten Staat Rechnung zu tragen ist. Der Anwendungsbereich dürfte jedoch recht eng sein. Dem Verständnis des Erläuternden Berichts zum EU-RhÜbk nach dürfte mit dem „Vergleichbarkeitskonzept" deklaratorisch Art. 17 und Art. 4 EU-RhÜbk bestätigt worden sein. Nach Art. 17 EU-RhÜbk kann die Leistung zur Rechtshilfe nicht abgelehnt werden, nur weil eine andere Stelle im ersuchenden Staat eine TKÜ-Rechtshilfemaßnahme angeordnet hat, die in einem rein innerstaatlichen Fall im ersuchten Staat nicht zur Anordnung befugt wäre. Mit anderen Worten: Es sind auch solche Ersuchen um TKÜ in Deutschland auszuführen, die im ersuchenden Staat kein Richter angeordnet hat. In der RL EEA findet Art. 17 seine Entsprechung in Art. 2 lit. c) – freilich mit der Maßgabe, dass im Falle der Stellung von Ersuchen[449] durch nichtjustizielle Stellen eine Validierung vorzunehmen ist.

Dies ersetzt aber nicht die Anordnung der TKÜ durch den deutschen Ermittlungsrichter nach § 77 Abs. 1 IRG i.V.m. § 100e Abs. 1 StPO. Hier ist wieder Leistungs- und Vornahmeermächtigung zu trennen. Welche sonstigen Verfahrensvorschriften des ausländischen Rechts Rechnung getragen werden sollte (Art. 9 Abs. 2 RL EEA, Art. 4 EU-RhÜbk), ist speziell bei der TKÜ fraglich. Zu beachten ist, dass die „Vergleichbarkeitsklausel" nicht elementare rechtsstaatliche Sicherungen im Recht des ersuchten Staates außer Kraft setzen kann. Zu solchen Sicherungen kann – entgegen *Gleß/Schomburg* – auch die Dauer der Aufzeichnung gehören. Das bestätigt m.E. auch der Erläuternde Bericht zum EU-RhÜbk an anderer Stelle. Denn im Zusammenhang mit der Möglichkeit, die Zustimmung wie in einem innerstaatlichen Fall an Bedingungen zu knüpfen, erwähnt der Bericht ausdrücklich die Dauer der Aufzeichnung.[450] Wenn aber die Zustimmung zum TKÜ-Ersuchen vor Durchführung der TKÜ unter den Vorbehalt gestellt werden kann, dass die

---

[447] Erläuternder Bericht, a.a.O.
[448] *Gleß/Schomburg*, in: S/L/G/H, III B 1, Art. 18 EU-RhÜbk, Rn. 3.
[449] Siehe dazu oben II.B.3.cc).
[450] Erläuternder Bericht, ABl. C 297 vom 29. Dezember 2000, S. 7 (23).

innerstaatlichen Vorschriften über die Dauer des Ersuchens respektiert werden müssen, kann die Dauer kein Element der „Vergleichbarkeit" sein.

Im Anwendungsbereich der RL EEA fällt dieses Ergebnis nicht anders aus. Solange die Prozessrechtssysteme der EU-Mitgliedstaaten weiterhin so unterschiedlich sind, muss sich die Dauer der Maßnahme innerhalb der Zeitgrenzen des innerstaatlichen Rechts des ersuchten Staates richten.[451] Eine andere Frage ist, ob der ersuchte Staat die Dauer "eigenmächtig" aus Verhältnismäßigkeitsgründen reduzieren kann, auch wenn sich die gewünschte Dauer wie im Ersuchen angegeben[452] sich innerhalb der Grenzen seines innerstaatlichen Rechts hält. Jedenfalls im Anwendungsbereich der RL EEA würde das sowohl allgemein gegen den Gedanken des Grundsatzes der gegenseitigen Anerkennung sprechen als auch gegen die Systematik der Richtlinie, welche vorgibt, dass die Prüfung der Verhältnismäßigkeit zuvorderst dem ersuchenden Staat (Anordnungsstaat) obliegt.[453]

Darüber hinaus kann die „Vergleichbarkeitsklausel" nicht die materiellen Voraussetzungen für die Vornahme einer TKÜ nach deutschem Strafprozessrecht ersetzen. Ebenfalls bleiben die Grenzen der deutschen Beweiserhebungs- und Beweisverwertungsverbote bestehen.[454]

(3) Der vorgeschlagene Lösungsweg der möglichen Weitergabe von TKÜ-Daten, wenn nicht von vornherein ein deutsches Beweisverbot erkennbar ist, basiert auf Überlegungen des nationalen *ordre public*. Es ließe sich nun im Anwendungsbereich der RL EEA einwenden, dass dieser Ansatz nicht möglich sei, da die Instrumentarien des Grundsatzes der gegenseitigen Anerkennung nurmehr auf einem europäischen *ordre public* rekurrieren. Danach könnte eine Rechtshilfeleistung nur (noch) dann verwehrt werden, wenn sie mit den europäischen Grundrechtsstandards unvereinbar wäre. Quellen dieser europäischen Standards wären die Grundrechtecharta der Europäischen Union, die EMRK und die gemeinsamen Verfassungsüberlieferungen der Mitgliedstaaten als Rechtserkenntnisquellen für die in der Rechtsprechung des EuGH herausgearbeiteten europäischen Grundrechte (siehe Art. 11 Abs. 1 lit. f) RL EEA mit ihrem Verweis auf Art. 6 EUV und die Charta; vgl. auch § 73 Satz 2 IRG). Es ließe sich nun argumentieren, dass der Kernbereichsschutz nicht zum europäischen Mindeststandard gehöre, da Deutschland, soweit ersichtlich, der einzige EU-Staat ist, der eine Beweisverbotsgrenze dahin-

---

[451] *Bachmaier*, in: Brière/Weyembergh (eds.), The Needed Balances in EU Criminal Law, Oxford 2018, S. 313 (318).

[452] Vgl. Abschnitt H7 (2)(b) des Formblatts in Anhang A der RL EEA.

[453] Art. 6 Abs. 1 lit. a) und Erwägungsgrund 11 der RL EEA; vgl. dazu *Zimmermann*, ZStW 127, 143 (146 f.). Wie hier *Bachmaier*, a.a.O., S. 319.

[454] Zum Sonderproblem, inwieweit aufgrund der Vergleichbarkeitsklausel TKÜ-Ersuchen in Strafverfahren des ersuchenden Staates gegen juristische Personen abgelehnt werden können, weil – wie Deutschland – der ersuchte Staat die Strafbarkeit juristischer Personen nicht kennt, siehe *Bachmaier*, in: Brière/Weyembergh (eds.), The Needed Balances in EU Criminal Law, Oxford 2018, S. 313 (320 ff.).

gehend etabliert.[455] Und weiter ließe sich einwenden, dass nach der Rechtsprechung des EuGH in den nationalen Verfassungen verankerte Rechtshilfeeinschränkungen im Rahmen des Grundsatzes der gegenseitigen Anerkennung nicht mehr in Ansatz gebracht werden können.[456]

Zu beachten ist jedoch, dass die Rechtshilfegrenze des europäischen *ordre public* sich wiederum auf die Leistungsermächtigung bezieht und die hier zu stellende Frage, welche innerstaatlichen Grenzen für die Vornahmeermächtigung auch im Bereich der justiziellen Kooperation mit EU-Mitgliedstaaten gar nicht erfasst. Es geht hier vielmehr darum, wie der ausdrücklich in der RL EEA erwähnte Terminus des „vergleichbaren innerstaatlichen Falles" zu verstehen und in der Praxis anzuwenden ist. Die Frage ist in diesem Zusammenhang, welche Bedingungen kann ein EU-Mitgliedstaat stellen und inwieweit sind diese Bedingungen vom Anordnungsstaat einzuhalten. Es geht infolgedessen um Beweisverwertungsfragen, welche weder die RL EEA noch ein anderes EU-Instrument irgendeiner Regelung unterwirft. Der *ordre public* Ansatz nach der hier vorgeschlagenen Lösung beurteilt die Reichweite der Bedingungen und ist letztlich der rechtliche Anker, um Telekommunikationsüberwachungen im Rechtshilfeverkehr praktikabel zu machen. Die RL EEA hat dies offengelassen. Damit steht der „europäische *ordre public*" dem hier vorgeschlagenen Ergebnis nicht entgegen.

2. TKÜ in Echtzeit

Bei der TKÜ in Echtzeit besteht die Besonderheit, dass deutsche Ermittlungsbeamte vor der Übertragung des Materials nicht mehr eingreifen können. „Erhebungs-, Übergabe- und Verwertungsphase" fallen zusammen. Ein Eingreifen der deutschen Vollzugsbehörden zur Wahrung deutscher Verfahrensstandards ist de facto erschwert oder unmöglich. Deutsche Stellen können letztlich nur über das Setzen von Bedingungen (wie in Art. 30 Abs. 5 Satz 2 RL EEA, Art. 18 Abs. 5 lit. b) Satz 2 EU-RhÜbk vorgesehen), also lediglich über den verfahrensrechtlichen Sicherungsmechanismus, die Einhaltung deutscher Standards sicherstellen. Das Bundesverfassungsgericht verlangt zur Kompensierung des Eingriffs in Art. 10 GG bei innerstaatlichen Verfahren bestimmte Verfahrensanforderungen, wie z.B. die Kennzeichnung, die Mitteilung, die Vernichtung bei Nicht-Mehr-Benötigen oder die Unverwertbarkeit beim Tangieren des Kernbereichs privater Lebensgestaltung.[457] Bisher, soweit ersichtlich, nicht entschieden geschweige denn erörtert worden ist, ob die (etwaige alleinige) Möglichkeit des Setzens von Bedingungen für die Kompensation etwaiger Grundrechtseingriffe nach deutschem Recht ausreicht.

---

[455] *Tropina*, Comparative Analysis, in: Sieber/von zur Mühlen (eds.), Access to Telecommunication Data in Criminal Justice, S. 46.

[456] EuGH, Urt. v. 26.2.2014, Rs. C-399/11 (*Stefano Melloni*), Rn. 56 ff.

[457] BVerfGE 100, 313, 360 ff. Überblick zur Rechtsprechung auch bei *Jarass/Pieroth*, GG, 12. Aufl. 2012, Art. 10, Rn. 22. Siehe auch oben III.A.c.bb). und cc).

Hierfür sprechen jedoch mehrere, bereits für die klassische TKÜ oben näher ausgeführte Gründe:

Deutschland hat sich einer unionsrechtlichen bzw. völkerrechtlichen Verpflichtung begeben, welche die TKÜ in Echtzeit erlaubt (Art. 30 Abs. 6 RL EEA, Art. 18 Abs. 5 EU-RhÜbk).[458] Diese Verpflichtungen sind zwar nur einfaches Gesetzesrecht, das nicht über der Verfassung steht. Allerdings hat die Rechtsprechung in der Vergangenheit Zurückhaltung geübt, das Eingehen von völkerrechtlichen Verpflichtungen im strafrechtlichen Rechtshilferecht als verfassungswidrig anzusehen.[459] Vielmehr hat sie sich von pragmatischen Gesichtspunkten leiten lassen.[460] Im Rahmen der Rechtsprechung zur Durchsetzung deutscher *ordre public*-Standards gegenüber einem ausländischen Strafverfahren beim „großen Bruder" der kleinen Rechtshilfe, der Auslieferung, hat das BVerfG mehrfach hervorgehoben, dass das GG von der Eingliederung des von ihm verfassten Staates in die Völkerrechtsordnung der Staatengemeinschaft ausgehe (Präambel, Art. 1 Abs. 2, 9 Abs. 2, 23–26 GG – Argument der Völkerrechtsfreundlichkeit oder Offenheit des Grundgesetzes).[461] Des Weiteren rekurriert das BVerfG in diesem Zusammenhang auf die Funktionsfähigkeit des internationalen Rechtshilfeverkehrs, indem es die faktische Einbettung der Bundesrepublik Deutschland in die internationale Staaten- und Rechtsgemeinschaft und die effektive Teilhabe am internationalen Rechtsverkehr betont, und so zu einer Einschränkung verfassungsrechtlicher Maßstäbe, die für rein innerstaatliche Verfahren gelten, kommt.[462] Dies gilt erst recht für die Rechtshilfe innerhalb der Europäischen Union auf der Grundlage des die Kooperation vertiefenden Grundsatzes der gegenseitigen Anerkennung.

Ferner ist das Einholen von Zusicherungen über die Bewilligungsbehörde ein gängiges Mittel, damit die Rechtshilfe nicht als unzulässig abgelehnt werden müsste (z.B. aufgrund Verdachts drohender Folter oder sonstiger menschenunwürdiger Standards im ersuchenden Staat).[463] Wenn schon bloße Zusicherungen bzw. Garantieerklärungen für den Schutz solch ungleich höherwertiger Rechtsgüter ausreichen, muss dies erst recht für den Schutz grundrechtlicher Rechtspositionen (Post- und Fernmeldegeheimnis) der betroffenen Person bei der sonstigen Rechtshilfe der TKÜ per Bedingungen gelten. RL EEA und EU-RhÜbk bieten sogar die unions-

---

[458] Siehe auch oben 1.c)bb).

[459] Siehe z.B. BVerfGE 63, 343.

[460] Siehe *Pohl*, Vorbehalt und Anerkennung, 2009, S. 101; *Schädel*, Die Bewilligung internationaler Rechtshilfe in Strafsachen in der Europäischen Union, 2005, S. 181; *Vogel*, in: Grützner/Pötz/Kreß (Hrsg.), Internationaler Rechtshilfeverkehr in Strafsachen, § 73 IRG, Rn. 52.

[461] BVerfGE 75, 1, 16f.; BVerfG JZ 2004, 141; siehe auch oben 1.c)aa).

[462] BVerfG, Beschl. vom 9.12.2008, 2 BvR 2386/08, Rn. 13. Siehe zur Rechtsprechung des Gerichts auch in anderen Bereichen mit Auslandsbezug ausführlich *Hofmann*, Grundrechte und grenzüberschreitende Sachverhalte, 1994, S. 31 ff. Siehe auch oben 1.c)aa).

[463] *Vogel*, JZ 2004, 144 (145).

rechtlich abgesicherte bzw. vertraglich zugesicherte Möglichkeit, Bedingungen in Ansatz zu bringen und somit auch die Souveränität des ersuchenden Staates einzuschränken.[464]

Ferner ist die Wirkung der Bedingungen in Erinnerung zu rufen. Sie begründen ein völker(vertrags)rechtliches Beweisverwertungsverbot, sodass sichergestellt ist, dass Verwertungen von Erkenntnissen, die unter Grundrechtsgesichtspunkten in rein innerstaatlichen Verfahren nicht verwertet werden können, auch nicht im ausländischen Strafverfahren gegen den Betroffenen erfolgen. Zudem wirken sie individualschützend, der Betroffene kann sich auf die Bedingungen berufen.

Schließlich ist, wie oben ausgeführt, m.E. entscheidend, dass die Grundpfeiler der verfassungsrechtlichen Rechtsprechung – materiell-rechtliche und verfahrensrechtliche Sicherungsmechanismen – gewahrt werden können. Dies ist auch für den Fall einer TKÜ in Echtzeit zu bejahen. Bestimmte materiell-rechtliche Sicherungsmechanismen, wie das Vorliegen eines genügenden Anlasses (Tatverdacht) und gewichtiger Rechtsgüter (Gegebensein einer Katalogtat) sowie der Zweck der Maßnahme lassen sich bereits im Vorfeld der Durchführung der Maßnahme klären. Der hier vorgeschlagene materiell-rechtliche Gesichtspunkt des *ordre public* ist bereits bei der klassischen Form der TKÜ eng verzahnt mit dem Setzen von Bedingungen. Entscheidend dürfte sein, dass sich Deutschland mithilfe der Bedingungen nicht eines unkontrollierten Verwendens der Daten im Ausland begibt. Im Hinblick auf die verfahrensrechtlichen Schutzmechanismen ist zu beachten, dass auch für den Fall der TKÜ in Echtzeit die hier vorgeschlagene Einschränkung gilt, dass die übermittelten Informationen bis zum Abschluss eines Verfahrens des nachträglichen Rechtsschutzes nicht zu Beweiszwecken verwendet werden dürfen. Damit lassen sich die wichtigen Aspekte eines effektiven Rechtsschutzes und der Benachrichtigungspflichten deutscher Stellen gegenüber der durch die Maßnahme betroffenen Person sicherstellen.[465]

Unter diesen Gesichtspunkten dürfte eine Vereinbarkeit der unmittelbaren Ausleitung mit der deutschen Verfassung bestehen.

---

[464] Zur Praxis auch ohne ausdrückliche völkerrechtliche Regelung Bedingungen in der rechtshilferechtlichen Zulässigkeitsentscheidung zu setzen, um grund- und menschenrechtliche Standards effektiv durchzusetzen, siehe OLG Köln, Beschl. v. 22.1.2010, AuslA 36/09 = BeckRS 2010, 12819; *Schneider/Schultehinrichs/Fehn/Lagodny*, NStZ 2008, 166; *Köberer*, in: Hamm/Leipold (Hrsg.), Beck'sches Formularbuch für den Strafverteidiger, 5. Aufl. 2010; *Gleß/Wahl/Zimmermann*, in: S/L, § 73 IRG, Rn. 42a.

[465] In der schweizerischen Literatur wird eine unmittelbare Ausleitung für zulässig erachtet, wenn die betroffene Person vor Abschluss des ausländischen Verfahrens über die Überwachung in Kenntnis gesetzt wird und ihr im ersuchenden Staat ein ausreichendes Rechtsmittel an die Hand gegeben wird, die Zulässigkeit der Überwachung nachträglich überprüfen zu lassen (*Hansjakob*, BÜPF/VÜPF, Kommentar, 2006, S. 115; zust. *Fabbri/Furger*, ZStrR 2010, 394 (411), sofern es sich um Signatarstaaten der EMRK handelt, da hier unter dem Gesichtspunkt des völkerrechtlichen Vertrauensprinzips von der Garantie eines fairen Verfahrens auszugehen ist).

Im Ergebnis gelten deshalb die für die „klassische TKÜ" entwickelten Grundsätze sinngemäß für die TKÜ „in Echtzeit". Bestehen bereits vor Durchführung der Maßnahme Anhaltspunkte für ein Eingreifen eines gesetzlichen Erhebungsverbots, muss die Rechtshilfemaßnahme abgelehnt werden. Wird nach Ausleitung festgestellt, dass das Material Inhalte umfasst, die Grundsätze der deutschen Rechtsordnung tangieren, wie den Kernbereich privater Lebensgestaltung oder die Zeugnisverweigerungsrechte nach § 160a StPO, ist im Wege einer Bedingung sicherzustellen, dass die Erkenntnisse im ausländischen Verfahren nicht verwendet werden. Ferner gilt auch für die unmittelbare, automatisierte Ausleitung, dass die deutschen Stellen sicherstellen müssen, dass bis zum Abschluss einer nachträglichen gerichtlichen Rechtmäßigkeitskontrolle eine Verwendung des Materials zu Beweiszwecken durch den ausländischen Staat nicht erfolgt.

B. Ausgehende Ersuchen um TKÜ (mit technischer Hilfe) – Deutschland als ersuchender Staat

Die Frage, ob für deutsche Stellen eine Filter- oder Löschungspflicht besteht, wenn sie Informationen aus einer TKÜ erhalten, welche nicht entsprechend dem deutschen Recht erhoben worden sind oder die nicht dem Recht des ersuchten (die Daten sendenden Staates) entsprechen, wird häufig als Frage der Verwertbarkeit im Ausland erhobener Beweise im deutschen Strafprozess behandelt.[466]

Bei näherer Betrachtungsweise sollte jedoch in einem ersten Schritt zunächst untersucht werden, welche Pflichten deutsche Behörden beim Stellen von Rechtshilfeersuchen in das Ausland zum Schutz der Grundrechte Betroffener treffen (1.). In einem zweiten Schritt ist die Frage zu erörtern, ob und inwieweit Verwertungsverbote im deutschen Strafprozess für im Ausland durchgeführter TKÜs bestehen. In diesem Zusammenhang soll im Folgenden vor allem auf die Grundlinien der deutschen Rechtsprechung eingegangen werden. Diese ist recht undurchsichtig und basiert auf einem kasuistischen Ansatz.[467] Eine einheitliche Beweisverwertungssystematik für den Auslandsbeweis ist bisher in Deutschland nicht entwickelt worden.

Analysiert man die bisherige Rechtsprechung und das einschlägige Schrifttum genauer, ist es angebracht, im Zusammenhang mit der Verwertungsproblematik drei Grundkonstellationen zu unterscheiden: Erstens, die Beweiserhebung im ausländischen Staat (ersuchter Staat/Vollstreckungsstaat) war rechtmäßig, entspricht aber nicht den Standards bzw. Vorgaben des deutschen Strafverfahrensrechts (unten 2.). Zweitens, die Beweiserhebung im ausländischen Staat hat gegen dessen

---

[466] *Böhm*, NJW 2017, 1512 (1514); *Schuster*, Verwertbarkeit im Ausland gewonnener Beweise im deutschen Strafprozess, 2006, *passim*.
[467] *Hackner/Schierholt*, Internationale Rechtshilfe in Strafsachen, 3. Aufl. Rn. 237; *Oehmichen/Schneider/von Wistinghausen*, StraFo 2015, 230 (237).

innerstaatliche Rechtsvorschriften (Verfassungsrecht oder Strafprozessrechts der Fremdrechtsordnung) verstoßen (unten 3.). Drittens, die Voraussetzungen für die Bewilligung der Rechtshilfe, d.h. die für die Leistungsermächtigung maßgeblichen Vorgaben im völkerrechtlichen Vertrag oder in der RL EEA, haben nicht vorgelegen (unten 4.).[468]

1. Pflichten deutscher Stellen zur Einhaltung deutscher strafverfahrensrechtlicher Standards beim Stellen eines Ersuchens

Inwieweit die deutschen Stellen schon beim Stellen eines TKÜ-Rechtshilfeersuchens Verpflichtungen dahingehend treffen, dass deutsche Standards einzuhalten sind, hängt mit grundrechtlichen Vorfragen zusammen. Letztlich geht es hier um Zurechnungsfragen für auswärtige Sachverhalte an deutsche Stellen.[469] Eine einheitliche Linie wurde jedoch bisher weder in der Rechtsprechung noch in der Literatur gefunden. Dies hängt wiederum damit zusammen, dass die Ansichten, über den Umfang der Bindung deutscher Amtsträger nach Art. 1 Abs. 3 GG bei Auslandssachverhalten stark divergieren. Das Bundesverfassungsgericht selbst hat, insbesondere in Bezug auf Telekommunikationsüberwachungen, eine Bindung an Art. 10 GG bisher nur bejaht, wenn die Kommunikation im Ausland mit staatlichem Handeln im Inland derart verknüpft ist, dass ein hinreichend territorialer Bezug besteht (z.B. Überwachung vom Boden der Bundesrepublik aus).[470] Ob bereits die Stellung eines Rechtshilfeersuchens einer gleichartige Bindung auslöst, erscheint zweifelhaft.[471]

Lange Zeit ging die Rechtsprechung deshalb davon aus, dass die Einhaltung deutschen Rechts von den ausländischen Behörden nicht erwartet werden könne. Diese seien nicht an die Grundrechte des deutschen Grundgesetzes gebunden und

---

[468] Nicht vertiefend behandelt wird im Folgenden die durchaus als zusätzliche Konstellation zu sehende Frage, inwieweit BVVe aus Verletzungen der Souveränität von Staaten entstehen. Im Rahmen der TKÜ denkbar ist dies, wenn ohne Einbeziehung des Gebietsstaates eigenmächtig TKÜs auf fremdem Territorium durchgeführt werden oder wenn Informationen aus TKÜs aus dem Ausland unter Umgehung des offiziellen Rechtshilfeweges nach Deutschland „geholt" werden. Das wäre nicht nur bei eigenmächtigem Handeln der Fall, sondern auch dann, wenn eine unzuständige Behörde Informationen aus dem Ausland übersendet und die zuständige Stelle anschließend der Verwertung widerspricht. Im Rahmen der polizeilichen Rechtshilfe übermittelte Informationen können im Strafprozess nur verwertet werden, wenn die zuständige Justizbehörde dem zustimmt (Art. 39 Abs. 2 SDÜ). Zum Problemkreis dieser völkerrechtlichen BVVe siehe OLG Koblenz NStZ 2017, 108 m. Anm. *Radtke*; *Gleß*, JR 2008, 317 (322 ff.); *Böse*, ZStW 114 (2002), 148 (172 ff.); *Oehmichen/Schneider/von Wistinghausen*, StraFo 2015, 230 (233). Zum völkerrechtlichen BVV aufgrund der dem Spezialitätsgrundsatz unterfallender Bedingungen siehe ausführlich oben A.1.c)cc).

[469] Dazu anschaulich BGHSt 55, 70.

[470] BVerfGE 100, 313, 363f.

[471] Vgl. *Schuster*, Verwertbarkeit im Ausland gewonnener Beweise im deutschen Strafprozess, 2006, S. 244.

führen die erwünschte Rechtshilfemaßnahme nach ihrem eigenen Verfahrensrecht aus.[472] Das locus regit actum-Prinzip fungierte damit als eine Art Kollisionsregel für die Nichtanwendbarkeit des deutschen Rechts.[473] Ferner wurde im Hinblick auf eine fehlende Notwendigkeit der Einhaltung deutscher Regeln damit argumentiert, dass der im ausländischen Staat sich befindliche Betroffene nur auf die in diesem Land geltenden Vorschriften vertrauen kann und wird. Ein in allen Punkten gleichwertiger Schutz wie nach §§ 100a ff. StPO brauche ihm nicht gewährt zu werden.[474]

Von diesem Ansatz wich die Rechtsprechung in den letzten Jahren ab. Der BGH lässt die Tendenz erkennen, dass deutsche Strafverfolgungsbehörden bereits bei Stellung eines Rechtshilfeersuchens nach Möglichkeit auf die Einhaltung deutscher Form- und Verfahrensvorschriften hinzuwirken haben, um so einen nicht im ausländischen Recht begründeten Verstoß gegen deutsche Vorschriften zu vermeiden.[475] Dies gilt jedenfalls dann, wenn die rechtshilfevertraglichen Grundlagen die Möglichkeit der Einhaltung deutscher Form- und Verfahrensvorschriften vorsehen (*forum regit actum*-Prinzip).[476] Auf multilateraler Ebene besteht diese Möglichkeit z.B. nach Art. 4 Abs. 1 EU-RhÜbk und Art. 8 des 2. ZP EuRhÜbk.[477] Im Anwendungsbereich der RL EEA ergibt sich diese Möglichkeit aus Art. 9 Abs. 2. Die Anerkennung der angegebenen Verfahrensmodalitäten steht bei allen völkerrechtlichen und unionsrechtlichen Rechtsgrundlagen unter dem Vorbehalt, dass sie Grundprinzipien des eigenen Rechts des ersuchten Staates nicht widersprechen. Außerhalb der vertraglichen Rechtshilfegrundlagen sieht Nr. 26 RiVASt die Hinwirkungsmöglichkeit vor.

Zu den Form- und Verfahrensvorschriften zählen nach Ansichten im Schrifttum auch deutsche Beweisverbote, insbesondere wenn sie sich aus den Grundrechten oder einem besonderen Vertrauensverhältnis ergeben. Es empfiehlt sich deshalb zur Absicherung, jedenfalls im Anwendungsbereich der RL EEA und des EU-RhÜbk, spiegelbildlich zu eingehenden Ersuchen in der EEA bzw. im Ersuchen auf die deutschen Beweisverbote hinzuweisen. Es sollte also z.B. formuliert werden, dass wenn tatsächliche Anhaltspunkte für die Annahme vorliegen, dass durch die TKÜ allein Erkenntnisse aus dem Kernbereich der privaten Lebensgestaltung gewonnen

---

[472] Siehe u.a. BGHSt 2, 300, 304; 7, 15, 16; 35, 82, 83; BGH GA 1976, 218 (219); BGH NStZ 2000, 547; BGH StV 2001, 663.

[473] *Böse,* ZStW 114 (2002), 148 (150).

[474] *Schuster,* Verwertbarkeit im Ausland gewonnener Beweise im deutschen Strafprozess, 2006, S. 244.

[475] BGHSt 42, 86 (91); vgl. auch *Schuster,* StV 2008, 393 (394) m.w.N.; *Gleß,* JR 2008, 317 (320).

[476] BGH StV 2007, 627.

[477] Zum Ratifikationsstand des 2. ZP-EuRhÜbk: https://www.coe.int/en/web/conventions/full-list/-/conventions/treaty/182/signatures?p_auth=9gFrA6Op [Stand Oktober 2020].

werden, die Aufnahme nicht stattzufinden hat.[478] Ein weiterer Anwendungsfalls besteht im Hinblick auf Zeugnis- und Auskunftsverweigerungsrechte.[479] Es sollte daher umschrieben werden, in welchen Konstellationen ein absolutes Beweiserhebungsverbot bei zeugnisverweigerungsberechtigten Berufsgeheimnisträgern besteht (§ 160a Abs. 1 StPO). Das *forum regit actum*-Prinzip würde jedoch hiesiger Ansicht überspannt, wenn auch ein relatives Beweiserhebungsverbot nach § 160a Abs. 2 StPO vom ersuchten Staat eingefordert werden soll. Hier muss erst eine Wertung in Deutschland vorgenommen werden, deren Beurteilung deutschen Gerichten obliegt.[480]

2. Beweisverwertung bei Rechtmäßigkeit der Beweiserhebung nach ausländischem Recht, aber Nichteinhaltung deutschen Rechts

Bei der Grundkonstellation, ob der Beweis verwertbar ist, wenn die Beweiserhebung im ausländischen Staat zwar rechtmäßig war, sie aber nicht dem deutschen Strafverfahrensrecht entspricht, bestehen zwei Unterfälle: Erstens, die ausländischen Behörden haben deutsche Form- oder Verfahrensvorschriften trotz Bitte nicht eingehalten (a). Zweitens, der ersuchte Staat hat so weitreichende Rechtshilfeverpflichtungen nicht übernommen (z.B. weil vertraglich das locus regit-actum-Prinzip gilt oder der ersuchte Staat das deutsche Ansinnen als gegen die Grundprinzipien seiner Rechtsordnung verstoßend betrachtet) oder er hat die TKÜ zunächst für sein eigenes Strafverfahren erhoben, so dass zwangsläufig die fremde Rechtsordnung Anwendung finden musste (b).[481]

a) Nichtbeachtung (angegebener) deutscher Form- und Verfahrensvorschriften

Inwieweit die Nichteinhaltung dieser Vorschriften vom ausländischen Staat zu einem automatischen Beweisverwertungsverbot führt (siehe 1.), war bisher Gegenstand nur weniger höchstrichterlicher Entscheidungen. Zunächst muss vorausgeschickt werden, dass ein Verwertungsverbot nur dann diskutiert werden kann, wenn die gewünschte Einhaltung deutschen Rechts nicht gegen die Grundprinzipien des Rechts des ersuchten Staates verstößt.

Nach der Rechtsprechung wird jedenfalls dann ein BVV angenommen, wenn das ersuchende deutsche Gericht bei Inanspruchnahme des Rechtshilfeweges in irgend-

---

[478] So auch *Ahlbrecht*, StV 2018, 601 (603); *Oehmichen/Weißenberger*, StraFo 2017, 316 (323); *Böse* ZIS 2014, 152 (154).

[479] *Schuster*, ZIS 2016, 564 (567).

[480] Zur Frage, inwieweit die ersuchenden deutschen Stellen verpflichtet sind, die Einhaltung der deutschen Benachrichtigungspflichten (§ 77 IRG i.V.m. § 101 Abs. 4 StPO) herbeizuführen, siehe *Brodowski*, Verdeckte technische Überwachungsmaßnahmen im Polizei- und Strafverfahrensrecht, 2016, S. 394.

[481] Siehe *Schuster*, ZIS 2016, 564, (568).

einer Form gegenüber den ersuchten Stellen darauf hingewirkt hat, dass strengere deutsche Verfahrensvorschriften nicht eingehalten werden[482] oder wenn deutsche Gerichte es versäumt haben, die Einhaltung deutscher Standards geltend zu machen, obwohl dies möglich war.[483] Zuletzt nahm der BGH die Rechtsfolge als *obiter dictum* auch an, wenn die ausländischen Stellen die gewünschte Einhaltung deutscher Form- und Verfahrensvorschriften, welche auf der Grundlage von Art. 4 Abs. 1 EU-RhÜbk erfolgt ist, nicht pflichtgemäß beachtet haben.[484] Allerdings ist dies aus den vom BGH Bezug genommenen Vorentscheidungen nicht explizit zu entnehmen.[485] Denkbar ist auch, dass Fehler bei der Beweiserhebung im Ausland im Rahmen der Beweiswürdigung berücksichtigt werden.[486]

In der Literatur wird ein entsprechendes unselbständiges Beweisverwertungsverbot bejaht, und zwar sowohl dann, wenn die deutschen Strafverfolgungsorgane es versäumen, die Einhaltung entsprechender Form- und Verfahrensvorschriften einzufordern (sofern zumindest eine völker- oder europarechtliche Rechtsgrundlage besteht), als auch dann, wenn sich die ausländischen Behörden der deutschen Bitte ohne Grund verweigern.[487] In letzterem Fall soll also ein Versäumnis des ersuchten Staates den deutschen Stellen zugerechnet werden bzw. ein Verbot ergäbe sich aufgrund des durch Art. 4 Abs. 1 EU-RhÜbk bzw. Art. 9 Abs. 2 RL EEA modifizierten ausländischen Strafverfahrensrechts.

b) Abweichungen zum deutschen Recht

Im zweiten Unterfall geht die Rechtsprechung davon aus, dass die ordnungsgemäß im Rechtshilfeweg erlangten Beweismittel grundsätzlich ohne Rücksicht auf die Art der Beweisgewinnung verwertbar sind.[488] Die Andersartigkeit der Beweisgewinnung nach einer Fremdrechtsordnung spielt also für die Unverwertbarkeit des Beweises grundsätzlich keine Rolle. Unerheblich ist also im Grundsatz, ob der aus-

---

[482] RG JW 1938, 658; BGH NStZ 1988, 563; vgl. auch *Gleß*, FS Grünwald, S. 204.
[483] OLG Bremen, Urt. v. 20.6.1962 – Sa 52/62 = NJW 1962, 2314.
[484] BGHSt 58, 32, Rn. 23.
[485] Im Fall des BGH vom 15.3.2007 = NStZ 2007, 417 = StV 2007, 627 kam es auf ein BVV nicht an, da der BGH im Rahmen der Beweiswürdigung den Verstoß dahingehend korrigierte, dass das Urteil des LG nicht auf ihn beruhte. Ebenfalls keine Aussagen traf die Entscheidung des BGH vom 19.3.1996 = BGHSt 42, 86, da der BGH dort einen Ausnahmefall nach § 168c Abs. 5 S. 2 StPO annahm. Die Frage nach einem BVV war also in beiden Fällen nicht entscheidungserheblich.
[486] *Oehmichen/Schneider/von Wistinghausen*, StraFo 2015, 230 (231) mit Verweis auf BGHSt 2, 300. 304; *Nagler*, StV 2013, 324 (325) mit Verweis auf BGHSt 55, 70 (78); *Gleß/Wahl*, in: S/L, III B 1b, Art. 4, Rn. 6.
[487] *Schuster*, StV 2008, 396 (398); *ders.*, ZIS 2016, 564 (567, 568); *Böhm*, NJW 2017, 1512 (1514); *Ahlbrecht* in: Ahlbrecht/Böhm/Esser/Eckelmans, Internationales Strafrecht in der Praxis, 2. Aufl. 2018, Rn. 1389; *Radtke*, NStZ 2017, 109; mit anderem Begründungsansatz, aber im Ergebnis ebenso *Gleß*, JR 2008, 318 (321).
[488] BGH MDR 1979, 637 (bei *Holtz*); BGH NStZ 1985, 376.

ländische Staat ebenfalls z.B. einen Kernbereichsschutz/Privilegien für bestimmte Berufsgruppen kennt und dagegen verstößt. Begründet wird dies damit, dass sich die Verwertbarkeit mittels Rechtshilfe eines ausländischen Staates gewonnener Beweise nach der Rechtsordnung des um Rechtshilfe ersuchenden Staates richtet, also nach inländischem (deutschem) Recht; mit anderen Worten gilt das *forum regit actum*-Prinzip bezüglich der Verwertbarkeit.[489] Nach der deutschen Rechtsordnung besteht jedoch keine ausdrückliche gesetzliche Regelung zur Verwertbarkeit ausländischer Beweise[490] und nur wenige eindeutige Beweisverwertungsregeln. Es sei deshalb stets eine Abwägung zwischen den Interessen des Betroffenen und der umfassenden Sachaufklärung vorzunehmen. Dabei reiche es aus, dass die inländischen Strafverfolgungsbehörden das ihrerseits Erforderliche getan haben, die Einhaltung deutscher Vorschriften zu erwirken. Die fremde Rechtsordnung ist zu akzeptieren.[491]

Hier werden jedoch einige absolute Grenzen gezogen:[492]

aa) Die im Ausland stattgefundene Beweiserhebung muss den menschenrechtlichen Mindeststandard einhalten, also die EMRK und den IPbpR.[493] Allerdings finden sich in der Rechtsprechung des EGMR bisher wenige Ansätze, das Beweisrecht der Konventionsstaaten als konventionswidrig anzusehen.[494]

bb) Die ausländische Beweisgewinnung wurde in bewusster Umgehung der Gewährleistungen des deutschen Strafverfahrensrechts durchgeführt. Dies wäre z.B. der Fall, wenn eine TKÜ im ausländischen Staat für eine Tat durchgeführt wird, die nicht Katalogtat nach § 100a StPO ist. Nach der Rechtsprechung des BGH kommt es für die Beurteilung auf den Zeitpunkt des (deutschen) Rechtshilfeersuchens an, nicht auf den Zeitpunkt der Vornahme der TKÜ im ersuchten Staat.[495]

cc) Es wurden vom ausländischen Staat Bedingungen gestellt, welche die deutschen Stellen nach § 72 IRG einzuhalten haben (völkerrechtliches Beweisverwertungsverbot, siehe oben).

dd) Als für die Praxis wohl wichtigste Grenze gilt, dass die Beweisgewinnung im Ausland nicht gegen die unverzichtbaren allgemeinen rechtsstaatlichen Grundsätze der deutschen Rechtsordnung verstoßen darf (*ordre public*-Grenze). Welche Prin-

---

[489] Mittlerweile ganz h.M. Vgl. BGHSt 58, 32, Rn. 21 mit zahlreichen weiteren Nachweisen; *Gleß/Wahl*, in: S/L, III B 1b, Art. 4, Rn. 3.
[490] Anders z.B. in Belgien (siehe Art. 13 des belgischen Gesetzes über internationale Rechtshilfe in Strafsachen vom 9.12.2004, Landesbericht Belgien, IV.3.c.).
[491] Siehe hierzu BGHSt 55, 70 (77); *Schuster*, ZIS 2016, 564 (567); *Böse*, ZStW 114 (2002), 148 (150 f.).
[492] *Gleß*, JR 2008, 317 (320f.).
[493] *Schuster*, ZIS 2016, 564 (570).
[494] *Meese*, ERA Forum 2017, 297 (306).
[495] BGHSt 58, 32, Rn. 45.

zipien zum *ordre public* gehören wurde bereits oben bei den eingehenden Ersuchen erörtert. Damit ergibt sich für die grenzüberschreitende TKÜ folgendes:

Werden Inhalte übermittelt, für die in Deutschland ein BVV besteht (z.b. Erkenntnisse aus dem Kernbereich privater Lebensgestaltung, Erkenntnisse aus dem Vertrauensverhältnis der in § 160a StPO genannten Berufsgeheimnisträger), darf die TKÜ insoweit nicht im deutschen Strafprozess verwertet werden. Es greift hier das bereits oben ausführlich dargestellte, vom BGH postulierte innerstaatliche Verwertungsverbot. Unterschiede danach, ob es sich um eine TKÜ „in klassischer Form" oder um eine TKÜ „in Echtzeit" handelt, bestehen insoweit nicht, da die wesentlichen Grundsätze der deutschen Rechtsordnung nachträglich gewahrt werden können.[496]

3. Beweisverwertung bei Nichteinhaltung des Rechts des ersuchten Staates

a) Die Leitentscheidung des BGHSt 58, 22

In der dritten Fallkonstellation ist zu fragen, welche Folgen für die Verwertbarkeit einer TKÜ im deutschen Strafprozess bestehen, wenn gegen das ausländische Recht verstoßen worden ist. Dies kann z.b. der Fall sein, wenn nicht ein nach der ausländischen Rechtsordnung geforderter qualifizierter Tatverdacht vorlag oder – obwohl im ausländischen Staat notwendig – die Vornahme der TKÜ nicht von einem Richter oder einem unzuständigen Richter genehmigt worden ist.[497]

Eine derartige Konstellation lag auch der bereits mehrfach zitierten Entscheidung des BGH vom 21.11.2012 zugrunde.[498] Diese Entscheidung ist, soweit ersichtlich, die erste höchstrichterliche Entscheidung, die sich mit einer im Ausland durchgeführten Überwachung des Telekommunikationsverkehrs auseinandersetzt und grundlegende Prämissen zur Verwertbarkeit ausländischer TKÜs aufstellt. Sie betraf zwar nicht den von Art. 30 RL EEA und Art. 18 EU-RhÜbk avisierten Fall einer unmittelbaren, grenzüberschreitenden TKÜ zwischen einer deutschen und einer ausländischen Strafverfolgungsbehörde, sondern den Fall, dass zunächst in Tschechien für ein dortiges Strafverfahren eine nationale TKÜ durchgeführt worden war, und erst danach die Telefonmitschnitte aufgrund eines Rechtshilfeersuchens der StA Hamburg an Deutschland übersandt wurden. In Hamburg wurden sie für ein dortiges Verfahren gegen die Beschuldigten verwertet. Die TKÜ selbst erfolgte also *nicht aufgrund* eines deutschen Rechtshilfeersuchens, sondern es handelte sich um die Übersendung der TKÜ-Inhalte als „Konserve" auf dem Rechts-

---

[496] Siehe auch *Brodowski*, Verdeckte technische Überwachungsmaßnahmen im Polizei- und Strafverfahrensrecht, 2016, S. 394.

[497] Ausführlich *Tropina*, Comparative Analysis, in: Sieber/von zur Mühlen (eds.), Access to Telecommunication Data in Criminal Justice, S. 58 ff.; vgl. auch *Schuster*, Verwertbarkeit im Ausland gewonnener Beweise im deutschen Strafprozess, 2006, S. 245 ff.

[498] BGHSt 58, 32.

hilfeweg. Die Revision führte jedoch u.a. an, dass die Anordnungsbeschlüsse des tschechischen Strafgerichts nicht dem tschechischen Verfassungsrecht und den einfachgesetzlichen Bestimmungen des tschechischen Rechts entsprochen hätten.

Der BGH entwickelt hier seine bisherige Rechtsprechung fort. Er führt entscheidend an, dass es auf eine Prüfung der Rechtmäßigkeit oder Rechtswidrigkeit der Maßnahme nach dem ausländischen Recht nicht ankomme. Eine solche Prüfung sei den deutschen Gerichten aus völker- und unionsrechtlichen Gründen verwehrt. Der BGH begründet das Verbot einer durch Deutschland etwaig vorzunehmenden Prüfung der ausländischen Anordnungsbeschlüsse erstens mit einem Eingriff in die Souveränität, wenn deutsche Gerichte die ausländischen Gerichtsentscheidungen am Maßstab des ausländischen Rechts nachprüften. Ferner argumentiert der BGH mit dem hinter dem unionsrechtlich positivierten Grundsatz der gegenseitigen Anerkennung (Art. 82 AEUV) stehenden Gedanken des gegenseitigen Vertrauens der Mitgliedstaaten. Ein Prüfvorbehalt durch deutsche Gerichte wäre damit nicht zu vereinbaren.[499]

Damit werden im Grundsatz unselbständige Beweisverbote ausgeschlossen. Eine rechtmäßige Erhebung des Auslandsbeweises (auch aus Sicht der Rechtsordnung des forums, also derjenigen, die für das entscheidende Gericht gilt) wird fingiert.[500]

Der BGH prüft jedoch, ob die o.g. absoluten Grenzen eine Beweisverwertung bedingen würden, insbesondere ob die Beweiserhebung unter Verletzung des völkerrechtlichen Mindeststandards an Menschenrechten (wie etwa Art. 3 EMRK) oder unter Verstoß gegen die *ordre public*-Grenze zustande gekommen ist.[501] Möglich ist also eine eingeschränkte Prüfung.[502]

Damit weicht der BGH wesentlich von der im Schrifttum vertretenen Auffassung ab, dass eine Verwertung einer TKÜ in Deutschland nur erfolgen kann, wenn die Rechtmäßigkeitsvoraussetzungen im ersuchten Staat gegeben waren; ggf. müsse – so das Schrifttum – eine angemahnte, umfassende Rechtmäßigkeitsprüfung der ausländischen Anordnungsbeschlüsse am Maßstab des ausländischen Rechts erfolgen.[503] Die Rechtswidrigkeit der Maßnahme nach ausländischem Recht müsse zur Prüfung eines Beweisverwertungsverbots nach deutschen Maßstäben führen.[504]

---

[499] BGHSt 58, 32, Rn. 34 f., bestätigt in einem gleichgelagerten Fall mit Ungarn durch Beschluss des BGH vom 9. April 2014, NStZ 2014, 608. Diese Aussage hat in der Literatur heftige Kritik erfahren: siehe u.a. *Schuster*, StV 2014, 198 (200); *Swoboda*, HRRS 2014, 10 (20); *Zehetgruber*, NZWiSt 2013, 465 (466 f.); *Deutscher*, StRR 2013, 142 (143).

[500] *Gleß*, JR 2008, 317 (320).

[501] BGHSt 58, 32, Rn. 38, 39.

[502] BGH NStZ 2014, 608.

[503] *Schuster*, Verwertbarkeit im Ausland gewonnener Beweise im deutschen Strafprozess, 2006, S. 245 ff.; *ders.*, StV 2008, 396 (398); *Eisenberg*, Beweisrecht der StPO, 10. Aufl. 2017, Rn. 355a; explizit für den Fall der TKÜ *Perron*, ZStW 112 (2000), 202 (219).

[504] *Schuster*, ZIS 2016, 564 (572).

b) Abweichungen bei Ersuchen nach der RL EEA?

Im Anwendungsbereich der RL EEA kommen Zweifel auf, ob an dem vom BGH vertretenen Ansatz festgehalten werden kann, es komme auf die Rechtmäßigkeit/Rechtswidrigkeit der Maßnahme im ersuchten Staat nicht an. Ausgangspunkt der Überlegungen ist die Regelung des Art. 14 Abs. 7 RL EEA. Danach verpflichtet sich der Anordnungsstaat eine erfolgreiche Anfechtung der Anerkennung oder Vollstreckung einer EEA im Einklang mit seinem nationalen Recht zu *berücksichtigen* (Satz 1). Der Anordnungsstaat muss außerdem sicherstellen, dass bei der Verwertung von Beweismitteln, die durch eine EEA erlangt wurden, in Strafverfahren die Verteidigungsrechte gewahrt und ein faires Verfahren gewährleistet werden; das nationale Verfahrensrecht bleibt jedoch ausdrücklich unberührt (Satz 2).

Die Norm hat unterschiedliche Interpretationen hervorgerufen. Nach Ansichten im Schrifttum führt sie dazu, dass Konsequenzen für die innerstaatliche Verwertbarkeit im Forumstaat gezogen werden müssen. Jedenfalls dann, wenn ein Gericht im Vollstreckungsstaat eine Verletzung drittschützender Normen feststellt, muss der Forum-/Anordnungsstaat dem durch Anerkennung eines Beweisverwertungsverbots Rechnung tragen. Das Gericht im Forumstaat (hier: Deutschland) sei unter Heranziehung der Maßstäbe der Verteidigungsrechte und des fairen Verfahrens zu einer selbständigen Prüfung eines BVV zudem dann veranlasst, wenn es im Vollstreckungsstaat kein Rechtsmittel gegen die Anordnung oder Vollstreckung der EEA gebe oder ein solches zu spät käme, wie oft bei verdeckt durchgeführten Ermittlungsmaßnahmen der Fall.[505]

Art. 14 Abs. 7 wird jedoch von der h.M. einschränkend verstanden. Deutschland hat die Norm nicht umgesetzt. In der Gesetzesbegründung zum deutschen Umsetzungsgesetz sieht die Bundesregierung die bisherige deutsche Rechtslage auf der Grundlage der erläuterten Rechtsprechung des BGH (in: St 58, 32) in Einklang mit der Richtlinie.[506] Die RL regele hier nicht die Verwertbarkeit eines Beweismittels im Wege der Rechtshilfe, welche sich nach der lex fori richte. Dem rechtsstaatlichen Gebot eines fairen Verfahrens sei durch die von der Rechtsprechung entwickelten Fallgruppen, welche Gründe zur Unverwertbarkeit führen können,[507] hinreichend Rechnung getragen. Seien danach Beweismittel verwertbar, trügen ferner der Grundsatz der freien Beweiswürdigung aus § 261 StPO und der für das deutsche Strafverfahrensrecht geltende Grundsatz „im Zweifel für den Angeklagten" den Vorgaben aus Art. 14 Abs. 7 Rechnung.

---

[505] Zum Ganzen *Böhm*, NJW 2017, 1512 (1515); *Schuster*, StV 2015, 393 (398); zust. *Oehmichen/Weißenberger*, StraFo 2017, 316 (323). Vgl. auch *Mosna*, ZStW 131 (2019), 808 (830).
[506] Siehe dazu sowie im Folgenden BT-Drucks. 18/9757, 32.
[507] Verwiesen wird an dieser Stelle der Gesetzesbegründung auf BVerfGE 130, 1, 25 ff.

Dem stimmt im Ergebnis auch die Literatur zu. Die RL enthalte keine Harmonisierung von Beweisverwertungsverboten.[508] Der Inhalt des Verweises auf die Verteidigungsrechte und das Fairnessgebot in Art. 14 Abs. 7 Satz 2 RL EEA wird vor allem dahingehend verstanden, dass dem Angeklagten nicht die Möglichkeit genommen werden darf, wirksam Einwände gegen die Zuverlässigkeit des Beweismittels zu erheben.[509] Dies ist jedoch durch die Rechtsprechung des BGH gewährleistet.[510] Ferner geht *Böse* damit konform, dass auch auf der Grundlage der RL EEA deutsche Gerichte entsprechend den Grundsätzen des BGH nicht die Rechtmäßigkeit der Beweiserhebung am Maßstab der lex loci überprüfen müssen. Zwar verbiete der Grundsatz der gegenseitigen Anerkennung eine solche Prüfung nicht, letztlich sei das Ergebnis aber Konsequenz der funktional-pragmatischen Aufteilung des Rechtsschutzes. Hier trage die RL den Rechtsschutzdefiziten (weiterhin) nur unzureichend Rechnung.[511]

Dem ist im Ergebnis zuzustimmen. Die Konsequenz eines unmittelbaren Beweisverwertungsverbots aufgrund der Nichteinhaltung der Vorschriften des innerstaatlichen Rechts des Anordnungsstaates könnte nur dann gezogen werden, wenn die Richtlinienvorschrift unmittelbare Wirkung hat. Das setzt voraus, dass die betroffene Bestimmung der RL unbedingt und so hinreichend genau formuliert ist, dass daraus (ohne Umsetzungsspielraum für den nationalen Gesetzgeber) Rechte abgeleitet werden können, und die Mitgliedstaaten diese nicht fristgemäß oder nur unzulänglich umgesetzt haben.[512] Letzteres wäre in der Tat anzunehmen, da der deutsche Gesetzgeber die Bestimmung von Art. 14 Abs. 7 RL EEA gar nicht in das deutsche Recht umgesetzt hat. Allerdings fehlt es an der hinreichenden Bestimmtheit. Art. 14 Abs. 7 stellt an mehreren Stellen seine Anwendung unter den Vorbehalt des nationalen Rechts („im Einklang mit", „unbeschadet ..."). Damit hat der nationale Gesetzgeber Handlungsspielräume. Eine Anerkennungspflicht besteht nur insoweit, als es das innerstaatliche Recht des Vollstreckungsstaates erlaubt. Verlangt wird deshalb allenfalls eine Berücksichtigungsmöglichkeit, wobei dieser auch der vom BGH zugrunde gelegte einschränkende Prüfungsmaßstab (siehe oben) gerecht wird.

Art. 14 Abs. 7 der RL ist lediglich als Klarstellung in verfahrensrechtlicher Hinsicht zu verstehen, dass Beweisergebnisse nicht ohne weiteres und ohne Berücksichtigung der Beschuldigtenrechte in das Strafverfahren des Forumstaates eingeführt werden dürfen. Die Einfügung der Bestimmung ist vor dem Hintergrund des

---

[508] *Böse*, ZIS 2014, 152 (162); *Leonhardt*, Die Europäische Ermittlungsanordnung in Strafsachen, 2017, S. 96.
[509] *Böse*, ZIS 2014, 152 (163); ähnlich *Leonhardt*, a.a.O., die Art. 14 Abs. 7 Satz 2 lediglich Appellcharakter beimisst und wonach die Bestimmung die Effektivität des Rechtsbehelfs im nationalen Recht sicherstellen soll.
[510] Siehe BT-Drucks. 18/9757, 32.
[511] *Böse*, a.a.O.
[512] Vgl. statt vieler *Streinz*, Europarecht, 10. Aufl. 2016, Rn. 498.

Rahmenbeschluss über die Europäische Beweisanordnung zu verstehen, der eine solche Klarstellung nicht enthielt, was kritisch gesehen wurde.[513] Nach der Idee des international-arbeitsteiligen Strafverfahrens muss der Verwertungsschutz in grenzüberschreitenden Ermittlungsverfahren deckungsgleich mit dem nationalen Verfahren sein und die Nichteinlegung von Rechtsbehelfen (die gerade bei heimlichen Ermittlungsmethoden nicht oder sehr spät möglich ist) kann nicht zur Unanfechtbarkeit der Verwertung führen.[514] Dem wird durch die Bewertung des im Ausland erhobenen Beweises – unabhängig von dessen rechtswidriger oder rechtmäßiger Erhebung – durch die Anwendung der deutschen Beweisverwertungsmaßstäbe im Strafverfahren anhand des *forum regit actum*-Prinzips entsprochen. Die vom BGH aufgestellten Grundsätze zum völkerrechtlichen Rechtshilfeverkehr gelten demnach auch für die EEA.

4. Beweisverwertungsverbote wegen Nichteinhaltung rechtshilferechtlicher Voraussetzungen

a) Die vom BGH entwickelten Grundsätze

An Beweisverwertungsverbote ist auch zu denken, wenn der Beweis trotz Nichteinhaltung der maßgeblichen rechtshilferechtlichen Bestimmungen gewonnen wurde. Auch hierzu hat der BGH in seiner Entscheidung vom 21.11.2012 Stellung genommen. Im Revisionsverfahren haben die Beschwerdeführer gegen die Verwertbarkeit der tschechischen TKÜ-Inhalte geltend gemacht, dass die nach Art. 17 Abs. 2 Nr. 1 CZ-ErgV EuRhÜbk erforderliche Erklärung eines deutschen Gerichts gefehlt habe, ferner habe Rechtshilfe nicht ersucht werden können, da nach deutschem Recht keine Katalogtat vorlag. Der BGH stellt auch zu rechtshilferechtlichen Beweisverwertungsverboten einige Grundsätze auf. Die Eckpunkte der BGH-Entscheidung lassen sich wie folgt zusammenfassen:

1. Der BGH neigt der Auffassung zu, dass ein BVV nur in Betracht zu ziehen wäre, wenn die entsprechende rechtshilferechtliche Bestimmung (auch) individualschützenden Charakter habe – wenigstens im Sinne eines Schutzreflexes.[515] Dies wird aber im Hinblick auf die im Revisionsverfahren relevanten Bestimmungen des CZ-ErgV EuRhÜbk bejaht (Art. 17 Abs. 2 und 5).[516]
2. Liegen die formellen und materiellen Voraussetzungen des Rechtshilfevertrags (hier: Art. 17 Abs. 2 CZ-ErgV EuRhÜbk) nicht vor, ergibt sich kein rechtshilferechtliches BVV, wenn der ersuchte Staat Rechtshilfe überobligationsmäßig

---

[513] *Roger*, GA 2010, 27 (43).
[514] *Leonhardt*, Die Europäische Ermittlungsanordnung in Strafsachen, 2017, S. 307 f.
[515] BGHSt 58, 32, Rn. 25.
[516] BGH, a.a.O.

nach seinem innerstaatlichen Rechtshilferecht leistet.[517] Mit anderen Worten: Es besteht kein BVV, sofern der Grundsatz der Meistbegünstigung gegeben ist.

3. Ein Verstoß gegen rechtshilferechtliche Bestimmungen kann zu einem BVV führen, wenn ein solches ausdrücklich im Vertrag vorgesehen ist[518] oder sich das gegen den Angeklagten geführte Verfahren insgesamt als unfair erweisen würde (Art. 6 Abs. 1 EMRK). Als Maßstab der Verfahrensfairness komme es, so der BGH, darauf an, ob unter der Geltung der inländischen Rechtsordnung eine zuverlässige Beweisführung in einem fairen Verfahren möglich ist.[519]

4. Kein BVV besteht, wenn die Beweise auch bei Beachtung des Rechtshilferechts durch den ersuchten und ersuchenden Staat hätten erlangt werden können (Übertragung des Gedankens des hypothetischen Ersatzeingriffs).[520]

b) Entsprechende Anwendung bei der EEA?

Inwieweit die vom BGH auf ein völkerrechtliches Rechtshilfeübereinkommen gestützten Leitlinien auch auf die RL EEA als unionsrechtliche Grundlage der strafrechtlichen Zusammenarbeit übertragen werden können, ist noch nicht abschließend geklärt. Nach *Böse* fehlt teilweise die unmittelbare Wirksamkeit der in der RL genannten Bedingungen.[521] Das gelte für die vom Vollstreckungsstaat zu prüfenden Ablehnungsgründe nach Art. 11 und 10 RL EEA. Etwas anderes gelte für die sich an die Anordnungsbehörde richtenden Anordnungsvoraussetzungen (Art. 6 Abs. 1 und Art. 9 Abs. 2 RL EEA).[522]

Inwieweit diese Fragestellung jedoch praktische Relevanz erhält, scheint fraglich. Einerseits besteht hinsichtlich der Anordnungsvoraussetzungen nach der Konzeption der RL ohnehin Rechtsschutz im Anordnungsstaat (hier: Deutschland). Der Betroffene könnte also vor deutschen Gerichten geltend machen, dass die TKÜ mangels Katalogtat nicht hätte angeordnet werden können oder ein richterlicher Beschluss für die Durchführung der TKÜ im Ausland nicht eingeholt worden ist. Dies betrifft die Vornahmeermächtigung und lässt sich unmittelbar auf das deutsche Strafverfahrensrecht stützen. Mängel bezüglich der Vornahmeermächtigung müssen zu einem Verwertungsverbot führen, da der Betroffene im Rahmen des international-arbeitsteiligen Strafverfahrens nicht schlechter gestellt werden kann als der Betroffene in einem rein innerstaatlichen TKÜ-Fall. Im Anwendungsfall der

---

[517] BGHSt 58, 32, Rn. 27; krit. hierzu *Zehetgruber*, NZWiSt 2013, 465 (466).
[518] Dies ist selten. Es besteht z.B. bei gemeinsamen Ermittlungsgruppen nach Art. 13 Abs. 10 EU-RhÜbk oder bei der polizeilichen Rechtshilfe nach Art. 39 Abs. 2 SDÜ. Bei TKÜs besteht ein solches nicht (vgl. BGHSt 58, 32, Rn. 28).
[519] BGHSt 58, 32, Rn. 29 mit Verweisen auf *Gleß*, Beweisrechtsgrundsätze einer grenzüberschreitenden Strafverfolgung, 2006, S. 141 ff. und *Gleß*, JR 2008, 317 (321).
[520] BGHSt 58, 32, Rn. 30.
[521] *Böse*, ZIS 2014, 152 (161 f.).
[522] *Böse*, a.a.O.

RL EEA gleich zu behandeln sind die Konstellationen, in denen die deutschen Stellen nicht die Einhaltung deutscher Form- und Verfahrensvorschriften nach Art. 9 Abs. 2 RL EEA bei Stellung des Ersuchens einfordern (siehe oben 1. und 2.a)). Es ist nicht anzunehmen, warum bei Anwendung eines unionsrechtlichen Instruments der Schutz anders ausfallen sollte, als bei der Anwendung entsprechender völkerrechtlicher Grundlagen, wie z.b. Art. 4 Abs. 1 EU-RhÜbk.[523] Freilich harrt hier noch eine höchstrichterliche Entscheidung zu den Folgen der Nichteinhaltung deutscher Form- und Verfahrensvorschriften (siehe oben 2.a)).

Defizite hinsichtlich der Leistungsermächtigung sind aufgrund des gespaltenen Rechtsschutzes in der Rechtshilfe im Vollstreckungsstaat geltend zu machen. Klagen sind jedoch dort auf das dortige Umsetzungsgesetz zu stützen. Dieses muss freilich im Lichte der Richtlinie ausgelegt werden. Bei Auslegungsschwierigkeiten muss das nationale Gericht im Vollstreckungsstaat den EuGH im Wege des Vorabentscheidungsverfahrens anrufen. Die Richtlinie käme dann aber nicht unmittelbar zur Anwendung. Für den deutschen Strafprozess stellt sich dann im Gleichklang mit völkerrechtlichen Verträgen die Frage, inwieweit ein (festgestellter) Verstoß gegen die Leistungsermächtigung ein BVV nach sich zieht.

C. Besonderheiten bei der TKÜ ohne technische Hilfe

1. Gemeinsame Grundsätze nach der RL EEA und dem EU-RhÜbk, insbesondere für eingehende Ersuchen

Im Sonderfall von TKÜs, bei denen die technische Hilfe nicht erforderlich ist, handelt es sich nicht um Rechtshilfe im klassischen Sinne.[524] Ein Staat ist in der Lage, eine Ermittlungsmaßnahme ohne Einschaltung eines anderen Staates vorzunehmen. Im Grundsatz handelt es sich um eine eigene Ermittlungsmaßnahme nach den Vorgaben seines eigenen innerstaatlichen Rechts.[525] Die RL EEA und das EU-RhÜbk haben insbesondere zwei Szenarien vor Augen, bei denen eine Zielperson überwacht wird, obwohl sie sich zwar in einem anderem Staat befindet, aber dieser Staat die Maßnahme nicht nach seinem eigenen Recht durchführen muss:[526]

– es handelt sich um eine Telekommunikation, bei der sich der Zugang auf dem Gebiet des die Überwachung durchführenden Staates befindet, z.B. bei Telekommunikationen via Satellit;

---

[523] So auch *Böse*, ZIS 2014, 152 (162).

[524] *Weyembergh/de Bioley*, 8 Eur. J. L. Reform (2006), 285 (289).

[525] Ähnlich *Bachmaier*, Mutual Recognition and Cross-Border Interception of Communications: The Way Ahead for the European Investigation Order, in: Brière/Weyembergh, The Needed Balances in EU Criminal Law, Oxford 2018, S. 313 (331).

[526] Für die RL EEA: BT-Drucks. 18/9757, S. 75; für das EU-RhÜbk: *Weyembergh/ de Bioley*, a.a.O.

– es handelt sich um eine Telekommunikation, bei der das Netzwerk auch bei Überschreiten der Grenze aktiv bleibt, z.B. der Telefonie mit einem Mobiltelefon in Grenzregionen, bei der das Heimnetzwerk auch (noch) genutzt werden kann, wenn sich eine Person bereits auf dem Hoheitsgebiet eines anderen Staates befindet.

Letzteres entspricht auch dem Fall der passiven Rechtshilfe, wie sie bei grenzüberschreitender Nacheile oder Observation vorkommt. Allerdings wird man die entsprechenden Vorschriften in den Rechtshilfegrundlagen, insbesondere Art. 31 RL EEA als Nachfolgevorschrift von Art. 20 EU-RhÜbk, weiter zu verstehen haben. Gerade das EU-RhÜbk wurde offen für neuere technische Entwicklungen konzipiert. In den Anwendungsbereich fällt deshalb auch die Überwachung der internetbasierten Kommunikation.[527]

Das Vereinigte Königreich setzte sich während den Verhandlungen des EU-RhÜbk dafür ein, den Fall der fehlenden technischen Unterstützung nicht aufzunehmen, da in einem Rechtshilfeübereinkommen keine Regelung getroffen werden könne, die keine Rechtshilfe im eigentlichen Sinne darstelle.[528] Dennoch befürworteten die meisten EU-Staaten die Aufnahme eines Schutzmechanismus und zogen Parallelen zur passiven Rechtshilfe nach dem Vorbild der im SDÜ geregelten grenzüberschreitenden Observation bzw. Nacheile. Die Tatsache, dass Technologie in der Lage sei, Grenzen zu überschreiten, bedeute noch nicht eine automatische Zulässigkeit. Art. 20 EU-RhÜbk sieht eine moderne Widerspruchslösung vor. Dem folgt Art. 31 RL EEA.[529] Das im Folgenden kurz dargestellte Verfahren dient vor allem dem Schutz der Staatssouveränität.[530]

Im Gegensatz zur aktiven Rechtshilfe wird im Fall der TKÜ ohne technische Hilfe der ersuchende Mitgliedstaat als „überwachender Mitgliedstaat" und der ersuchte Mitgliedstaat als „unterrichteter Staat" bezeichnet. Für den überwachenden Mitgliedstaat besteht eine Unterrichtungspflicht.[531] Auslöser ist der Standort der Zielperson, der mit dem Hoheitsgebiet eines Staates verknüpft wird (Nutzung des Kommunikationsanschlusses der Zielperson im Hoheitsgebiet eines anderen Mitgliedstaates[532]).

Charakteristisch ist, dass für den betroffenen (unterrichteten) Mitgliedstaat Fristen gelten, innerhalb derer er reagieren kann, wenn er die Überwachung mit seinem innerstaatlichen Recht für unvereinbar hält. Die Fristen ergeben sich aus Art. 20

---

[527] *Schierholt*, in: S/L, § 91g IRG, Rn. 10.
[528] *Weyembergh/de Bioley*, 8 Eur. J. L. Reform (2006), 285 (289) m.w.N.
[529] Ausführlich oben I.B.1.d) und I.B.2.b).
[530] OLG Koblenz NStZ 2017, 108.
[531] Diese soll für deutsche Behörden in der RiVASt näher ausgestaltet werden (BT-Drucks. 18/9757, S. 45).
[532] Siehe Wortlaut von Art. 31 Abs. 1 RL EEA, Art. 20 Abs. 2 EU-RhÜbk.

EU-RhÜbk in seiner unmittelbaren Anwendung. Im Hinblick auf die RL EEA hat Deutschland die Fristenregelung in § 91g Abs. 6 IRG für eingehende Unterrichtungen[533] umgesetzt.

Zwar besteht nach dem Wortlaut der völker- bzw. unionsrechtlichen Rechtsgrundlagen lediglich die Möglichkeit einer Untersagung. In Umsetzung der RL EEA hat der deutsche Gesetzgeber zum Schutz der Grundrechte und der deutschen Souveränität jedoch deutlich gemacht, dass für deutsche Stellen eine Prüfungspflicht besteht.[534] Danach gilt das Prinzip der doppelten Legalität uneingeschränkt, d.h. egal ob für die TKÜ die technische Hilfe Deutschlands erforderlich ist oder nicht. Infolgedessen sind auch bei Maßnahmen im Rahmen von Art. 31 RL EEA vollumfänglich das Prüfprogramm des § 59 Abs. 3 IRG i.V.m. §§ 100a ff. StPO zu starten und die entsprechenden Maßnahmen analog Nr. 77a Abs. 4 RiVASt einzuleiten. Ist die Voraussetzung gegeben, dass die TKÜ in einem vergleichbaren innerstaatlichen Fall nicht genehmigt würde, ist die Durchführung oder Fortführung der TKÜ zwingend zu untersagen. Damit wird auch verdeutlicht, dass im Bereich der TKÜ ohne technische Hilfe kein geringerer Prüfungsmaßstab gelten kann als bei derjenigen mit technischer Hilfe. Deutsche Stellen können sich deshalb nicht auf eine summarische Prüfung oder Prüfung *prima facie* zurückziehen.[535] Beweisverwertungsverbote des Aufenthaltsstaates müssen grenzüberschreitend zur Geltung gebracht werden.[536] Fehlen die erforderlichen Informationen, die eine Prüfung dahingehend ermöglichen, ob die TKÜ in einem vergleichbaren innerstaatlichen Fall genehmigungsfähig wäre, ist um Ergänzung zu bitten.

In diesem Zusammenhang ist herauszustreichen, dass nach der deutschen Gesetzeslage für die Unterrichtungen zwingend das Formblatt in Anhang C der RL EEA zu verwenden ist (§ 91d Abs. 1 IRG). Ist dies nicht der Fall, ist nach der Konzeption des Gesetzes die Überwachung aufgrund eines Formfehlers als unzulässig abzulehnen. Ferner können Unterrichtungen nur akzeptiert werden, wenn sie auf Deutsch oder in deutscher Übersetzung übermittelt werden.[537] Sind die sprachlichen Voraussetzungen nicht gegeben, beginnt die Frist nicht zu laufen.

Für den Widerspruch ist keine besondere Form vorgesehen. Gemäß §§ 91g Abs. 6 Satz 2 i.V.m. § 91d Abs. 3 Satz 2 IRG soll er aber in einer Form erfolgen, die einen schriftlichen Nachweis ermöglicht.

---

[533] Der Gesetzgeber hat den Sprachgebrauch des IRG nicht angepasst und spricht auch hier nicht von „Unterrichtungen", sondern von „Ersuchen" (siehe auch BT-Drucks. 18/9757, S. 75).

[534] BT-Drucks. 18/9757, S. 75

[535] A.A. aus spanischer Sicht *Bachmaier*, Mutual Recognition and Cross-Border Interception of Communications: The Way Ahead for the European Investigation Order, in: Brière/Weyembergh, The Needed Balances in EU Criminal Law, Oxford 2018, S. 313 (333).

[536] Ebenso *Ahlbrecht*, StV 2018, 601 (606).

[537] Siehe die deutsche Erklärung vom 14.3.2017 und oben II.B.1.b).

In dem Widerspruch sind nach § 91g Abs. 6 IRG anzugeben, dass
1. die Überwachung nicht durchgeführt werden kann oder zu beenden ist und
2. Erkenntnisse, die bereits gesammelt wurden, während sich die überwachte Person im Hoheitsbereich der Bundesrepublik Deutschland befand, nicht oder nur unter Bedingungen verwendet werden dürfen.

Damit ergeben sich für eingehende „Ersuchen" bei TKÜs ohne technische Hilfe keine Besonderheiten im Vergleich zur TKÜ in klassischer Form bzw. in Echtzeit wie unter A. analysiert. Bedingungen, dass das Material nicht verwendet werden kann, wenn es den Kernbereich der privaten Lebensgestaltung betrifft oder die Kommunikation mit privilegierten Personen betroffen war, sind mitzuteilen.[538]

Entsprechende Bedingungen, dass keine Überwachung erfolgen darf, wenn sie auf den Kernbereich der privaten Lebensgestaltung oder die Kommunikation mit privilegierten Personen zielt, können auch in Bezug auf die Durchführung oder Fortführung der Maßnahme gemacht werden. Im Gegensatz zu Art. 20 Abs. 4 i) EU-RhÜbk sieht Art. 31 Abs. 3 RL EEA zwar nicht mehr vor, dass die Durchführung oder Fortführung der TKÜ (also nicht nur die Verwendung von bereits gesammeltem Material) von Bedingungen abhängig gemacht werden kann. Diese Möglichkeit bleibt aber auch im Anwendungsbereich der RL EEA erhalten, sofern entsprechende Bedingungen auch in einem vergleichbaren innerstaatlichen Fall einzuhalten wären.[539] Denn das Stellen von Bedingungen ist im Vergleich zur Untersagung der Überwachung das mildere Mittel und stellt gegenüber dem überwachenden Staat ein Entgegenkommen dar, erfolgt also in dessen Interesse.[540]

2. Unterschiede zwischen RL EEA und EU-RhÜbk und Auswirkungen

Bis dahin gehen also TKÜs ohne technische Hilfe Deutschlands auf der Grundlage des Art. 31 RL EEA und des Art. 20 EU-RhÜbk parallel einher. Zwischen beiden Rechtsgrundlagen bestehen aber zwei entscheidende Unterschiede, die sich auf die praktische Handhabung auswirken. Der erste betrifft die Fristenregelung und sich daraus ergebende Konsequenzen für das Rechtshilfeverfahren (a), der zweite die Rechtsfolgen eines Fristversäumnisses (b).

a) Im Gegensatz zum EU-RhÜbk ist keine Fristverlängerung mehr möglich. Ein Widerspruch ist den zuständigen Stellen des überwachenden Staates spätestens innerhalb von 96 Stunden nach Eingang der Unterrichtung mitzuteilen.[541] Im Gegensatz dazu kann nach Art. 20 Abs. 4 iv) EU-RhÜbk die Reaktionsfrist auf maximal acht Tage verlängert werden. Anlässlich der gesteigerten Eilbedürftigkeit

---

[538] Die Mitteilungspflicht ausdrücklich statuierend, Art. 91g Abs. 6 Nr. 2, 2. Hs. IRG.
[539] BT-Drucks. 18/9757, S. 45.
[540] BT-Drucks. 18/9757, S. 45.
[541] Art. 31 Abs. 3 RL EEA, § 91g Abs. 6 IRG.

aufgrund der RL EEA und der praktischen Erfahrungen aus der bisherigen Anwendung des Art. 20 EU-RhÜbk (Unterrichtungen wurden meist an deutsche Zentralstellen wie BKA oder BfJ gesendet, die dann zeitraubend die zuständige Staatsanwaltschaft suchen mussten) hat der deutsche Gesetzgeber nun eine spezielle örtliche Zuständigkeit für alle TKÜs geschaffen, für welche die technische Hilfe Deutschlands nicht erforderlich ist (§ 92d IRG). Dadurch soll eine unmittelbare Adressierung durch die ausländischen Behörden, jedenfalls aber eine zügige Weiterleitung durch Bundesbehörden an die zuständige deutsche Staatsanwaltschaft und den gesetzlichen Richter ermöglicht werden.[542]

Unter Zugrundelegung verschiedener Faktoren werden die einzelnen Mitgliedstaaten der Europäischen Union jeweils den zuständigen Gerichten am Sitz der Landesregierung eines Bundeslandes zugeordnet (§ 92d Abs. 1 IRG). Die Länder können die örtliche Zuständigkeit abweichend regeln (§ 92d Abs. 2 IRG).[543] Für die sachliche Zuständigkeit trifft das IRG keine Regelung, hier bleibt es bei den allgemeinen Vorschriften.

b) Von der oben genannten Feststellung, dass die in der RL EEA genannten Erledigungsfristen lediglich Sollvorschriften sind,[544] stellt die in Art. 31 RL EEA statuierte Reaktionsfrist eine wichtige Ausnahme dar.

Verschweigen sich die deutschen Behörden innerhalb der Frist, gilt nach der Konzeption der Norm die Überwachungsmaßnahme als bewilligt.[545] Auch dieses „scharfe Schwert" führt dazu, dass die deutschen Behörden umso mehr verpflichtet sind, nach Eingang der Unterrichtung eine gewissenhafte Prüfung der TKÜ vorzunehmen und die entsprechenden Bedingungen des deutschen Beweisverbotsrechts anzubringen, da ansonsten das Risiko besteht, dass sensible Daten, die im Hoheitsbereich Deutschlands gewonnen wurden, im europäischen Ausland auch dann verwertet werden, wenn die Überwachung nach deutschem Recht unzulässig wäre.[546]

Die Konsequenz einer Bewilligungsfiktion ergibt sich letztlich daraus, dass Art. 31 RL EEA die besondere Verwendungsbeschränkungsregelung des Art. 20 Abs. 4 lit. b) EU-RhÜbk nicht mehr übernommen hat. Nach Art. 20 Abs. 4 lit. b) EU-RhÜbk gilt, dass der überwachende Mitgliedstaat die Maßnahme fortsetzen

---

[542] BT-Drucks. 18/9757, S. 82.

[543] Somit sind die Formvorschriften zu Formblatt im Anhang C der RL EEA in § 91d IRG und die Fristenbestimmung in § 91g Abs. 6 IRG nur für die in § 92d IRG genannten Gerichte relevant.

[544] II.B.1.b.dd.

[545] BT-Drucks. 18/9757, S. 75; zweifelnd *Bachmaier*, Mutual Recognition and Cross-Border Interception of Communications: The Way Ahead for the European Investigation Order, in: Brière/Weyembergh, The Needed Balances in EU Criminal Law, Oxford 2018, S. 313 (334), die meint, es hänge davon ab, welchen Status der überwachende Staat der Notifizierung des Widerspruchs beilegt.

[546] Vgl. BT-Drucks. 18/9757, S. 75.

kann, solange der unterrichtete Mitgliedstaat nach Ablauf der ersten Frist von 96 Stunden oder nach Ablauf der weiteren achttägigen Frist nicht geantwortet hat. Er darf aber das gesammelte Material (zunächst) nicht verwenden, es sei denn, er hat mit dem unterrichteten Mitgliedstaat etwas anderes vereinbart, oder er muss eine dringliche Maßnahme zur Abwehr einer unmittelbaren und ernsthaften Gefahr für die öffentliche Sicherheit ergreifen. Damit ist nach dem EU-RhÜbk sichergestellt, dass Erkenntnisse aus TKÜs bis zur Genehmigung durch die Justizbehörden des unterrichteten Staates in einem Strafprozess des überwachenden Staates nicht beweisverwertbar sind.

IV. Zusammenfassung

Im Folgenden sollen stichpunktartig die Kernaussagen des unter I.–III. dargestellten rechtshilferechtlichen Teils zusammengefasst werden:

1. Es gibt bisher nur wenige spezialgesetzliche Regelungen zur rechtshilferechtlichen Telekommunikationsüberwachung in unionsrechtlichen oder völkervertragsrechtlichen Grundlagen der Justizkooperation. Neuland betrat insoweit das Rechtshilfeübereinkommen der Europäischen Union aus dem Jahr 2000, mit dem versucht wurde, alle denkbaren Konstellationen nach dem damaligen „State of the Art" in den Bestimmungen der Art. 17–20 zu erfassen. Substanzielle Bestimmungen aus rechtshilferechtlicher Sicht enthalten Art. 18 und 20 EU-RhÜbk. Es wird unterschieden, ob für eine TKÜ die technische Hilfe des Gebietsstaates, in der sich die Zielperson befindet, erforderlich ist oder nicht. Was den Begriff der zu erfassenden Telekommunikation über die Überwachung von Inhalten durch Telefongespräche hinaus anbelangt, ist das EU-RhÜbk ergebnisoffen formuliert, um technische Weiterentwicklungen nicht zu behindern.

2. Die Bestimmungen des EU-RhÜbk wurden durch die Richtlinie über die Europäische Ermittlungsanordnung im Wesentlichen übernommen. Die TKÜ mit technischer Hilfe eines anderen Mitgliedstaates wurde in Art. 30 geregelt, diejenige ohne technische Hilfe in Art. 31. Im Gegensatz zum EU-RhÜbk sind Grundlagen für die Überwachung nicht die „supranationale" Rechtsgrundlage, sondern die jeweiligen Umsetzungsgesetze der EU-Mitgliedstaaten. Die RL EEA ist mittlerweile von allen teilnehmenden EU-Mitgliedstaaten umgesetzt worden. Sie gilt nicht für Dänemark und Irland. Im Verhältnis zu Dänemark sowie zu den Schengenassoziierten Staaten Norwegen und Island sind weiterhin die Bestimmungen des EU-RhÜbk maßgebend. Für Irland gilt der Standard der Rechtshilfeübereinkünfte des Europarats.

3. Nach der deutschen, aber nicht von allen Staaten geteilten Auffassung lässt sich eine TKÜ auch auf Generalklauseln in Rechtshilfeverträgen stützen, in denen sich die Staaten verpflichten, Rechtshilfe in strafrechtlichen Angelegenheiten so-

weit wie möglich zu leisten. Dies gilt insbesondere für das im Europarat erarbeitete Europäische Rechtshilfeübereinkommen von 1959 (Art. 1 Abs. 1, Art. 3 Abs. 1). Eine (unverbindliche) Empfehlung des Ministerkomitees des Europarats aus dem Jahr 1985 enthält einen Leitfaden zur Durchführung von TKÜs auf der Grundlage des Abkommens. Damit ist zumindest die rechtshilferechtliche Grundlage gelegt, TKÜs für viele Staaten außerhalb der Europäischen Union (am EuRhÜbk sind sogar Nicht-Europaratsstaaten beteiligt) durchführen zu können.

4. Deutschland leistet Rechtshilfe in Form von TKÜs auch dann, wenn mit einem Staat keine rechtshilfevertraglichen Beziehungen bestehen (vertragslose Rechtshilfe). Zu beachten ist dann vor allem Nr. 77a RiVASt, die die Durchführung von TKÜs auf der Grundlage von Rechtshilfeersuchen anspricht. Nr. 77a RiVASt ist jedoch auch für den völkervertraglichen Rechtshilfeverkehr zu beachten. Sie gilt entsprechend auch für denjenigen auf der neuen Grundlage der RL EEA; der deutsche Gesetzgeber hat von einer speziellen Umsetzung der Art. 30 und 31 RL EEA u.a. mit Verweis auf die bestehende Regelung nach Nr. 77a RiVASt abgesehen.

5. Alle die TKÜ im Rahmen der Rechtshilfe regelnden europäischen/internationalen/nationalen Bestimmungen machen es zur Voraussetzung, dass die TKÜ nach Maßgabe des innerstaatlichen Rechts durchgeführt wird – in den Worten des Art. 30 RL EEA und Art. 18 EU-RhÜbk muss die TKÜ auch in einem „vergleichbaren innerstaatlichen Fall" genehmigungsfähig sein. Diese Aussage trifft bereits § 59 Abs. 3 IRG, wonach Rechtshilfe nur geleistet werden kann, wenn die Voraussetzungen vorliegen, unter denen deutsche Gerichte oder Behörden einander in entsprechenden Fällen Rechtshilfe leisten könnten. § 59 Abs. 3 IRG ist Ausdruck des rechtshilferechtlichen Prinzips der beiderseitigen prozessualen Legitimität.

6. Charakteristisch für das deutsche Rechtshilfesystem ist die Unterscheidung zwischen Leistungs- und Vornahmeermächtigung. Auch wenn die Grenzen fließend sind, bezieht sich die Leistungsermächtigung auf die rein rechtshilferechtlichen Voraussetzungen des „Ob" der Leistung von sonstiger Rechtshilfe. Sie ergeben sich aus dem Rechtshilfevertrag oder dem IRG (Letzteres insbesondere auch in Bezug auf eine EEA). Die Vornahmeermächtigung beantwortet die Frage, „wie" – d.h. mit welchen innerstaatlichen (Zwangs-)Mitteln – der rechtshilferechtlich verwertbare Beweis erlangt werden kann. Sie wird, wie bei rein innerstaatlichen Fällen, von der Strafprozessordnung geregelt. Die Unterscheidung gilt sowohl für eingehende als auch für ausgehende Rechtshilfeersuchen. Von diesen Grundprinzipien ist die Frage zu trennen, wie die Grenzen der deutschen Rechtsordnung auch im Rechtshilfeverkehr Geltung beanspruchen.

7. Die Unterscheidung zwischen Leistungs- und Vornahmeermächtigung zieht sich in das Rechtshilfeverfahren hinein. Es ist nach der deutschen Konzeption zweiteilig ausgestaltet. Die Leistungsermächtigung wendet sich an die Bewilligungsbehörde. Im Bereich der sonstigen Rechtshilfe wurden die Zuständigkeiten des Bundes (BMJ/BfJ und AA) für eingehende Ersuchen an die Landesregierungen

delegiert, die – jedenfalls soweit es um den Rechtshilfeverkehr mit Mitgliedstaaten der Europäischen Union geht – an die zuständigen (Behördenleiter der) Staatsanwaltschaften am Landgericht weiterdelegiert haben. Die Vornahmeermächtigung wendet sich an die nach der StPO zuständigen Stellen. Bei TKÜs ist insbesondere der Richtervorbehalt nach § 100e StPO zu beachten. Im Rahmen der TKÜ für einen ausländischen Staat wird das eine TKÜ anordnende Gericht (im Regelfall der Ermittlungsrichter am Amtsgericht) auch als Vornahmegericht bezeichnet.

8. Bei eingehenden Ersuchen um TKÜ hat das Vornahmegericht nicht nur die Voraussetzungen der innerstaatlichen Ermächtigungsgrundlage zu prüfen, sondern auch die rechtshilferechtlichen Voraussetzungen (Leistungsermächtigung). Bestehen Zweifel im Hinblick auf die Voraussetzungen der Leistungsermächtigung (über die Vornahmeermächtigung entscheidet das Vornahmegericht selbstständig), muss das Vornahmegericht die Sache dem Oberlandesgericht vorlegen. Es gilt in Rechtshilfefragen als das sachnähere Entscheidungsorgan. Zur Klärung grundlegender Rechtsfragen oder im Falle von Abweichungen anderer höchstrichterlicher Entscheidungen kann das OLG den Bundesgerichtshof anrufen. Die Umsetzung der RL EEA lässt das Rechtshilfeverfahren im Grundsatz unberührt. Besonderheiten ergeben sich dadurch, dass der Gesetzgeber bei den rechtshilferechtlichen Voraussetzungen nun zwischen Zulässigkeits- und Bewilligungshindernissen unterscheidet. Das hat Auswirkungen auf die Justiziabilität der Entscheidungen der Bewilligungsbehörde.

9. Der von der Rechtshilfe Betroffene (Zielperson) kann sich bei eingehenden Ersuchen gegen die TKÜ in der Regel im Wege des nachträglichen Rechtsschutzes (§ 101 Abs. 7 StPO) wehren. Vor dem Vornahmegericht kann er nicht nur Einwände gegen die Vornahmeermächtigung (Anordnung der TKÜ sowie Art und Weise des Vollzugs der Maßnahme nach deutscher StPO) geltend machen, sondern auch solche gegen die Leistungsermächtigung. Ausdrücklich geregelt ist dieser Rechtsschutz nicht, ergibt sich aber angesichts der grundgesetzlich geforderten Effektivität des Rechtsschutzes nach der Rechtsprechung des Bundesverfassungsgerichts (sog. Integrationslösung). Auch hier hat das Vornahmegericht das Oberlandesgericht anzurufen, wenn es Zweifel an der Rechtmäßigkeit der Leistungsermächtigung hat. Der Betroffene hat kein eigenes Antragsrecht und somit nur mittelbaren Rechtsschutz zum OLG. Die Entscheidungen des OLG sind unanfechtbar, dem Betroffenen bleibt jedoch der außerordentliche Rechtsbehelf der Verfassungsbeschwerde zum Bundesverfassungsgericht.

10. Um die Effektivität des nachträglichen Rechtsschutzes zu sichern, sollte vor der Übermittlung des TKÜ-Materials eine *Garantieerklärung* des ersuchenden Staates (Gericht oder Behörde) eingeholt werden, dass die übermittelten Informationen nicht zu Beweiszwecken im gegen den Betroffenen geführten Strafverfahren des ersuchenden Staates verwendet werden dürfen. Eine Verwendung zu Fahndungs- und Ermittlungszwecken ist grundsätzlich zulässig. Deutsche Stellen haben auch die nötigen Benachrichtigungen nach deutschem Recht einzuhalten, worüber

mit dem ersuchenden Staat entsprechend zu kooperieren ist (siehe Nr. 77a (1) RiVASt). Dies alles gilt auch, wenn ein TKÜ-Ersuchen mittels einer EEA gestellt wird.

11. Die Frage, ob und inwieweit deutsche Behörden Filterpflichten wegen privilegierter Informationen vor Weitergabe des TKÜ-Materials haben, betrifft den Problemkreis, inwieweit die deutschen Stellen die in der StPO normierten Beweiserhebungs- und Verwendungsverbote in Bezug auf heimliche Ermittlungsmethoden – wie der TKÜ – auch im Rechtshilfeverkehr geltend machen müssen, also wenn das eigentliche Strafverfahren in einem ausländischen Staat geführt wird. Diese Frage ist gerade in Bezug auf heimliche Ermittlungsmethoden in der Rechtsprechung und rechtswissenschaftlichen Literatur, soweit ersichtlich, bisher nicht vertiefend behandelt worden.

12. Das Schrifttum scheint bei eingehenden Ersuchen von einem Weitergabeverbot auszugehen, wenn die Überwachung Inhalte umfasst, für die nach deutschem Recht ein Verwertungs- oder Verwendungsverbot besteht. Das betrifft insbesondere Erkenntnisse, die aus dem Kernbereich privater Lebensgestaltung erlangt wurden (§ 100d StPO), und die Kommunikation des Betroffenen mit zeugnisverweigerungsberechtigten Berufsgeheimnisträgern (§ 160a StPO). Für deutsche Stellen würde dies umfangreiche Filter- und Kontrollpflichten bedeuten, die bei einer TKÜ in klassischer Form, bei der die TKÜ zunächst aufgezeichnet und dann übermittelt wird, noch möglich erscheint, bei einer unmittelbaren Übertragung des Telekommunikationsverkehrs an den ersuchenden Staat (was nach Art. 30 RL EEA und Art. 18 EU-RhÜbk möglich sein soll) aber kaum praktikabel ist.

13. Eine solche, hier sog. stringente Betrachtungsweise würde zu einem Totalexport des deutschen Beweisrechts führen, ginge nicht einher mit der Funktionsfähigkeit der Rechtshilfe und weist Wertungswidersprüche zu bisherigen Ansätzen der deutschen Rechtsprechung zur internationalen Zusammenarbeit in Strafsachen auf.

14. Aus rechtshilferechtlicher Sicht können pragmatische Lösungen gefunden werden. Notwendig ist ein Ausgleich widerstreitender Interessen zwischen dem ersuchenden Staat (und der dort durchzuführenden Strafrechtspflege), dem ersuchten Staat und dem Individualschutz der Betroffenen. Hierfür sind sowohl rechtshilferechtliche Parameter als auch national-verfassungsrechtliche zu beachten. Dies führt dazu, dass nach deutschem Recht die Weitergabe von TKÜ-Daten, die beweisverbotserhebliches Material enthalten, an das Ausland nicht von vornherein ausgeschlossen ist.

15. Nach der hier vorgeschlagenen Lösung ist zu trennen zwischen Gründen, welche die Durchführung der TKÜ von vornherein unzulässig machen, und der Sicherstellung deutscher Standards in der Phase der Beweisverwertung des TKÜ-Materials im Ausland. Die Durchführung von ersuchten Telekommunikationsüberwachungen in Deutschland ist unzulässig, wenn die materiell-rechtlichen Stan-

dards im Hinblick auf genügenden Anlass und Zweckbindung der Maßnahme sowie die Begrenzung auf hinreichend gewichtige Rechtsgüter nach Maßgabe des deutschen Strafverfahrensrechts nicht gegeben sind. Gleiches gilt, wenn bei Anordnung der TKÜ tatsächliche Anhaltspunkte für das Eingreifen deutscher Beweiserhebungsverbote bestehen, z.B., dass allein Erkenntnisse aus dem Kernbereich privater Lebensgestaltung erlangt oder Gespräche mit einem Rechtsanwalt durchgeführt werden.

16. Ist dies von vornherein nicht erkennbar, kann die Weitergabe an das Ausland erfolgen, es ist aber durch Stellen von Bedingungen sicherzustellen, dass die deutschen Beweiserhebungs- und -verwertungsverbote, soweit sie zum *ordre public* zu rechnen sind, auch im ausländischen Strafverfahren beachtet werden. Zum *ordre public* zählen Kernbereichsschutz und vertrauliche Kommunikationen mit absolut geschützten Berufsgeheimnisträgern. Ob auch andere Beweisverbote im Zusammenhang mit der TKÜ zu den wesentlichen Grundsätzen der deutschen Rechtsordnung zählen (z.B. Nichteinhaltung des Subsidiaritätsgrundsatzes), kann nur anhand des Einzelfalls beurteilt werden. In diesem Zusammenhang ist jedoch zu beachten, dass jedenfalls Grundsätze rechtsstaatlichen Verfahrens verletzt wären, wenn gesetzliche Befugnisse des deutschen Rechts gezielt umgangen oder offensichtlich missachtet worden sind. Ebenfalls zum *ordre public* zu zählen sind die Verwendungsbeschränkungen des deutschen Rechts in Bezug auf Zufallserkenntnisse.

17. Das Stellen von Bedingungen ist von allen rechtshilferechtlichen Grundlagen ausdrücklich vorgesehen (RL EEA, EU-RhÜbk und Nr. 77a RiVASt). Bedingungen sind Teil des rechtshilferechtlichen Spezialitätsgrundsatzes, dem individualschützende Wirkung zukommt. Im ausländischen Verfahren können sich die beteiligten Parteien auf die Einhaltung des Spezialitätsgrundsatzes und auf ein etwaiges sich daraus ergebendes Beweisverwertungsverbot berufen.

18. Zum *ordre public* gehören auch datenschutzrechtliche Vorschriften. Dies schließt die Beachtung der gesetzlichen Vorgaben zu Benachrichtigungspflichten, Auskunftsrechten, der gerichtlichen Rechtmäßigkeitskontrolle, Berichts- und Löschungspflichten ein. Auch hier obliegt es den deutschen Stellen, dafür zu sorgen, dass der ersuchende Staat das übermittelte Beweismaterial nicht unkontrolliert nutzt. Insbesondere ist von den deutschen Stellen sicherzustellen, dass bis zum Abschluss des nachträglichen Rechtsschutzverfahrens unter Beachtung der Benachrichtigungspflichten nach § 101 StPO das Beweismaterial nicht zu Beweiszwecken verwendet wird (siehe oben 10.).

19. Aufgrund des Terminus technicus „Vergleichbarkeit" (in einem innerstaatlichen Fall), dem in moderneren Rechtshilfeverträgen bzw. der RL EEA enthaltenen *forum regit actum*-Prinzip, wonach der ersuchte Staat die Form- und Verfahrensvorschriften des ersuchenden Staates einhalten soll, und – im Anwendungsbereich der RL EEA – des *europäischen ordre public*-Ansatzes ergeben sich keine Modifikationen bezüglich des vorgeschlagenen Lösungswegs.

20. Im Ergebnis gilt der für die „klassische TKÜ" entwickelte Lösungsweg sinngemäß für die TKÜ „in Echtzeit". Bestehen bereits vor Durchführung der Maßnahme Anhaltspunkte für ein Eingreifen eines gesetzlichen Erhebungsverbots, muss die Rechtshilfemaßnahme abgelehnt werden. Wird nach Ausleitung festgestellt, dass das Material Inhalte umfasst, die Grundsätze der deutschen Rechtsordnung tangieren, wie den Kernbereich privater Lebensgestaltung oder die Zeugnisverweigerungsrechte nach § 160a StPO, ist im Wege einer Bedingung sicherzustellen, dass die Erkenntnisse im ausländischen Verfahren nicht als Beweismittel im Strafverfahren verwertet werden.

21. Auch wenn die technische Hilfe Deutschlands für die Überwachung nicht erforderlich ist, ein Anschluss der sich in Deutschland befindlichen Zielperson jedoch vom ausländischen Staat überwacht wird/werden soll – was die RL EEA (Art. 31) und das EU-RhÜbk (Art. 20) gestatten (sog. passive Rechtshilfe) –, haben die deutschen Stellen nach entsprechender Unterrichtung durch den überwachenden Staat die Pflicht zu prüfen, ob die Maßnahme in einem „vergleichbaren innerstaatlichen Fall" zulässig wäre. Damit ergeben sich für eingehende „Ersuchen" bei TKÜs ohne technische Hilfe keine Besonderheiten im Vergleich zur TKÜ in klassischer Form bzw. in Echtzeit, die durch Deutschland durchgeführt werden. Bedingungen, dass das Material nicht verwendet werden kann, wenn es den Kernbereich der privaten Lebensgestaltung betrifft oder die Kommunikation mit privilegierten Personen betroffen war, sind dem überwachenden Staat mitzuteilen. Im Gegensatz zum EU-RhÜbk gilt nach der Konzeption des Art. 31 RL EEA die Überwachungsmaßnahme als bewilligt, wenn die deutschen Stellen keinen Widerspruch innerhalb der einzuhaltenden Frist (nach der RL EEA nur noch 96 Stunden) kundtun.

22. Auch bei ausgehenden Ersuchen ist das Verfahren zweiteilig. Der verfahrensleitende deutsche Staatsanwalt entscheidet über die Notwendigkeit und Zweckdienlichkeit einer TKÜ im Ausland, die Bewilligungsbehörde über die Möglichkeit, ein Ersuchen unter Zugrundelegung der rechtshilferechtlichen Vorschriften an den betreffenden ausländischen Staat zu stellen. Nach deutscher Auffassung kann ein Rechtshilfeersuchen immer nur dann gestellt werden, wenn die innerstaatlichen Eingriffsvoraussetzungen vorliegen. Deshalb sind sowohl die materiell-rechtlichen als auch formell-rechtlichen Anforderungen der deutschen StPO einzuhalten. Insbesondere bedarf es des Feststellungsbeschlusses eines Richters (in der Regel Ermittlungsrichter beim Amtsgericht), es sei denn eine Anordnungsbefugnis ergibt sich für den Staatsanwalt wegen Gefahr im Verzug. Dies gilt auch im Anwendungsbereich der RL EEA, obwohl der richterliche Beschluss nicht mehr an den ersuchten Staat/Vollstreckungsstaat mitübermittelt werden muss. Verfahrensrechtliche Besonderheiten für ausgehende EEAs ergeben sich insbesondere im Hinblick auf Form und Sprache sowie das sog. Validierungsverfahren, welches insbesondere bei eigenständigen Steuerstrafermittlungen durch die deutschen Finanzbehörden relevant werden kann.

23. Zum Rechtsschutz des Betroffenen bei ausgehenden Ersuchen enthält das deutsche Recht keine ausdrücklichen Regelungen. Zu beachten ist die Aufteilung des Rechtsschutzes aus rechtshilferechtlicher Sicht. Dies stellt die RL EEA nochmals klar. Die sachlichen Gründe für das Ersuchen sind im ersuchenden Staat anzufechten, gegen die rechtshilferechtlichen Voraussetzungen für die Leistung der Rechtshilfe ist im Vollstreckungsstaat vorzugehen. Die Bewilligungsentscheidung der deutschen Stelle ist nach h.M. nicht anfechtbar. In der Praxis wird es jedoch weniger darum gehen, ob im Wege nachträglichen Rechtsschutzes auch die Bewilligungsentscheidung gerichtlich überprüfbar ist, sondern darum, ob die durch die TKÜ im Ausland gewonnenen Informationen in deutschen Strafverfahren als Beweis verwertet werden können. Die Frage des Rechtsschutzes verlagert sich deshalb meist auf die Frage eines etwaigen Beweisverwertungsverbots im deutschen Hauptsacheverfahren.

24. Sofern eine rechtshilferechtliche Grundlage wie die RL EEA, das EU-RhÜbk und das 2. ZP-EuRhÜbk besteht, deutsche Form- und Verfahrensvorschriften auch im ersuchten Staat einzuhalten *(forum regit actum*-Prinzip), sollten im Ersuchen bzw. der EEA die nach deutschem Strafprozessrecht einzuhaltenden absoluten Beweiserhebungsverbote umschrieben und deren Einhaltung erbeten werden. Ein Versäumnis oder eine Nichtbeachtung durch den ersuchten Staat (sofern er nicht Grundprinzipien seiner Rechtsordnung geltend macht) kann zu einem unselbstständigen Beweisverwertungsverbot führen.

25. Inwieweit im Ausland gewonnene Beweismittel einem Beweisverwertungsverbot unterliegen, richtet sich nach deutschem Recht. Mit anderen Worten wird nach h.M. in Deutschland das *forum regit actum*-Prinzip in Bezug auf die Verwertbarkeit der Beweismittel angewandt. Ist die TKÜ notwendigerweise nach dem Recht des ersuchten Staates durchgeführt worden *(locus regit actum)*, weicht dieses jedoch vom deutschen Recht ab, ergibt sich nach h.M. grundsätzlich kein Beweisverwertungsverbot, es sei denn gewisse absolute Grenzen werden nicht eingehalten. Hierzu hat die Rechtsprechung Fallgruppen entwickelt. U.a. führt die ausländische TKÜ zu einem Beweisverwertungsverbot, wenn der deutsche *ordre public* nicht eingehalten worden ist. Dadurch wird sichergestellt, dass TKÜ-Material unverwertbar ist, wenn es – spiegelbildlich zu eingehenden Ersuchen – den Kernbereichsschutz oder die Kommunikation mit den zeugnisverweigerungsberechtigten Personen im Sinne der deutschen StPO tangiert.

26. Dass die TKÜ nach dem Recht des ersuchten Staates rechtswidrig war, ist nach der Rechtsprechung des BGH für das deutsche Strafverfahren grundsätzlich irrelevant. Die Prüfung der Rechtmäßigkeit bzw. Rechtswidrigkeit der Maßnahme nach dem Recht des ersuchten Staates sei den deutschen Gerichten aus unions- und völkervertraglichen Gründen verwehrt. Zu prüfen sei lediglich, ob die genannten absoluten Grenzen einer Beweisverwertung entgegenstehen, insbesondere ob die Beweiserhebung unter Verletzung des völkerrechtlichen Mindeststandards an Menschenrechten (wie etwa Art. 3 EMRK) oder unter Verstoß gegen die *ordre public*-

Grenze zustande gekommen ist (eingeschränkte Prüfung). Das Schrifttum geht dagegen mehrheitlich davon aus, dass die Rechtswidrigkeit der Maßnahme nach ausländischem Recht vollumfänglich zu prüfen ist und ggf. zu einem Beweisverwertungsverbot nach deutschen Maßstäben führt. Die RL EEA (insbesondere deren Art. 14 Abs. 7) veranlasst nicht dazu, dass von der für den völkervertraglichen Rechtshilfeverkehr entwickelten Linie des Bundesgerichtshofs abgewichen werden muss.

27. Ein Verstoß gegen rechtshilferechtliche Bestimmungen kann nach der Rechtsprechung des BGH zu einem Beweisverwertungsverbot führen, wenn ein solches ausdrücklich im Vertrag vorgesehen ist (selten) oder sich das gegen den Angeklagten geführte Verfahren insgesamt als unfair erweisen würde (Art. 6 Abs. 1 EMRK).

Anhang

Rechtshilferechtliche Rechtsgrundlagen für TKÜ's (mit technischer Hilfe)
aus Sicht Deutschlands (ohne deliktsspezifische Abkommen)

Staat (ausgewählte Länder)	Art. 30 RL EEA i.V.m. nat. UmsetzungsG	Multilaterale völkerrtl. RH-Verträge		Bilaterale RH-Verträge		Vertragslos (IRG + Nr. 77a RiVASt)
		Art. 18 EU-RhÜbk	Art. 1 EuRhÜbk i.V.m. Rec. No. R (85) 10	Mit Spezialvorschr. i.V.m. Nr. 77a RiVASt	Ohne Spezialvorschr. i.V.m. Nr. 77a RiVASt	
Ägypten						X
Albanien			X[1]			
Argentinien						X
Aserbaidschan			X[2]			
Australien						X
Belgien	X					
Bosnien-Herzegowina			X[3]			
Brasilien						X[4]
Bulgarien	X					
Chile			X[1]			
China (Volksrepublik)						X
China (Sonderverwaltungsregion Hong Kong)					X	

Staat (ausgewählte Länder)	Art. 30 RL EEA i.V.m. nat. UmsetzungsG	Multilaterale völkerrtl. RH-Verträge		Bilaterale RH-Verträge		Vertragslos (IRG + Nr. 77a RiVASt)
		Art. 18 EU-RhÜbk	Art. 1 EuRhÜbk i.V.m. Rec. No. R (85) 10	Mit Spezialvorschr. i.V.m. Nr. 77a RiVASt	Ohne Spezialvorschr i.V.m. Nr. 77a RiVASt	
Dänemark		X				
Estland	X					
Finnland	X					
Frankreich	X					
Georgien			X[1]			
Griechenland	X					
Indien						X
Indonesien						X
Irland			X[1]			
Island		X				
Israel			X[5]			
Italien	X					
Japan					X	
Kanada					X	
Kolumbien						X
Korea, Republik			X[2]			
Kosovo					X	
Kroatien	X					
Lettland	X					
Liechtenstein			X			
Litauen	X					
Luxemburg	X					
Malaysia						X
Malta	X					
Marokko					X	
(Nord-) Mazedonien (ehem. FYROM)			X[1]			
Mexiko					X	
Moldau			X[1]			
Montenegro			X[1]			
Neuseeland						X

Teil 2 – Grundlagen

Staat (ausgewählte Länder)	Art. 30 RL EEA i.V.m. nat. UmsetzungsG	Multilaterale völkerrtl. RH-Verträge		Bilaterale RH-Verträge		Vertragslos (IRG + Nr. 77a RiVASt)
		Art. 18 EU-RhÜbk	Art. 1 EuRhÜbk i.V.m. Rec. No. R (85) 10	Mit Spezialvorschr. i.V.m. Nr. 77a RiVASt	Ohne Spezialvorschr i.V.m. Nr. 77a RiVASt	
Niederlande	X					
Norwegen			X			
Österreich	X					
Polen	X					
Portugal	X					
Rumänien	X					
Russische Föderation			X[2]			
Schweden	X					
Schweiz			X[6]			
Serbien			X[1]			
Slowakei	X					
Slowenien	X					
Spanien	X					
Südafrika						X
Thailand						X
Tschechische Republik	X					
Tunesien					X	
Türkei			X[1,7]			
Ukraine			X[1]			
Ungarn	X					
Uruguay						X
Vereinigte Arabische Emirate						X
Vereinigtes Königreich	X					
Vereinigte Staaten von Amerika				X		
Weißrussland						X
Zypern	X					

[1] I.V.m. ZP-EuRhÜbk und 2. ZP-EuRhÜbk.
[2] I.V.m. ZP-EuRhÜbk.
[3] I.V.m. 2. ZP-EuRhÜbk.

[4] Beachte: Erklärung der brasilianischen Regierung vom 8. April 1926 (RMinBl. Nr. 28 vom 25. Juni 1926 S. 595, BGBl. 1953 II S. 129) sowie den deutsch-brasilianischen Notenwechsel vom 6. Februar/15. Mai 1957 (BAnz. Nr. 91 vom 14. Mai 1958).
[5] I.V.m. 2. ZP-EuRhÜbk und IL-ErgV-EuRhÜbk v. 20.7.1977.
[6] I.V.m. 2. ZP-EuRhÜbk, CH-ErgV-EuRhÜbk v. 13.11.1969 i.d.F.d. ÄndV v. 8.7.1999, und Art. 48ff. SDÜ.
[7] Beachte zusätzlich: Vereinbarung zwischen der Regierung der Bundesrepublik Deutschland und der Regierung der Republik Türkei vom 4./7. November 1974 über den Geschäftsweg bei der gegenseitigen Rechtshilfe in Strafsachen (BGBl. 1975 II S. 417; 1976 II S. 1799).

Teil 3 – Ergebnisse

Rechtshilfe zur internationalen Telekommunikationsüberwachung mit unmittelbarer Datenausleitung

von

Ulrich Sieber

Rechtshilfe zur internationalen Telekommunikationsüberwachung ist wegen der Vielzahl ihrer internationalen Regelungen und der erheblichen Unterschiede zwischen den einschlägigen nationalen Normen *rechtlich* sehr komplex. Die Anforderungen an die Standardisierung der informationstechnischen Schnittstellen, der Datenformate und der Übertragungswege sowie an die IT-Sicherheit und den Geheimschutz machen die internationale Rechtshilfe darüber hinaus auch *technisch* schwierig. Das derzeit praktizierte internationale TKÜ-Rechtshilfesystem funktioniert deswegen oft wenig effektiv.

Die nachfolgenden Ausführungen zielen auf die Entwicklung eines neuen generischen Konzepts für die internationale TKÜ-Rechtshilfe mit „unmittelbarer Datenausleitung". Die „unmittelbare Datenausleitung" soll es vor allem ermöglichen, die erfassten Kommunikationsdaten ohne Zwischenspeicherung und ohne nachgelagerte Übersendung von Dateien – in „Echtzeit" – an die ersuchende ausländische Behörde zu übermitteln. Das Konzept soll – als generisches System für die zahlreichen unterschiedlichen Länderbeziehungen und -kombinationen mit ihren unterschiedlichen Regelungen – auch nicht für jede Einzelkonstellation der Rechtshilfe eine spezielle Lösung entwickeln, sondern einen einheitlichen rechtlichen und technischen Rahmen für das Zusammenspiel möglichst vieler Rechtsordnungen schaffen. Dieser soll sowohl eine effektivere internationale Strafverfolgung als auch einen besseren Schutz der strafrechtlichen Garantien und Grundrechte ermöglichen. Im Mittelpunkt der Überlegungen steht dabei die klassische Sachverhaltskonstellation der Auslandstelekommunikationsüberwachung, bei der die überwachte Zielperson sich in einem anderen als dem ermittelnden Staat befindet und die Durchführung der TKÜ die technische Hilfe des Gebietsstaates erfordert.

Die vorliegend entwickelte Konzeption beruht auf einer umfassenden rechtsvergleichenden, rechtshilferechtlichen und grundrechtlichen Untersuchung des Freiburger Max-Planck-Instituts für ausländisches und internationales Strafrecht (jetzt: Max-Planck-Institut zur Erforschung von Kriminalität, Sicherheit und Recht). Die detaillierte rechtsvergleichende Analyse von 17 – durch Landesberichte von Wissenschaftlern und Workshops mit Praktikern erschlossenen – unterschiedlichen Rechtsordnungen wurde inzwischen in zwei separaten Bänden in der 2. Auflage publiziert.[1] Die rechtshilferechtlichen Grundlagen sind oben, in Teil 2 des vorliegenden Buches (in deutscher Sprache) dargestellt. Die folgende Analyse führt auf dieser Basis die für das *Ergebnis* der TKÜ-Rechtshilfe mit direkter Datenausleitung relevanten Gesichtspunkte zusammenfassen. Sie entwickelt damit – in Verbindung mit zusätzlichen grundrechtlichen – Überlegungen die rechtliche Gesamtkonzeption und bewertet den bestehenden Reformbedarf.

Abschnitt I stellt die einschlägigen Rechtsgrundlagen dar und arbeitet deren gemeinsamen Nenner heraus, der für ein zukünftiges einheitliches und globales Kooperationssystem zur Telekommunikationsüberwachung mit unmittelbarer Datenausleitung Bedeutung hat. Abschnitt II analysiert auf dieser Basis zunächst die Konstellation, dass TKÜ-Daten *von* Deutschland ins Ausland übermittelt werden sollen, d.h. dass Deutschland der um Rechtshilfe *ersuchte* Staat ist. Abschnitt III behandelt dann die umgekehrte Konstellation der Datenübermittlung vom Ausland *nach* Deutschland, also den Fall, dass Deutschland der um Rechtshilfe *ersuchende* Staat ist. Nach einer kurzen Darstellung der für beide Konstellationen relevanten telekommunikationsrechtlichen Vorgaben in Abschnitt IV fasst der abschließende Abschnitt V die Ergebnisse und die hieraus folgenden Handlungsempfehlungen zusammen.

I. Rechtsgrundlagen

Die Beurteilung der TKÜ-Rechtshilfe ist bereits im Ausgangspunkt komplex, weil die einschlägigen internationalen Rechtsgrundlagen davon abhängig sind, zwischen welchen beiden Staaten der Rechtshilfeverkehr erfolgen soll. Für die vorliegend schwerpunktmäßig einbezogenen Mitgliedstaaten der Europäischen Union ist vor allem die *Richtlinie* 2014/41/EU über die Europäische Ermittlungsanordnung in Strafsachen (RL EEA)[2] relevant. Für Dänemark, Irland sowie die Schengen-assoziierten Staaten Island und Norwegen gilt allerdings noch immer das *Übereinkommen* vom 29. Mai 2000 über die Rechtshilfe in Strafsachen zwischen den Mit-

---

[1] *Sieber/von zur Mühlen/Tropina* (Hrsg.), Access to Telecommunication Data in Criminal Justice, 2 Bde., 2. Aufl. 2021. Die vorliegend wiedergegebenen rechtsvergleichenden Ergebnisse befinden sich ebenso wie der in diesen beiden Bänden enthaltene Rechtsvergleich auf dem jeweils angegebenen Stand der abgedruckten Landesberichte.

[2] Richtlinie 2014/41/EU des Europäischen Parlaments und des Rates vom 3. April 2014 über die Europäische Ermittlungsanordnung in Strafsachen, online abrufbar unter http://eur-lex.europa.eu/legal-content/EN/TXT/?uri=uriserv:OJ.L_.2014.130.01.0001.01.ENG [Stand April 2021].

gliedstaaten der Europäischen Union (EU-RhÜbk).[3] Für weitere europäische und zahlreiche nichteuropäische Staaten erfolgt die Rechtshilfe dagegen aufgrund des vom Europarat entwickelten Europäischen Übereinkommens vom 20. April 1959 über die Rechtshilfe in Strafsachen (EuRhÜbk) und dessen Zusatzprotokollen.[4] Nach dem Brexit ist dieses zusammen mit einigen Sonderregelungen auch für das Vereinigte Königreich anzuwenden.[5] Teilweise gelten zusätzlich noch bilaterale Vereinbarungen und deliktsspezifische Abkommen. Über dieses vertraglich geregelte Rechtshilfesystem hinaus ist auch eine vertragslose Rechtshilfe möglich, die in Deutschland auf der Grundlage des Gesetzes über die internationale Rechtshilfe in Strafsachen möglich ist (IRG). Das IRG wird durch die bundeseinheitliche Verwaltungsvorschrift der Richtlinien für den Verkehr mit dem Ausland in strafrechtlichen Anwesenheiten (RiVASt) konkretisiert.[6]

Diese verschiedenen rechtlichen Instrumente haben unterschiedliche Regelungen und Besonderheiten. So gilt beispielsweise das EU-RhÜbk aufgrund seines Ratifikationsgesetzes in Deutschland als unmittelbar geltendes Recht, während die Richtlinie EEA als nicht unmittelbar geltendes Unionsrecht durch das IRG umgesetzt werden musste, welches damit die verbindliche Rechtsgrundlage in Deutschland darstellt. Ein weiterer Unterschied zwischen den verschiedenen internationalen Regelungen besteht darin, dass das EU-RhÜbk und die RL EEA Spezialvorschriften über die TKÜ-Rechtshilfe mit direkter Datenausleitung enthalten (z.B. die „unmittelbare Übertragung des Telekommunikationsverkehrs an den Anordnungsstaat" nach Art. 30 Abs. 6 RL), die anderen Abkommen dagegen nicht.

Auf eine Analyse der Anwendungsbereiche und der genauen Inhalte dieser verschiedenen Instrumente[7] kann vorliegend gleichwohl verzichtet werden, da alle Abkommen und selbst die vertragslose Rechtshilfe nach dem IRG für die vorliegende Fragestellung der TKÜ im Wesentlichen zum gleichen Ergebnis kommen. Dies beruht darauf, dass die relevanten drei zentralen Parameter in den verschiedenen Regelungen der Sache nach identisch sind. Diese zentralen Parameter sind:

---

[3] BGBl. II, 2005, S. 650, online abrufbar unter http://eur-lex.europa.eu/legal-content/DE/TXT/?qid=1424091979277&uri=CELEX:42000A0712(01) [Stand April 2021].

[4] BGBl. II, 1964, S. 1369, 1386; 1976, S. 1799; 1982, S. 2071, online abrufbar unter http://conventions.coe.int/Treaty/Commun/QueVoulezVous.asp?NT=030&CL=ENG [Stand April 2021].

[5] Nach dem Brexit gelten für das Vereinigte Königreich seit dem 1.1.2021 für neue TKÜ-Ersuchen nicht mehr die RL EEA bzw. das EU-RhÜbk. Grundsätzlich Anwendung findet vielmehr wieder das EuRhÜbk des Europarats mit seinen beiden Zusatzprotokollen, deren Bestimmungen jedoch durch die Vorschriften zur Rechtshilfe im UK–EU Handels- und Kooperationsabkommen (Teil 3, Titel VIII) ergänzt werden. Für den allgemeinen Teil der Rechtshilfe nehmen diese Vorschriften einige Elemente der RL EEA auf.

[6] Die aktuelle Textfassung der RiVASt ist online abrufbar unter https://www.bmjv.de/SharedDocs/Downloads/DE/Service/RiVaSt/Anhaenge/RiVaSt_Textfassung_2016.html [Stand April 2021].

[7] Vgl. dazu ausführlich *Wahl*, oben Teil 2, I.A und B (S. 11 ff.).

– Alle relevanten Abkommen erfassen im Ergebnis die *TKÜ-Rechtshilfe mit unmittelbarer Datenausleitung* (entweder in Spezialvorschriften oder aber durch ihre allgemeinen Regelungen).

– Alle Abkommen beruhen auf dem Prinzip der beiderseitigen oder *doppelten parlamentarischen Legitimität*, die – vergleichbar mit dem Bild einer „Doppeltür" – für die TKÜ-Rechtshilfe eine Ermächtigung sowohl durch die Rechtsordnung des ersuchenden Staates als auch durch die des ersuchten Staates verlangt. Auch die RL EEA ist trotz ihres verbal propagierten Grundsatzes der „gegenseitigen Anerkennung" und ihrer Terminologie von „Anordnungsstaat" und „Vollstreckungsstaat" *kein* Instrument, das zu einer automatischen oder unmittelbaren Anerkennung justizieller Entscheidungen führt, sondern entspricht vielmehr in ihrer Grundkonzeption dem klassischen Rechtshilfegrundsatz der doppelten Legitimität.[8]

– Auf dieser Grundlage erlauben alle vorgenannten Abkommen dem ersuchten Staat, die Leistung der TKÜ-Rechtshilfe an die Einhaltung von *Bedingungen* über den weiteren Umgang mit den übermittelnden Daten zu knüpfen, um die Leistung der TKÜ-Rechtshilfe in Einklang mit der eigenen Rechtsordnung zu bringen.

Diese drei zentralen Elemente der internationalen Leistungsermächtigung bestimmen insbesondere mit der erforderlichen doppelten Ermächtigung zur Durchführung der TKÜ in ähnlicher Weise die entscheidenden Grundlagen für die Ermöglichung einer effektiven, rechtsstaatlichen und flexiblen TKÜ-Rechtshilfe. Dies gilt sowohl für den Fall, dass Deutschland um TKÜ-Rechtshilfe ersucht wird (d.h. *ersuchter* Staat oder – in der Terminologie der RL EEA – Vollstreckungsstaat ist), als auch für den Fall, dass Deutschland selbst Rechtshilfe beantragt (d.h. *ersuchender* Staat oder – nach der RL EEA – Anordnungsstaat ist).

Die nachfolgenden Ausführungen konzentrieren sich deswegen auf diese Schlüsselaspekte der TKÜ-Rechtshilfe, die vor allem am Beispiel der RL EEA dargestellt werden, da diese nicht nur das in Deutschland, sondern auch das in anderen durch die Richtlinie gebundenen Staaten geltende Ergebnis zeigt. Die entsprechenden Angaben zu den anderen Rechtshilfeinstrumenten finden sich teilweise in Klammerangaben. Dies gilt auch für die teilweise genannten Bestimmungen des IRG zur Umsetzung der RL EEA.

---

[8] Nach Art. 30 Abs. 5 der Richtlinie „kann die Vollstreckung einer EEA gemäß Absatz 1 auch versagt werden, wenn die Ermittlungsmaßnahme in einem vergleichbaren innerstaatlichen Fall nicht genehmigt würde." Nach Art. 18 Abs. 5 b des Übereinkommens ist der ersuchte Mitgliedstaat zur Leistung der Rechtshilfe nur verpflichtet, „sofern er die erbetene Maßnahme in einem vergleichbaren innerstaatlichen Fall durchführen würde".

II. Datenübermittlung ins Ausland (Deutschland als ersuchter Staat)

Für die Ausleitung von TKÜ-Daten *aus* Deutschland sind – ebenso wie bei der nachfolgenden Untersuchung der Datenübermittlung *nach* Deutschland – grundsätzlich zwei rechtliche Fragestellungen zu unterscheiden:
- die *zwischenstaatliche* Verpflichtung Deutschlands zur Übermittlung der TKÜ-Daten an den ersuchenden Staat (sog. *Leistungsermächtigung*) sowie
- die innerstaatliche Ermächtigung zur Durchführung der TKÜ und zur Ausleitung der erlangten Daten (sog. *Vornahmeermächtigung*).

Diese beiden Fragestellungen erfassen auch alle im ersuchten Staat (hier: Deutschland) verfassungsrechtlich notwendigen Ermächtigungen, da nicht nur die Datenerhebung durch die TKÜ-Maßnahme, sondern auch die nachfolgende Datenweitergabe ins Ausland gegenüber der betroffenen Zielperson Grundrechtseingriffe darstellen, die gerechtfertigt werden müssen. Beide Voraussetzungen bedingen sich im Übrigen gegenseitig: Rechtshilfe darf nur *geleistet* werden, wenn die entsprechenden Maßnahmen auch rechtmäßig *durchgeführt* werden können. Umgekehrt ist die *Durchführung* der Maßnahmen nur dann gerechtfertigt, wenn ihr Ziel der *Datenübermittlung* ins Ausland auch rechtlich zulässig ist. Aus diesem Grund stellen sich in der Praxis die Fragen der Vornahmeermächtigung auch bereits bei der Leistungsermächtigung und vice versa.[9] Erstere werden deswegen im Folgenden teilweise auch bereits bei der Behandlung der Leistungsermächtigung angesprochen.

A. Zwischenstaatliche Leistungspflicht

Die Verpflichtung und damit auch die Ermächtigung Deutschlands zur Übermittlung von TKÜ-Daten im Rahmen der Rechtshilfe haben formelle und materielle Voraussetzungen. Bei den materiellen Voraussetzungen werden allgemeine sowie TKÜ-spezifische Voraussetzungen unterschieden. Die nachfolgenden Ausführungen zu diesen Bereichen konzentrieren sich auf diejenigen Voraussetzungen, die für die TKÜ-Rechtshilfe mit unmittelbarer Datenausleitung eine spezifische Relevanz haben.

1. Formelle Rechtshilfevoraussetzungen

Formelle Voraussetzungen für die TKÜ-Rechtshilfe sind insbesondere die folgenden:
- Art. 5 Abs. 1 RL EEA verlangt vom ersuchenden Staat *allgemeine Informationen zum Verfahren*, insbesondere zur Beurteilung der Zulässigkeit der TKÜ nach

---

[9] Vgl. dazu und zum Folgenden *Wahl*, oben Teil 2, II.B und III.A (S. 65 ff.).

dem Recht des ersuchten Staates. Art. 30 Abs. 3 RL EEA benennt darüber hinaus noch weitere spezifische Angaben zur Identifizierung der Zielperson, zur gewünschten Dauer der TKÜ und zur technischen Zielkennung.

– Nach Art. 6 Abs. 1 und 2 RL EEA muss ersichtlich sein, dass die *Anordnungsbehörde* die in der EEA angegebenen Ermittlungsmaßnahme in einem vergleichbaren innerstaatlichen Fall *unter denselben Bedingungen* hätte erlassen können. Damit wird der bereits genannte Grundsatz deutlich, dass ein Ersuchen um eine TKÜ nicht gestellt werden kann, wenn die Maßnahme nach dem innerstaatlichen Recht des ersuchenden Staates unzulässig (und damit schon die „erste Tür" des sog. Doppeltürmodells verschlossen) ist.

– Gegenstand des Antrags ist nach Art. 30 Abs. 1 RL EEA die „*Überwachung des Telekommunikationsverkehrs*". Erwägungsgrund 30 der RL EEA stellt dazu klar, dass sich die Möglichkeit zur Erlangung einer TKÜ nicht nur auf den Inhalt des Telekommunikationsverkehrs beschränkt, sondern auch die Erhebung von Verkehrs- und Standortdaten im Zusammenhang mit diesem Telekommunikationsverkehr einschließen kann. Als Telekommunikation im Sinne der Richtlinie erfasst wird dabei nach zutreffender Meinung grundsätzlich auch eine Kommunikation zwischen zwei technischen Geräten, hinter denen letztlich die für die Programme verantwortlichen Menschen stehen.[10]

– Anders als im traditionellen Rechtshilfeverkehr und bei den anderen Rechtshilfeübereinkommen etabliert die RL EEA ein amtliches Formblatt,[11] das für die Stellung der Ermittlungsanordnung (d.h. in der klassischen Terminologie: das Ersuchen um Rechtshilfe) zu verwenden ist.

Die formellen Rechtshilfevoraussetzungen der RL EEA stellen damit der TKÜ-Rechtshilfe mit unmittelbarer Datenausleitung keine Hindernisse in den Weg. Sie ermöglichen dieses System vielmehr ausdrücklich und machen es durch das zu benutzende Formular gegenüber anderen Rechtshilfeübereinkommen zusätzlich effektiv. Aus deutscher Sicht wäre es allerdings wünschenswert, wenn in dem Formular auch der Beruf der Zielpersonen abgefragt würde, damit der Vollstreckungsstaat bei der Vornahmeermächtigung eventuelle Überwachungsverbote für bestimmte Berufsangehörige besser erkennen und prüfen kann.[12]

2. Allgemeine materielle Zulässigkeitsvoraussetzungen

Auf der Ebene der Leistungsermächtigung ist sodann – wie bei jeder ersuchten Ermittlungsmaßnahme – zu prüfen, ob *allgemeine Gründe* die Leistung der Rechtshilfe ausschließen oder aufschieben. Zentrale Anknüpfungsregelungen hierfür sind Art. 10, 11 und 15 der RL EEA. Die RL EEA hat dabei einzelne klassische

---

[10] Vgl. näher unten II.A.3.c) (S. 164 f.).
[11] Anhang A zur RL EEA, ABl. L 130 v. 1.5.2014, S. 24.
[12] Vgl. unten II.A.4.a)dd) (S. 172 f.) und II.A.4.e) cc) (S. 187 ff.).

Hindernisse aus der völkerrechtsbasierten Rechtshilfe entweder weitgehend abgeschafft[13] oder zurückgedrängt.[14] Andere Gründe bestehen dagegen weiter (z.b. Immunitäten, nationale Sicherheitsinteressen, *ne bis in idem* oder Verstöße gegen europäische Grund- und Menschenrechte)[15] und können zur Versagung der Anerkennung oder der Vollstreckung führen. Hinzu kommt das Erfordernis der Verhältnismäßigkeit der erstrebten Ermittlungsmaßnahme, das in der RL EEA detaillierter ausgestaltet ist.[16]

Die von der Richtlinie in Art. 11 vorgesehenen Ablehnungsgründe sind in Deutschland teilweise als fakultative Bewilligungshindernisse (§ 91e IRG) ausgestaltet, teilweise als zwingende Zulässigkeitshindernisse (§ 91b IRG):

– § 91e IRG stellt die Heranziehung der Ablehnungsgründe in das pflichtgemäße *Ermessen* der Bewilligungsbehörde, wobei die gewählte Struktur des IRG zu Überschneidungen mit den unten genannten spezifischen Zulässigkeitsvoraussetzungen der TKÜ führen kann.

– Nach § 91b Abs. 1 IRG ist die Leistung der Rechtshilfe dagegen *zwingend* unzulässig, (1.) wenn sie im Gesetz besonders bezeichnete Straftaten oder Straftaten von einer bestimmten Erheblichkeit voraussetzt und die dem Ersuchen zugrunde liegende Tat diese Voraussetzung auch bei gegebenenfalls sinngemäßer Umstellung des Sachverhalts nicht erfüllt oder (2.) soweit a) Zeugnis- oder Auskunftsverweigerungsrechte, insbesondere nach den §§ 52, 53 oder 55 der Strafprozessordnung, oder hierauf Bezug nehmende Vorschriften entgegenstehen oder b) eine der in § 77 Absatz 2 genannten Vorschriften oder die §§ 18 bis 20 des Gerichtsverfassungsgesetzes eingreifen.

– Die Unzulässigkeit aufgrund eines Verstoßes gegen Grund- und Menschenrechte ist in Deutschland in Art. 91b Abs. 3 IRG umgesetzt.

Auch die allgemeinen materiellen Zulässigkeitsvoraussetzungen führen daher zu keinen spezifischen Problemen für die internationale TKÜ-Überwachung mit unmittelbarer Datenausleitung.

---

[13] Vgl. zur Verweigerung der Rechtshilfe bei politischen Delikten noch Art. 2 lit. a) EuRhÜbk i.V.m. Art. 9 ZP-EU-RhÜbk und Verweigerung der Rechtshilfe bei militärischen Delikten Art. 1 Abs. 2 EuRhÜbk. Ein weiteres Beispiel ist die Ablehnung eines Rechtshilfeersuchens bei fiskalischen Delikten (Art. 2 lit. a) EuRhÜbk); innerhalb der EU ist das Vorbringen dieses Grundes nach der Richtlinie nun ausgeschlossen (vgl. Art. 11 Abs. 3 RL EEA und § 91b Abs. 2 IRG sowie bereits Art. 8 ZP-EU-RhÜbk).

[14] Dies trifft insbesondere auf Verstöße gegen den (nationalen) *ordre public* zu (Art. 2 lit. b) EuRhÜbk i.V.m. § 73 S. 1 IRG). Ablehnungen von Rechtshilfeersuchen sind nunmehr auf der Grundlage eines europäischen *ordre public* möglich (Art. 11 Abs. 1 lit. f) RL EEA).

[15] Vgl. Art. 11 Abs. 1 RL EEA.

[16] Art. 10 Abs. 1, Abs. 3 RL EEA.

3. TKÜ-spezifische Zulässigkeitsvoraussetzungen

a) Beschränkungen auf Maßnahmen „in einem vergleichbaren innerstaatlichen Fall"

Für die Leistung der TKÜ-Rechtshilfe ist sodann vor allem die TKÜ-spezifische *Beschränkung durch das innerstaatliche Ermächtigungsrecht* zu berücksichtigen, die auf die Leistungspflicht „durchschlägt".[17] Art. 30 Abs. 5 RL EEA bestimmt (ähnlich wie bereits Art. 18 Abs. 5 lit. b) EU-RhÜbk):

> „Zusätzlich zu den in Artikel 11 genannten Gründen für die Versagung der Anerkennung und Vollstreckung kann die Vollstreckung einer EEA gemäß Absatz 1 auch versagt werden, wenn die Ermittlungsmaßnahme in einem vergleichbaren innerstaatlichen Fall nicht genehmigt würde."

Diese entscheidende Einschränkung der Rechtshilfeverpflichtung auf Maßnahmen, die „in einem vergleichbaren innerstaatlichen Fall" genehmigt würden, bringt das *grundlegende Prinzip der Rechtshilfe* zum Ausdruck, dass das Recht des Ortes maßgeblich ist, an dem die jeweilige Ermittlungsmaßnahme vollzogen wird (*locus regit actum*). Sie ergänzt die o.g. Forderung nach dem Vorliegen der TKÜ-Voraussetzungen im *ersuchenden* Staat[18] um die Forderung nach dem Vorliegen der TKÜ-Voraussetzungen auch im *ersuchten* Staat und begründet damit die bereits genannte *doppelte Rechtmäßigkeitsprüfung* der beantragten TKÜ. Fehlt es bei eingehenden Ersuchen an dieser innerstaatlichen Ermächtigung in Deutschland, so entfällt grundsätzlich nicht nur die Eingriffsermächtigung, sondern auch die Leistungspflicht des ersuchten Staates. Die deutschen Behörden müssen die Leistung von Rechtshilfe und die Vornahme der TKÜ dann zwingend ablehnen.

Der deutsche Gesetzgeber hat dieses Ergebnis für die TKÜ-Rechtshilfe zur Umsetzung der RL EEA in § 91c Abs. 2 lit. c) dd) IRG festgeschrieben:

> „Rechtshilfe darf nur geleistet werden, wenn außer den Voraussetzungen nach § 91b Absatz 1, Absatz 3 oder Absatz 4 die Voraussetzungen vorliegen, unter denen deutsche Gerichte oder Behörden nach § 59 Absatz 3 Rechtshilfe leisten bei (…) Ersuchen um (…) die Überwachung der Telekommunikation."

Das gleiche Ergebnis wird zusätzlich in allgemeiner Form durch § 59 Abs. 3 IRG postuliert, der insbesondere für den vertragslosen Rechtshilfeverkehr gilt, aber auch im Rahmen der EU-Kooperation für anwendbar erklärt wurde.[19] Entsprechende Regelungen über die innerstaatliche Legitimation finden sich auch in den anderen oben in Teil 2 genannten internationalen Regelungen und in spezifischen

---

[17] Vgl. oben II., Vorbemerkung (S. 159).
[18] Vgl. Art. 6 Abs. 1 RL EEA; Art. 18 Abs. 3 lit. b) EU-RhÜbk.
[19] Vgl. *Trautmann/Zimmermann*, in: Schomburg/Lagodny, Internationale Rechtshilfe in Strafsachen, Vor § 59 IRG, Rn. 21.

Rechtshilfeübereinkommen, z.B. in Art. 12 Nr. 1 RhV zwischen Deutschland und den USA.[20]

Damit gelten für TKÜ-Maßnahmen auf deutschem Territorium auch im Rechtshilfeverfahren grundsätzlich die in § 100a StPO normierten Anforderungen an Verdachtsgrad, Adressaten, Katalogtaten, Subsidiarität, Überwachungstechnik, mitwirkungspflichtige Provider, zu überwachende Datenarten und Ausführungsformen der TKÜ. Hinzu kommen die Verfahrensregelungen der §§ 110 d, 100e, 101, 101a und 101b StPO sowie weitere Regelungen im TKG.

b) Mögliche Modifikation der innerstaatlichen Ermächtigungsnorm

Im EU-Recht werden allerdings einige – im Ergebnis jedoch nicht gravierende oder für die vorliegenden Ergebnisse nicht durchschlagende – Einschränkungen von diesem Prinzip der innerstaatlichen Ermächtigung diskutiert:

- Nach Art. 9 Abs. 2 EU-RhÜbk „hält die Vollstreckungsbehörde die von der Anordnungsbehörde ausdrücklich angegebenen Formvorschriften und Verfahren ein, soweit in dieser Richtlinie nichts anderes bestimmt ist und sofern die angegebenen Formvorschriften und Verfahren nicht im Widerspruch zu den wesentlichen Rechtsgrundsätzen des Vollstreckungsstaates stehen."[21] Diese Bestimmung entspricht Art. 4 Abs. 1 EU-RhÜbk und wurde im deutschen Recht in § 91h Abs. 2 Nr. 1 IRG mit einer ähnlichen Formulierung umgesetzt.[22]

- Damit wird eine Ausnahme vom o.g. Prinzip des *locus regit actum* etabliert und die Erledigung eines Rechtshilfeersuchens nach den Regeln der *lex fori* gestattet. Da die Regelung nur für Form- und Verfahrensvorschriften gilt und unter dem Vorbehalt des Nichtentgegenstehens von „wesentlichen Grundsätzen der deutschen Rechtsordnung" steht, kann sie allerdings wesentliche Schutzvorschriften der §§ 100a, 100d oder 160a StPO zur TKÜ nicht außer Kraft setzen.

- Auch die Formulierung von Art. 30 Abs. 5 RL EEA (wortgleich mit Art. 18 Abs. 5 EU-RhÜbk) über die Durchführung der Maßnahme in einem „vergleichbaren" innerstaatlichen Fall erlaubt – abgesehen von Zuständigkeitsfragen – keine wesentlichen Abweichungen von den materiellen Regelungen der StPO durch die Konstruktion eines veränderten „vergleichbaren" Falles.

---

[20] Vgl. Treaty of 14 October 2003 between the Federal Republic of Germany and the United States of America on Mutual Legal Assistance in Criminal Matters (MLA Treaty Germany-USA) i.d.F. v. 18.4.2006, abgedruckt bei Schomburg/Lagodny, Abschnitt V.B.1.

[21] Zu Letzterem vgl. auch unten III.C. (S. 197).

[22] „Soweit die Richtlinie Europäische Ermittlungsanordnung nicht etwas anderes bestimmt und wesentliche Grundsätze der deutschen Rechtsordnung nicht entgegenstehen, sind besondere Formvorschriften oder Verfahrensvorschriften, die in dem Ersuchen nach § 91d Absatz 1 angegeben wurden, einzuhalten."

– Keine Ausnahme vom Erfordernis einer Ermächtigung der TKÜ nach deutschem Recht ist z.B. auch die Akzeptanz der Antragsbefugnis des englischen Home Secretary im Rechtshilfeverfahren. Denn diese Antragstellung des englischen Innenministers auf Rechtshilfe ersetzt nicht die im Vornahmeverfahren erforderliche Antragstellung der deutschen Staatsanwaltschaft beim deutschen Ermittlungsrichter.

c) Konsequenzen aus dem Erfordernis der innerstaatlichen Ermächtigung für die Vornahmeermächtigung

Die Beschränkung der TKÜ-Rechtshilfe auf die nach deutschem Recht möglichen TKÜ-Maßnahmen führt damit dazu, dass eine Reihe von ausländischen Rechtshilfeanträgen in Deutschland in der Entscheidung über die Vornahmeermächtigung abgelehnt oder beschränkt werden muss. Dies kann sich beispielsweise aus den folgenden Unterschieden zwischen dem deutschen und dem ausländischen Recht ergeben, die im Wege der rechtsvergleichenden Analyse auf Grundlage der Landesberichte zu der vorliegenden Untersuchung identifiziert wurden:

– Das englische Recht stellt in einer detaillierten gesetzlichen Definition des *Begriffs der „communication"* klar, dass diese u.a. auch die Signalübermittlung zwischen einer Person und einer Sache oder zwischen Sachen oder die Kontrolle eines Apparates erfasst. Ähnlich definiert das australische Recht „communication" dahingehend, dass jedes Gespräch, jede Nachricht sowie jeden Teil eines Gesprächs und einer Nachricht erfasst ist, unabhängig von seiner konkreten Form oder der Verbindung verschiedener Kommunikationsformen. In anderen Staaten – wie Frankreich und Tschechien – bestehen dagegen keine oder nur allgemeine gesetzliche Definitionen, weshalb in entsprechenden Landesberichten – z.B. zu Deutschland, Belgien und Frankreich – auch Einschränkungen des maschinenorientierten Ansatzes diskutiert werden. Wenn die Rspr. in diesen Staaten deswegen den Begriff der Telekommunikation enger als das englische Recht definieren würde, so könnten TKÜ-Maßnahmen nicht einbezogen werden, welche die Erfassung entsprechender Daten zum Gegenstand haben (beispielsweise die automatisierte Datenübertragung zwischen einem Mobiltelefon, das in empfangsbereitem Zustand mitgeführt wird, mit einer Basisstation oder der selbstständige Datenaustausch zwischen zwei Maschinen).[23]

– Der Gegenstand der Überwachung wird in den einbezogenen Rechtsordnungen auch dadurch unterschiedlich bestimmt, dass der *Kreis der zur TKÜ verpflichteten Provider* unterschiedlich definiert ist: Einzelne Rechtsordnungen erstrecken die Mitwirkungspflichten hinsichtlich der TKÜ auf alle Bürger und beziehen dadurch zahlreiche Anbieter von Diensten der Informationsgesellschaft ein, ein-

---

[23] Rechtsvergleichend zum Telekommunikationsbegriff im Bereich der TKÜ siehe *Tropina*, in: Sieber/von zur Mühlen/Tropina (Hrsg.), Bd. 1, S. 32 ff. sowie die dort abgedruckten Landesberichte, jeweils in Kapitel III.B.2.a) und b).

Teil 3 – Ergebnisse 165

schließlich Cloud Provider oder Betreiber sozialer Netzwerke (so insbesondere Belgien und im Ergebnis wohl auch Frankreich, Spanien, Australien, Österreich und die Schweiz). Die Mehrzahl der Rechtsordnungen begrenzt die Mitwirkungspflichten zur Überwachung von Telekommunikation jedoch auf klassische Kommunikationsprovider wie Access- und Network-Provider (z.b. Deutschland, England, Niederlande, Schweden, Tschechien). An dieser Begrenzung können demnach Anträge aus der zuerst genannten Staatengruppe ebenfalls scheitern.[24] Dieser auf Grundlage der Länderberichtete erarbeitete Befund dürfte im Übrigen auch nach Implementation der Richtlinie (EU) 2018/1972 über den europäischen Kodex für die elektronische Kommunikation in den einzelnen Mitgliedsstaaten seine Gültigkeit behalten. Zwar sieht die Richtlinie in Art. 2 Nr. 4 lit. b) nunmehr explizit vor, dass grundsätzlich auch solche interpersonellen Kommunikationsdienste als elektronische Kommunikationsdienste vom neuen europäischen Telekommunikationsrecht erfasst werden, die keine Signalübertragung voraussetzen. Damit werden jedoch allenfalls Messenger- und VoIP-Dienste in die europäischen Vorgaben mit einbezogen, während andere auf der Anwendungsebene agierende Dienste (z.B. Cloud-Anbieter) nicht in die Pflicht genommen werden.[25]

– Einschränkungen der TKÜ ergeben sich auch aus der unterschiedlichen Regelung der Frage, ob die Überwachung sich nur *gegen bestimmte Personen, Kontaktpersonen oder Anschlüsse* oder auch gegen *bestimmte Räumlichkeiten* richten kann oder ob sogar – wie bei der nachrichtendienstlichen TKÜ (die in England mit der strafrechtlichen TKÜ verschwimmen kann) – auch *bestimmte Schlüsselworte* „überwacht" werden können.[26] Ein Staat mit solchen erweiterten Bestimmungen wird sich deswegen mit entsprechenden Rechtshilfeersuchen oft nicht durchsetzen können.

– Begrenzungen der TKÜ aus der Rechtsordnung des ersuchten Staates können auch erfolgen, wenn die *Maximalfrist für die einzelnen Telekommunikationsmaßnahmen* nicht vier Monate (wie in Frankreich und Tschechien) beträgt, sondern nur vier Wochen wie in den Niederlanden. In der Praxis kann dieses Problem allerdings teilweise dadurch gelöst werden, dass die Überwachungsmaßnahmen in einem solchen Fall alle vier Wochen verlängert werden. Diese Lösung funktioniert jedoch nicht mehr, wenn in den betroffenen Ländern auch

---

[24] Rechtsvergleichend zu Zielpersonen und Zielobjekten siehe *Tropina*, in: Sieber/von zur Mühlen/Tropina (Hrsg.), Bd. 1, S. 76 ff., sowie die dort abgedruckten nationalen Landesberichte, jeweils in Kapitel III.B.7.e).

[25] In den meisten EU-Mitgliedsstaaten ist auch nach Ablauf der Umsetzungsfrist nach wie vor offen, ob und in welchem Umfang die jeweiligen nationalen Implementationen der Richtlinie überhaupt Auswirkungen auf den Kreis der zur TKÜ verpflichteten Provider haben werden.

[26] Rechtsvergleichend zum Kreis der mitwirkungspflichtigen Provider siehe *Tropina*, in: Sieber/von zur Mühlen/Tropina (Hrsg.), Bd. 1 S. 55 ff., sowie die dort abgedruckten Landesberichte, jeweils in Kapitel III.B.5.

unterschiedliche *Verlängerungsmöglichkeiten* oder unterschiedliche maximale Gesamtfristen für TKÜ-Maßnahmen gelten.[27]
- Erhebliche rechtliche Unterschiede bestehen auch bei der Privilegierung von *Berufsgeheimnisträgern,* bei denen TKÜ-Maßnahmen ausgeschlossen sind. So ist beispielsweise in Frankreich eine Telekommunikationsüberwachung von Geistlichen möglich. In Deutschland scheidet dies, soweit kein Teilnahmeverdacht gegen den Geistlichen besteht, aus. Einem entsprechenden französischen Ersuchen zur Überwachung eines Pfarrers kann daher in Deutschland nicht stattgegeben werden.[28]

Nicht alle rechtlichen Unterschiede der nationalen TKÜ-Ermächtigungen haben allerdings zur Folge, dass sie im konkreten Einzelfall stets zur Ablehnung der einschlägigen Anträge führen. Die Unterschiede wirken sich insbesondere dann nicht aus, wenn sie nur die Rechtstechnik betreffen, im konkret zu beurteilenden Fall jedoch zu dem gleichen Ergebnis führen.
- Dies gilt z.B. für die Frage, ob die *Begrenzung der TKÜ auf schwere Straftaten* über einen Katalog von abschließend genannten Delikten erfolgt (so in Deutschland, Belgien, Estland, Polen und der Schweiz) oder ob ein Konzept der Mindeststrafdrohung (Frankreich und Österreich), ein System von Generalklauseln und/oder von konkret zu erwartenden Strafen (England) oder eine Kombination dieser Kriterien (Niederlande, Schweden, Spanien, Australien, Kroatien, Ungarn und Italien) besteht:[29] Ein Fall, der nach einem ausländischen Recht aufgrund seiner Mindeststrafdrohung eine TKÜ erlaubt, kann daher in Deutschland als Katalogtat ebenfalls zur TKÜ berechtigen. Für die Verpflichtung zur Rechtshilfe ist mithin nicht die formale Identität der entsprechenden Normen relevant, sondern die Erfassung der jeweiligen *konkreten Lebenssachverhalte.*
- Keine Rolle spielt es auch, wenn innerhalb des Systems der „Doppelermächtigung" (nach dem Recht des ersuchenden und des ersuchten Staates) unterschiedliche formelle Regeln gelten. Entscheidend ist auch in diesen Fällen nur, dass in beiden Rechtsordnungen die jeweiligen Antragsvoraussetzungen eingehalten werden. Ist dies der Fall, so ist es z.B. ohne Bedeutung, dass der Antrag auf Überwachung in Deutschland von der Staatsanwaltschaft gestellt werden muss, in Spanien hingegen auch eine Antragsbefugnis der Polizei besteht und der Untersuchungsrichter in Frankreich und Belgien eine TKÜ-Überwachung ganz oh-

---

[27] Rechtsvergleichend zur Dauer und Verlängerung der TKÜ-Maßnahmenm siehe *Tropina,* in: *Sieber/von zur Mühlen/Tropina* (Hrsg.), Bd. 1 S. 80 ff., sowie die dort abgedruckten Landesberichte, jeweils in Kapitel III.B.8.a) und b).

[28] Rechtsvergleichend zur Privilegierung bestimmter Berufsgeheimnisträger siehe *Tropina,* in: *Sieber/von zur Mühlen/Tropina* (Hrsg.), Bd. 1 S. 38 ff., sowie die dort abgedruckten Landesberichte, jeweils in Kapitel III.B.3.a) und b).

[29] Rechtsvergleichend zur Begrenzung der TKÜ auf schwere Straftaten siehe *Tropina,* in: Sieber/von zur Mühlen/Tropina (Hrsg.), Bd. 1 S. 69 ff., sowie die dort abgedruckten nationalen Landesberichte, jeweils in Kapitel III.B.7.a).

ne Antrag der Staatsanwaltschaft erlassen kann. Aus dem gleichen Grund ist es für die Rechtshilfe auch nicht relevant, dass die Entscheidung über die TKÜ in fast allen Rechtsordnungen durch einen *Richter* ergeht, in England dagegen auf Antrag des *Secretary of State* durch einen Judicial Commissioner.[30]
- Entsprechendes gilt für die unterschiedlichen *Modelle und Formen bei Eilentscheidungen* (z.B. durch temporäre Maßnahmen der Staatsanwaltschaft oder durch telefonische Anordnungen), die unterschiedliche Form-, Begründungs-, Beweis- und Verfahrenserfordernisse hat.[31] Auch hier ist nach dem „Doppeltürmodell" nur von Bedeutung, dass bei der deutschen Rechtmäßigkeitsprüfung im Vornahmeverfahren die deutschen und bei der ausländischen Rechtmäßigkeitsprüfung für die Antragstellung die ausländischen formellen und materiellen Ermächtigungsvoraussetzungen eingehalten sind.

Die Beschränkung der Rechtshilfe durch die nationale Vornahmeermächtigung des ersuchten Staates, die nach Art. 30 Abs. 5 RL EEA auch auf die Leistungsermächtigung „durchschlägt", schließt die Rechtshilfe damit in Einzelfällen aus. Diese Begrenzungen sind jedoch kein spezielles Problem des TKÜ-Systems der unmittelbaren Datenausleitung, sondern gelten in gleicher Weise auch für klassische Fälle der TKÜ, bei denen die Daten zunächst aufgezeichnet und dann übermittelt werden. Sie sind auch kein „Defizit" des geltenden Rechts, sondern das gewollte und gebotene Ergebnis des rechtsstaatlichen deutschen Strafverfahrensrechts, dessen Grenzen in Deutschland von deutschen Gerichten und Behörden anzuwenden sind. Die Ermächtigungsnorm verhindert damit auch in systemkonformer Weise, dass deutsche Schutzstandards umgangen werden können, indem eine TKÜ nicht in Deutschland, sondern im Ausland beantragt wird. Die entsprechenden Vorbehalte und zum Teil schwierigen Prüfungen der doppelten parlamentarischen Ermächtigung können daher zwar eine „effektive" Strafverfolgung behindern. Dies ist jedoch die zwingende Konsequenz des europäischen Rechts, das eine einheitliche oder besser harmonisierte Strafprozessordnung für Europa sowohl allgemein als auch für transnationale Sachverhalte bisher nicht umgesetzt hat.[32]

d) Fortgeltung von Beschränkungen auf deutschem Territorium im Anschluss an die TKÜ-Anordnung

Einzelne Beschränkungen der Ermächtigung zu TKÜ-Maßnahmen wirken in rein nationalen Verfahren nicht nur bei der Anordnung der TKÜ-Maßnahme in der Vornahmeermächtigung, sondern bestimmen (auch noch) zeitlich darüber

---

[30] Rechtsvergleichend zu den entsprechenden Zuständigkeiten siehe zusammenfassend *Tropina*, in: Sieber/von zur Mühlen/Tropina (Hrsg.), Bd. 1 S. 61 ff., sowie die dort abgedruckten Landesberichte, jeweils in Kapitel III.B.6.
[31] Ebenda.
[32] Vgl. dazu näher unten V.B.4. (S. 204 f.).

hinaus das weitere Handeln *der deutschen Ermittlungsbeamten auf deutschem Territorium,* Beispiele hierfür sind:
- Für den *Schutz des Kernbereichs privater Lebensgestaltung* gilt nach § 100d Abs. 1 StPO, dass eine TKÜ-Maßnahme „unzulässig" ist, wenn „tatsächliche Anhaltspunkte für die Annahme" vorliegen, dass mit der Maßnahme „allein Erkenntnisse aus dem Kernbereich privater Lebensgestaltung" erlangt werden. Nach Abs. 2 dürfen Erkenntnisse aus dem Bereich der privaten Lebensgestaltung *„nicht verwertet werden"* und Aufzeichnungen über solche Ergebnisse sind *„unverzüglich zu löschen".*[33]
- Nach § 160a StPO sind Ermittlungsmaßnahmen, die sich gegen bestimmte (und nicht im Verdacht einer Tatbeteiligung stehende) *Berufsgeheimnisträger* (wie Geistliche, Verteidiger oder Rechtsanwälte) richten, „unzulässig", „dennoch erlangte Erkenntnisse *dürfen nicht verwertet werden"* und *„Aufzeichnungen hierüber sind unverzüglich zu löschen".*[34]
- Die allgemeine Vorschrift des § 100e Abs. 5 StPO für verdeckte Informationserhebungen nach § 100a bis 100c StPO bestimmen, dass die aufgrund der TKÜ-Anordnung ergriffenen Maßnahmen *„unverzüglich zu beenden sind",* wenn die Voraussetzungen der Anordnung nicht mehr vorliegen.[35]

Diese Vorgaben gelten auch, wenn die jeweiligen Hinderungsgründe erst nach der TKÜ-Anordnung (aber noch vor der Auslandsübermittlung der Daten) auf deutschem Territorium festgestellt werden. Aus dem Wortlaut und der Zielsetzung der Vorschriften folgt, dass in diesen Fällen nicht nur die Überwachungsmaßnahmen einzustellen und die Daten zu löschen sind, sondern auch die Ausleitung ins Ausland zu unterlassen ist. Die genannten Vorschriften beschränken somit *auf dem deutschen Territorium* nicht nur die Vornahme der TKÜ, sondern nach Art. 30 Abs. 5 RL EEA auch die Leistungsermächtigung zur Übermittlung der Daten ins Ausland.

Fraglich ist in diesen Fällen daher nur, mit welcher Prognosewahrscheinlichkeit die Aufzeichnungshindernisse festgestellt werden müssen. Dies richtet sich – soweit geregelt – zunächst nach den entsprechenden gesetzlichen Vorschriften: Der bereits genannte § 100d Abs. 1 StPO sieht eine TKÜ als unzulässig an, wenn *„tatsächliche Anhaltspunkte für die Annahme"* vorliegen, dass allein Erkenntnisse aus dem Kernbereich privater Lebensgestaltung erlangt werden; andere Normen enthalten dagegen keinen Prognosemaßstab. Das BVerfG hat sich insoweit vor allem zum Abbruch der TKÜ im Kontext von möglichen Verletzungen des Kernbereichs der privaten Lebensgestaltung geäußert. Nach seiner Entscheidung zum BKA-

---

[33] Vgl. dazu näher unten II.A.4.e)bb) (S. 186 f.).
[34] Vgl. dazu näher unten II.A.4.e)cc) (S. 187 f.).
[35] Vgl. dazu näher unten II.A.4.e)dd) (S. 188).

Gesetz muss die TKÜ-Maßnahme unterbleiben, wenn eine „*Wahrscheinlichkeit*" oder eine „*hinreichende Wahrscheinlichkeit*" für eine Verletzung des Kernbereichsschutzes besteht. Wenn ein Eindringen in den Kernbereich „erkennbar" sei, müsse die TKÜ schon „bei Zweifeln" abgebrochen werden.[36] In seiner Entscheidung zur Neuregelung strafprozessualer verdeckter Ermittlungsmethoden sieht das BVerfG die Schwelle zum Abbruch der TKÜ dagegen dann, wenn im Einzelfall „*konkrete Anhaltspunkte*" dafür bestünden, dass eine bestimmte Datenerhebung den Kernbereich privater Lebensgestaltung berühren werde; anders liege es jedoch, wenn „konkrete Anhaltspunkte" dafür bestünden, dass kernbereichsspezifische Kommunikationsinhalte mit Inhalten verknüpft würden, die dem Ermittlungsziel unterfallen, um durch diese Verknüpfung eine Überwachung zu verhindern.[37]

Bei einer TKÜ mit direkter Datenausleitung ins Ausland ist eine solche Sichtbarkeit oder Wahrscheinlichkeit von Hinderungsgründen in dem Zeitraum zwischen der Anordnung der TKÜ und der Datenausleitung allerdings nur selten denkbar. Möglich wäre etwa, dass die Ermittlungsbehörden erst bei der Umsetzung der TKÜ-Maßnahme feststellen, dass sich diese gegen einen Geistlichen richtet. Wenn die Datenübermittlung ins Ausland in Echtzeit erfolgt, dürften solche Fälle jedoch höchst selten sein. Soweit in Deutschland kein paralleles Ermittlungsverfahren geführt wird, ergeben sich zusätzliche Erkenntnisse über die Unzulässigkeit der TKÜ bei diesem automatisierten Verfahren nach der Überwachungsanordnung daher in der Regel erst wieder bei der Datenauswertung im Ausland, wo das deutsche Recht jedoch nicht mehr gilt.[38]

Im Ergebnis bedeutet dies: Die Begrenzung der Vornahmeermächtigung durch die deutsche Ermächtigungsnorm verhindert Probleme in der späteren (im Ausland erfolgenden) Auswertungsphase, indem bestimmte unverwertbare Daten bereits bei der Anordnung der TKÜ oder bei der anschließenden Vorbereitung oder Durchführung der TKÜ ausgeschieden werden, so dass die Daten in Rechtshilfefällen überhaupt nicht ins Ausland gelangen. Diese Begrenzung der TKÜ-Maßnahmen ändert allerdings nichts daran, dass gleichwohl immer noch Daten ins Ausland übermittelt werden, deren Unverwertbarkeit nach deutschem Recht erst bei deren Auswertung erkennbar wird. In reinen Inlandsfällen kann diese Verlagerung der Prüfung auf eine spätere Verarbeitungsphase in Kauf genommen werden, weil auf die Aussonderung der unverwertbaren Daten in der Verwertungsphase auf deutschem Territo-

---

[36] BVerfG, Urteil v. 20.04.2016 – 1 BvR 966/09, NJW 2016, 1781, Rn. 128, 239 (BKA Gesetz).

[37] BVerfG Beschluss v. 12.10.2011 – 2 BvR 236/08, NJW 2012, 833, Rn. 210–212. Zur Ausland-Ausland-Fernmeldeaufklärung führt das BVerfG aus, die TKÜ müsse dann abgebrochen werden, wenn erkennbar werde, dass eine Überwachung in den Kernbereich persönlicher Lebensgestaltung eindringe oder entsprechende Bedenken bestehen.

[38] Vgl. dazu sogleich im Folgenden unter Ziff. 4 (S. 170 ff.).

rium vertraut werden kann.[39] Nach einer Auslandsübermittlung ist dies jedoch nicht mehr der Fall.

4. Schutz der Daten nach der Auslandsübermittlung

a) Kontrollprobleme des deutschen Rechts nach der Auslandsübermittlung

aa) Problemstellung

Ausgangspunkt der Überlegungen ist damit, dass Beschränkungen der Rechtshilfe aufgrund der Schutzbestimmungen des deutschen Rechts unproblematisch sind, solange sie von deutschen Gerichten auf deutschem Territorium nach deutschem Recht entschieden werden, *bevor* die TKÜ-Daten erlangt oder ins Ausland ausgeleitet werden. Dies ist beispielsweise in dem bereits oben genannten Fall gegeben, dass ein französisches Ersuchen um eine TKÜ gegen einen (nicht-tatverdächtigen) Geistlichen gerichtet und deswegen vom Gericht abgelehnt wird. Probleme ergeben sich dagegen, wenn Verwertungshindernisse erst nach Übermittlung der Daten insbesondere bei deren Auswertung *im Ausland* erkennbar werden, da das deutsche Recht dort grundsätzlich nicht gilt. Diese Konstellation ergibt sich zum Beispiel, wenn erst bei der Auswertung der übermittelten Daten im Ausland erkennbar wird, dass das Telefongespräch einer (nicht privilegierten) abgehörten Zielperson mit einem Geistlichen geführt wurde oder den Kernbereich der persönlichen Lebensgestaltung der überwachten Zielperson betrifft. Die in diesem Fall bestehende Schutzlücke führt damit zu der Gefahr, dass die Auslandsübermittlung der Daten und letztlich auch der gesamte Rechtshilfeprozess der unmittelbaren Datenausleitung vom Bundesverfassungsgericht als verfassungswidrig beurteilt und damit blockiert wird.

Bevor konkrete Lösungen für dieses Problem entwickelt werden können, muss zunächst in einer Bestandsaufnahme untersucht werden, in welchen Fallkonstellationen diese TKÜ-spezifischen Probleme auftreten können, und ob dabei wesentliche Unterschiede zwischen den verschiedenen Rechtsordnungen bestehen. Die rechtsvergleichende Analyse des vorliegenden Projekts hat dazu gezeigt, dass entsprechende Probleme vor allem in fünf Bereichen auftreten: bei der Zweckbindung der Daten (bb), beim Schutz des Kernbereichs der privaten Lebensgestaltung (cc), beim Schutz von Berufsgeheimnisträgern (dd), beim allgemeinen Datenschutz (ee) und bei der Einlegung von Rechtsmitteln gegen die Anordnung der TKÜ-Maßnahme (ff).

---

[39] Vgl. instruktiv zum Zusammenhang zwischen dem Schutz bei der Datenerhebung und bei der Datenauswertung sowie zur gegenseitigen Kompensation der Kontrollmaßnahmen auf diesen beiden Ebenen BVerfG. v. 20.4.2016 – 1BvR 966/09 (BKA-Gesetz), Nr. 240 f.

bb) Insbesondere Zweckbindung und Weitergabe der Daten

In Deutschland ist die Weitergabe von Daten zu anderen Zwecken als zur Strafverfolgung grundsätzlich durch den datenschutzrechtlichen Zweckbindungsgrundsatz begrenzt. Dieser wird durch *Einzelregelungen* präzisiert: Nach § 481 Abs. 1 StPO können unter bestimmten Voraussetzungen Daten zu präventiven Zwecken an die Polizei weitergeben werden; eine Weitergabe an das Bundesamt für Verfassungsschutz ist nach § 18 Abs. 6, § 22 BVerfSchG bzw. § 8 BNDG ebenfalls in bestimmten Fällen möglich. Eine weitere Garantie der Zweckbindung von Daten bietet in Deutschland der allgemeine Zweckbindungsgrundsatz, der für die Beurteilung der Zulässigkeit einer Datenweitergabe auf das Kriterium der hypothetischen Ersatzvornahme hinsichtlich der neuen Zwecksetzung abstellt. Belgien hat ebenfalls eine spezielle gesetzliche Weitergaberegelung: Nachrichten- und Sicherheitsdienste sind hier gesetzlich verpflichtet, bestimmte Informationen an die Polizei und die Staatsanwaltschaft weiterzugeben. Zuständig für solche Übermittlungen ist eine spezielle Verwaltungskommission (SIM-Kommission), um die von den Nachrichten- und Sicherheitsdiensten verwendeten Datenerhebungsmethoden zu überwachen.

In Frankreich, Italien, Kroatien, Österreich und Spanien wird die Datenweitergabe an den Nachrichtendienst in einer *Generalklausel* geregelt. Das Gleiche gilt für Tschechien, wo das Verfassungsgericht den entsprechenden Informationsaustausch jedoch stark begrenzt. In Polen besteht keine direkte Regelung für die Weitergabe von Telekommunikationsdaten. Da es aber auch kein Verbot für eine solche Weitergabe gibt, werden die Daten zwischen den verschiedenen Behörden in der Praxis jedoch weitgehend ausgetauscht.

In England erlauben die gesetzlichen Regelungen dagegen eine *großzügigere Weitergabe,* die allerdings in der Praxis nur wenig praktiziert wird. In Schweden, wo Polizei und Geheimdienst früher noch zwei unterschiedliche Abteilungen einer Behörde waren, inzwischen jedoch eine stärkere organisatorische Trennung besteht, wird die Weitergabe von Informationen aus dem Strafverfahren an den Nachrichtendienst dagegen großzügig praktiziert. Ohne weitere Begrenzungen der Datenweitergabe besteht daher bei der Rechtshilfe mit einzelnen Staaten die Gefahr, dass die Ausleitung von TKÜ-Daten ins Ausland für den Betroffenen zu einem weitergehenden Verlust der strafrechtlichen Zweckbindung führt als in Deutschland.[40]

---

[40] Rechtsvergleichend zum Datenaustausch zwischen Strafverfolgungsbehörden und Nachrichtendiensten siehe *Tropina*, in: Sieber/von zur Mühlen/Tropina (Hrsg.), Bd. 1, S. 19 ff., sowie die dort abgedruckten Landesberichte, jeweils in Kapitel I.A.4.

cc) Kernbereichsschutz der privaten Lebensgestaltung

Sehr große Unterschiede zur Rechtslage in Deutschland bestehen beim Kernbereichsschutz der privaten Lebensgestaltung. Deutschland hat als einziger Staat hier ein verfassungsrechtliches Konzept. In den anderen Rechtsordnungen beschränken sich die entsprechenden Garantien dagegen auf den Schutz des Persönlichkeitsrechts, des Telekommunikationsgeheimnisses oder der Privatsphäre, des informationellen Selbstbestimmungsrechts oder des Rechts auf Datenschutz. Im Strafprozessrecht ist Deutschland deswegen auch das einzige Land, das die Aufzeichnung dieser Daten aus dem „Kernbereich der persönlichen Lebensgestaltung" absolut verbietet und die sofortige Löschung derartiger Daten verlangt, wenn sie gleichwohl aufgezeichnet wurden.[41] Bei einer unkontrollierten Weitergabe der TKÜ-Daten ins Ausland würde dieser umfassende Schutz des deutschen Rechts verloren gehen.

dd) Schutz der Berufsgeheimnisse

Erhebliche rechtliche Unterschiede zwischen den verschiedenen Rechtsordnungen bestehen auch beim Schutz von Berufsgeheimissen, die TKÜ-Maßnahmen ausschließen können:

Die nationalen Rechtsordnungen differieren hier schon in der *Art des Schutzes* hinsichtlich der Frage, ob sie zwischen absolut (d.h. – abgesehen von Beteiligungsfällen – stets geschützten) und nur relativ (d.h. aufgrund einer Einzelfallabwägung) geschützten Berufen differenzieren (so Deutschland), ob sie zwischen Abhör- und Aufzeichnungsverboten unterscheiden (so Frankreich und Belgien), oder ob das Schutzsystem für alle Berufsgruppen einheitlich ist (so Schweden, Niederlande, Tschechische Republik, Kroatien, Estland, Ungarn, Italien, Polen, Portugal und Schweiz).

Unterschiedlich gehandhabt wird auch die *Behandlung der durch Berufsgeheimnisse privilegierten Daten*. In einzelnen der untersuchten Rechtsordnungen (Deutschland, Schweden sowie – ähnlich – auch Tschechien und Schweiz) muss bei der Erfassung von geschützten Berufsgeheimnissen der Aufzeichnungsprozess sofort abgebrochen und das Datenmaterial gelöscht werden. In anderen Rechtsordnungen besteht zwar keine Verpflichtung zur Datenlöschung, jedoch können die Informationen nicht verwendet werden. In England dürfen bestimmte Aufzeichnungen aus der TKÜ im Gerichtsverfahren gundsätzlich nicht genutzt werden, falls nicht besondere Umstände vorliegen. In Australien, Österreich, Estland, Frank-

---

[41] Vgl. zum Kernbereichsschutz näher unten II.A.4.e)cc) (S. 186 f.) sowie *Topina*, in: Sieber/von zur Mühlen/Tropina (Hrsg.), Bd. 1 S. 28 und die dort abgedruckten nationalen Landesberichte, jeweils in Kapitel II.A.1 c.

reich, Italien, Portugal und Spanien werden die Inhalte weder gelöscht noch geblockt, wobei in Österreich der Staatsanwalt entscheidet, welche Aufzeichnungen als Beweismittel verwendet werden können und welche nicht. Eine ähnliche Praxis hat auch Italien. In Spanien obliegt der Schutz der privilegierten Kommunikation dem Gericht und nicht der Polizei, die die Überwachung durchführt; die Inhalte werden daher auch hier weder gelöscht noch gesperrt, bevor sie an das Gericht gehen. In den Niederlanden soll die Aufzeichnung der TKÜ von Rechtsanwälten durch eine Sperrliste mit deren Telefon- und Faxnummern verhindert werden.

Noch größer sind die bereits angesprochenen Unterschiede der nationalen Regelungen bei der Bestimmung des *Kreises der privilegierten Personen*: Deutschland hat hier den umfangreichsten Katalog der geschützten Berufsgeheimnisträger. Frankreichs Liste ist dagegen kürzer und erfasst z.B. Geistliche nicht. Spanien und Tschechien schützen zwar Strafverteidiger, nicht jedoch Journalisten. Deswegen würden bei einer unbegrenzten Ausleitung der aufgezeichneten Telekommunikationsdaten von Deutschland nach Spanien dort auch TKÜ-Aufzeichnungen gegen eine Reihe von Berufsgeheimnisträgern verwendet, obwohl die übermittelten Daten in Deutschland nicht verwertet werden dürften.

Beim Schutz der Berufsgeheimnisse sind darüber hinaus auch die *Ausnahmeregelungen zu diesen Bestimmungen* einzubeziehen: In der Mehrzahl der Rechtsordnungen – namentlich Österreich, Belgien, Tschechien, Deutschland und Spanien – enthält die Strafprozessordnung eine ausdrückliche Ausnahme für den Fall, dass die Person, die Gegenstand des Berufsgeheimnisschutzes ist, einer strafbaren Beihilfehandlung verdächtig ist. In Frankreich, Schweden und den Niederlanden ist die Ausnahmeregelung für den Verdachtsfall weniger klar geregelt, jedoch ist das Abhören der sonst privilegierten Kommunikation unter bestimmten Umständen ebenfalls möglich.[42]

Damit bestehen auch beim Schutz der Berufsgeheimnisse erhebliche Unterschiede, die bei einer Datenweitergabe ins Ausland zum Verlust von Garantien der deutschen Rechtsordnung führen können.

ee) Weitere Anforderungen des allgemeinen Datenschutzes

Der strafprozessuale Datenschutz zeigt sich bei TKÜ-Maßnahmen auch in weiteren allgemeinen datenschutzrechtlichen Regelungen. Dabei geht es vor allem um Verpflichtungen
– zur Beendigung der Datenerhebung,

---

[42] Rechtsvergleichend zum Schutz der Berufsgeheimnisträger siehe *Tropina*, in: Sieber/von zur Mühlen/Tropina (Hrsg.), Bd. 1 S. 38 ff., sowie die dort abgedruckten nationalen Landesberichte, jeweils in Kapitel I.A.e)dd).

- zur Löschung der bereits erhobenen Daten,
- zur Protokollierung und zu Berichten gegenüber Gericht und Staatsanwaltschaft sowie
- zur nachträglichen Benachrichtigung der durch die TKÜ betroffenen Personen.

Detaillierte *Verpflichtungen zur Beendigung der Datenerhebung* bestehen in Deutschland, wo neben einzelnen Fristenregelungen eine allgemeine Vorschrift besteht, die auf Grund der Anordnung ergriffenen Maßnahmen unverzüglich zu beenden, wenn die Voraussetzungen ihrer Anordnung nicht mehr vorliegen. Ähnliche Bestimmungen gelten in Australien, Kroatien, Schweden und Spanien. In Belgien, Frankreich und Tschechien finden sich hingegen keine Verpflichtungen über die Beendigung der Datenerhebung, jedoch gibt es teilweise eine ähnliche Praxis.[43]

In Deutschland besteht nach § 101 Abs. 8 StPO darüber hinaus eine Verpflichtung, die *Daten in bestimmten Fällen zu löschen*. Auch dies ist nicht in allen Rechtsordnungen in vergleichbarem Umfang gewährleistet. In den Niederlanden müssen die durch eine TKÜ gesammelten Daten zwei Monate nach der Information der abgehörten Person über ihre Überwachung vernichtet werden. In der Tschechischen Republik erfolgt die Vernichtung der Daten drei Jahre nach dem endgültigen Abschluss des Strafverfahrens, wenn die Staatsanwaltschaft zustimmt. In Spanien wird bei der Löschungspflicht zwischen den Originalaufzeichnungen und Kopien der Überwachungsdaten unterschieden: Während die Originalaufzeichnungen auf richterliche Anordnung nach der rechtskräftigen Entscheidung über die Einstellung des Strafverfahrens zu vernichten sind, müssen die aufbewahrten Kopien noch fünf Jahre nach der Strafvollstreckung, nach dem Ablauf der Strafverfolgungsfrist oder nach der Rechtskraft eines Freispruchs aufbewahrt werden.[44]

Die untersuchten Rechtsordnungen haben auch unterschiedliche *Protokollierungs- und Berichtspflichten gegenüber dem Gericht oder der Staatsanwaltschaft* über die durchgeführte TKÜ. In Deutschland ist das anordnende Gericht nach Beendigung der Maßnahme über deren Ergebnisse zu unterrichten. In Schweden wird das Fehlen einer konkreteren Berichtspflicht durch die kurze Gültigkeitsdauer der Abhöranordnung ausgeglichen: Der Staatsanwalt muss das Gericht über die Umstände der Abhörung unterrichten, wenn ein Antrag auf Verlängerung gestellt wird. In Belgien und Frankreich bestehen dagegen formale Verpflichtungen, das Gericht über den Verlauf der Abhörmaßnahmen zu unterrichten. In Belgien hat die Polizei dem Ermittlungsrichter alle fünf Tage einen Bericht über den Verlauf der Abhörmaßnahmen vorzulegen. Auch in Frankreich ist die Polizei verpflichtet, dem

---

[43] Rechtsvergleichend zur Beendigung der TKÜ-Maßnahmen siehe *Tropina*, in: Sieber/von zur Mühlen/Tropina (Hrsg.), Bd. 1 S. 83 ff., sowie die dort abgedruckten Landesberichte, jeweils in Kapitel III.B.8.c).

[44] Rechtsvergleichend zur Datenlöschung siehe *Tropina*, in: Sieber/von zur Mühlen/Tropina (Hrsg.), Bd. 1 S. 88, sowie die dort abgedruckten Landesberichte, jeweils in Kapitel III.B.9.b).

Ermittlungsrichter über den Fortgang der TKÜ-Maßnahmen zu berichten. Abweichende Meldevorschriften finden sich in den Niederlanden, wo die Polizei nicht das Gericht, jedoch die Staatsanwaltschaft über den Fortgang der Überwachung informieren muss.[45]

Unterschiedliche Regelungen bestehen vor allem auch bezüglich der *Unterrichtung der überwachten Personen*. In Deutschland erfolgt die Benachrichtigung, sobald dies ohne Gefährdung des Untersuchungszwecks, des Lebens, der körperlichen Unversehrtheit und der persönlichen Freiheit einer Person oder von bedeutenden Vermögenswerten möglich ist. Sie unterbleibt, wenn ihr überwiegende schutzwürdige Belange einer betroffenen Person entgegenstehen oder wenn bestimmte Personen von der Maßnahme nur unerheblich betroffen wurden und anzunehmen ist, dass sie kein Interesse an einer Benachrichtigung hat. In der Tschechischen Republik erfolgt die Benachrichtigung des Betroffenen in einem speziellen Verwaltungsverfahren; dabei entfällt die Benachrichtigungspflicht bei bestimmten Straftaten oder bei der Gefährdung bestimmter Rechtsgüter. Das schwedische Recht sieht eine Ausnahme von der Benachrichtigung vor, wenn diese eine laufende Untersuchung beeinträchtigen kann, bestimmte Fällen der Rechtshilfe betrifft oder die persönliche oder wirtschaftliche Integrität einer Person beeinträchtigen kann. Auch das belgische, estnische, italienische niederländische, österreichische, spanische und schwedische Recht verlangen, dass die überwachte Person über die durchgeführte TKÜ *informiert* wird. Diese Pflichten werden jedoch in unterschiedlicher Weise eingeschränkt. Das französische und das englische Recht haben keine entsprechenden Benachrichtigungspflichten.[46]

ff) Durchsetzung von Rechtsmitteln gegen die TKÜ-Anordnung

Der Verlust von Garantien der deutschen Rechtsordnung bei der Auslandsübermittlung von TKÜ-Daten ist – in etwas anderer Konstellation[47] – auch beim Rechtsschutz gegen die TKÜ-Anordnung möglich: In Deutschland, Belgien, England, Tschechien und Spanien kann der Betroffene – insbesondere nach seiner Benachrichtigung – Rechtsmittel gegen die durchgeführte TKÜ-Maßnahme einlegen. Dieser Rechtsschutz ist in den verschiedenen Rechtsordnungen jedoch unterschiedlich geregelt, vor allem auch in Bezug auf die bereits oben angesprochene Frage, ob die Zielperson über die TKÜ informiert wird, was in vielen Fällen Voraussetzung für die Einlegung eines Rechtsmittels ist. Die konkrete Rechtsschutzform

---

[45] Rechtsvergleichend zu den Protokollierungs- und Berichtspflichten siehe *Tropina*, in: Sieber/von zur Mühlen/Tropina (Hrsg.), Bd. 1 S. 85 ff., sowie die dort abgedruckten Landesberichte, jeweils in Kapitel III.B.9)a).

[46] Rechtsvergleichend zu den Benachrichtigungspflichte siehe zusammenfassend *Tropina*, in: Sieber/von zur Mühlen/Tropina (Hrsg.), Bd. 1, S. 89 ff., sowie die dort abgedruckten Landesberichte, jeweils in Kapitel III.B.10.a) und b).

[47] Vgl. dazu unten II.A.4.e)ee) (S. 190 f.).

reicht in den untersuchten Rechtsordnungen von gerichtlichen Überprüfungen (Belgien, Tschechische Republik und Deutschland) bis zu Beschwerden bei speziellen Kommissionen und Schadensersatzansprüchen in Zivilverfahren (in Spanien und Schweden). Spezifische Rechtsbehelfe gegen eine TKÜ-Maßnahme sind in den hier untersuchten Rechtsordnungen in Deutschland (§ 101 Abs. 7 StPO) und der Tschechien Republik verankert. In den anderen Staaten können zwar Rechtsmittel gegen die Maßnahme eingelegt werden, jedoch gewähren diese ein sehr unterschiedliches Maß an Rechtsschutz für die Betroffenen. Die Unterschiede betreffen dabei nicht nur die rechtliche Ausgestaltung, sondern auch die praktische Handhabung.[48]

gg) Zwischenergebnis und Konsequenzen

Die vorstehende Rechtsvergleichung zeigt im Ergebnis ein erhebliches Dilemma: Wenn TKÜ-Daten im Wege der Rechtshilfe ohne weitere Schutzmaßnahmen direkt ins Ausland ausgeleitet und dort entgegen den deutschen Schutzpflichten verwertet werden, so besteht in den hier dargestellten Konstellationen die Gefahr, dass Deutschland seine Schutzpflichten gegenüber den betroffenen Bürgern verletzt. Falls die Daten dagegen zur Vermeidung von solchen Verletzungen nicht ins Ausland übermittelt werden, so wäre eine TKÜ-Rechtshilfe de facto kaum noch möglich. Diese Problematik betrifft eine ganze Reihe von Garantien, die in TKÜ-Verfahren Bedeutung haben. Sie wirft damit die Fragen auf, wie das Interesse am Schutz der Betroffenen gegen das – unions- und völkerrechtlich anerkannte – Interesse an einer funktionierenden transnationalen Strafverfolgung abzuwägen ist und wie diese beiden widerstreitenden Interessen zum Ausgleich gebracht werden können.[49]

b) Mögliche Lösungsansätze: Exportverbot, Filterpflichten oder Bedingungen?

Die Frage, wie bei der Auslandsübermittlung von TKÜ-Daten in Rechtshilfeverfahren mit potentiell unverwertbaren Datenbeständen umzugehen ist, wird von der einschlägigen Rechtsprechung und Literatur in Deutschland bisher nicht erörtert. Einzelne Literaturstellen könnten zwar so gedeutet werden, dass in diesen Fällen eine Ausleitung der TKÜ-Daten rechtswidrig ist und zu unterbleiben hat;[50] eine

---

[48] Rechtsvergleichend zu Rechtsmitteln gegen die TKÜ-Anordnung siehe *Tropina*, in: Sieber/von zur Mühlen/Tropina (Hrsg.), Bd. 1 S. 91 f., sowie die dort abgedruckten Landesberichte, jeweils in Kapitel III.B.10 b.

[49] Vgl. zu den nachfolgenden Ausführungen über die Auslandsübermittlung von Daten aus der Telekommunikationsüberwachung bereits *Sieber*, in: Festschrift für Hans-Jörg Albrecht, 2021, S. 53 ff.

[50] So möglicherweise *Brodowski*, Verdeckte technische Überwachungsmaßnahmen im Polizei- und Strafverfahrensrecht, S. 403, der von einer „unzulässigen Weitergabe" spricht.

solche Interpretation ist jedoch gewagt, da in diesen Stellungnahmen die Problematik der erst bei der ausländischen Datenauswertung erkennbaren Verwertungsverbote soweit ersichtlich nicht ausdrücklich angesprochen und vermutlich auch überhaupt nicht gesehen wird.

Für die damit gebotene Entwicklung einer Lösung kommen drei Konzepte in Betracht: die Ablehnung der Datenübermittlung ins Ausland (aa), die Einführung von proaktiven Filterpflichten (bb) sowie die Stellung von Bedingungen (cc).

aa) Generelle Verweigerung der Datenübermittlung

Eine weitgehende *Ablehnung der Datenübermittlung ins Ausland* zur Verhinderung der Weitergabe von unverwertbaren Daten hätte erhebliche Nachteile und ist daher – insbesondere für die TKÜ-Rechtshilfe innerhalb der EU – möglichst zu vermeiden. Sie stünde im Widerspruch zu den Zielsetzungen der RL EEA, dem EU-RhÜbk und dem IRG, die alle eine unmittelbare Datenausleitung vorsehen. Eine grundsätzliche Unterbindung der Weiterleitung von Daten würde zudem die internationale Kooperation in Strafsachen im Bereich der TKÜ, in die Deutschland eingebunden und auf die es angewiesen ist, unmöglich machen. Die Verhinderung der Datenweiterleitung an die mit dem Sachverhalt vertrauten ausländischen Ermittler würde schließlich auch nicht dem in innerdeutschen Fällen üblichen Verfahren entsprechen. Sie kommt folglich allenfalls in besonderen Ausnahmefällen in Betracht, wenn keine andere Lösung ersichtlich sind.

bb) Proaktive Filterpflichten

Um das System der TKÜ-Rechtshilfe aufrechtzuerhalten, könnte deswegen versucht werden, die – zunächst aufgezeichneten – TKÜ-Daten vor ihrer Ausleitung in Deutschland noch auf mögliche Verwertungsverbote zu überprüfen und ggf. sensible Daten vor ihrer Übermittlung auszuscheiden. Ein solches Filterverfahren würde jedoch die (von Art. 30 RL EEA als Möglichkeit und Art. 18 EU-RhÜbk sogar als Regelfall vorgesehene) direkte Datenausleitung ebenfalls unmöglich machen.

Ein Filtersystem zur Aufrechterhaltung deutscher Beweisverwertungsverbote im Ausland wäre aber wegen der anfallenden großen Datenmengen auch bei einer nachträglichen und zeitversetzten Datenübermittlung nicht praktizierbar. Eine „Filterung" von TKÜ-Daten wird vom BVerfG allgemein auch nur für Beschränkungen diskutiert, bei denen dies „mit praktisch zu bewältigendem Aufwand" möglich ist.[51]

Vgl. dazu auch *Trautmann/Zimmermann*, in: Schomburg/Lagodny, Internationale Rechtshilfe in Strafsachen, § 59 IRG, Rn. 34.

[51] Vgl. BVerfG, Urteil v. 20.04.2016 – 1 BvR 966/09, NJW 2016, 1781, Rn. 128 (BKA Gesetz).

Im Übrigen könnte eine spezifische Suche der deutschen Behörden zur Aussonderung der privilegierten Daten von bestimmten Berufsgeheimnisträgern oder aus dem Kernbereich der privaten Lebensgestaltung die Interessen der betroffenen Personen stärker gefährden als die unmittelbare Weitergabe der Daten ins Ausland, da diese Daten ohne eine solche Suche in den großen Datenmengen möglicherweise überhaupt nicht entdeckt werden würden.

Eine „Filterlösung" wäre schließlich auch nicht in umfassender Weise möglich, weil viele Beweisverwertungsverbote (z.B. bei nicht absolut geschützten Berufsgeheimnisträgern) sich erst in einer Abwägung im nachfolgenden Strafprozess verbindlich feststellen lassen. Vorbeugende „Filterpflichten" *vor* der Datenausleitung ins Ausland sind daher in der Regel ein ebenso wenig gangbarer Weg.

cc) Stellung von Bedingungen

Die Lösung der vorliegenden Problematik kann folglich – vor allem in der EU nur unter Rückgriff auf die in Art. 30 Abs. 5 RL EEA vorgesehenen Möglichkeiten zur Stellung von Bedingungen liegen, die in gleichem Umfang möglich sind, in dem sie in einem vergleichbaren innerstaatlichen Fall zu erfüllen wären. Auf der Grundlage einer solchen Regelung kann Deutschland die Übermittlung von TKÜ-Daten unter die Bedingung stellen, dass bei der Datenauswertung bestimmte deutsche Beweisverwertungsregeln und Schutzpflichten zu berücksichtigen sind. Die Einhaltung derartiger Bedingungen ist dabei dadurch sanktionsbewehrt, dass Verstöße gegen eine völkerrechtlich wirksame Bedingung im ausländischen Strafverfahren zu einem Verwertungsverbot führen.

Die Stellung von Bedingungen und die Forderung von Zusicherungen wird auch in Nr. 77a der deutschen Richtlinien für den Verkehr mit dem Ausland in strafrechtlichen Angelegenheiten (RiVASt) genannt.[52] Diese untergesetzliche Normierung ist vorliegend vor allem deswegen interessant, weil sie speziell zur TKÜ-Rechtshilfe Beispiele für Bedingungen zur Aufrechterhaltung der deutschen Schutzstandards nennt. Nr. 77a RiVASt bestimmt:

(1) Ersuchen, die auf die Durchführung einer Überwachung des Telekommunikationsverkehrs gerichtet sind, können sowohl vertraglos (§ 59 Abs. 1 IRG) als auch auf der Grundlage einer völkerrechtlichen Vereinbarung nach § 1 Abs. 3 IRG erledigt werden. Zulässig ist die Überwachung des Telekommunikationsverkehrs gemäß § 77 IRG nach Maßgabe der Bestimmungen der StPO (§§ 100a, 100b, 101).[53]

Soweit sich aus einer Vereinbarung nicht etwas anderes ergibt oder *die Stellung von Bedingungen* bei Übermittlung von Erledigungsstücken nicht ausreicht, muss die ausländische *Behörde zusichern,* dass

---

[52] Der deutsche Gesetzgeber hat im Rahmen der Umsetzung von Art. 30 und 31 RL EEA auf Nr. 77a RiVASt verwiesen (vgl. BT-Drucks. 18/9757, S. 27, 33, 42, 43, 44) und von weitergehenden Regelungen abgesehen, so dass er die Grundsätze der Bestimmungen auch im Rahmen der EU-Kooperation weiter für anwendbar hielt.

[53] Jetzt: §§ 100a, 100d, 100e, 101 StPO.

a) die Voraussetzungen der Telefonüberwachung vorlägen, wenn diese im ersuchenden Staat durchgeführt werden müsste,
b) *die gewonnenen Erkenntnisse nur zur Aufklärung der in dem Ersuchen genannten Straftat(en) verwendet werden* und
c) *die Überwachungsprotokolle vernichtet werden, sobald sie zur Strafverfolgung nicht mehr erforderlich sind.*
Die Bewilligungsbehörde kann darüber hinaus die Zusicherung fordern, dass
d) die Gegenseitigkeit verbürgt ist und
e) der ersuchende Staat die Kosten der Maßnahme trägt.

Der ersuchende Staat ist darauf hinzuweisen, dass die deutsche Staatsanwaltschaft gemäß § 101 StPO die Beteiligten von der Maßnahme zu unterrichten hat, sobald diese beendet ist und die Benachrichtigung ohne Gefährdung des Untersuchungszwecks, der öffentlichen Sicherheit und von Leib und Leben einer Person möglich ist. Der ersuchende Staat ist darauf hinzuweisen, dass nach Ablauf einer zu bestimmenden Frist davon ausgegangen wird, dass eine Benachrichtigung erfolgen kann, falls nicht entgegenstehende Tatsachen vor Fristablauf mitgeteilt werden. (...)"[54]

Die Praxis hat damit für die Rechtshilfe zur TKÜ ein Lösungsmodell entwickelt, dessen Anwendbarkeit und Grenzen im Folgenden vor allem für die Bestimmung des erforderlichen Kontrollmaßstabs zu untersuchen ist. Dabei geht es vor allem um die Frage, ob oder inwieweit jede Regelung des deutschen Beweisverwertungsrechts zur Bedingung der Datennutzung im Ausland gemacht werden soll oder kann und welcher Kontrollmaßstab insoweit anzulegen ist.

c) Beschränkung des Kontrollmaßstabs auf den ordre public

Wegen der erheblichen Unterschiede zwischen den verschiedenen nationalen Rechtsordnungen stellt sich für den Kontrollmaßstab im Empfängerstaat zunächst die Frage, ob der – über Bedingungen erfolgende – „Export" deutscher Schutzvorschriften in das ausländische Recht die Einhaltung jeder Verwertungs- und Begrenzungsnorm des deutschen Strafprozessrechts zur Bedingung einer Auslandsübermittlung machen kann oder muss. Wenn Letzteres der Fall wäre, würde Deutschland bei der Leistung von Rechthilfe zahlreichen ausländischen Verfahren in weitreichendem Umfang seine Normen aufzwingen. Das internationale Rechtshilfesystem würde jedoch unpraktikabel, wenn jeder Staat mit solchen Bedingungen die Geltung seiner – nicht selten komplexen – strafprozessualen Regelungen zur TKÜ-Auswertung verbinden würde.

Dies wirft die Frage nach den Grenzen von Bedingungen im TKÜ-Rechtshilfeverkehr auf. Die Antwort darauf ergibt sich aus dem für die Rechtshilfe grundlegenden Erfordernis, die Schutzinteressen des von der TKÜ Betroffenen mit dem Interesse an einer funktionierenden internationalen Rechtshilfe abzuwägen.[55] Dies führt dazu, dass die Einhaltung von überwiegend formalen prozessualen Ord-

---

[54] Hervorhebungen durch Verfasser.
[55] Vgl. dazu näher unten II.A.4.d)aa) (S. 182 ff.).

nungsvorschriften des deutschen Rechts (hinter denen jedoch in vielen Fällen auch substantielle materielle Schutzinteressen stehen) grundsätzlich nicht zur Bedingung der Rechtshilfeleistung gemacht werden kann. Dagegen wird für wichtige deutsche Beweiserhebungs- und Beweisverwertungsregeln, vor allem im Bereich des deutschen *ordre public*, die Schutzpflicht des deutschen Staates angenommen, fundamentale prozessuale Garantien auch im Ausland durchzusetzen, wenn das deutsche Rechtssystem mit einer Rechtshilfemaßnahme zur Verurteilung des Betroffenen beiträgt. Denn es wäre nicht akzeptabel, zentrale verfassungsrechtliche Garantien der StPO außer Kraft zu setzen, indem die aufgezeichneten TKÜ-Daten schrankenlos in einen anderen Staat übermittelt werden, in dem diese Garantien nicht gelten. Rechtsprechung und Literatur berücksichtigen deswegen bei den Bedingungen der Rechtshilfe und insbesondere der Auslieferung vor allem die in Art. 79 Abs. 3 GG genannten unantastbaren Verfassungsgrundsätze und besonders auch die Garantie der Menschenwürde.[56]

Eine solche Begrenzung der TKÜ-Rechtshilfe auf den *ordre public* ist zutreffend. Sie lässt sich damit begründen, dass der *ordre public* für die deutsche Rechtsordnung auch sonst die Grenze bei der Prüfung ihrer Leistungsverpflichtung zur Rechtshilfe bildet, z.B. wenn Rechtshilfe nur unter der Bedingung geleistet wird, dass der Beschuldigte nicht zur Todesstrafe verurteilt wird. Darüber hinaus gilt diese Grenze unter anderem auch, wenn die deutsche Rechtsordnung nach dem Grundsatz des *forum regit actum* im Ausland erhobene Beweise verwertet, die dort unter Verstoß gegen das ausländische Recht erhoben wurden: Verstöße gegen das ausländische Recht sind für das deutsche Strafverfahren grundsätzlich so lange unbeachtlich, wie sie die Grenze des *ordre public* nicht tangieren.[57] Die deutsche Rechtsordnung sollte daher auch – schon unter dem Gesichtspunkt der Gegenseitigkeit – nicht verlangen, dass ausländische Strafprozesse nach der Leistung von Rechtshilfe in zu weitgehender Weise auf der Grundlage des deutschen Verfahrensrechts geführt werden müssen. Die Bedingungen für ausländische Rechtsordnungen müssen folglich ebenfalls auf gravierende Verstöße beschränkt werden.

§ 73 IRG definiert den Maßstab des deutschen *ordre public* wie folgt: „Die Leistung von Rechtshilfe sowie die Datenübermittlung ohne Ersuchen ist unzulässig, wenn sie wesentlichen Grundsätzen der deutschen Rechtsordnung widersprechen würde". Diese Grenze wird von Rechtsprechung und Literatur vor allem für die Auslieferung näher konkretisiert.[58] Wie sie speziell für die Übermittlung von TKÜ-

---

[56] Vgl. dazu näher insbesondere *Bock*, ZIS 5, 2019, 298, 301 ff., 305, die vorschlägt, die Menschenwürdegarantie restriktiv auszulegen und auf ihren „wahrhaft unantastbaren Kern" zurückzuführen.

[57] Vgl. z.B. BGH Beschluss v. 21.11.2012 – 1 StR 310/12, NStZ 2013, 596 (Rechtshilfe Tschechien); OLG Bremen Beschluss v.18.12.2020 – 2 Ws 162/20; HansOLG Beschluss v. 29.1.2021 – 1 Ws 2/21; *Böse*, ZIS 2014, 152, 161 ff.

[58] Vgl. *Gless/Wahl/Zimmermann*, in: Schomburg/Lagodny, Internationale Rechtshilfe in Strafsachen, § 73 IRG, Rn. 54 ff.

Daten im Rahmen der Rechtshilfe zu bestimmen ist, wurde in Rechtsprechung und Literatur dagegen bisher noch überhaupt nicht thematisiert.

Zur Klärung des entsprechenden Maßstabes muss zunächst entschieden werden, ob der deutsche und/oder der europäische *ordre public* heranzuziehen ist. Der europäische *ordre public* ist als Mindeststandard für den EU-Bereich insbesondere mit Blick auf die Leistungsermächtigung der Rechtshilfe anwendbar, da es hier um die Umsetzung einer EU-Richtlinie geht und nach Art. 1 Abs. 4 und Art. 11 Abs. 1 lit. f) RL EEA die Anerkennung oder Vollstreckung einer EEA versagt werden kann, wenn berechtigte Gründe für die Annahme bestehen, dass die Vollstreckung einer in der EEA angegebenen Ermittlungsmaßnahme mit den Verpflichtungen des Vollstreckungsstaates nach Artikel 6 EUV und der Charta unvereinbar wäre.[59] In Umsetzung dieser Bestimmung hat der deutsche Gesetzgeber in § 91b Abs. 3 IRG auch klargestellt, dass Rechtshilfe nur auf Grundlage dieses europäischen *ordre public* möglich ist (vgl. dazu auch die Generalnorm in § 73 Satz 2 IRG, auf die § 92b Abs. 3 IRG verweist).[60]

Da die erforderlichen Bedingungen bei der Entscheidung über die Grenzen der innerstaatlichen Vornahmeermächtigung gesetzt werden, kann Maßstab aber *auch* der deutsche *ordre public* sein. Dies folgt daraus, dass die RL EEA – ebenso wie die völkerrechtlichen Verträge der traditionellen Rechtshilfe (z.B. EU-RhÜbk, EuRhÜbk) – die Verwertbarkeit der durch Rechtshilfe erlangten Beweismittel nicht substantiiert regelt[61] und die Frage nach den Grenzen von Bedingungen dem ersuchten Staat überlässt.[62] Der deutsche *ordre public* kann dabei im Ergebnis auch nicht durch den europäischen außer Kraft gesetzt werden, weil die Richtlinie dem Vollstreckungsstaat erlaubt, Rechtshilfe unter Berufung auf sein entgegenstehendes innerstaatliches Recht gänzlich abzulehnen. Sollte der europäische *ordre public* dagegen strengere Maßstäbe als der deutsche verlangen, so wäre dies für die vorliegende Fragestellung der Auslandsübermittlung unproblematisch, da die entsprechenden Vorgaben dann für alle involvierten europäischen Rechtsordnungen gelten und damit kein spezifisches Übermittlungshindernis darstellen würden.

Speziell zu der hier untersuchten unmittelbaren Direktausleitung von TKÜ-Daten wurden bisher allerdings noch keine Gerichtsentscheidungen zum *ordre public*-Standard bekannt. Auch in der Literatur finden sich hierzu keine Anhaltspunkte. Die nachfolgenden Ausführungen konzentrieren sich daher auf den Maßstab des deutschen *ordre public*, den das BVerfG in seiner Entscheidung zum

---

[59] § 73 Satz 2 IRG verweist für Ersuchen nach dem zehnten Teil des IRG auf die „in Artikel 6 des Vertrages über die Europäische Union enthaltenen Grundsätze".
[60] Vgl. zur zunehmenden Bedeutung der Europäischen Grund- und Menschenrechte im Strafverfahren zuletzt *Safferling/Rückert*, NJW 2021, 287 ff.
[61] Vgl. Art. 14 RL EEA.
[62] So auch *Böse*, ZIS 2014, 152, 154 f.

BKA-Gesetz zwar nicht für die Rechtshilfe, jedoch für die Auslandsübermittlung von polizeilichen Daten näher konkretisiert hat.

d) Kontrollmaßstab des BVerfG für die Datenübermittlung ins Ausland

Das Bundesverfassungsgericht hat die Grenzen der Auslandsübermittlung von sicherheitsrelevanten personenbezogenen Daten in seinem Urteil vom 20.4.2016 zum BKA-Gesetz definiert; die Ergebnisse fasste es dann später in seiner Entscheidung zum BND-Gesetz nochmals zusammen.[63] Beide Urteile betreffen zwar primär den Bereich der inneren Sicherheit und die Übermittlung von allgemeinen präventiv-polizeilich und nachrichtendienstlich genutzten Daten, adressieren damit jedoch ähnliche Problemstellungen wie die Datenübermittlung bei der Rechtshilfe in Strafsachen: Sowohl bei der Rechtshilfe als auch bei den allgemeinen Polizeidaten geht es zentral um die Frage, wie das Interesse an einer effektiven internationalen Sicherheitskooperation mit den Schutzinteressen der betroffenen Personen abzuwägen ist. Das Urteil zum BKA-Gesetz ist für die vorliegende Fragestellung auch deswegen interessant, weil es die Grenzen der Auslandsübermittlung von personenbezogenen Daten nicht nur allgemein anspricht, sondern auch an den speziellen Fragestellungen der Zweckbindung und des Datenschutzes exemplifiziert.

aa) Ausgangspunkt: Allgemeine Beschränkung der Anwendung
des deutschen Rechts

Das BVerfG stellt in seinem Urteil zum BKA-Gesetz (in Abschnitt D.IV) zunächst die allgemeinen Abwägungsprinzipien und Kriterien für die Auslandsübermittlung von polizeilichen TKÜ-Daten fest, die den Grundsätzen zum *ordre public* in anderen Bereichen der Rechtshilfe entsprechen (Rn. 323 ff.). Dabei erläutert das Gericht (Rn. 325 ff.) die fehlende Geltung des deutschen Rechts im (ersuchenden) Empfängerstaat sowie die gebotene Respektierung der ausländischen Rechtsordnung durch das deutsche Recht. Es hebt als Ausgangspunkt hervor, dass das Grundgesetz der Datenübermittlung ins Ausland „nicht grundsätzlich" entgegenstehe, da es die Bundesrepublik Deutschland in die internationale Gemeinschaft einbinde und auf die internationale Zusammenarbeit mit anderen Staaten ausrichte; dies gelte „auch dann, wenn deren Rechtsordnungen und -anschauungen nicht vollständig mit den deutschen innerstaatlichen Anschauungen übereinstimmen" (Rn. 325).

Das Gericht postuliert gleichzeitig aber auch die Geltung der eigenen verfassungsrechtlichen Regelungen (Rn. 324). Dazu nennt es im Anschluss an seinen

---

[63] BVerfG, Urteil v. 20.04.2016 – 1 BvR 966/09, NJW 2016, 1781, Rn. 323 ff. (BKA Gesetz); BVerfG Urteil v. 19.5.2020 – 1 BvR 2835/17, NJW 2020, 2235, Rn. 231 ff. (Ausland-Ausland-Fernmeldeaufklärung nach BND-Gesetz).

übermittlungsfreundlichen Ansatz zwei wesentliche Gesichtspunkte, die eine solche Übermittlung beschränken: Zum einen bleibe die deutsche Staatsgewalt bei der Datenübermittlung „im Ausgangspunkt" an die Grundrechte gebunden. Die grundgesetzlichen Grenzen der inländischen Datenerhebung und -verarbeitung dürften daher durch den Austausch zwischen den Sicherheitsbehörden nicht „in ihrer Substanz unterlaufen" werden und der Grundrechtsschutz bei der Datenübermittlung ins Ausland dürfe „nicht ausgehöhlt" werden (Rn. 326, 327). Zum anderen ergäben sich Grenzen der Datennutzung durch den Empfängerstaat, wenn „Menschenrechtsverletzungen zu besorgen" seien. Zwingend auszuschließen sei eine Datenübermittlung an Staaten, wenn *zu befürchten* sei, dass „elementare rechtsstaatliche Grundsätze" verletzt werden (Rn. 328).

Diese allgemeinen Kriterien sind noch sehr unbestimmt. Das gilt nicht nur für die genannten materiellrechtlichen Standards, dass die Grundrechtsbindung „im Ausgangspunkt" bestehe und dass die grundgesetzlichen Grenzen nicht „in ihrer Substanz unterlaufen", der Grundrechtsschutz „nicht ausgehöhlt" und „elementare rechtsstaatliche Grundsätze" nicht verletzt werden dürften oder der Staat nicht „seine Hand zu Verletzungen der Menschenwürde reichen" dürfe. Ähnlich unbestimmt sind auch die beschriebenen Prognose- und Eingriffskriterien, dass eine Verletzung dieser Standards „zu befürchten" sei oder dass deutsche Stellen für die Einhaltung dieser Kriterien „Sorge zu tragen" hätten. Das Gericht konkretisiert diese höchst unbestimmten Begriffe dann allerdings bei der Analyse von zwei Sachbereichen, die es als zentral ansieht: der Zweckbindung der übermittelten Daten sowie dem allgemeinen Datenschutz.

bb) Insbesondere Zweckbindungsgrundsatz

Die speziellen Ausführungen des Bundesverfassungsgerichts zur Zweckbindung von polizeilichen Daten bei der Auslandsübermittlung sind für die strafrechtliche Rechtshilfe nicht uneingeschränkt anwendbar, da die ursprüngliche Datenerhebung hier – bereits bei der Vornahmeermächtigung – schon auf die Übermittlung der Daten ins Ausland gerichtet ist und die Auslandsübermittlung im Rahmen der Rechtshilfe damit keine Zweckänderung darstellt, sondern der ursprüngliche Zweck der Datenerhebung ist. Die Ausführungen im Urteil des BVerfG zur Zweckänderung sind daher für die Rechtshilfe nur insoweit relevant, als übermittelte TKÜ-Daten im Ausland später z.B. in anderen Strafverfahren oder in anderen Bereichen des Sicherheitsrechts (z.B. im Polizeirecht oder im Geheimdienstrecht) verwendet werden sollen.

Zur Zweckbindung der Daten fordert das BVerfG zunächst allgemein (Rn. 329 ff.), dass die Übermittlung von Daten ins Ausland an hinreichend gewichtige Zwecke gebunden sein müsse. Zur Konkretisierung geht das Gericht von dem – im deutschen Strafprozessrecht allgemein anerkannten – Kriterium der hypothetischen Datenerhebung aus, indem es fragt, ob die Daten auch für die neue Zwecksetzung hätten erhoben werden können. Die Zweckbegrenzungen der ausländischen Rechtsordnung müsse dabei jedoch nicht im Einzelnen identisch zur deutschen Rechtsordnung abgebildet werden: Möglich sei auch, dass die Zweckbindung nur in Form eines Hinweises, nicht aber durch eine förmliche Verpflichtung abgesichert werde und dass zum Löschungszeitraum nur ein informatorischer Hinweis auf die deutsche Rechtslage vorgeschrieben werde (Rn. 352). Ob diese Feststellung auch für die vergleichsweise sensiblen TKÜ-Daten in einem formalen Rechtshilfeverfahren gilt, bleibt allerdings abzuwarten. Die Anforderungen des BVerfG sind damit jedenfalls großzügiger als der strenge Spezialitätsgrundsatz, den Nr. 77a RiVASt fordert und nach dem „die gewonnenen Erkenntnisse nur zur Aufklärung der in dem Ersuchen genannten Straftat(en) verwendet werden" dürfen.[64]

cc) Insbesondere Begrenzungen des allgemeinen Datenschutzes

Für die Auslandsübermittlung der polizeilichen Daten fordert das BVerfG (Rn. 332 ff.) für den Datenschutz (1.) „einen datenschutzrechtlich angemessenen und mit elementaren Menschenrechtsgewährleistungen vereinbaren Umgang mit den übermittelten Daten im Empfängerstaat" sowie (2.) eine entsprechende „Vergewisserung" hierüber seitens des deutschen Staates. Für die Prognose eines „hinreichend rechtsstaatlichen Umgangs mit den Daten im Empfängerland" verlangt das Gericht (Rn. 333 ff.) allerdings nur, dass ein solcher „zu erwarten" sei. Nicht erforderlich sei, dass im Empfängerstaat vergleichbare Regelungen zur Verarbeitung personenbezogener Daten wie in der deutschen Rechtsordnung gelten oder ein gleichartiger Schutz wie der nach dem Grundgesetz vorhanden sei (Rn. 352). Gleichzeitig stellt das Gericht allerdings wiederum fest, dass eine Übermittlung der Daten nur erlaubt sei, wenn im Ausland der menschenrechtliche Schutz personenbezogener Daten nicht unterlaufen würde. In Betracht zu nehmen sei dabei vor allem, ob für die Verwendung der Daten die – bei der Übermittlung mitgeteilten – Grenzen durch Zweckbindung und Löschungspflichten sowie grundlegende Anforderungen an Kontrolle und Datensicherheit wenigstens grundsätzlich Beachtung fänden.

Zu der erforderlichen „Vergewisserung" des deutschen Staates über die Berücksichtigung der vorgenannten Grundsätze führt das BVerfG aus, dass die Gewährleistung des geforderten Schutzniveaus im Empfängerstaat nicht für jeden Fall einzeln geprüft und durch völkerrechtlich verbindliche Einzelzusagen abgesichert werden müsste. Der Gesetzgeber könne diesbezüglich auch eine generalisierende tatsächliche Einschätzung der Sach- und Rechtslage in den Empfängerstaaten ausreichen lassen. Soweit sich Entscheidungen mit Blick auf einen Empfängerstaat nicht auf solche Beurteilungen stützen ließen, bedürfe es jedoch einer mit Tat-

---

[64] Vgl. zum Grundsatz der Spezialität *Barbosa e Silva*, ERA-Forum 19 (2019), S. 485 ff.

sachen unterlegten Einzelfallprüfung, aus der sich ergebe, dass die Beachtung jedenfalls der grundlegenden Anforderungen an den Umgang mit Daten hinreichend gewährleistet sei. Erforderlichenfalls könnten und müssten verbindliche Einzelgarantien abgegeben werden. Grundsätzlich sei jedoch eine verbindliche Zusicherung geeignet, etwaige Bedenken hinsichtlich der Zulässigkeit der Datenübermittlung auszuräumen (Rn. 338).

Das BVerfG zeigt mit dieser detaillierten Prüfung, dass die rechtliche Beurteilung der Übermittlung von polizeilichen Daten ins Ausland eine erhebliche Bedeutung gewonnen hat. Die vom Gericht entwickelten Anforderungen an die Datenübermittlung ins Ausland lassen sich auch nicht mit dem pauschalen Argument relativieren, dass sie allgemeine polizeiliche Daten und nicht die Rechtshilfe betreffen. Im Gegenteil: Die Ausführungen des BVerfG müssen für den Export von TKÜ-Daten im Wege der Rechtshilfe umso mehr gelten, als es sich hier um besonders sensible Daten und ein stark formalisiertes rechtliches Verfahren handelt, das zu erheblichen strafrechtlichen Folgen für die Betroffenen führen kann.

e) Konsequenzen für die TKÜ-Rechtshilfe

Die Rechtsprechung des Bundesverfassungsgerichts liefert damit grobe Leitlinien für die Bestimmung des deutschen *ordre public* bei der Auslandsübermittlung von Daten zur Verhütung und Verfolgung von Straftaten. Die Übertragung dieser Rechtsprechung auf die Rechtshilfe in Strafsachen soll im Folgenden exemplarisch an den oben herausgearbeiteten *fünf zentralen Fragestellungen* verdeutlicht werden, die bei der Rechtshilfe im TKÜ-Bereich besondere Bedeutung für den Schutz der betroffenen Personen haben. Diese betreffen die Grenzen des *ordre public*

aa) für die Zweckbindung der Daten,
bb) für den Schutz des Kernbereichs der privaten Lebensgestaltung,
cc) für den Schutz von bestimmten Berufsgeheimnisträgern,
dd) für die Beendigung der Datenerhebung, die Datenlöschung und die weiteren Anforderungen des allgemeinen Datenschutzes sowie
ee) für die Einlegung von Rechtsmitteln gegen die Anordnung der TKÜ.

Als Referenzpunkt für die Darstellung der entsprechenden Ergebnisse dient die oben genannte Regelung in Nr. 77a RiVASt, die für die zuständigen Gerichte zwar nicht bindend ist, jedoch einen Ausgangspunkt für die praktische Umsetzung der erforderlichen Veränderungen und Lösungen bildet.

aa) Zweckbindung

Nach den Vorgaben des Bundesverfassungsgerichts erfordert die Auslandsübermittlung der Daten eine Regelung der Zweckbindung, die jedoch nicht der deutschen Zweckbindungslehre entsprechen muss. Soweit der Spezialitätsgrundsatz in den einschlägigen Rechtshilfeinstrumenten oder als allgemeiner Grundsatz der Rechtshilfe anerkannt ist, bestehen keine Probleme, da dieser Grundsatz der Rechtshilfe jede zweckentfremdende Verwendung der Daten ausschließt und damit über die Anforderungen des BVerfG weit hinausgeht. Dies gilt auch für die Vorgaben von Nr. 77a Abs. 1 b) RiVASt, nach denen die gewonnenen Erkenntnisse nur zur Aufklärung der im Ersuchen genannten Straftat(en) verwendet werden dürfen, so dass die übermittelten Daten zur Verfolgung einer anderen (zur TKÜ berechtigenden) Straftat nur aufgrund einer neuen Anfrage und Genehmigung im ersuchten Staat möglich ist. Zusätzliche Bedingungen zur Gewährleistung der Zweckbindung über Nr. 77a Abs. 1 b) RiVASt hinaus sind daher für die TKÜ-Rechtshilfe – insbesondere in der Europäischen Union – nicht erforderlich.

bb) Kernbereichsschutz der privaten Lebensgestaltung

Der Schutz des Kernbereichs privater Lebensgestaltung beruht in Deutschland auf der Garantie der Menschenwürde in Art. 1 Abs. 1 GG in Verbindung mit den jeweils einschlägigen Einzelgrundrechten. Er garantiert dem Einzelnen einen Bereich höchstpersönlicher Privatheit, der vor Überwachung geschützt ist. Er umfasst insbesondere Äußerungen innerster Gefühle, Ausdrucksformen der Sexualität oder Erlebnisse höchstpersönlicher Art. Nicht geschützt ist die Kommunikation mit einem Sozialbezug, zu der auch die Kommunikation über die Straftat (z.B. mit einem Mittäter) zählt, wenn nicht ausschließlich innere Eindrücke und Gefühle ohne Hinweise auf konkrete Straftaten enthalten sind oder es um spezielle Gespräche mit bestimmten Personen geht (wie Beichtgespräche oder vertrauliche Gespräche mit einem Psychotherapeuten oder Strafverteidiger).[65]

Der Schutz dieses Kernbereichs der persönlichen Lebensgestaltung ist im einfachen Gesetzesrecht in § 100d Abs. 1 und 2 StPO näher geregelt: Bestehen Anhaltspunkte, dass mit der TKÜ allein Erkenntnisse aus dem Kernbereich privater Lebensgestaltung erlangt werden, ist eine TKÜ-Maßnahme von vornherein unzulässig. Darüber hinaus dürfen Erkenntnisse aus dem Kernbereich der privaten Lebensgestaltung nicht verwertet werden. Aufzeichnungen aus dem Kernbereich der privaten Lebensgestaltung sind deswegen auch – in einem dokumentierten Verfahren – unverzüglich zu löschen. Für eine Abwägung mit anderen Interessen bleibt dabei kein Raum. Der Kernbereich der persönlichen Lebensgestaltung ist nach dem BVerfG ein „absolut unantastbar geschützter" Bereich, bei dem selbst überragende Interessen der Allgemeinheit (einschließlich Sicherheitsinteressen) nicht

---

[65] Vgl. BVerfG, Beschluss v. 7.12.2011 – 2 BvR 2500/09, NJW 2012, 907, Rn. 99 (Wohnraumüberwachung); BVerfG, Urteil v. 20.4.2016 – 1 BvR 966/09, NJW 2016, 1781, Rn. 120–122 (BKA-Gesetz); BVerfG Urteil v. 19.5.2020 – 1 BvR 2835/17, NJW 2020, 2235, Rn. 200–202 (Ausland-Ausland-Fernmeldeaufklärung).

Teil 3 – Ergebnisse 187

nach dem Verhältnismäßigkeitsgrundsatz abgewogen werden dürfen und damit auch keinen Eingriff rechtfertigen können.[66]

Der Kernbereich der persönlichen Lebensgestaltung zählt damit zum Kerngehalt der entsprechenden deutschen Grundrechte und zum *ordre public*. Allerdings wird er in Nr. 77a RiVASt nicht erfasst. In Nr. 77a RiVASt muss daher die weitere Bedingung aufgenommen werden, dass Erkenntnisse aus dem Kernbereich privater Lebensgestaltung nicht verwertet werden dürfen und Aufzeichnungen über solche Erkenntnisse unverzüglich und in dokumentierter Form zu löschen sind. Die ergänzenden Regelungen zur Kennzeichnung der erlangten Daten sowie zur Erstellung von Statistiken und Berichten zählen dagegen als organisatorische Absicherungen nicht mehr zum *ordre public*.

cc) Schutz der Berufsgeheimnisträger

Das deutsche Recht garantiert weiter in § 160a StPO einen vergleichsweise weitreichenden Schutz von zeugnisverweigerungsberechtigten Berufsgeheimnisträgern. Ermittlungsmaßnahmen gegen Geistliche (§ 53 Abs. 1 Satz 1 Nr. 1), Verteidiger (Nr. 2), bestimmte Abgeordnete (Nr. 4), Rechtsanwälte und Kammerrechtsbeistände sowie deren Hilfspersonen (§ 53a StPO) zur Erlangung von Erkenntnissen, die vom Zeugnisverweigerungsrecht dieser Personen erfasst werden, sind unzulässig, soweit nicht der Verdacht auf eine Tatbeteiligung besteht. Dennoch erlangte Erkenntnisse dürfen nicht verwendet werden. Aufzeichnungen hierüber sind unverzüglich zu löschen. Anders als die vorgenannten Personen erhalten zahlreiche weitere zeugnisverweigerungsberechtigte Personen dagegen keinen absoluten, sondern nur einen relativen Schutz gegen Ermittlungsmaßnahmen, der von einer Interessenabwägung abhängt (§ 160a StPO).

Der deutsche Gesetzgeber hat damit für bestimmte Berufsgeheimnisträger durch das absolute und keiner Abwägung unterliegende Ermittlungsverbot die zentrale Bedeutung des entsprechenden Schutzes dokumentiert. Damit sprechen gute Gründe dafür, die Ermittlungsverbote bezüglich der absolut geschützten Geistlichen und der Verteidiger ebenfalls dem *ordre public* zuzurechnen.

Die weiteren absolut geschützten Geheimnisträger können ebenfalls einbezogen werden; allerdings lässt sich auch ein Ausschluss begründen, soweit es bei ihnen nicht um den Schutz der Menschenwürde oder des Persönlichkeitsrechts geht, sondern um die Funktionsfähigkeit von bestimmten Institutionen.[67] Bezieht man auch

---

[66] BVerfG, Beschluss v. 7.12.2011 – 2 BvR 2500/09, NJW 2012, 907, Rn. 99 (Wohnraumüberwachung); BVerfG, Urteil v. 20.4.2016 – 1 BvR 966/09, NJW 2016, 1781, Rn. 124 (BKA-Gesetz); BVerfG, Urteil v. 19.5.2020 – 1 BvR 2835/17, NJW 2020, 2235, Rn. 200 (Ausland-Ausland-Fernmeldeaufklärung).
[67] Vgl. zu diesen unterschiedlichen Zielsetzungen BVerfG, Urteil v. 3.3.2004 – 1 BvR 2378/98, NJW 2004, 999, 1004 („Großer Lauschangriff").

die Funktionsfähigkeit von bestimmten Institutionen ein, so läge im Übrigen (z.B. im Vergleich mit den o.g. Kammerrechtsbeiständen) ein Schutz von Journalisten näher, deren investigative Aufklärung von politischen Missbräuchen für eine funktionierende Demokratie von essentieller Bedeutung ist. Die weiteren, nur relativ geschützten Berufsgeheimnisträger dürften allerdings allein wegen ihrer Berufszugehörigkeit nicht mehr generell durch den *ordre public* geschützt sein, da die entsprechenden Ermittlungsverbote vom Gesetzgeber unter dem Vorbehalt einer Abwägung gestellt wurden. Für sie kann nur im Einzelfall wegen des spezifischen Gesprächsinhalts ein Kernbereichsschutz der privaten Lebensgestaltung in Betracht kommen (etwa bei psychotherapeutischen Gesprächen).[68]

Nr. 77a RiVASt muss daher zumindest dahingehend ergänzt werden, dass Aufzeichnungen über die Kommunikation von Geistlichen und Verteidigern unverwertbar und zu löschen sind, soweit nicht aufgrund von bestimmten Tatsachen der Verdacht der Tatbeteiligung besteht.

dd) Datenlöschung, Beendigung der Datenerhebung und weitere Elemente des allgemeinen Datenschutzes

Nach der Entscheidung des BVerfG erfordert die Auslandsübermittlung von personenbezogenen Daten auch einen bestimmten Datenschutz im Empfängerstaat. Dieser muss allerdings ebenfalls nicht dem deutschen Datenschutzstandard entsprechen. Wie in der rechtsvergleichenden Analyse dargestellt wurde, gehören zu einem solchen Datenschutzkonzept im Bereich der TKÜ neben dem Zweckbindungsgrundsatz weitere Elemente, insbesondere Verpflichtungen zur Beendigung der weiteren Datenerhebung, zur Löschung der erhobenen Daten nach der Zweckerreichung, zur Protokollierung, zu Berichten gegenüber Gericht oder Staatsanwaltschaft sowie zur nachträgliche Benachrichtigung der durch die TKÜ betroffenen Personen.

Das Erfordernis der *Datenlöschung nach Abschluss der Ermittlungen* lässt sich den Mindestanforderungen an den Datenschutz und dem *ordre public* zuordnen. Denn eine zeitlich unbegrenzte Speicherung der oft sensiblen Telekommunikationsdaten würde einen zentralen Bereich des Persönlichkeitsrechts des Betroffenen erheblich verletzen. Die oben genannten Richtlinien für den Verkehr mit dem Ausland in strafrechtlichen Angelegenheiten (RiVASt) fordern daher in Nr. 77a Abs. 1 c) zutreffend, dass „die Überwachungsprotokolle *vernichtet* werden, sobald sie zur Strafverfolgung nicht mehr erforderlich sind". Diese Forderung sollte als Bedingung für die Leistung der TKÜ-Rechtshilfe weiter erhalten bleiben, vor allem auch für den Rechtshilfeverkehr mit dem nicht-europäischen Ausland.

---

[68] BVerfG, Urteil v. 20.04.2016 – 1 BvR 966/09, NJW 2016, 1781, Rn. 258 (BKA-Gesetz).

Zu einem allgemeinen Datenschutzkonzept für die TKÜ gehört weiter, dass die Datenerhebung und die aufgrund der TKÜ-Anordnung *ergriffenen Maßnahmen zu beenden sind*, wenn die Anordnungsvoraussetzungen nicht mehr vorliegen (§ 100e Abs. 5 StPO9: Diese Forderung ergibt sich aus dem (teilweise bei der Vornahmeermächtigung geprüften) Verhältnismäßigkeitsprinzips. Eine begrenzte Mindestgarantie für die Berücksichtigung dieser Forderung folgt auch aus den deutschen und den ausländischen Höchstfristen und Verlängerungsanforderungen für die TKÜ. Die hierüber hinausgehende umgehende Einstellung einer unbegründeten TKÜ-Maßnahme ist in einem Rechtsstaat selbstverständlich und sollte ebenfalls Teil des *ordre public* sein. Zur Klarstellung sollte deswegen in Nr. 77a Abs. 1 RiVASt im Anschluss an das Erfordernis der Vernichtung der Überwachungsprotokolle in Nr. 1 c) noch als Nr. 1 d) ergänzt werden, „dass der Abbruch der Überwachungsmaßnahmen unverzüglich zu veranlassen ist, wenn die Voraussetzungen der Anordnung nicht mehr vorliegen".[69]

Die Verpflichtung, die überwachten Personen *über eine abgeschlossene TKÜ zu unterrichten*, ergibt sich nicht nur aus datenschutzrechtlichen Gründen. Sie ist darüber hinaus Voraussetzung für einen effektiven Rechtsschutz gegen die TKÜ-Maßnahme. Der Anwendungsbereich der Unterrichtungspflicht ist jedoch (besonders für geringfügig betroffene Personen) und Ausnahmen (zur Verhinderung einer Gefährdung von strafrechtlichen Untersuchungen) schwer abzugrenzen. Sie lässt sich – auch deswegen – wohl kaum mehr dem *ordre public* zurechnen. Die geltende Nr. 77a Abs. 1 RiVASt enthält keine entsprechende Bedingung. Dies beruht allerdings wohl darauf, dass die Benachrichtigungspflicht des § 101 Abs. 4 bis 7 StPO nach der RiVASt bei der Rechtshilfe durch den ersuchten Staat (Deutschland) erfolgen soll. Nr. 77a Abs. 1 RiVASt verlangt deswegen von der deutschen Seite (nur) den Hinweis an die ersuchende Stelle, dass die deutsche Staatsanwaltschaft gemäß § 101 StPO die Beteiligten – unter bestimmten Voraussetzungen und mit gewissen Ausnahmen – zu unterrichten hat, und dass nach Ablauf einer zu bestimmenden Frist von der Möglichkeit einer Benachrichtigung ausgegangen wird, falls nicht entgegenstehende Tatsachen vor Fristablauf mitgeteilt werden. Diese Benachrichtigung ist für die deutschen Behörden allerdings in der Praxis oft schwierig. Wenn sie keine Parallelermittlungen führen, kennen sie möglicherweise nicht alle zu benachrichtigenden Personen, besonders wenn es nicht um die jeweiligen Zielpersonen, sondern deren Kommunikationspartner geht.

Noch weitergehende datenschutzrechtliche Konzepte und Anforderungen, wie die *Protokollierung der TKÜ-Maßnahmen*, die *Berichterstattung gegenüber dem Gericht oder der Staatsanwaltschaft*, die *Pflicht zur Kennzeichnung der Daten* nach § 101 Abs. 3 StPO oder das Bestehen einer *unabhängigen Aufsichtsbehörde*, sind spezifi-

---

[69] Die Ordnungsbuchstaben der bisherigen Alternativen 1 d) und 1 e) müssen aus diesem Grund und wegen weiterer Änderungen neu angepasst werden; sie werden dadurch zu den Ziffern 1 h) und 1 i).

sche Organisationsmaßnahmen, die im Regelfall nicht mehr zum *ordre public* zählen. Weitere, über Nr. 77a RiVASt hinausgehende Bedingungen zum allgemeinen Datenschutz sind daher für die Gewährleistung des *ordre public* im Normalfall nicht erforderlich. Etwas anderes kann jedoch gelten, wenn insbesondere außerhalb der EU im ersuchenden Staat zentrale datenschutzrechtliche Regeln – rechtlich oder faktisch – nicht gelten (z.B. notorische technische Sicherheitsmängel bestehen).[70]

ee) Rechtsmittel gegen die TKÜ-Anordnung

Zum *ordre public* zählt auch die auf dem Rechtsstaatsprinzip beruhende Forderung nach Rechtsschutz gegen TKÜ-Maßnahmen. Ein solcher – von Art. 19 Abs. 4 GG geforderter – Schutz ist im deutschen Recht in § 101 Abs. 7 StPO vorgesehen. Wenn die erhobenen TKÜ-Daten bereits ins Ausland übermittelt wurden, sind entsprechende deutsche Gerichtsentscheidungen zur Rechtswidrigkeit von Überwachungsanordnungen jedoch im ersuchenden Staat nicht verbindlich. Da Fehler der deutschen Beweiserhebung in ausländischen Rechtsordnungen nach den Regeln des dortigen Gerichtsstandes auch nicht ohne weiteres zur Unverwertbarkeit der Beweise führen (vgl. dazu näher unten III.C) und da das ausländische Verfahren bei der späten Benachrichtigung der Zielperson eventuell bereits rechtskräftig abgeschlossen ist, hat eine erfolgreiche Anfechtung der TKÜ-Anordnung im deutschen Rechtsmittelverfahren dann im Ausland möglicherweise keine Folgen. Die RL EEA hat diesen Fall in Art. 14 Abs. 7 wie folgt geregelt:

„Der Anordnungsstaat berücksichtigt eine erfolgreiche Anfechtung der Anerkennung oder Vollstreckung einer EEA im Einklang mit seinem nationalen Recht. Unbeschadet der nationalen Verfahrensvorschriften stellen die Mitgliedstaaten sicher, dass in einem Strafverfahren im Anordnungsstaat bei der Bewertung der mittels einer EEA erlangten Beweismittel die Verteidigungsrechte gewahrt und ein faires Verfahren gewährleistet werden."

Diese Vorgabe sollte vor allem bei der TKÜ-Rechtshilfe für Nichtmitgliedstaaten der EU als weitere Bedingung in Nr. 77a RiVASt aufgenommen werden. Sie ist allerdings auch bei der TKÜ-Rechtshilfe für die EU sinnvoll, weil der Betroffene sich dann auf eine völkerrechtlich verbindliche Bedingung berufen kann.[71] Die Regelung muss im Übrigen auch für diejenigen Staaten gelten, die ihre Telekommunikationsüberwachung grundsätzlich nicht offenlegen.[72]

---

[70] Vgl. dazu für die Übermittlung von personenbezogenen Daten in die USA die entsprechenden Safe-Harbor-Regelungen sowie die Ausführungen in EuGH v. 6.10.2015 – C-362/14 NJW 2015, 3151 (Schrems I); EuGH v. 16.7.2020 – C-311/18, ZD 2020, 511 (Schrems II). Für die Rechtshilfe ist allerdings aufgrund des o.g. Interesses an der internationalen Kooperation in Strafsachen nur eine Regelung auf dem Niveau des *ordre public* erforderlich.

[71] Vgl. zum Rechtsschutz auch die Vorschläge von *Böse*, ZIS 2014, 152, 160 f.

[72] Die Alternative einer Bedingung, dass die erlangten TKÜ-Daten erst nach der Mitteilung der Überwachungsanordnung an den Betroffenen und ggf. nach der entsprechenden

Eine bessere Regelung der Anfechtung einer TKÜ-Anordnung im Rechtsmittelverfahren wäre daher nur dadurch möglich, dass – aufgrund entsprechender Vorgaben in der EU-Richtlinie – die erfolgreiche Anfechtung der TKÜ-Anordnung mit der Schaffung eines Wiederaufnahmegrundes in den nationalen Strafprozessordnungen berücksichtigt würde. Hierfür dürften nach der Normgenese derzeit jedoch keine Erfolgsaussichten bestehen.

ff) Zwischenergebnis

Der erforderliche Schutz von ins Ausland ausgeleiteten TKÜ-Daten kann mit einer Erweiterung der Bedingungen zur Datenübermittlung erreicht werden. Ein Verzicht auf die Datenübermittlung ins Ausland oder eine individuelle Vorabkontrolle der ausgeleiteten Daten noch in Deutschland ist im Regelfall – vor allem bei der Datenübermittlung innerhalb Europas – nicht erforderlich.

B. Innerstaatliche Ermächtigung

Neben der zwischenstaatlichen Leistungsermächtigung ist für die Rechtmäßigkeit der TKÜ-Rechtshilfe weiter eine innerstaatliche Ermächtigung der TKÜ-Maßnahme nach der StPO erforderlich. Die materiellen Voraussetzungen wurde oben in den Ausführungen zur Leistungsermächtigung teilweise bereits im Vorgriff angesprochen. Die folgenden Erläuterungen konzentrieren sich daher auf das Verfahren.

1. Voraussetzungen der TKÜ-Ermächtigung

a) Formelle Voraussetzungen der Ermächtigung

Das innerstaatliche Verfahren für die Übermittlung von TKÜ-Daten wird mit der Entscheidung der Bewilligungsbehörde über die Rechtmäßigkeit der Leistung von Rechtshilfe eingeleitet. Dieses Verfahren hat sich auch nach der Umsetzung der RL EEA nicht geändert. Es gilt deshalb sowohl für die völkerrechts- als auch die unionsrechtsbasierte Rechtshilfe. Aufgrund der Delegation der Bewilligungsbefugnisse vom Bund auf die Länder ist in der Regel der Leitende Oberstaatsanwalt als Behördenleiter der Staatsanwaltschaft beim Landgericht zuständig, über die o.g. Leistungsvoraussetzungen zu entscheiden. Bestehen keine Bedenken gegen die Zulässigkeits- und Bewilligungsfähigkeit des Rechtshilfeersuchens, geht das Verfahren in das Vornahmeverfahren über.

---

gerichtlichen Überprüfung der TKÜ-Anordnung als Beweismitel verwertet werden dürfen, wäre dagegen wegen der Möglichkeit einer langjährigen Blockade der Ermittlungen nicht praktikabel.

Die StA (beim BKA der Generalbundesanwalt) beantragt dann beim zuständigen Ermittlungsrichter als Vornahmebehörde (d.h. in der Regel beim AG) die TKÜ (§ 77 IRG i.V.m. §§ 100e Abs. 1, 162 Abs. 1 StPO). Hat der Ermittlungsrichter Zweifel an der Zulässigkeit des Rechtshilfeersuchens, d.h. am Vorliegen der o.g. Leistungsvoraussetzungen, muss er gemäß § 61 Abs. 1 Satz 1 IRG das OLG einschalten. Im Rahmen der EEA hat das Oberlandesgericht neben den zwingend zu beachtenden formalen und materiellen Zulässigkeitsvoraussetzungen (§§ 91b, 91c, 91d IRG) auch das für die Nichtgeltendmachung von Bewilligungshindernissen ausgeübte Ermessen nach § 91e IRG auf Ermessensfehler sowie die Ersetzungsentscheidungsbefugnis nach § 91f IRG zu prüfen. Den Umfang der Prüfung regelt § 91i IRG. Im Verfahren vor dem OLG werden dabei nur die Voraussetzungen für die Leistung der Rechtshilfe geprüft, nicht jedoch die Voraussetzungen für die Vornahme und Durchführung der TKÜ.

Falls das OLG zu der Einschätzung kommt, dass es sich um eine Rechtsfrage von grundlegender Bedeutung handelt, oder wenn das Gericht von der Entscheidung eines anderen OLG abweichen will, legt es die Rechtsfrage dem BGH zur Entscheidung vor (§ 61 Abs. 1 Satz 4 i.V.m. § 42 Abs. 1 IRG). Sofern keine gerichtlichen Einwände gegen die Zulässigkeit und Bewilligungsfähigkeit der TKÜ-Maßnahme bestehen, wird diese dann durch StA und Polizei umgesetzt (§ 36 Abs. 2 StPO).

Der Beschuldigte kann gegen die Vornahmeermächtigung vorgehen und dabei nach der vom BVerfG entwickelten „Integrationslösung" inzident auch die Leistungsermächtigung überprüfen lassen. Da die TKÜ ohne Wissen des Beschuldigten durchgeführt wird, kommt dieses Verfahren allerdings in der Praxis regelmäßig erst nach der Benachrichtigung des Betroffenen im Wege eines nachträglichen Rechtsschutzes in Gang. Solange das deutsche Rechtsschutzverfahren noch möglich ist, sollte daher wie oben dargestellt durch eine Bedingung gesichert werden, dass im Fall eines erfolgreichen Rechtsschutzverfahrens eine faire Verteidigung gewährleistet wird.[73]

b) Materielle Voraussetzungen der Ermächtigung

Die Bewilligung der Rechtshilfe ersetzt nicht die innerstaatliche Ermächtigung, die aufgrund von Art. 10 GG erforderlich ist. Dies bedeutet, dass im Rechtshilfeverfahren das gleiche Verfahren der §§ 100a, e StPO wie für inländische Verfahren durchzuführen ist. Dies folgt nicht nur aus dem Gesetzesvorbehalt von Art. 1 Abs. 3, Art. 10, Art. 20 GG für den damit verbundenen Eingriff in das Telekommunikationsgeheimnis. Es steht auch im Einklang mit Art. 30 Abs. 5 RL EEA

---

[73] Vgl. dazu oben II.A.4.a)ff) (S. 175 f.) und II.A.4.e)ee) (S. 190 f.).

i.V.m. §§ 91c Abs. 2, 59 Abs. 3 IRG bzw. Art. 18 Abs. 5 lit. b) EuRhÜbk sowie dem Grundsatz des *locus regit actum* (s.o.). Auf die entsprechenden materiellen Voraussetzungen wurde bereits oben[74] bei der Prüfung der Leistungsermächtigung eingegangen.

2. Materielle Ermächtigung zur Datenweitergabe ins Ausland

Die Übermittlung der erfassten TKÜ-Daten ins Ausland ist ein eigenständiger weiterer Eingriff, da er den Eingriff in das Fernmeldegeheimnis nach Art. 10 GG verstärkt. Ihre Rechtfertigung ergibt sich aus den obigen Ausführungen in Abschnitt II.A über die Leistungsermächtigung, vor allem aus den §§ 91c, 59 Abs. 3, 77 IRG i.V.m. den Bestimmungen der StPO zur TKÜ und i.v.m. Art. 30 Abs. 6 lit. a) RL EEA. Diese Regelungen rechtfertigen bei Stellung der oben genannten Bedingungen auch die Direktausleitung ins Ausland.[75]

Auf die bei der Datenübermittlung ins Ausland eventuell geltenden telekommunikationsrechtlichen Vorgaben wird unten in Teil IV zusammen mit den entsprechenden Fragen bei der Datenübermittlung nach Deutschland eingegangen.

C. Ergebnis zur Übermittlung von inländischen TKÜ-Daten

Als Ergebnis ist damit festzustellen, dass keine unlösbaren Hindernisse für die Direktausleitung von inländischen TKÜ-Daten ins Ausland bestehen. Dies gilt auch für die zentrale Frage nach der Geltung der Garantien des deutschen Strafprozessrechts. Diese Garantien können zunächst teilweise bei der Prüfung der TKÜ-Anordnung nach deutschem Recht berücksichtigt werden. Sie können für die ins Ausland übermittelten TKÜ-Daten dann aber auch noch für die Zeit nach deren Auslandsübermittlung über die Stellung von Bedingungen eingefordert werden. Die auf deutschem Territorium geltenden Garantien sollten dabei allerdings von den ausländischen Stellen nur in den Grenzen des deutschen *ordre public* verlangt werden. Dadurch entfallen Prüf- und Filterpflichten der deutschen Behörden, die andernfalls eine direkte Ausleitung der TKÜ-Daten verhindern oder wesentlich erschweren würden.

Aus diesem Grund sollten in Nr. 77a RiVASt insbesondere für die unmittelbare Datenausleitung als weitere Bedingung aufgenommen werden,

---

[74] II.A.3.a) (S. 162 ff.).

[75] Im Anwendungsbereich des EU-RhÜbk basiert die Rechtfertigung auf Art. 18 Abs. 1 lit. a) (im Fall der Direktausleitung) und Abs. 1 lit. b) (im Fall der sonstigen Übermittlung) i.V.m. Art. 18 Abs. 5 EU-RhÜbk, das gesetzlich ratifiziert, präzise bestimmt und „self-executing" ist.

– dass *Erkenntnisse aus dem Kernbereich der privaten Lebensgestaltung* nicht verwertet werden dürfen und Aufzeichnungen über solche Erkenntnisse unverzüglich und in dokumentierter Form zu löschen sind,
– dass Aufzeichnungen über die *Telekommunikation von Geistlichen und Verteidigern* unverwertbar und zu löschen sind, soweit gegen diese Personen nicht aufgrund von bestimmten Tatsachen der Verdacht der Tatbeteiligung oder einer Anschlussstraftat besteht,
– dass die Überwachungsmaßnahmen *unverzüglich zu beenden* sind, wenn die Voraussetzungen der Anordnung nicht mehr vorliegen, und
– dass der ersuchende Staat eine erfolgreiche Anfechtung einer EEA im Einklang mit seinem nationalen Recht berücksichtigt und sicherstellt, dass in seinem Strafverfahren bei der entsprechenden Beweisbewertung die *Verteidigungsrechte gewahrt* und ein faires Verfahren gewährleistet werden.

Die Garantien sollten in der Form von völkerrechtlich verbindlichen Bedingungen erfolgen, auf die der Betroffene sich – auch in einem gegen ihn im Ausland geführten – Strafverfahren – berufen kann.

Die RiVASt ist für die in der Rechtshilfe zuständigen Gerichte allerdings nicht verbindlich, sofern sie die in ihre Unabhängigkeit fallenden Entscheidungen treffen.[76] Die genannten Bedingungen ergeben sich für die Gerichte jedoch aus dem geltenden Verfassungsrecht. Ohne sie müsste die Rechtshilfe in vielen Fällen abgelehnt werden. In der Sache sind diese Bedingungen daher keine zusätzlichen Erschwernisse der Rechtshilfe, sondern Ausgleichsmaßnahmen für den sonst fehlenden Schutz auf der Auswertungsebene im Ausland, ohne den eine Ausleitung der TKÜ-Daten nicht möglich wäre. Die oben genannten Formulierungsvorschläge für Bedingungen könnten sich deswegen über ihre Aufnahme in der RiVASt zu einem formularähnlichen Standard-Textbaustein für die Gerichte entwickeln, die den den Besonderheiten des jeweiligen Falles anpassen könnten. Die Gerichte haben dabei die Möglichkeit, in jedem Fall der Rechtshilfe zu prüfen, ob die einzelnen Bedingungen angesichts der aktuellen Rechtslage des ersuchenden Staates tatsächlich erforderlich sind und ob sie ausreichen. Einfacher dürfte es jedoch sein, in der Regel einen einheitlichen Textbaustein mit den hier vorgeschlagenen Bedingungen einzufügen, der den Stand des *ordre public* und der Bedingungen für die Auslandsübermittlung von TKÜ-Daten aus Deutschland zusammenfasst.

---

[76] Nr. 1 Abs. 1 RiVASt.

III. Datenübermittlung nach Deutschland (Deutschland als ersuchender Staat)

Ersucht Deutschland im Ausland um Rechtshilfe, so ist im inländischen Verfahren spiegelbildlich zur Gewährung von Rechtshilfe zwischen der Anordnung der TKÜ-Maßnahme und der Bewilligung des Rechtshilfeersuchens zu differenzieren.[77]

A. Antragstellung und Anordnungsermächtigung

Das Verfahren zur Erlangung der TKÜ-Rechshilfe beginnt damit, dass zunächst die Staatsanwaltschaft am Landgericht[78] prüft, ob sie eine TKÜ als Beweismittel benötigt und ob die formellen und materiellen Voraussetzungen für eine TKÜ gemäß §§ 100a ff. StPO vorliegen. Die Staatsanwaltschaft beantragt dann eine entsprechende Anordnung oder Feststellung beim Ermittlungsrichter; bei Gefahr im Verzug kann sie auch selbst handeln (§ 101e Abs. 1 Satz 2, § 162 StPO).

Für diese Ermächtigung gelten die gleichen Voraussetzungen wie bei der Anordnung einer TKÜ im Inland, d.h. die in § 100a StPO normierten Anforderungen an Verdachtsgrad, Adressaten, Katalogtaten, Subsidiarität, Überwachungstechnik, mitwirkungspflichtige Provider, zu überwachende Datenarten und Ausführungsformen der TKÜ sowie die Verfahrensregelungen der §§ 110 d, 100e, 101, 101a und 101b StPO. Die vom Ermittlungsrichter getroffene Entscheidung ist allerdings – entgegen den euphemistischen Formulierungen in der europäischen Richtlinie – keine Vollstreckungsverfügung, sondern nur formale Voraussetzung für die Einleitung des Rechtshilfeverfahrens (Art. 6 Abs. 1 RL EEA, Art. 18 Abs. 3 lit. b) EU-RhÜbk), über das im ersuchten Staat erst noch entschieden werden muss.

B. Bewilligungsentscheidung

Nach der Entscheidung durch den Ermittlungsrichter bereitet die Staatsanwaltschaft das Rechtshilfegesuch vor und legt es der Bewilligungsbehörde vor. Für die Formalien gelten die obigen Ausführungen über die Stellung von EEAs bzw. Rechtshilfeersuchen durch ausländische Behörden entsprechend. In Umsetzung der RL EEA stellt das IRG klar, dass auch bei ausgehenden Ersuchen die Verwendung der in Anhang A und C der RL EEA wiedergegebenen Formblätter obligatorisch ist

---

[77] Ausführlich dazu und zum Folgenden in diesem Band *Wahl*, oben Teil 2, II.C (S. 92 ff.) und III.B (S. 172 ff.)

[78] Bzw. – in ihrem Zuständigkeitsbereich – die Generalstaatsanwaltschaft oder die Generalbundesanwaltschaft.

(§ 91j Abs. 1 IRG).[79] Zu beachten ist, dass die EEA in eine der vom Vollstreckungsstaat zugelassenen Sprachen zu übersetzen ist.

Bewilligungsbehörde ist aufgrund von § 74 IRG i.V.m. den Delegationserlassen der Länder i.d.R. der Leitende Oberstaatsanwalt der Staatsanwaltschaft beim Landgericht.[80] Er prüft im Bewilligungsverfahren außer der innerstaatlichen Zulässigkeit auch die zwischenstaatlichen Rechtshilfevoraussetzungen, also ob die Rechtshilfe im Ausland angefordert werden kann. Wird dem Antrag stattgegeben, so übersendet die Bewilligungsbehörde die EEA unmittelbar an die zuständige ausländische Justizbehörde.[81] Die innerstaatliche Ermächtigungsnorm zur Stellung des Rechtshilfeersuchens folgt aus § 91j IRG.[82] Wer zuständige Behörde im Empfängerland ist, ergibt sich aus dem EJN-Atlas bzw. aus der vom EJN zusammengestellten praktischen Handreichung zur EEA.[83]

Der Betroffene kann gegen die Anordnung der TKÜ, d.h. die Rechtmäßigkeit nach §§ 100a ff. StPO gem. § 101 Abs. 7 Satz 2 StPO (i.V.m. Art. 14 Abs. 2 RL EEA) vorgehen. Ob auch die Bewilligungsentscheidung rechtlich angreifbar ist, ist umstritten.[84]

C. Verwertung der übermittelten Beweismittel

Wird dem Rechtshilfeersuchen von dem ausländischen Staat stattgegeben und werden die Telekommunikationsdaten von diesem nach Deutschland übertragen, so bestimmt sich die nachfolgende Verwertung der Daten im deutschen Strafverfahren nach den strafprozessualen Verwendungsregeln der StPO.

Für die Verwertbarkeit der Daten und für Beweisverwertungsverbote gilt grundsätzlich das Prinzip *forum regit actum*: Soweit die Übermittlung der Beweismittel nicht mit Bedingungen des ersuchten Staates verbunden ist (§ 72 IRG), richtet sich die Verwertbarkeit der im Ausland gewonnenen Beweise daher grundsätzlich nicht nach dem Recht des Staates, in dem die Beweise erhoben wurden, sondern nach der

---

[79] Siehe auch Nr. 213 (1) RiVASt.

[80] Im Falle der Zuständigkeit des GBA wurde für den Rechtshilfeverkehr mit EU-Mitgliedstaaten und schengenassoziierten Staaten die Bewilligungszuständigkeit des Bundesamtes für Justiz wieder auf den Generalbundesanwalt zurückübertragen (Erlass des BMJV vom 17.8.2017 – 1200/1-6 Z 4 377/2017, abgedruckt bei *Schomburg/Lagodny*, Internationale Rechtshilfe in Strafsachen, S. 2760).

[81] Zu den möglichen Wegen siehe Erwägungsgrund 13 RL EEA und oben.

[82] Im Anwendungsbereich des EU-RhÜbk ergibt sie sich unmittelbar aus Art. 18 EU-RhÜbk als self-executing Norm.

[83] Online abrufbar unter https://www.ejn-crimjust.europa.eu/ejn/libdocumentproperties.aspx?Id=2120 [Stand April 2021].

[84] Vgl. dazu ausführlich *Wahl*, oben Teil 2, II.C.2 (S. 96 ff.).

Rechtsordnung des um Rechtshilfe ersuchenden Staates, d.h. im vorliegend behandelten Fall nach deutschem Recht.[85]

- Damit gelten die *deutschen Beweisverwertungsverbote*, insbesondere zu den völkerrechtlichen und rechtshilferechtlichen Grenzen. Bei Verstößen gegen das deutsche Recht (z.B. einer Beweiserhebung im Kernbereich des Persönlichkeitsrechts oder im Bereich von Berufsgeheimnissen) nimmt der BGH folglich ein innerstaatliches Beweiserhebungsverbot an.

- *Verstöße gegen das ausländische Recht bei der Beweiserhebung im Ausland* berücksichtigt die Rechtsprechung – im Gegensatz zum Schrifttum – jedenfalls im Rechtshilfeverkehr mit EU-Mitgliedstaaten grundsätzlich nicht.[86] Ein Beweisverwertungsverbot ist jedoch dann anzunehmen, wenn die Beweiserhebung im Ausland gegen den *ordre public* verstößt. Allerdings gilt nach deutscher Rechtsprechung nur ein eingeschränkter Prüfungsmaßstab. Ein Beweisverwertungsverbot liegt daher z.B. dann vor, wenn die Beweiserhebung unter Verletzung völkerrechtlich verbindlicher und dem Individualgüterschutz dienender Garantien (wie etwa Art. 3 EMRK) oder unter Verstoß gegen die allgemeinen rechtsstaatlichen Grundsätze im Sinne des § 73 IRG erfolgt ist.[87]

- Ein Beweisverwertungsgebot kann sich nach der neueren Rechtsprechung des BGH auch daraus ergeben, dass die deutschen Strafverfolgungsbehörden trotz entsprechender Möglichkeiten (Art. 9 Abs. 2 RL EEA; Art. 4 Abs. 1 EU-RhÜbk) nicht ausreichend auf die *Einhaltung deutscher Form- und Verfahrensvorschriften* hingewirkt haben.[88] In der Zukunft müssen die deutschen Rechtshilfeersuchen daher verstärkt auf die Beachtung der deutschen Form- und Verfahrensvorschriften hinweisen. Im Bereich der TKÜ-Rechtshilfe können dies insbesondere die Vorschriften über die Kennzeichnung von Daten (§ 101 StPO) und die Protokollierung des Überwachungsvorgangs (§ 100a Abs. 6 StPO) sein, eventuell auch die Überwachungsfristen und Verlängerungsmodalitäten (§ 100e Abs. 1 S. 5 StPO).[89] Auch dies sollte – nicht nur für die TKÜ-Rechtshilfe, sondern allgemein – in den RiVASt geregelt werden.

Die Details der verschiedenen Beweisverbote[90] spielen für die vorliegend interessierende TKÜ-Überwachung mit unmittelbarer Datenausleitung keine wesent-

---

[85] BGHSt 58, 21.
[86] BGHS 58, 32 Rn. 34 f.
[87] BGHSt 58, 32, Rn. 38 f.
[88] Vgl. dazu oben II.A.3.b) (S. 163).
[89] Vgl. *Zimmermann*, in: Schomburg/Lagodny, § 91h IRG Rn. 13.
[90] Vgl. zu den vorgenannten Fallkonstellationen BGH Beschluss v. 21.11.2012 – 1 StR 310/12, NStZ 2013, 596 (Rechtshilfe Tschechien); OLG Bremen Beschluss v.18.12.2020 – 2 Ws 162/20; HansOLG Beschluss v. 29.1.2021 – 1 Ws 2/21; *Böse*, ZIS 2014, 152, 161 ff.; *Böse*, ZStW 114 (2002), 148, 150; *Schuster*, Verwertbarkeit im Ausland gewonnener Beweise im deutschen Strafprozessrecht, 2006, S. 244.

liche Rolle, da sie die spätere Verwendung der TKÜ-Daten nach ihrer erfolgten Übermittlung nach Deutschland betreffen.

Neben dem deutschen Strafprozessrecht gelten für die erlangten Daten aufgrund des Völkerrechts auch die vom ausländischen Staat gestellten Bedingungen. Aus diesem Grund dürfen z.B. Inhaltsdaten der Telekommunikationsüberwachung aus Englan, wenn eine entsprechende Bedingung formuliert wurde, nicht im Gerichtsverfahren verwertet werden [91]

D. Ergebnis zur Erlangung von ausländischen TKÜ-Daten

Der Erhalt von ausländischen TKÜ-Daten im Wege der Rechtshilfe findet damit auch in der vorliegenden Fallkonstellation seine Grenzen sowohl in der deutschen als auch in der ausländischen Ermächtigungsnorm zur TKÜ. Hinzu kommen Einschränkungen durch die vom ausländischen Staat gesetzten Bedingungen. Mängel der ausländischen Beweiserhebung spielen bei der Verwertung der TKÜ-Daten in Deutschland grundsätzlich keine Rolle. Nach der Rechtsprechung sind vielmehr nur rechtshilferechtliche, völkerrechtliche und inländische Beweisverwertungsverbote relevant.

Damit bestehen auch bei der Erlangung von TKÜ-Daten (wenn Deutschland als ersuchender Staat auftritt) keine Bedenken gegen ein standardisiertes Rechtshilfeverfahren mit einer Direktausleitung der TKÜ-Daten. Bei der Übermittlung der Daten und ihrer Entgegennahme auf deutschem Hoheitsgebiet sind allerdings – ebenso wie bei der Datenausleitung – die Regelungen des Telekommunikationsrechts zu beachten, die im Folgenden noch kurz genannt werden.

IV. Telekommunikationsrechtliche Vorgaben zur Datenübermittlung

Sowohl bei der Ausleitung von TKÜ-Daten *ins Ausland* als auch bei der Übermittlung von TKÜ-Daten *aus dem Ausland* müssen zusätzlich zu den strafprozessualen und rechtshilferechtlichen Bestimmungen auch noch telekommunikationsrechtliche Vorgaben berücksichtigt werden. Diese betreffen neben organisatorischen Vorgaben vor allem auch technische Bestimmungen in Bezug auf die Datensicherheit. Unterschieden werden muss dabei zwischen zwei aus technischer Sicht möglichen Ansätzen: der „mittelbare Behördenausleitung" und der Direktausleitung durch die Provider.

---

[91] Vgl. dazu oben II.A.3.b) (S. 164) und II.A.3.c) (S. 167).

A. „Mittelbare Behördenausleitung"

Im Rahmen eines sog. *„mittelbaren Behördentransfers"* kann bei einem *ausländischen Ersuchen um TKÜ-Rechtshilfe* zunächst eine Kopie der überwachten Daten in Deutschland vom Telekommunikationsanbieter an die nach § 100a Abs. 4 Satz 1 StPO zuständige inländische Stelle übermittelt werden. Diese Stelle leitet die Daten dann in einem zweiten Schritt an die im Rechtshilfeantrag benannte ausländische Stelle weiter. Während die Ausleitung im ersten Schritt gleichsam wie in einem rein innerstaatlichen Fall den technischen und organisatorischen Anforderungen aus § 110 Abs. 1 TKG, TKÜV und TR TKÜV unterliegt, gibt es bezüglich des zweiten Schritts keine spezifischen telekommunikationsrechtlichen Vorgaben. Denn das Abstimmungserfordernis mit der Bundesnetzagentur nach § 110 Abs. 7 TKG gilt nur für die Kommunikation zwischen deutschen Service Providern und deutschen Behörden, nicht jedoch für die internationale Behördenkommunikation. Aufgrund der hohen Sensibilität der übermittelten Daten muss jedoch im Ergebnis ein äquivalentes Maß an Sicherheit gewährleistet werden, wie es den in TKÜV und TR TKÜV festgelegten Standards entspricht. Insbesondere im Falle einer Übertragung von Überwachungskopien über das Internet müssen daher Authentisierung, Integrität und Verschlüsselung der Daten garantiert sein. Mangels unmittelbarer Anwendbarkeit der TKÜV und der TR TKÜV besteht zur Erreichung dieser Ziele aus juristischer Sicht die freie Wahl hinsichtlich der technischen und organisatorischen Umsetzung der Datenübermittlung. In der Praxis wird in Deutschland eine sogenannte „Sinabox" mit einer Hardwareverschlüsselung eingesetzt.

Auch die Übermittlung von TKÜ-Daten *nach* Deutschland bereitet bei dieser Lösung keine Probleme: Da die von den ausländischen Behörden an die deutschen Dienststellen übermittelten Daten mit den für die nationalen TKÜ-Maßnahmen vorgesehenen Anlagen verarbeitet werden, ergeben sich insbesondere auch keine technischen Hindernisse. Erforderlich ist lediglich, dass die international standardisierten Schnittstellen technisch in die nationalen Regulierungen (TKÜV, TR-TKÜV) integriert werden.

B. Direktausleitung der Provider ins Ausland

Im Wege einer *„Direktausleitung"* könnte die Kopie der überwachten Telekommunikationsdaten technisch allerdings auch direkt vom deutschen Telekommunikationsanbieter an die ausländische Stelle übermittelt werden. Eine solche Direktausleitung wird insbesondere für die Übermittlung von Verkehrsdaten derzeit vor allem in den USA favorisiert. In Deutschland würde dies allerdings – ebenso wie in vielen anderen Rechtsordnungen – juristisch zu Problemen führen, da die Serviceprovider zur Übermittlung einer Kopie der überwachten Daten nur an eine nationale berechtigte Stelle verpflichtet sind. Wenn bei einer auf Direktausleitung gerichteten EEA der Adressatenkreis des § 100a Abs. 4 Satz 1 StPO auf die zuständige

Behörde des ersuchenden Mitgliedstaates erweitert würde, so wären für die Datenübermittlung vom deutschen Serviceprovider an die ausländische Dienststelle auch die Vorgaben der TKÜV und der TR TKÜV einzuhalten. Gem. § 14 Abs. 2 Satz 6 TKÜV ergäbe sich daher für die ausländische Behörde die Pflicht, die erforderlichen technischen Schutzvorkehrungen einzuhalten. Darüber hinaus folgen aus den geltenden Regelungen zwar keine unmittelbaren Verpflichtungen für die ausländische Stelle, allerdings müsste diese zum Empfang der Daten, die durch den Telekommunikationsanbieter auf Grundlage der TKÜV übertragen werden, in der Lage sein und entsprechende Vorkehrungen treffen. Insbesondere müsste die ausländische Stelle die in der TR TKÜV genannten Anlagen und Kryptosysteme vorhalten. Dieser theoretisch denkbare Übertragungsweg spielt aber in der internationalen polizeilichen Praxis wegen der fehlenden Direktausleitungspflichten keine Rolle.

C. Zwischenergebnis zu den telekommunikationsrechtlichen Vorgaben

Die Umsetzung der „unmittelbaren Datenausleitung" von TKÜ-Daten in Form eines „mittelbaren Behördentransfers" ist auch aus telekommunikationsrechtlichen Günden gut gangbar. Der „mittelbare Behördentransfer" über die nationale berechtigte Stelle ändert nichts daran, dass es sich hierbei um eine *„unmittelbare Übertragung* des Telekommunikationsverkehrs an den Anordnungsstaat" i.S.v. Art. 30 Abs. 6 lit a RL EEA handelt, da dieser Begriff als Gegensatz zu der in lit. b genannten Übertragung zu verstehen ist, die „durch *Überwachung, Aufzeichnung und anschließende Übermittlung* des Ergebnisses der Überwachung des Telekommunikationsverkehrs an den Anordnungsstaat" erfolgt.

V. Gesamtergebnis und Handlungsempfehlungen

A. Ergebnis

Die zentrale Fragestellung der vorliegenden Studie ist, wie Deutschland sich an einem standardisierten europäischen oder weltweiten Rechtshilfesystem zur Telekommunikationsüberwachung mit einer direkten Ausleitung der erhobenen Daten ins Ausland beteiligen kann. Zu diesem Zweck wurden das internationale, das europäische und das deutsche Rechtshilferecht sowie das deutsche Telekommunikationsrecht analysiert und – mittels standardisierter Landesberichte, Experteninterviews und einer rechtsvergleichenden Analyse – die Regelungen zur Telekommunikationsüberwachung (einschließlich der Mitwirkungspflichten der Provider) in 18 Rechtsordnungen analysiert. Dies erfolgte in 14 Rechtsordnungen der Europäischen Union (Belgien, Deutschland, Estland, Italien, Kroatien, Frankreich, die

Niederlande, Österreich, Polen, Portugal, Schweden, Spanien, Tschechien und Ungarn) sowie in vier Nicht-EU Staaten (Australien, Großbritanien, Schweiz und den Vereinigten Staaten von Amerika).

Die Untersuchung zeigt, dass ein solches generisches System zur TKÜ-Rechtshilfe mit direkter Datenübermittlung ins Ausland (insbesondere nach Art. 30 Abs. 6 lit. a) RL EEA und dessen Umsetzung im IRG) im Einklang mit der europäischen und der deutschen Rechtsordnung möglich ist und vorzugsweise in der Form eines „mittelbaren Behördenverkehrs" durchgeführt werden sollte. Den erheblichen Unterschieden zwischen den verschiedenen strafprozessualen Regelungen der Telekommunikationsüberwachung in der Europäischen Union und in anderen Staaten kann und muss dabei durch die gerichtliche Prüfung der Rechtshilfeersuchen auf der Grundlage der doppelten Legalität sowie vor allem auch durch Bedingungen im Rechtshilfeverfahren Rechnung getragen werden.

Dadurch entfallen Prüf- und Filterpflichten der deutschen Behörden, die andernfalls aus verfassungsrechtlichen Gründen eine ungeprüfte direkte Ausleitung der TKÜ-Daten verhindern könnten. In der Sache sind diese Bedingungen keine zusätzlichen Erschwernisse der Rechtshilfe, sondern Ausgleichsmaßnahmen für den fehlenden Schutz auf der Auswertungsebene, die eine Ausleitung der TKÜ-Daten ins Ausland verfassungsrechtlich erst ermöglichen. Denn nach dem BVerfG bildet der Schutz der betroffenen Personen auf der *Anordnungs*ebene und auf der *Auswertungs*ebene der TKÜ ein Gesamtsystem, in dem ein geringerer Schutz auf der einen Ebene durch einen erhöhten Schutz auf einer anderen Ebene kompensiert werden kann. Die fehlenden Filtersysteme bei der Datenausleitung können daher durch Bedingungen kompensiert werden, die bei der Anordnung der TKÜ gestellt und bei der Datenauswertung im ersuchenden Staat umgesetzt werden.[92]

B. Handlungsempfehlungen

1. Zur technischen Umsetzung des TKÜ-Systems mit unmittelbarer Datenausleitung

1. Wie bereits dargestellt kann das zu entwickelnde System der TKÜ-Rechtshilfe mit unmittelbarer Datenübertragung in zwei Varianten konzipiert werden: Zum einen können – zumindest theoretisch – die erhobenen Daten vom Provider in den Rechtshilfe gewährenden Staat direkt zur *ausländischen* berechtigten Stelle übermittelt werden, zum anderen ist eine Ausleitung der Daten auch über die *inländische* berechtigte Stelle im Staat des Providers möglich.

---

[92] BVerfG Urteil v. 19.5.2020 – 1 BvR 2835/17, NJW 2020, 2235, Rn. 205 f. (Ausland-Ausland-Fernmeldeaufklärung nach BND-Gesetz); Siehe zu den Wechselwirkungen in diesem Zwei-Ebenen-Modell auch BVerfG, Urteil v. 20.4.2016 – 1 BvR 966/09, NJW 2016, 1781, Rn. 126–128, 220 (BKA Gesetz).

Die zuletzt genannte Lösung bietet nicht nur für das deutsche Recht mehr Rechtssicherheit. Auch ausländische Staaten haben mit einer solchen „Durchleitung" durch das Computersystem der zuständigen Behörde des ersuchten Staates weniger Rechtsprobleme, da eine Ausleitungspflicht gegenüber der berechtigten inländischen Stelle in allen untersuchten Staaten sowie in allen weiteren Staaten besteht; Pflichten zur Datenausleitung in ausländische Staaten existieren dagegen in vielen Rechtsordnungen nicht.[93] Eine „Durchleitungslösung" über die inländischen berechtigten Stellen des Rechtshilfe gewährenden Staates bietet auch ein Mehr an potentieller nationaler Kontrolle über die ausgeleiteten Datenströme. Dies gilt insbesondere dann, wenn in unvorhersehbaren Fällen (z.b. bei Bekanntwerden von politischen Missbräuchen einer TKÜ im ersuchenden Staat) ein „Notschalter" oder eine Notbremse benötigt wird oder ein nationales Verfassungsgericht – z.B. bei der Ausweitung des Modells auf weniger vertrauenswürdige Drittstaaten – eine Filterung der ausgeleiteten Daten verlangen würde.

2. Die telekommunikationsrechtlichen Fragen der Direktausleitung von TKÜ-Daten stehen der Rechtshilfe im Ergebnis ebenfalls nicht entgegen.

2. Zu den aktuellen Regelungen der deutschen Justiz

Die Schaffung des angestrebten generischen Systems für die Rechtshilfe zur TKÜ mit direkter Datenausleitung erfordert keine gesetzliche Neuregelung. Jedoch muss die Justiz bei Rechtshilfeersuchen zur Überwachung der Telekommunkation durch die Stellung von Bedingungen gewährleisten, dass die deutschen Garantien für den Umgang mit diesen Daten im Rahmen des *ordre public* auch im ersuchenden Staat berücksichtigt werden.

Dazu sollte Nr. 77a der Richtlinien für den Verkehr mit dem Ausland in strafrechtlichen Angelegenheiten (RiVASt), der bereits einen Rahmen für die grenzüberschreitende TKÜ vorgibt, um weitere Garantien des deutschen *ordre public* erweitert und konkretisiert werden. Geht man von der geltenden Fassung der Nr. 77a RiVASt aus, so sollte die Bewilligung der TKÜ nicht nur die in der Vorschrift bereits geforderte *Zusicherung* verlangen, dass

„a) die Voraussetzungen der Telefonüberwachung vorlägen, wenn diese im ersuchenden Staat durchgeführt werden müsste".

Die Vorschrift darf sich – auf der Grundlage einer völkerrechtlich wirksamen Bedingung auch nicht nur auf die beiden derzeit genannten Zusicherungen beschränken, dass

„b) die gewonnenen Erkenntnisse nur zur Aufklärung der in dem Ersuchen genannten Straftat (en) verwendet werden, und

---

[93] Vgl. dazu in Sieber/von zur Mühlen/Tropina (Hrsg.) die abgedruckten nationalen Landesberichte, jeweils in Kapitel V.B.3.

c) die Überwachungsprotokolle vernichtet werden, sobald sie zur Strafverfolgung nicht mehr erforderlich sind."

In Nr. 77a RiVASt müssen darüber hinaus ergänzend auch die weiteren *Bedingungen* und erforderlichenfalls deren weitere Absicherung durch Zusicherungen aufgenommen werden, dass

"d) der Abbruch der Überwachungsmaßnahmen unverzüglich zu veranlassen ist, wenn die Voraussetzungen der Anordnung nicht mehr vorliegen,

e) Erkenntnisse aus dem Kernbereich der privaten Lebensgestaltung nicht verwertet werden dürfen und Aufzeichnungen über solche Erkenntnisse unverzüglich und in dokumentierter Form zu löschen sind,

f) Aufzeichnungen über die Telekommunikation von Geistlichen und Verteidigern unverwertbar und zu löschen sind, soweit gegen diese Personen nicht aufgrund von bestimmten Tatsachen der Verdacht der Tatbeteiligung oder einer Anschlussstraftat besteht,

g) der ersuchende Staat eine erfolgreiche Anfechtung einer EEA im Einklang mit seinem nationalen Recht berücksichtigen und sicherstellen muss, dass in den betroffenen Strafverfahren in diesen Fällen insbesondere bei der entsprechenden Beweisverwertung die Verteidigungsrechte gewahrt und ein faires Verfahren gewährleistet werden," [94]

Die RiVASt ist allerdings für die in der Rechtshilfe zuständigen Gerichte nicht verbindlich, sofern sie in ihre Unabhängigkeit fallende Entscheidungen betreffen. Da die genannten Bedingungen sich aber aus dem geltenden Verfassungsrecht ergeben, sollten sie (auf der Grundlage der oben genannten Formulierung für die Neufassung von Nr. 77a RiVASt) auch von den über die Rechtshilfe entscheidenden Gerichten berücksichtigt werden, um zu verhindern, dass die Ausleitung von Telekommunikationsdaten durch das Bundesverfassungsgericht untersagt oder durch Filterpflichten erschwert wird.

Dieses Vorgehen sollte nicht nur für ein zukünftig geplantes Rechtshilfesystem mit Direktausleitung der übermittelten Daten genutzt werden, sondern bei jeder Übermittlung von TKÜ-Daten ins Ausland. Es ist auf der Grundlage der EEA ebenso wie nach den verschiedenen Rechtshilfeübereinkommen und auch in der vertragslosen Rechtshilfe anwendbar. Insbesondere für Nicht-Mitgliedstaaten der EU können dabei weitere Bedingungen in Frage kommen. Bestehen – z.B. bei einzelnen Staaten – Zweifel an der Respektierung dieser Bedingungen, so können die zuständigen Gerichte *zusätzlich* die Abgabe von entsprechenden Zusicherungen des ausländischen Staates verlangen. Beim Verdacht der Nichteinhaltung der Zusiche-

---

[94] Anschließend folgen als Buchstaben h) und i) die bisherigen Buchstaben d) und e) zur Verbürgung der Gegenseitigkeit und zur Kostentragung.

rungen sind Überprüfungen und notfalls die Verweigerung zukünftiger Rechtshilfe angezeigt.[95]

3. Zu den Regelungen der Europäischen Union

Die Europäische Union sollte zur Optimierung des bisherigen Lösungskonzepts in dem für die EEA benutzten Formular zusätzlich den Beruf der Zielperson(en) abfragen, so dass der ersuchte (Vollstreckungs-)Staat leicht feststellen kann, ob die Anordnung sich gegen einen privilegierten Berufsgeheimnisträger richtet. In diesem Kontext könnte aufgrund der oben dargestellten neuen Entwicklung im Bereich der Beweisverwertungsverbote auch nach besonderen Verfahrensvorschriften im TKÜ-Bereich gefragt werden, um deren Beachtung der ersuchende (Anordnungs-)Staat bittet.

4. Zum grundlegenden Ansatz der europäischen Strafrechtspolitik

Die behandelten Probleme und Lösungen zeigen am Beispiel der internationalen TKÜ-Überwachung, welch hohen Preis die Europäische Union und ihre Mitgliedstaaten dafür bezahlen müssen, dass die Angleichung der nationalen Strafrechtssysteme noch nicht weiter vorangekommen ist. Die vorliegende Lösung mit ihrem System von Bedingungen macht deswegen auch überzeugend deutlich, dass die Harmonisierung des europäischen Straf- und Strafprozessrechts in der Zukunft nicht zuletzt im Interesse der Praxis nachdrücklich vorangetrieben werden muss.

Eine weitergehende Harmonisierung des Straf- und Strafprozessrechts, die über ein europäisches Modellgesetz vorbereitet werden könnte, wäre für die Europäische Union eine sehr viel bessere Lösung der vorliegenden Probleme.[96] Die Zeit ist hierfür allerdings gegenwärtig noch nicht reif. Der Verfasser hat aus diesem Grund schon vor langem vorgeschlagen, eine solche europäische Strafrechtsharmonisierung zunächst nicht umfassend zu entwickeln, sondern in einer Übergangsphase vor allem „partikular" und besonders für die *grenzüberschreitende Zusammenarbeit*.[97] Eine solche – in der Sache auf grenzüberschreitende Fälle begrenzte – Harmonisierung würde es den Nationalstaaten erlauben, für den rein nationalen Bereich an ihrem klassischen Recht festzuhalten, gleichzeitig aber den Prozess der gegenseitigen Informationsübermittlung sowie damit auch die mittel- und langfristige Beeinflussung und Angleichung der Rechtssysteme erleichtern und beschleunigen.

---

[95] Vgl. dazu oben II.A.4.d) (S. 182 ff.) die Kriterien im Urteil des BVerfG zum BKA-Gesetz.

[96] Vgl. *Ulrich Sieber*, Memorandum für ein europäisches Modellstrafgesetzbuch, JZ 1997, S. 369–381.

[97] Vgl. zuletzt ausführlich *Sieber*, ZStW 121 (2009), 32–39.

Die vorliegend untersuchte internationale Zusammenarbeit bei der Telekommunikationsüberwachung veranschaulicht, wie diese Grundidee einer partikularen (auf grenzüberschreitende Fälle der Rechtshilfe begrenzten) Rechtsvereinheitlichung die Problematik der internationalen Telekommunikationsüberwachung sehr viel besser lösen könnte: Die hier in der Form von Bedingungen entwickelten Mindeststandards eines deutschen und europäischen *ordre public* sollten unter Einbeziehung weiterer nationaler und internationaler Rechtsordnungen fortentwickelt werden, um sie dann in der RL EEA – als generelle supranationale Vorgaben von rechtsstaatlichen Mindestsicherungen – zur Voraussetzung der grenzüberschreitenden TKÜ-Rechtshilfe zu machen. Dadurch könnten die Mitgliedstaaten darauf verzichten, dass jeder von ihnen seine Bedingungen für den ordre public eigenständig entwickelt und zur Bedingung für die Leistung von TKÜ-Rechtshilfe macht. Mit einheitlichen supranationalen Vorgaben, die zumindest in allen Staaten den *ordre public* garantieren würden, könnte dann innerhalb der Europäischen Union ein TKÜ-Rechtshilfesystem geschaffen werden, das ohne Bedingungen auskommen könnte und die Bezeichnung als System der „unmittelbaren Anerkennung von ausländischen Entscheidungen" und der „unmittelbaren Übermittlung von TKÜ-Daten" auch verdienen würde.

Literaturverzeichnis

Ahlbrecht, Heiko, Europäische Ermittlungsanordnung – Durchsuchung à la Europäischer Haftbefehl. Strafverteidiger (StV) 2018, S. 601–609.

– Die Europäische Ermittlungsanordnung – oder: EU-Durchsuchung leicht gemacht. Strafverteidiger (StV) 2013, S. 114–120.

– Der Rahmenbeschluss-Entwurf der Europäischen Beweisanordnung – eine kritische Bestandsaufnahme. Neue Zeitschrift für Strafrecht (NStZ) 2006, S. 70–75.

Ahlbrecht, Heiko/Böhm, Klaus Michael/Esser, Robert/Eckelmans, Franziska (Hrsg.), Internationales Strafrecht in der Praxis. 2. Aufl. Heidelberg 2018.

Ahlbrecht, Heiko/Schlei, Miriam, Verteidigung gegen und mit Rechtshilfe. Strafverteidiger Forum (StraFo) 2013, S. 265–278.

Ambos, Kai/König, Stefan/Rackow, Peter (Hrsg.), Rechtshilfe in Strafsachen. Baden-Baden 2015.

Bachmaier Winter, Lorena, European Investigation order for obtaining evidence in the criminal proceedings – Study of the proposal for a European directive. Zeitschrift für Internationale Strafrechtsdogmatik (ZIS) 2010, S. 580–589.

Bachmaier, Lorena, Mutual Recognition and Cross-Border Interception of Communications: The Way Ahead for the European Investigation Order. In: Brière, Chloe/Weyembergh, Anne (Hrsg.), The Needed Balances in EU Criminal Law, Oxford 2018, S. 313 ff.

Barbosa e Silva, Júlio, The speciality rule in cross-border evidence gathering and in the European Investigation Order. ERA-Forum 2019, S. 486–504.

Beulke, Werner/Swoboda, Sabine, Strafprozessrecht. 14. Aufl. Heidelberg 2018.

Bock, Stefanie, Rechtskulturelle Differenzen in der internationalen Rechtshilfe in Strafsachen. Zeitschrift für Internationale Strafrechtsdogmatik (ZIS) 2019, S. 298–306.

Böhm, Klaus Michael, Die Umsetzung der Europäischen Ermittlungsanordnung – Strafprozessualer Beweistransfer auf neuer Grundlage. Neue Juristische Wochenschrift (NJW) 2017, S. 1512–1515.

Böse, Martin, Die Verwertung im Ausland gewonnener Beweismittel im deutschen Strafverfahren. Zeitschrift für die gesamte Strafrechtswissenschaft (ZStW) 114 (2002), S. 148–182.

– Die Europäische Ermittlungsanordnung – Beweistransfer nach neuen Regeln? Zeitschrift für Internationale Strafrechtsdogmatik (ZIS) 2014, S. 152–164.

Brahms, Katrin/Gut, Till, Zur Umsetzung der Richtlinie Europäische Ermittlungsanordnung in das deutsche Recht – Ermittlungsmaßnahmen auf Bestellschein? Neue Zeitschrift für Strafrecht (NStZ) 2017, S. 388–395.

Brodowski, Dominik, Verdeckte technische Überwachungsmaßnahmen im Polizei- und Strafverfahrensrecht. Tübingen 2016.

– Strafrechtsrelevante Entwicklungen in der Europäischen Union – ein Überblick. Zeitschrift für Internationale Strafrechtsdogmatik (ZIS) 2012, S. 558–570.

Deutscher, Axel, Anm. zu BGH, Beschl. V. 21.11.2012 – StR 310/12, StRR 2013, 142.

Eisenberg, Ulrich, Beweisrecht der StPO. 9. Aufl. München 2015.

– Beweisrecht der StPO. 10. Aufl. München 2015.

Fabbri, Alberto/Furger, Andrea, Geheime Überwachungsmaßnahmen in der internationalen Kooperation in Strafsachen. Schweizerische Zeitschrift für Strafrecht (ZStrR) 2010, S. 394–416.

Gleß, Sabine, Das Verhältnis von Beweiserhebungs- und Beweisverwertungsverboten und das Prinzip „locus regit actum". In: Erich Samson (Hrsg.), Festschrift für Gerald Grünwald zum 70. Geburtstag. Baden-Baden 1999, S. 197–212.

Gless, Sabine, Beweisverbote in Fällen mit Auslandsbezug. Juristische Rundschau (JR) 2008, S. 317–326.

Gropp, Walter, Zur Verwertbarkeit eigenmächtig aufgezeichneter (Telefon-) Gespräche. Strafverteidiger (StV) 1989, S. 216–228.

Grützner, Heinrich/Pötz, Paul-Günter/Kreß, Claus/Gazeas, Nikolaos (Hrsg.), Internationaler Rechtshilfeverkehr in Strafsachen, Loseblattsammlung.

Habenicht, Gerhard, Rechtshilfeverkehr mit der Schweiz und Liechtenstein auch in sog. Fiskalsachen?, 2. Teil, wistra 1982, 214 (220).

Hackner, Thomas/Schierholt, Christian, Internationale Rechtshilfe in Strafsachen. 3. Aufl. München 2017.

– Internationale Rechtshilfe in Strafsachen. 2. Aufl. München 2012.

Hamm, Rainer/Leipold, Klaus (Hrsg.), Beck'sches Formularbuch für den Strafverteidiger, 5. Aufl. München 2010.

Hannich, Rolf (Hrsg.), Karlsruher Kommentar zur Strafprozessordnung mit GVG, EGGVG und EMRK, 8. Aufl. München 2019 (zit.: Bearbeiter, in: KK StPO).

Heydenreich, Carl. W., Die Europäische Ermittlungsanordnung – Der endgültige Abschied von der Fiktion einer Waffengleichheit. Strafverteidiger Forum (StraFo) 2012, S. 439–444.

Ipsen, Knut, Völkerrecht. 6. Aufl. München 2014.

Lagodny, Otto, Die Rechtsstellung des Auszuliefernden in der Bundesrepublik Deutschland. Freiburg i.Br. 1987.

Lammasch, Heinrich, Auslieferungsrecht und Asylrecht. Leipzig 1887.

Leonhardt, Andrea, Die Europäische Ermittlungsanordnung in Strafsachen – Umsetzungsanforderungen für den deutschen Gesetzgeber. Wiesbaden 2017.

Linke, Robert, Das Europäische Übereinkommen über die Rechtshilfe in Strafsachen. Österreichische Juristenzeitung (ÖJZ) 1968, S. 286 ff.

Meese, Joachim, The use of illegally obtained evidence in criminal cases: a brief overview. ERA Forum 2017, S. 297–309.

Mertens, Oliver, Die Rechtsprechung zum Recht der internationalen Rechtshilfe in Strafsachen seit dem Jahr 2010. Neue Zeitschrift für Strafrecht – Rechtsprechungsreport Strafrecht (NStZ-RR) 2015, S. 270–273.

Meyer-Goßner, Lutz/Schmitt, Bertram, Strafprozessordnung. 62. Aufl. München 2019.

Meyer-Mews, Hans, Telekommunikationsüberwachung im Strafverfahren: Anordnungs- und Eingriffsvoraussetzungen, Rechtsschutz. Strafverteidiger Forum (StraFo) 2016, S. 177–187.

Meyer, Frank, Das BVerfG und der Europäische Haftbefehl – ein Gericht auf Identitätssuche. Onlinezeitschrift für Höchstrichterliche Rechtsprechung zum Strafrecht (HRRS) 2016, S. 332–340.

Mosna, Anna, Europäische Ermittlungsanordnung und Europäische Staatsanwaltschaft – Die Regelung grenzüberschreitender Ermittlungen in der EU. Zeitschrift für die gesamte Strafrechtswissenschaft (ZStW) 131 (2019), S. 808–847.

Nagel, Karl-Friedrich, Beweisaufnahme im Ausland: Rechtsgrundlagen und Praxis der internationalen Rechtshilfe für deutsche Strafverfahren. Freiburg i.Br. 1988.

Oehmichen, Anna, Verfassungs- und europarechtliche Grenzen der Auslieferung. Strafverteidiger (StV) 2017, S. 257–263.

Oehmichen, Anna/Schneider, Björn/von Wistinghausen, Natalie, Der ausländische Beweis, Verteidigung mit und gegen Beweise aus dem Ausland. Strafverteidiger Forum (StraFo) 2015, S. 230–242.

Oehmichen, Anna/Weißenberger, Björn, Die Europäische Ermittlungsanordnung – praxisrelevante Aspekte der deutschen Umsetzung im IRG. Strafverteidiger Forum (StraFo) 2017, S. 316–324.

Perron, Walter, Auf dem Weg zu einem Europäischen Ermittlungsverfahren. Zeitschrift für die gesamte Strafrechtswissenschaft (ZStW) 112 (2000), S. 202–224.

Pohl, Tobias, Vorbehalt und Anerkennung. Baden-Baden 2009.

Popp, Peter, Grundzüge der internationalen Rechtshilfe in Strafsachen. Basel 2001.

Radtke, Henning, Anmerkung zu OLG Düsseldorf, Beschl. v. 23.6.2016 – III-3 RVs 46/16. Neue Zeitschrift für Strafrecht (NStZ) 2017, S. 177–182.

Riegel, Ralf, Der Auslieferungs- und Rechtshilfeverkehr mit den USA und Kanada. Familie Partnerschaft Recht (FRP) 2010, S. 502–504.

Riegel, Ralf/Speicher, Kristina, Die Haftsituation im ersuchten Staat als Auslieferungshindernis. Strafverteidiger (StV) 2016, S. 250–257.

Roger, Benjamin, Europäisierung des Strafverfahrens – oder nur der Strafverfolgung? Goltdammer's Archiv für Strafrecht (GA) 2010, S. 27–43.

Safferling, Christoph./Rückert, Christian, Europäische Grund- und Menschenrechte im Strafverfahren – ein Paradigmenwechsel? Neue Juristische Wochenschrift (NJW) 2021, S. 287–292.

Schädel, Peter, Die Bewilligung internationaler Rechtshilfe in Strafsachen in der Europäischen Union. 1. Aufl. Baden-Baden 2005.

Schaffner, Daniel, Das Individuum im internationalen Rechtshilferecht in Strafsachen. Basel 2013.

Scheller, Susanne, Ermächtigungsgrundlagen für die internationale Rechts- und Amtshilfe zur Verbrechensbekämpfung: Konkretisierung des Gesetzesvorbehalts. Freiburg i.Br. 1997.

Schneider, Bernd/Schultehinrichs, Friedrich/Fehn, Karsten/Lagodny, Otto, Anmerkung zu OLG Frankfurt, Beschluss v. 01.03.2007 – 2 Ausl. A 73/06. Neue Zeitschrift für Strafrecht (NStZ) 2008, S. 166–168.

Schnigula, Jürgen, Probleme der internationalen Rechtshilfe in Strafsachen bei deutschen Ersuchen im Bereich der sonstigen Rechtshilfe. Deutsche Richterzeitung (DRiZ) 1984, S. 177–183.

Schomburg, Wolfgang/Lagodny, Otto, Internationale Rechtshilfe in Strafsachen. 6. Aufl. München 2020.

Schuster, Frank Peter, Verwertbarkeit von Beweismitteln bei grenzüberschreitender Strafverfolgung. Zeitschrift für Internationale Strafrechtsdogmatik (ZIS) 2016, S. 564–573.

– Die Europäische Ermittlungsanordnung – Möglichkeiten einer gesetzlichen Realisierung. Strafverteidiger (StV) 2015, S. 393–399.

– Verwertung von unter Verstoß gegen Rechtshilfebestimmungen im Ausland erlangter Beweise. Strafverteidiger (StV) 2014, S. 193–201.

– Verwertbarkeit im Ausland gewonnener Beweise im deutschen Strafprozess. Berlin 2009.

– Telekommunikationsüberwachung in grenzüberschreitenden Strafverfahren nach Inkrafttreten des EU-Rechtshilfeübereinkommens. Neue Zeitschrift für Strafrecht (NStZ) 2006, S. 657–663.

Schweitzer, Michael, Staatsrecht, Völkerrecht, Europarecht. 10. Aufl. Heidelberg 2010.

Sieber, Ulrich, Die Auslandsübermittlung von Daten aus der strafprozessualen Telekommunikationsüberwachung. In: Haverkamp, Rita/Kilchling, Michael/Kinzig, Jörg/Oberwittler, Dietrich/Wössner, Gunda (Hrsg.), Telekommunikationsüberwachung: Unterwegs in Kriminologie und Strafrecht – Exploring the World of Crime and Criminology: Festschrift für Hans-Jörg Albrecht zum 70. Geburtstag. Berlin 2021, S. 53 ff.

– Die Zukunft des Europäischen Strafrechts. Zeitschrift für die gesamte Strafrechtswissenschaft (ZStW) 121 (2009), S. 1–67.

– Memorandum für ein europäisches Modellstrafgesetzbuch, JZ 1997, S. 369–381

Sieber, Ulrich/von zur Mühlen, Nicolas/Tropina, Tatiana (Hrsg.), Access to Telecommunication Data in Criminal Justice. 2. Aufl. Berlin 2021.

Streinz, Rudolf, Europarecht. 10. Aufl. Heidelberg 2016.

Swoboda, Sabine, Die Pflicht zur rahmenbeschlusskonformen Auslegung im deutschen Strafverfahren – Die Europäische Beweisanordnung als Interpretationsvorgabe für die Beweisverwertung. Anmerkungen zu BGH 1 StR 310/12 – Beschluss vom 21.11.2012. Onlinezeitschrift für Höchstrichterliche Rechtsprechung zum Strafrecht (HRRS) 2014, S. 10–21.

Tosza, Stanislaw, All evidence is equal, but electronic evidence is more equal than any other: The relationship between the European Investigation Order and the European Production Order. New Journal of European Criminal Law (NJECL) 2020, S. 161–183.

– The European Commission's Proposal on Cross-Border Access to E-Evidence. eucrim – The European Criminal Law Associations' Forum, 2018 (04), S. 212–219.

Vogel, Joachim, BVerfG, 24. 6. 2003 – 2 BvR 685/03. Völkerrechtlicher Mindeststandard und verfassungsrechtliche Grundsätze im Auslieferungsverfahren. Juristen Zeitung (JZ) 2004, S. 141–146.

Vogler, Theo, 140 Jahre Auslieferungsrecht. Goltdammer's Archiv. Ein Rückblick auf die Anfänge. In: Wolter, Jürgen (Hrsg.), Eine Würdigung zum 70. Geburtstag von Paul-Günter Pötz, 1993, S. 251–268.

– Auslieferung bei drohender Todesstrafe und Europäische Menschenrechtskonvention (EMRK) – Der Fall Soering vor dem Europäischen Gerichtshof für Menschenrechte (EGMR). In: Geppert, Klaus/Dehnicke, Diether (Hrsg.), Gedächtnisschrift für Karlheinz Meyer 1990, S. 477–493.

- Auslieferung und Asylrecht. In: Wilke, Dieter (Hrsg.), Festschrift zum 125jährigen Bestehen der Juristischen Gesellschaft zu Berlin 1984, S. 829 ff.
- Auslieferungsrecht und Grundgesetz. Schriften zum Strafrecht. Berlin 1970.

Volk, Klaus (Hrsg.), Münchener Anwaltshandbuch Verteidigung in Wirtschafts- und Steuerstrafsachen, 2. Aufl. München 2014.

- Münchener Anwaltshandbuch Verteidigung in Wirtschafts- und Steuerstrafsachen, 1. Aufl. München 2006.

Wahl, Thomas, News – European Union. Eucrim – The European Criminal Law Associations' Forum, 2018 (01), S. 35 ff.

- News – European Union. Eucrim – The European Criminal Law Associations' Forum, 2017 (02), S. 54–75.

Weyembergh, Anne/de Biolley, Serge, The EU Mutual Legal Assistance Convention of 2000 and the Interception of Telecommunications. 8 European Journal of Law Reform 2006, S. 285 ff.

Zeder, Fritz, Justizielle Zusammenarbeit in Strafsachen nach dem Ende der Übergangsperiode: Normalität und Sonderfälle. Europarecht (EuR) 2015, S. 487–497.

Zehetgruber, Christoph, Anmerkung zu BGH, Beschluss vom 21.11.2012 – 1 StR 310/12. Neue Zeitschrift für Wirtschafts-, Steuer- und Unternehmensstrafrecht (NZWiSt) 2013, S. 458–468.

Zietsch, Udo, Telefonüberwachung – Zur Frage der Verwertbarkeit von Zufallsfunden im Rahmen einer im Ausland angeordneten Telefonüberwachung. Kriminalistik 1996, S. 129–131.

Zimmermann, Frank, Die Europäische Ermittlungsanordnung: Schreckgespenst oder Zukunftsmodell für grenzüberschreitende Strafverfahren? Zeitschrift für die gesamte Strafrechtswissenschaft (ZStW) 127 (2015), S. 143–175.

Zimmermann, Frank/Glaser, Sanja/Motz, Andreas, Mutual Recognition and its Implications for the Gathering of Evidence in Criminal proceedings: a Critical Analysis of the Initiative for a European Investigation Order. EuCLR 2011, S. 56–80.

Schriftenreihe des Max-Planck-Instituts für ausländisches und internationales Strafrecht

Die zentralen Veröffentlichungen des Max-Planck-Instituts für ausländisches und internationales Strafrecht werden in Zusammenarbeit mit dem Verlag Duncker & Humblot in den folgenden sechs Unterreihen der „Schriftenreihe des Max-Planck-Instituts für ausländisches und internationales Strafrecht" vertrieben:

- „Strafrechtliche Forschungsberichte"
- „Kriminologische Forschungsberichte"
- „Interdisziplinäre Forschungen aus Strafrecht und Kriminologie"
- „Publications of the Max Planck Partner Group for Balkan Criminology"
- „Series of the Max Planck Institute for Foreign and International Criminal Law and Bahçeşehir University Joint Research Group"
- „Sammlung ausländischer Strafgesetzbücher in Übersetzung"

Diese Publikationen können direkt über das Max-Planck-Institut unter <www.mpicc.de> oder über den Verlag Duncker & Humblot unter <www.duncker-humblot.de> erworben werden. Darüber hinaus erscheinen in der Unterreihe „research in brief" zusammenfassende Kurzbeschreibungen von Forschungsergebnissen und in der Unterreihe „Arbeitsberichte" Veröffentlichungen vorläufiger Forschungsergebnisse. Diese Veröffentlichungen können über das Max-Planck-Institut bezogen werden.

Detaillierte Informationen zu den einzelnen Publikationen des Max-Planck-Instituts für ausländisches und internationales Strafrecht sind unter <www.csl.mpg.de> abrufbar.

The main research activities of the Max Planck Institute for Foreign and International Criminal Law are published in the following six subseries of the "Schriftenreihe des Max-Planck-Instituts für ausländisches und internationales Strafrecht" (Research Series of the Max Planck Institute for Foreign and International Criminal Law), which are distributed in cooperation with the publisher Duncker & Humblot:

- "Strafrechtliche Forschungsberichte" (Reports on Research in Criminal Law)
- "Kriminologische Forschungsberichte" (Reports on Research in Criminology)
- "Interdisziplinäre Forschungen aus Strafrecht und Kriminologie"
  (Reports on Interdisciplinary Research in Criminal Law and Criminology)
- "Publications of the Max Planck Partner Group for Balkan Criminology"
- "Series of the Max Planck Institute for Foreign and International Criminal Law and Bahçeşehir University Joint Research Group"
- "Sammlung ausländischer Strafgesetzbücher in Übersetzung"
  (Collection of Foreign Criminal Laws in Translation)

These publications can be ordered from the Max Planck Institute at <www.mpicc.de> or from Duncker & Humblot at <www.duncker-humblot.de>. Two additional subseries are published: "research in brief" contains short reports on results of research activities, and "Arbeitsberichte" (working materials) present preliminary results of research projects. These publications are available at the Max Planck Institute.

Detailed information on all publications of the Max Planck Institute for Foreign and International Criminal Law can be found at <www.csl.mpg.de>.

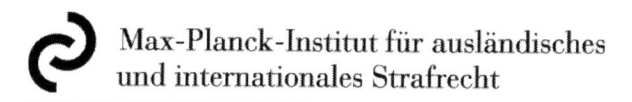

Max-Planck-Institut für ausländisches und internationales Strafrecht

Auswahl aus dem strafrechtlichen Forschungsprogramm:

S 172　*Jan Caba*
Obstruction of Justice at the International Criminal Court
A Comparison with the United States, Germany and the International Criminal Tribunal for the Former Yugoslavia
2021 • 796 Seiten • ISBN 978-3-8611-764-1　　　€ 58,00

S 171　*Angélica Romero Sánchez*
Ermittlungen gegen Organisierte Kriminalität
Ein Vergleich des deutschen und kolumbianischen Rechts
2021 • 744 Seiten • ISBN 978-3-8611-766-5　　　€ 56,00

S 170　*Daniel Burke*
Schutz kartellrechtlicher Kronzeugen vor strafrechtlicher Sanktion
Eine Untersuchung zu Notwendigkeit und Gestaltung einer Kronzeugenregelung im deutschen Kartellstrafrecht
2020 • 320 Seiten • ISBN 978-3-86113-768-9　　　€ 35,00
Ausgezeichnet mit der Otto-Hahn-Medaille der Max-Planck-Gesellschaft

S 169　*Marc Engelhart/Mehmet Arslan*
Schutz von Staatsgeheimnissen im Strafverfahren
Eine Studie zur Europäischen Menschenrechtskonvention
2020 • 200 Seiten • ISBN 978-3-86113-769-6　　　€ 32,00

S 168　*Maja Serafin*
Vermögensabschöpfung – zwischen Effektivität und Rechtsstaatlichkeit
Ein deutsch-polnischer Vergleich
2019 • 348 Seiten • ISBN 978-3-86113-771-9　　　€ 35,00

S 166　*Nicolas von zur Mühlen*
Zugriffe auf elektronische Kommunikation
Eine verfassungsrechtliche und strafprozessrechtliche Analyse
2019 • 470 Seiten • ISBN 978-3-86113-776-4　　　€ 44,00
Ausgezeichnet mit der Otto-Hahn-Medaille der Max-Planck-Gesellschaft

S 165　*Marc Engelhart / Sunčana Roksandić Vidlička* (eds.)
Dealing with Terrorism
Empirical and Normative Challenges of Fighting the Islamic State
2019 • 296 Seiten • ISBN 978-3-86113-777-1　　　€ 38,00

S 164　*Yukun Zong*
Beweisverbote im Strafverfahren
Rechtsvergleichende Untersuchung zum deutschen, US-amerikanischen und chinesischen Recht
2018 • 487 Seiten • ISBN 978-3-86113-779-5　　　€ 44,00

Max-Planck-Institut für ausländisches und internationales Strafrecht

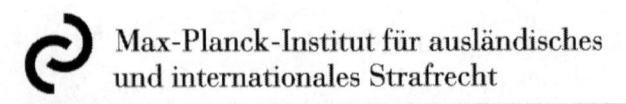

Auswahl aus dem strafrechtlichen Forschungsprogramm:

S 128.1.1 *Ulrich Sieber / Konstanze Jarvers / Emily Silverman* (eds.)
National Criminal Law in a Comparative Legal Context
Volume 1.1: Introduction to National Systems
2013 • 314 Seiten • ISBN 978-3-86113-822-8 € 40,00

S 128.1.2 Volume 1.2: Introduction to National Systems
2013 • 363 Seiten • ISBN 978-3-86113-826-6 € 43,00

S 128.1.3 Volume 1.3: Introduction to National Systems
2014 • 297 Seiten • ISBN 978-3-86113-818-1 € 40,00

S 128.1.4 Volume 1.4: Introduction to National Systems
2014 • 391 Seiten • ISBN 978-3-86113-810-5 € 43,00

S 128.1.5 Volume 1.5: Introduction to National Systems
2018 • 375 Seiten • ISBN 978-3-86113-785-6 € 43,00

S 128.2.1 *Ulrich Sieber / Susanne Forster / Konstanze Jarvers* (eds.)
National Criminal Law in a Comparative Legal Context
Volume 2.1: General limitations on the application of criminal law
2011 • 399 Seiten • ISBN 978-3-86113-834-1 € 43,00

S 128.2.2 *Ulrich Sieber / Konstanze Jarvers / Emily Silverman* (eds.)
National Criminal Law in a Comparative Legal Context
Volume 2.2: General limitations on the application of criminal law
2017 • 272 Seiten • ISBN 978-3-86113-798-6 € 35,00

S 128.3.1 *Ulrich Sieber / Susanne Forster / Konstanze Jarvers* (eds.)
National Criminal Law in a Comparative Legal Context
Volume 3.1: Defining criminal conduct
2011 • 519 Seiten • ISBN 978-3-86113-833-4 € 46,00

S 128.3.2 *Ulrich Sieber / Konstanze Jarvers / Emily Silverman* (eds.)
National Criminal Law in a Comparative Legal Context
Volume 3.2: Defining criminal conduct
2017 • 370 Seiten • ISBN 978-3-86113-790-0 € 43,00

S 128.4.1 *Ulrich Sieber / Konstanze Jarvers / Emily Silverman* (eds.)
National Criminal Law in a Comparative Legal Context
Volume 4.1: Special forms of criminal liability
2015 • 401 Seiten • ISBN 978-3-86113-803-7 € 43,00

S 128.4.2 *Ulrich Sieber / Konstanze Jarvers / Emily Silverman* (eds.)
National Criminal Law in a Comparative Legal Context
Volume 4.2: Special forms of criminal liability
2021 • ca. 200 Seiten • ISBN 978-3-86113-803-7 im Erscheinen

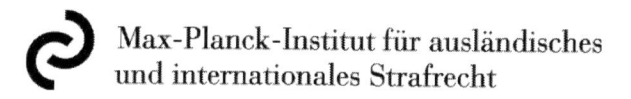

Max-Planck-Institut für ausländisches und internationales Strafrecht

Auswahl aus dem strafrechtlichen Forschungsprogramm:

S 128.5.1 *Ulrich Sieber / Konstanze Jarvers / Emily Silverman* (eds.)
National Criminal Law in a Comparative Legal Context
Volume 5.1: Grounds for rejecting criminal liability
2016 • 410 Seiten • ISBN 978-3-86113-800-6 € 43,00

S 128.5.2 *Ulrich Sieber / Konstanze Jarvers / Emily Silverman* (eds.)
Volume 5.2: Grounds for rejecting criminal liability
2019 • 394 Seiten • ISBN 978-3-86113-774-0 € 43,00

G 128 **Das norwegische Strafgesetz • Lov om straf (straffeloven)**
Zweisprachige Ausgabe
Deutsche Übersetzung Einführung von Karin Cornils und Erling Johannes Husabø
2. Auflage, nach dem Stand vom 1. Dezember 2020
2021 • 297 Seiten • ISBN: 978-3-86113-817-4 € 45,00

G 127 **Das türkische Strafgesetz • Türk Ceza Kanunu**
Deutsche Übersetzung und Einführung von Silvia Tellenbach
Zweisprachige Ausgabe
2. Auflage, nach dem Stand vom 1. Januar 2021
2021 • 250 Seiten • ISBN 978-3-86113-763-4 € 45,00

Auswahl aktueller Publikationen aus den kriminologischen Veröffentlichungsreihen K und BC:

K 191 *Kira-Sophie Gauder*
„Wieder in dieses normale zivile Leben reinkommen"
Zur Bedeutung von Normalität im Wiedereingliederungsprozess haftentlassener Sexualstraftäter. Teilstudie 1 der Langzeitstudie „Sexualstraftäter in den sozialtherapeutischen Abteilungen des Freistaates Sachsen"
Berlin 2021 • 312 Seiten • ISBN 978-3-86113- 287-5 € 37,00

K 188 *Jia Kui*
Strafrechtlicher Schutz bei häuslicher Gewalt
Eine vergleichende Untersuchung zum deutschen und chinesischenRecht
Berlin 2020 • 207 Seiten • ISBN 978-3-86113-276-9 € 32,00

K 187 *Elisa Wallwaey, Esther Bollhöfer, Susanne Knickmeier* (Hrsg.)
Wirtschaftsspionage und Konkurrenzausspähung
Phänomenologie, Strafverfolgung und Prävention in ausgewählten europäischen Ländern
Berlin 2019 • 170 Seiten • ISBN 978-3-86113-275-2 € 32,00

Max-Planck-Institut für ausländisches und internationales Strafrecht

Auswahl aktueller Publikationen aus den kriminologischen Veröffentlichungsreihen K und BC:

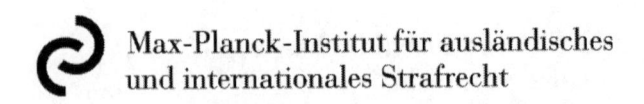

K 184   *Elke Wienhausen-Knezevic*
Lebensverlaufsdynamiken junger Haftentlassener
Entwicklung eines empirischen Interaktionsmodells
(ZARIA-Schema) zur Analyse von Haftentlassungsverläufen
Berlin 2020 • 264 Seiten • ISBN 978-3-86113-282-0   € 35,00

K 183   *Katharina Meuer*
Legalbewährung nach elektronischer Aufsicht im Vollzug der Freiheitsstrafe
Eine experimentelle Rückfallstudie zum baden-württembergischen Modellprojekt
Berlin 2019 • 225 Seiten • ISBN 978-3-86113-272-1   € 35,00

K 182   *Hans-Jörg Albrecht, Maria Walsh, Elke Wienhausen-Knezevic* (eds.)
Desistance Processes Among Young Offenders Following Judicial Interventions
Berlin 2019 • 165 Seiten • ISBN 978-3-86113-271-4   € 32,00

K 181   *Maria Walsh*
Intensive Bewährungshilfe und junge Intensivtäter
Eine empirische Analyse des Einflusses von Intensivbewährungshilfe auf die kriminelle Karriere junger Mehrfachauffälliger in Bayern
Berlin 2018 • 233 Seiten • ISBN 978-3-86113-269-1   € 35,00

K 180   *Linn Katharina Döring*
Sozialarbeiter vor Gericht?
Grund und Grenzen einer Kriminalisierung unterlassener staatlicher Schutzmaßnahmen in tödlichen Kinderschutzfällen in Deutschland und England
Berlin 2018 • 442 Seiten • ISBN 978-3-86113-268-4   € 42,00
Ausgezeichnet mit der Otto-Hahn-Medaille der Max-Planck-Gesellschaft

BC 5   *Filip Vojta*
Imprisonment for International Crimes
An Interdisciplinary Analysis of the ICTY Sentence Enforcement
Berlin 2020 • 375 Seiten • ISBN 978-3-86113-280-6   € 40,00
Ausgezeichnet mit der Otto-Hahn-Medaille der Max-Planck-Gesellschaft

BC 3   *Lucija Sokanović*
Fraud in Criminal Law
A Normative and Criminological Analysis of Fraudulent Crime in Croatia and the Regional Context
Berlin 2019 • 280 Seiten • ISBN 978-3-86113-273-8   € 35,00